DOLOMITEN – SELLAGRUPPE

Alpenvereinsführer

Ein Taschenbuch in Einzelbänden
für Wanderer, Bergsteiger und Kletterer
zu den Gebirgsgruppen der

Ostalpen

Herausgegeben vom
Deutschen, Österreichischen und Südtiroler
Alpenverein

Band

Dolomiten
- Sellagruppe -

Reihe: Südliche Kalkalpen

DR. EGON PRACHT

Dolomiten
- Sellagruppe -

Ein Führer für Täler, Hütten und Berge
mit 37 Anstiegsbildern, 66 Anstiegsskizzen
sowie einer sechsfarbigen Gebietskarte
im Maßstab 1:25000

Verfaßt nach den Richtlinien der UIAA

BERGVERLAG RUDOLF ROTHER GMBH · MÜNCHEN

Umschlagbild

Blick vom Sellajoch
auf die Südabstürze des Piz de Ciavazes, 2828 m (links),
die Nordwest- und Westwand der Pordoispitze, 2952 m (rechts)
sowie den Piz Boè, 3152 m (Mitte)

Foto: Egon Pracht

Die Ausarbeitung aller in diesem Führer beschriebenen Anstiege und Routen erfolgte nach bestem Wissen und Gewissen des Autors. Dieser und der Verlag können jedoch keine Gewähr für die Richtigkeit der Angaben übernehmen. Die Vorschriften der UIAA zur Erstellung von Kletterführern beziehen sich nur auf die Gliederung der Routenbeschreibungen und auf die Erstellung der sogenannten Beschreibungsköpfe, die die wichtigsten Kriterien der Kletterführen — der Routenbeschreibung vorangestellt — beinhalten.

1. Auflage 1980

ISBN 3 7633 1303 6

Hergestellt in den Werkstätten der Rudolf Rother GmbH, München

(1996/90847)

Geleitwort zum Alpenvereinsführer Dolomiten – Sellagruppe

Der hier vorliegende Dolomitenführer „Sellagruppe“ (verfaßt nach den Richtlinien der UIAA) ist der erste Alpenvereinsführer über ein Berggebiet außerhalb der Arbeitsgebiete des Deutschen und des Österreichischen Alpenvereins (DAV, OeAV).

Geleitet vom Wunsch vieler Bergfreunde kamen der DAV und der OeAV mit dem Club Alpino Italiano (CAI), dem Italienischen Touringclub (TCI) sowie dem Alpenverein Südtirol (AVS) überein, daß ein deutschsprachiges Alpenvereinsführerwerk über italienische Gebirge eine Berechtigung hat; in kaum einem anderen Alpengebiet sind so viele deutschsprachige Bergwanderer und Kletterer unterwegs wie in den Dolomiten.

Der Alpenvereinsführer „Sellagruppe“ von Prof. Dr. Egon Pracht ist der erste der geplanten Erweiterung. Wenn also in absehbarer Zeit ein AV-Führerwerk über weite Teile der Südalpen vorliegt, möge dies dem deutschsprachigen Bergsteiger das Unterwegssein im italienischen Alpenraum erleichtern und seinen Teil zur Verbundenheit der Bergfreunde diesseits und jenseits der Grenzen beitragen.

München, Herbst 1980

Für den Verwaltungsausschuß
des Deutschen Alpenvereins
Raimund Zehetmeier
Vorsitzender des Verwaltungs-
ausschusses des DAV, München

Für den Verwaltungsausschuß
des Österreichischen Alpenvereins
Gedeon Kofler
Vorsitzender des Verwaltungs-
ausschusses des OeAV, Innsbruck

Für den Alpenverein Südtirol
Dr. Gert Mayer
Erster Vorsitzender

Das UIAA-Gütezeichen

Die UIAA (Union Internationale des Associations d'Alpinisme) hat Richtlinien für Schwierigkeitsbewertung und Routenbeschreibung herausgegeben. Ist ein Kletterführer nach diesen Richtlinien verfaßt, erhalten Autor und Verlag das Recht, dies durch Abdruck des UIAA-Gütezeichens kundzutun.

Was beinhalten die Richtlinien?

- Alle besonderen Routenmerkmale wie Schwierigkeitsgrad, Zeit, Länge und/oder Höhe des Anstiegs, Art der Kletterei, besondere Gefahren usw. sind im Beschreibungskopf, der Routenbeschreibung vorangestellt, anzuführen.
- Zugang und Anstieg sind voneinander zu trennen und separat zu beschreiben.
- Der Verlauf der Route ist kurz und eindeutig (wenn möglich, in Seillängen gegliedert) abzufassen.
- Normalwege sind auch in Abstiegsrichtung zu beschreiben.
- Die Bildgestaltung muß unmißverständlich sein.
- Routenskizzen müssen die internationalen Symbole aufweisen.
- Werden Routenbeschreibungen durch Skizzen ergänzt, müssen beide miteinander übereinstimmen.
- Und weitere Forderungen.

Die Überprüfung von Text, Bildern und Skizzen gemäß UIAA-Richtlinien erfolgt durch den DAV (Sicherheitskreis), der die Belange der UIAA in der Bundesrepublik vertritt.

Die Richtlinien verlangen **keine** Überprüfung der Richtigkeit aller Angaben und Routenbeschreibungen. Dies wäre bei der Fülle der Kletterführer und bei der Vielzahl der Routenbeschreibungen jedes einzelnen Kletterführers auch gar nicht möglich. So können sich auch bei UIAA-geprüften Führern nach wie vor noch unrichtige Beschreibungsdetails einschleichen. Autor und Verlag sind angehalten, möglichst gewissenhaft zu arbeiten.

München, Herbst 1980

Pit Schubert
Sicherheitskreis im DAV

Vorwort des Verfassers

Nach fünfjähriger, intensiver Arbeit im Gelände, zwischen Bücherregalen und am Schreibtisch kann ich endlich den „Sellaführer“ der Bergsteigerschaft vorlegen mit der Hoffnung, ihr zuverlässigere Kunde als bisher von den Tourenmöglichkeiten dieses einstigen Arbeitsgebietes der Sektion Bamberg des DuÖAV geben zu können. Natürlich war es mir aus naheligenden Gründen nicht möglich, trotz des langen Bearbeitungszeitraumes alle Routen des Führerbereiches neu zu begehen, doch konnte ich immerhin deren über 70 — darunter die wohl bekanntesten, aber auch einige „Wiederentdeckungen“ — mit Papier und Bleistift durchsteigen. Die übrigen Beschreibungen mußten notgedrungen aus der Literatur entnommen bzw. bei anderen Kletterern eingeholt werden, auch auf die Gefahr hin, daß sich dadurch die eine oder andere Unstimmigkeit eingeschlichen hat. Das Ziel war, keinen Auswahlführer herauszubringen, sondern möglichst alle Touren zu erfassen. Hinweise, Ergänzungen und Berichtigungen sind stets willkommen.

Der Bergverlag Rudolf Rother GmbH schulde ich großen Dank für die fördernde Anteilnahme während der Erstellung des Manuskriptes und für die Bereitwilligkeit, immer wieder von neuem Änderungen zu berücksichtigen, die der Alpenverein, der UIAA-Sicherheitskreis oder ich wünschten.

Außergewöhnlich verbunden fühle ich mich Herrn Peter Holl (Wien), der mir in selbstloser Weise eine Vielzahl von Literaturstellen und Routenbeschreibungen zukommen ließ, sowie Herrn Gottfried Fischer III (Tübingen), mit dem ich so manche Route durchstiegen habe.

Weiterhin begleiteten mich bei meiner Feldarbeit

Georg Embacher, Neu-Ulm
Dr. Helmut Fischer I, Tübingen
Johannes Fischer II, Tübingen
Achim Fritz, Gönningen / Württ.
Albrecht Gauß, Mähringen / Württ.
Karl-Ludwig Gerecke, Tübingen
Heinrich Häntschel, Enns / Ob.-Öst.
Dietrich Kratsch, Tübingen
Rudolf Lottner, Augsburg
Ilse Pracht, Gärtringen / Württ.
Peter Riedel, Wankheim / Württ.
Rudolf Rother, München

Burkhard Saile, Rottenburg
Anton Saller, Nabern / Württ.
Peter Schmid, Reutlingen
Joachim Schneider, Buschhoven / Bonn
Toni Stöckl, Böblingen
Rudi Weiß, Waldenbuch / Württ.

Durch Beiträge und Anmerkungen wurde ich zudem unterstützt von
Claudio Cima, Mailand
Almo Giambisi, Canazei
Dr. Richard Goedeke, Braunschweig
Germano Kostner, Colfuschg
Andreas Kubin, Kaiserslautern
Max Lochner, Augsburg
Heinz Mariacher, Wörgl
Karl-Heinz Matthies, Göppingen
Reinhold Messner, Villnöß / Südt.
Dr. Ernst Ott, München
Dr. Michael Olzowy, München
Ludwig Rieser, Mayrhofen
Werner Scharl, Nürnberg
Reinhard Schiestl, Innsbruck
Pit Schubert, München
Heinz Steinkötter, Trient
Sieglinde Walzl, Schenna / Südt.
Otto Wiedemann, Kreuth / Obb.

Ihnen allen sei auf das herzlichste gedankt.

Gärtringen / Württ., im Spätsommer 1980

Egon Pracht

Inhaltsverzeichnis

Die Zahlen hinter den Orts- und Gipfelnamen der Kapitel II, III, IV und V sind die Randzahlen.

Seite

Geleitwort des Herausgebers ... 5
Das UIAA-Gütezeichen ... 6
Vorwort des Verfassers ... 7
Dank an Mitarbeiter ... 8
Inhaltsverzeichnis ... 9
Verzeichnis der Abbildungen ... 12
Verzeichnis der Routenskizzen ... 13

I. Einführender Teil

1. Zur Geographie der Sellagruppe
1.1 Lage und Begrenzung ... 16
1.2 Zugänge ... 16
1.3 Wege und Unterkünfte ... 18

2. Zur Geologie der Sellagruppe ... 20

3. Allgemeines über die Sellagruppe
3.1 Gliederung der Sellagruppe ... 27
3.2 Bevölkerung, Besiedlung, Sprache ... 27
3.3 Wintersport ... 29
3.4 Bergführerbüros ... 29
3.5 Schriften und Karten ... 29
3.6 Information für die Tourenplanung ... 30

4. Bergrettung
4.1 Das „Alpine Notsignal“ ... 30
4.2 Meldestellen für alpine Unfälle, Bergrettungswesen ... 32
4.3 Hubschrauberrettung ... 32

5. Zum Gebrauch des Führers
5.1 Allgemeines zu den Routenbeschreibungen ... 33
5.2 Aufbau einer ausführlichen Routenbeschreibung ... 34
5.3 Abkürzungen ... 36
5.4 UIAA-Symbole für Anstiegsskizzen ... 39
5.5 Die Schwierigkeitsbewertung nach UIAA-Vergleichstabellen für freie und künstliche Kletterei ... 42

6. Versuch einer Rangordnung schönster Routen in den verschiedenen Schwierigkeitsbereichen
(I/II; III/IV; V/VI und schwieriger) ... 44

II. Täler und Talorte, Wanderungen im Talbereich

1. Fassatal 47
Canazei 1

2. Buchensteiner Tal 48
Arabba 6

3. Gadertal 49
Corvara 9, Colfuschg 9

4. Grödner Tal 50
Wolkenstein 17, St. Ulrich 18, St. Christina 19

III. Hütten und Hüttenwege 52
Sellajoch-Haus 25, Friedrich-August-Hütte 28,
Rif. Monti Pallidi 29, Rif. Pian de Schiavaneis 30,
Rif. Tita Piaz 31, Col di Lana 32, Rif. Forcella Pordoi 33,
Bergstation Maria 37, Bamberger Hütte (Boèhütte) 38,
Capanna Fassa 42, Pisciaduhütte 44, Vallonruine 48

IV. Übergänge und Höhenwege 61
Von der Pisciaduhütte zur Bamberger Hütte
durch das Val de Tita 52
Von der Pisciaduhütte zur Bamberger Hütte
durch das Val Ciadin 53
Auf dem Pößnecker Steig zur Bamberger Hütte 54
Von der Bamberger Hütte zur Vallonruine
durch die Vallonscharte 55
Von der Bamberger Hütte zur Capanna Fassa 56

V. Gipfel und Gipfelwege

1. Mesulesgruppe 63
Sellatürme 60, Piz de Ciavazes 110, Piz Selva 142,
Piz Lasties 150, Colonna 160, Torre del Siella 164,
Piz del Siella 176, Piz de Roces 177, Torre di Roces 178,
Piz Revis 186, Piz del G.U.F. 187, Piz Gralba 191,
Piccola Torre 197, Piz Saliera 200, Piz Miara 201,
Piz Beguz 206, Piz Rotic 211, Le Mesules 216,
Gamsburg 220, Sass da Lec 230, Torre dei Quattro 235,
Torre del Sass da Lec 236

2. Murfreidgruppe 205
Mesules dla Bièsces 242, Östlicher Mesulesturm 245,
Westlicher Mesulesturm 247, Großer Murfreidturm 258,
Kleiner Murfreidturm 267, Torre dell'Indipendenza 275,

Murfreidspitze 285, Torrione Vitty 285, Sass Val Culea 306, Campanile Anna 312, Rodelheilspitze 316, Kleine Rodelheilspitze 322, Campanile della Luesa 326, Campidellturm 331, Torre Val Setus 341, Mur de Pisciadu Occidentale 345, Brunecker Turm 351, Exnerturm 358, Mur de Pisciadu Orientale 361

3. **Pisciadugruppe** 261
Pisciaduturm 368, Kleiner Pisciaduturm 376, Pisciaduspitze 378, Sigarro del Pisciadu 389, Daint de Mesdi 391, Sasso Aguzzo 400, Bec de Mesdi 401, Sass de Mesdi 414, Bergerturm 420, Zwischenkofel 426

4. **Boègruppe** 296
Campanile Basso de Mesdi 436, Campanile di Mezzo de Mesdi 436, Campanile Alto de Mesdi 436, Odla de Mesdi 451, Rungaldierturm 453, Crep de Boè 459, Pizkofel 464, Boèseekofel 471, Torre Fulvio 486, Zehner 490, Neuner 504, Vallonspitze 516, Le Punte 525, Col de Stagn 530, Bec de Roces 536, La Colonna 541, Pizza Longata 543, Eisseespitze 545, Cresta Strenta 547, Piz Boè 548, Gran Vallazza 555, Punta delle Fontane 557, Punta di Larsei 555, Punta di Soèl 569, Sass de Forca Orientale (Torrione Roma) 575, Sass de Forca di Mezzo (Punta Claudia) 575, Sass de Forca Occidentale (Punta Aurelia) 575, Sass de Forcia 588, Col Alton 597, Col Turond 600, Pordoispitze 606, Sass de Moles 656, Torre Schiavaneis 666, Torre Micheluzzi 668, Torre Fosca 670, Torre Gialla 673, Torre Cozzolino 674, Torre Marco dell'Antonio 677

Randzahlenregister 423

Anhang: Kleines alpines Wörterbuch italienisch-deutsch 428

Verzeichnis der Abbildungen

(sämtliche Fotos stammen vom Verfasser)

	Seite
Val Lasties vom Piz Boè	53
Blick von Pian Schiavaneis in das Val Lasties	55
Erster Sellaturm und Dritter Sellaturm von Süden	71
Zweiter Sellaturm von Norden	85
Die fünf Sellatürme und der Piz de Ciavazes von Westen	94
Die ersten drei Sellatürme, der Piz de Ciavazes, der Piz de Lasties und die Colonna von Süden	117
Piz de Ciavazes von Südwesten (obere Hälfte)	121
Piz de Ciavazes (linker Teil der Südwand)	127
Piz de Ciavazes (mittlerer Teil der Südwand)	137
Piz de Ciavazes (rechter Teil der Südwand)	149
Piz de Ciavazes und Piz Lasties von SO	167
Westabstürze der Sellagruppe (südlicher Teil)	183
Westabstürze der Sellagruppe (nördlicher Teil)	187
Nordöstlicher Teil der Mesulesgruppe von Süden	201
Murfreidtürme von Südwesten	213
Murfreidtürme von Nordosten	219
Blick vom Grödner Joch gegen Südsüdwesten	229
Blick vom Grödner Joch gegen Süden	239
Blick vom Grödner Joch gegen Südosten	247
Blick von Colfuschg gegen Südwesten	259
Pisciaduspitze von der Pisciaduhütte aus	271
Daint de Mesdi von Westen	277
Bec de Mesdi und Daint de Mesdi (vom Lichtenfelser Weg)	285
Das obere Mittagstal	293
Pizkofel und Boèseekofel von Westen	313
Boèseekofel von Südosten	321
Zehner (Abstieg zur Moserscharte)	325
Zehner von Südosten	329
Neuner und Zehner von Südosten	337
Das Südosteck der Sellagruppe	349
Blick vom Bindelweg gegen die Sellagruppe	352
Sass de Forcia vom Bindelweg	361
Pordoispitze von Westen	370
Südwestwand der Pordoispitze	393
Südostwand der Pordoispitze	403
Sass de Moles und seine Grattürme von Pian Schiavaneis	417
Die Grattürme des Sass de Moles vom Pordoijoch	421

Verzeichnis der Routenskizzen

(sämtliche Anstiegsskizzen wurden vom Verfasser gezeichnet)

Seite

Erster Sellaturm

Grödner Führe R 66 73
Tissiführe R 67, R 67 a 73
Stegerkante R 65 75
Abseilpiste längs R 65, R 65 A 75
Südwestwand R 68 75
Trenkerriß R 70 75
Südwestriß R 71 81
Südpfeiler R 72 81
Neuer Südpfeiler R 73 81
Südseite R 74 81

Zweiter Sellaturm

Direkte Nordwand R 80 87
Nordwand (Kasnapoff) R 82 87
Nordwestkante R 83 91
Westwand R 84 91
Südwestwand R 85 91

Dritter Sellaturm

Südwestwand (Jahnführe) R 92 99
Nordwestgrat R 95 99
Nordwestverschneidung R 98 105
Nordwestkante R 99 107
Westwand R 100 109

Piz de Ciavazes

Westsüdwestkante R 119 123
Südwestverschneidung (Vinatzer) R 120 123
Zeniverschneidung R 124 129
Südsüdwestkante (Via Italia) R 125 133
Micheluzziführe (unterer Teil bis Gamsband) R 130 142
Buhlvariante R 130 a, b 142
Micheluzziführe (oberer Teil) R 130 143
Südwand (Schubertführe) R 131 147
Südwand (Kleine Micheluzzi) R 133 a 153
Südwand (Via Irma) R 134 153
Abramkante (unterer Teil) R 137 158

Torre del Siella

Südwestwand (Trenker) R 169 177
Variante R 171 177

Großer Murfreidturm, Nordostwand R 263 217

Kleiner Murfreidturm, Nordostwand R 269 222

Murfreidspitze, Nordwand R 290 231

Rodelheilspitze, Nordwand R 32 241

Exnerturm, Nordostwand R 360 257

Pisciaduturm, Nordostwand R 371 265

Pisciaduspitze, Nordwestschulter R 384 272

Daint de Mesdi, Südwand R 393 279

Bec de Mesdi
Südwand R 403 289
Südostwand (Castiglioniführe) R 405 289

Campanile Basso de Mesdi, Nordwand R 441 299

Boèseekofel
Westwand (Dibonaführe) R 475 315
Südostwand (Castiglioniführe) R 481 322

Zehner
Südostwand R 494 331
Direkte Südostwand R 497 334

Neuner, Ostwand R 507 339

Punta Aurelia, Südwand R 583 357

Sass de Forcia, Südwestwand R 591 357

Col Turond, Westwand R 602 365

Pordoispitze
Nordwestwand (Via Niagara) R 616 375
Nordwestwand (Fedeleführe) R 617 377
Westwand (Rizzi / Canepa) R 618 381
Westwand (Dibona) R 619 383
Dibonaausstieg R 619 385
Westwand-Variante R 619a 383
Direkte Südwestwand R 620 389
Via della Galleria R 627 395
Via del Finestrone R 629 395
Direkter Südpfeiler R 631 399
Mariakante R 632 399
Südkante R 633 401
Bergfestival-Führe R 636 405
Südostwand (Rißführe) R 642 410

Verzeichnis der aufgeführten Skitourenmöglichkeiten

	Seite
Von Pian Schiavaneis durch das Val Lasties und den Langen Graben zum Rif. Forc. Pordoi, R 36	56
Vom Pordoijoch zur Bamberger Hütte, R 39	57
Von Colfuschg durch das Mittagstal zur Bamberger Hütte, R 40	57
Von Pian Schiavaneis durch das Val Lasties zur Bamberger Hütte, R 41	58
Vom Grödner Joch durch das Val Culea auf die Pisciaduhütte, R 46	59
Von Arabba zur Vallonruine, R 49	60
Von der Pisciaduhütte zur Bamberger Hütte durch das Val Tita, R 52	61
Von der Pisciaduhütte durch das Val Ciadin zur Bamberger Hütte, R 53	61
Piz Miara: Anstieg von Westen (durch die Schneerinne), R 203	191
Neuner: Normalweg von der Vallonruine, R 505	336
Piz Boè: Aus der Pordoischarte, R 43	346
Piz Boè: Von der Vallonruine über die Ostflanke, R 551	346

Bergrettung (Soccorso Alpino)

Telefon-Nummer (mit Vorwahl):

Canazei	0462-61260
Corvara	0471-85286
Wolkenstein	0471-76636

Allgemeiner Notruf in Italien 113

I. Einführender Teil

1. Zur Geographie der Sellagruppe

Die Sellagruppe, eine gewaltige und von überall her deutlich ins Auge fallende Felshochfläche, die allseitig mit steilen Wänden abstürzt, gehört zu den am häufigsten besuchten Gruppen der Südlichen Kalkalpen. Sie wird nicht nur von unzähligen Wanderern und Freunden luftiger Steiganlagen aufgesucht, zu Beginn der Klettersaison oder während globaler Schlechtwetterperioden geben ihr auch elitär denkende und handelnde Alpinisten die Ehre; ganz zu schweigen von den vielen Kletterern, die sich in jahreszeitlich wechselnder Zahl einstellen.

1.1 Lage und Begrenzung

Die Sellagruppe liegt ziemlich genau im Zentrum der Dolomiten und schließt mit steilen Wandfluchten die vier ladinischen Täler, nämlich das **Fassatal, Grödner Tal, Gadertal** und **Buchensteintal** ab. Pässe und deren Paßstraßen — letztere werden im folgenden unter dem Begriff **Sella-Ringstraße** zusammengefaßt — begrenzen auf allen Seiten die Gruppe, und zwar finden sich im N das **Grödner Joch,** im W das **Sellajoch,** im S das **Pordoijoch** und im O der **Campolongopaß.**

1.2 Zugänge

Durch die Sella-Ringstraße und deren günstige Anbindung an das übrige Straßennetz, wird die Sellagruppe zu einem Gebiet, das sich verkehrsmäßig besonders gut erreichen läßt. Jeweils ausgezeichnete Straßenverbindungen bestehen durch das Gadertal mit Bruneck im N, durch das Grödner Tal mit Waidbruck-Klausen im NW, durch das Fassatal mit Vigo di Fassa (bzw. Bozen und Predazzo) im SW, sowie durch Buchenstein und über den Falzaregopaß mit Cortina d'Ampezzo im O. Die letzten beiden Möglichkeiten gehören zur Großen Dolomitenstraße Bozen — Karerpaß — Canazei — Pordoijoch — Arabba — Falzaregopaß — Cortina d'Ampezzo.

Bahn- und Busverbindungen:

Die Gruppe selbst wird, seitdem die Grödnertalbahn aufgelassen wurde, von keiner Bahnlinie mehr angefahren. Die nächsten **Bahnhöfe** im W der Gruppe befinden sich in **Klausen, Waidbruck, Bozen** und **Auer,** die an der Linie Brenner — Trient liegen. Über Auer kommend kann man mit der Bahn auch bis **Predazzo** (30 km südwestl. der Sella-

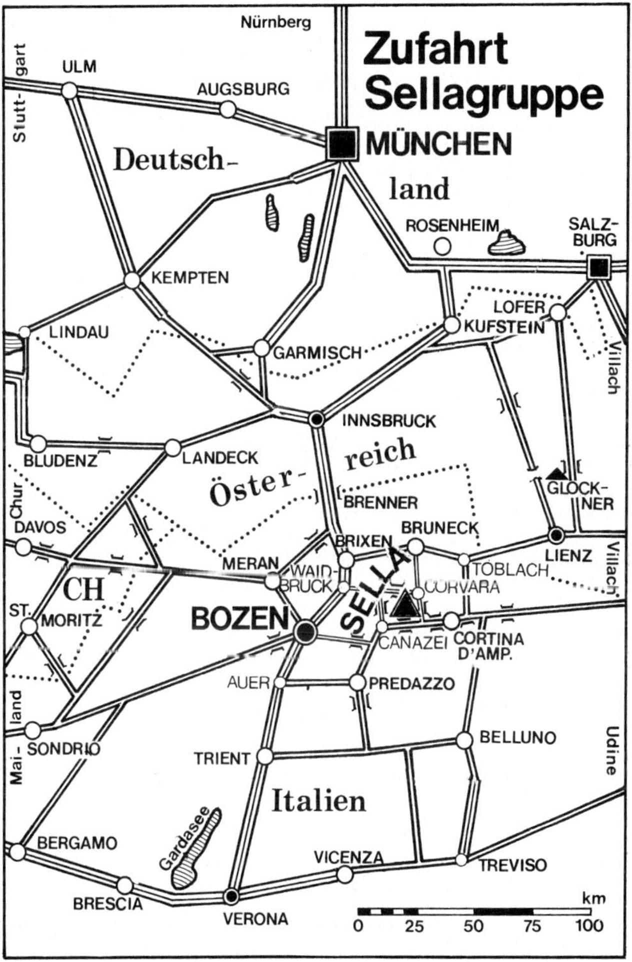

Zufahrt Sellagruppe
Nürnberg
Stutt-gart
ULM
AUGSBURG
MÜNCHEN
Deutsch-
land
ROSENHEIM
SALZ-BURG
KEMPTEN
LOFER
KUFSTEIN
LINDAU
GARMISCH
Villach
INNSBRUCK
BLUDENZ
LANDECK
reich
Öster-
BRENNER
GLOCKNER
Chur
DAVOS
BRUNECK
BRIXEN
LIENZ
MERAN
WAIDBRUCK
TOBLACH
Villach
CH
CORVARA
SELLA
ST. MORITZ
BOZEN
CANAZEI
CORTINA D'AMP.
AUER
PREDAZZO
Mai-land
SONDRIO
BELLUNO
Udine
TRIENT
Italien
Gardasee
BERGAMO
VICENZA
TREVISO
BRESCIA
VERONA
km
0
25
50
75
100

gruppe) reisen. Im O bietet sich **Cortina d'Ampezzo** an der Linie Toblach — Belluno als Bahnstation an. Zu erwähnen ist noch **Bruneck** im N zwischen Franzensfeste und Toblach. Von allen diesen Bahnstationen aus bestehen gute **Busverbindungen** mit der Sellagruppe; dabei ist zu beachten, daß nach großen Neuschneefällen das Sellajoch und der Karerpaß nicht befahrbar sein können.

1.3 Wege und Unterkünfte

Die Sektion Bamberg des DuÖAV übernahm 1893 die Sellagruppe als Arbeitsgebiet und legte in der folgenden Zeit das Gros der Wege an, erbaute die Bamberger sowie die Pisciaduseehütte (1894 bzw. 1902) und brachte noch vor Ausbruch des Ersten Weltkrieges die Vallonhütte unter Dach. Weiterhin erstellten 1904 die Sektion Bozen des DuÖAV das Sellajoch-Haus und 1911 die Sektion Meran des DuÖAV das Christomannoshaus auf dem Pordoijoch. In jene Tage fällt auch der Bau des Pößnecker Steiges durch die kleine Sektion Pößneck in Thüringen.

Infolge der rücksichtslosen Dreiteilung Tirols (In Nord-, Ost- und Südtirol) nach dem Ersten Weltkrieg kam die Sellagruppe unter italienische Hoheit, und die betroffenen Sektionen des DuÖAV verloren zumindest Arbeitsgebiet und Eigentum, wenn nicht gar ihre Existenz.

Inzwischen wurden neben den Erweiterungen jener alten Hütten durch die neuen Besitzer (nur die Vallonhütte verfiel bis auf die Außenmauern) noch zusätzliche Unterkunftsmöglichkeiten geschaffen, wie zum Beispiel das Rifugio Forcella Pordoi in der Pordoischarte, die Capanna Fassa auf dem Gipfel des Piz Boè oder die Bergstation Maria auf der Pordoispitze. Weiter kam eine ganze Reihe von Berggasthäusern und Hotels längs der Sella-Ringstraße hinzu.

Das Wegenetz erfreut sich einer guten Verfassung, ist bestens markiert und weist mit dem Pößnecker Steig und dem vor wenigen Jahren durch die Brigata Tridentina angelegten Pisciadu-Klettersteig zwei besondere Attraktionen für geübte Bergwanderer auf.

Ausdrücklich möge darauf hingewiesen werden, daß das „wilde Zelten" am Rande der Sellagruppe nicht (mehr) erlaubt ist. (Stand 1979).

Kammverlaufsskizze der Sellagruppe ►
Angefertigt vom Verfasser

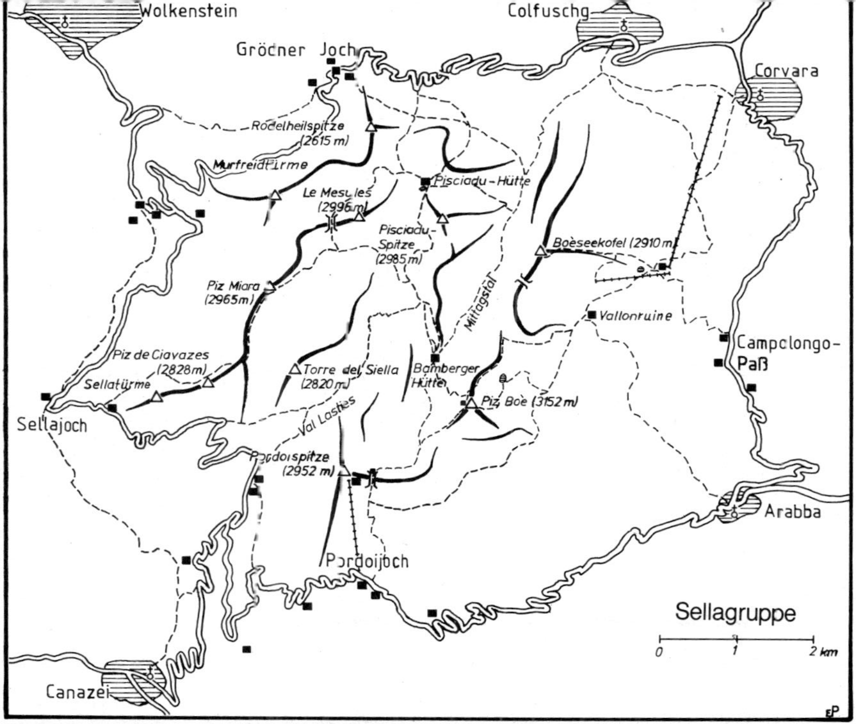
Wolkenstein
Colfuschg
Corvara
Grödner Joch
Rodelheilspitze (2615 m)
Murfreidtürme
Le Mesules (2996 m)
Pisciadu-Hütte
Pisciadu-Spitze (2985 m)
Boèseekofel (2910 m)
Piz Miara (2965 m)
Mittagstal
Vallonruine
Campolongo-Paß
Piz de Ciavazes (2828 m)
Torre del Siella (2820 m)
Bamberger Hütte
Sellatürme
Piz Boè (3152 m)
Sellajoch
Val Lasties
Pordoispitze (2952 m)
Arabba
Pordoijoch
Sellagruppe
0
1
2 km
Canazei
EP

2. Zur Geologie der Sellagruppe

Von Dr. Ernst Ott

1. Allgemeine Einführung

Die Dolomiten sind klassisches Geologenland. Sogar ihren Namen verdanken sie der Geologie: 1789 fiel dem Franzosen Dolomieu auf, daß das dortige Hauptgestein im Gegensatz zum normalen Kalkstein mit Salzsäure nicht aufbraust. Ihm zu Ehren wurde das gesteinsbildende Mineral Calcium-Magnesium-Karbonat dann Dolomit genannt. Davon hat später das ganze Gebirge seinen Namen bekommen.

Am Aufbau der Dolomiten sind im wesentlichen Gesteine aus dem Perm und der Trias beteiligt. Einen Einblick in die Schichtfolge vermittelt die Abb. 1. Der linke Bildrand steht für die Situation am Schlern, der rechte für die Civetta.

Die Unterlage bilden kristalline Schiefer, die zur selben Zeit wie die deutschen Mittelgebirge während der variszischen Gebirgsbildung vor etwa 300 Mio. Jahren gefaltet und überprägt worden sind. Was darüber folgt, ist bei der späteren alpidischen Gebirgsbildung zwar emporgehoben, aber kaum mehr verstellt und verändert worden.

Als Nachwehen zur variszischen Gebirgsbildung kam es im Unterperm zu vulkanischen Ergüssen. Dabei ist die Bozener Quarzporphyrplatte entstanden, die im Eggental an die 2000 m dick ist, nach N und O hin aber rasch auskeilt. Auf das Dach des Porphyrs oder aber direkt auf den basalen Quarzphyllit breitet sich eine Lage von rotem Grödener Sandstein, ein Produkt festländischer Verwitterung des Porphyrs. Im Oberperm ergreift von O her zögernd das Meer Besitz vom Ablagerungsraum. Die Bellerophonschichten mit ihren Eindampfungsgesteinen (Gips) zeugen von sehr seichter und nur sporadischer Meeresbedeckung. Auch in der folgenden Trias bleibt im Skyth das Gebiet ein noch einheitlich flacher Schelfbereich. (Die alpine Trias wird in die 6 Stufen Skyth, Anis, Ladin, Karn, Nor und Rät unterteilt, vgl. Abb. 1.) Im Anis wird dann der Untergrund mobil. Es kommt gebietsweise zu Trockenlegung und Abtragung (Voltago- und Richthofen-Konglomerat), und der Meeresboden wird in Schwellen und Becken gegliedert. Auf Schwellen entstehen in dem damals tropisch warmen Flachmeer „Karbonatplattformen“ mit Korallen- und Kalkschwammriffen, in geschützten Lagunen wachsen Kalkalgenbänke (Sarldolomit, Contrinkalk). Die Becken nehmen sandig-tonige Sedimente auf (Pragser Schichten). Auch die Schwellen sinken langsam ab, denn zur Bildung von bis zu 1000 m dicken Karbonatplattformen kann es nur kommen, wenn sich der Untergrund senkt und die ans Seichtwasser gebundenen kalkabscheidenden Organismen mit der Absenkung schritthalten können. Im Unterladin sind die Relief-Unterschiede groß: Die Schlerndolomit-Riffe überragen die zeitgleichen Buchensteiner Schichten um 800 m. Im Oberladin schließlich setzt ein schon seit Ende Anis bemerkbarer Vulkanismus mit Heftigkeit ein: Schwarzgrüne Lavaergüsse, Aschentuffe, Explosionsbrekzien füllen die Becken auf, die Riffe fallen trocken und verkarsten oberflächlich. Eine neuerliche Absenkung im Unterkarn bringt das Riffwachstum auf den alten Schlerndolomit-Plattformen wieder in Gang. Die Riffe des Cassianer Dolomits wachsen gegen die Becken vor und Sturzblöcke (Cipitkalke) kollern von den Flanken in die Mergel der Cassianer Schichten. In dieser Einbettung entgehen die Blöcke der späteren Umwandlung von Kalk in Dolomit, welche die meisten Karbonatplattformen in den Dolomiten erfahren. Mit den noch etwas festländisch beeinflußten, sandigmergeligen Raibler Schichten klingt die unruhige Zeit der mittleren Trias aus, der Vulkanismus kommt zum Erliegen. In der Obertrias ist das gesamte Gebiet Teil einer riesigen lagunären Karbonatplattform, auf welcher die mächtigen Bankfolgen des Hauptdolomits entstehen. Auch in den unteren Jura hinein setzt sich die Bildung von Flachwasser-Karbonaten fort. Liaskalke sind nur noch in der Fanesgruppe verbreitet und als Gipfelhauben auf Civetta, Pelmo und Antelao erhalten. Gesteine noch jüngeren Alters sind — abgesehen von einigen interessanten Reliktvorkommen — erst südlich der Val-Sugana-Linie von Bedeutung.

Weitreichende flache Überschiebungen, welche den Baustil in den Nordalpen prägen, fehlen in den Dolomiten. Es gibt nur kleinere meist südgerichtete Aufschiebungen, neben vielen steilen Störungen. Bei der Heraushebung zum Gebirge, die in der ausgehenden Kreidezeit vor etwa 70 Mio. Jahren begann und in mehreren Abschnitten vor sich ging, sind die Karbonatplattformen mit senkrechten Klüften durchsetzt worden. So konnte die Verwitterung freistehende Türme und senkrechte Wandfluchten erzeugen. Das heutige Landschaftsbild ist das Werk der Abtragung, besonders auch der mehrfachen Vergletscherung während der Eiszeit, die erst vor zehntausend Jahren zu Ende ging. Der landschaftlich so reizvolle Gegensatz von himmelstürmenden Wänden über blumenreichen Matten hat seinen Grund in der engen Nachbarschaft von leicht verwitterbaren, vulkanisch beeinflußten Wengener und Cassianer Schichten gegenüber den ehemaligen Riffbildungen.

Abb. 1 Schichtfolge der Dolomiten

Schematisches Profil

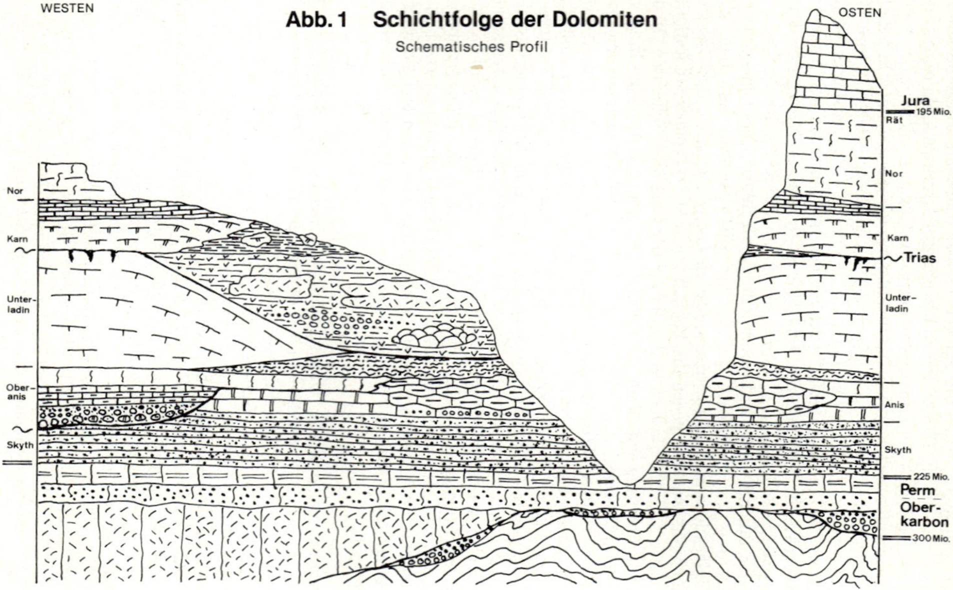

Legende zu Abb. 1

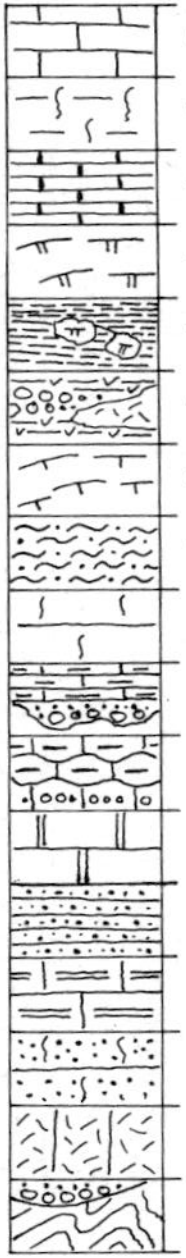

Nr.	Schichtname	Beschreibung	Dicke, Alter
17	Liaskalke Calcari liassici	Oolithische Kalke, nur örtlich (Fanesgruppe, Civetta, Pelmo)	bis 600 m Jura
16	Hauptdolomit Dolomia Principale	Eintönige gebankte Dolomite, Karbonatplattform, Lagune	250–1000 m Nor und Rät
15	Raibler Schichten Formazione di Raibl	Rote Sandsteine, Mergel Mergelkalke, Dolomite	10–300 m Oberkarn
14	Oberer Schlerndolomit Dolomia Cassiana	Karbonatplattform, verzahnt sich mit Cassianer Schichten	bis 400 m Unterkarn
13	Cassianer Schichten mit Cipitkalken	Tuffitische Mergel und Kalke, mit Sturzblöcken von 14	bis 400 m Unterkarn
12	Wengener Schichten Strati di la Valle	Tuffitische Sandsteine, Lava (Pillows), Agglomerate, Tuffe	bis 800 m Oberladin
11	Schlerndolomit (unterer) Dolomia dello Sciliar	Karbonatplattform, z. T. Kalk (Marmolada), zeitgleich mit 10	bis 900 m Unterladin
10	Buchensteiner Schichten Strati di Livinallongo	Kieselkalk, Tuffe (Pietra verde), zeitgleich mit 11	bis 300 m Unterladin
9	Oberer Sarldolomit Formazione di Contrin	Karbonatplattform, verzahnt sich mit oberen Pragser Sch.	bis 150 m Oberanis
8	Morbiac-Kalke über Richthofenkonglomerat	Flachwasserkalke; Schotter infolge Verlandung und Erosion	bis 130 m Oberanis
7	Pragser Schichten, Dont- kalk, Voltagokonglomerat	Meist schwarze Kalke, Beckenbildungen, zeitgleich mit 6	bis 300 m Anis
6	Sarldolomit (unterer) Dolomia del Serla	Karbonatplattform, zeitgleich mit 7, teilweise etwas älter	bis 300 m Anis
5	Werfener Schichten Formazione di Werfen	Rote und graue Sandsteine, Siltsteine, Oolithkalke	30–500 m Skyth
4	Bellerophonschichten Formazine a Bellerophon	Mergelige Kalke, Dolomite, Rauhwacken, z. T. Gips	50–300 m Oberperm
3	Grödner Sandstein Arenarie di Val Gardena	Rote Sandsteine; kontinentale Verwitterung von 2	etwa 150 m Mittelperm
2	Bozener Quarzporphyr Complesso porfirica Atesino	Rote Porphyre, besonders um Bozen; seitlich auskeilend	0–2000 m Unterperm
1	Waidbrucker Konglomerat auf Brixener Quarzphyllit	Basalkonglomerat auf dem variszischen Grundgebirge	bis 30 m Oberkarbon

Literatur

Sammelwerke:

Leonardi, P.:
Le Dolomiti. – Geologia dei monti tra Isarco e Piave. – 2 Bde., 1 Tafelbd., Rovereto 1968.

Mojsisovics, E. v.:
Die Dolomit-Riffe von Südtirol und Venetien. – Wien 1879.

2. Einzelheiten zur Sellagruppe

Mit blanken Mauern erhebt sich der Sellastock wie eine Festung aus den umgebenden sanften Matten. Der erste Felsaufschwung wird von einer breiten Terrasse abgeschlossen, welche als Ringband fast den ganzen Stock umgürtet. Etwas zurückgesetzt baut sich darüber erneut eine Felsbastion auf.

Die freie Lage und die Zweistöckigkeit des Massivs sind klar durch den geologischen Bau vorgezeichnet. Es handelt sich um einen von der Verwitterung herausgeschälten Riffstock, der allseits von weicheren, vulkanisch beeinflußten Wengener und Cassianer Schichten umgeben ist, in welche die umrahmenden Täler und die vier Pässe (Grödner, Sella- und Pordoijoch sowie der Campolongopaß) eingeschnitten sind. Das auffallende Ringband ist bedingt durch den Ausstrich der mergeligen Raibler Schichten. Darüber folgt als Gipfelbastion die Platte aus Hauptdolomit, der eine deutliche ebenmäßige Bankung zeigt im Gegensatz zum mehr massigen Riffdolomit unter dem Raibler Band.

Die untere Riffetage besteht aus einem tieferen Anteil aus Schlerndolomit und einem höheren aus Cassianer Dolomit. Man sieht dies besonders an den Rändern des Sellastockes im Norden, etwa von Colfuschg oder vom Grödener Joch her, weil sich dort ein Span von weicheren Cassianer Schichten zwischen die Dolomitmassen einschiebt. Dort ist ein deutliches Band ausgeprägt, welches die untere Felsbastion noch einmal zweiteilt. Am Fuß der Murfreidgruppe bildet dieses Band einen breiten Absatz; nicht mehr ganz so deutlich ist es als Gamsband in der Südwand des Piz de Ciavazes zu sehen; an der Pordoispitze ist es verschwunden. Es keilt nämlich gegen das Zentrum des Riffstockes hin völlig aus. Und dasselbe geschieht im gegenläufigen Sinne mit dem Cassianer Dolomit, der vom Riffzentrum gegen das Becken der Cassianer Schichten vordringt, dabei immer mehr ausdünnt, um sich schließlich in ein Haufwerk von Sturzblöcken aufzulösen. Diese Verzahnung des Riffdolomits mit den Cassianer Schichten und die in die Mergel eingestreuten Cipitkalk-Blöcke sind an der Sella besonders am Col de Másores südlich des Grödner Joches oder auch am Fuß der Sellatürme gegen das Sellajoch hin zu beobachten. Das langsame Vordringen des Riffes gegen das Becken hat auch seine Spuren in einer sogenannten Übergußschichtung im Cassianer Dolomit hinterlassen. Es ist eine nicht immer deutlich auszumachende Schichtung, die im Neigungswinkel der ehemaligen Riffböschung gegen das Becken zu einfällt (vgl. Abb. 2). Man sieht die mit 15 bis 30 Grad geneigten Übergußschichten am besten aus einiger Entfernung von der Paßstraße aus, z. B. an der Südwand des Piz de Ciavezes gegen das Sellajoch hin oder an den Ausläufern der

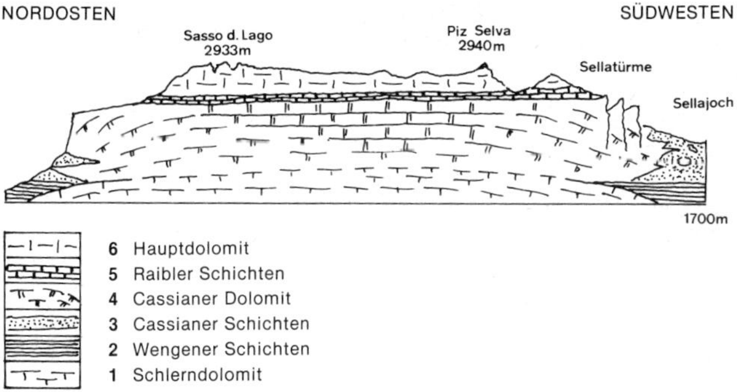

Abb. 2 Geologisches Profil durch die Sellagruppe

Pordoispitze zum Pordoijoch. Eine klare waagrechte Schichtung hingegen besitzt der Cassianer Dolomit im Zentrum der ehemaligen Rifflagune, so am Daint de Mesdi oder am Bec de Mesdi. Dort fällt übrigens auch auf, daß die Raibler Schichten sehr reduziert sind und großenteils durch dünnbankige Dolomite ersetzt sein müssen. Während die Raibler Schichten an den Außenrändern der Sella in mergeliger Entwicklung bis zu 90 m dick werden — und zum Teil massenhaft die für dieses Niveau typische dreirippige Muschel Myophoria kefersteini enthalten — sind sie hier im Inneren der Sella auf knapp 2 m geschrumpft und fallen als Trennfuge zwischen Cassianer Dolomit und Hauptdolomit kaum mehr auf.

Allein schon der Cassianer Dolomit wird an der Sella 400 m dick. Wie dick der darunter folgende Schlerndolomit ist, läßt sich nicht beobachten, weil sein Liegendes hier nirgends aufgeschlossen ist. Auf Grund des Vergleiches mit benachbarten Gebieten darf man aber annehmen, daß er sich noch ein paar hundert Meter in die Tiefe fortsetzen muß (vgl. Abb. 1). Das allseits von Vulkaniten umhüllte Sellariff ist demnach erst zur Hälfte entblößt.

Bis fast zum Gipfel des Sellastocks liegen die Schichten offensichtlich in ungestörter Lagerung. Doch die letzten 150 m am Piz Boè zeigen plötzlich eine komplizierte Verfaltung. Es treten hier auch reliktartig Schichten jüngeren Alters auf, die sonst nirgends im näheren Umkreis vorhanden sind: Kalke des Lias (40 m), einige Meter Rotkalke des Oberen Jura und Schiefer der Unterkreide. Sie verdanken ihre Erhaltung in der exponierten Gipfelregion der Tatsache, daß sie selbst wieder von einem Span aus Hauptdolomit überschoben sind, der sie als schützendes Dach bedeckte. Die Faltung dieser höchsten Schichtpakete kann nicht durch eine großräumige seitliche Einengung erklärt werden, denn dann müßte man an der Unterlage ebenfalls Verbiegungen sehen. Es muß sich hier um Rutschmassen handeln, die bei beginnender Hebung des Gebirges von benachbarten Gebieten abgeglitten sind. Der Vorgang hat sich wahrscheinlich in der Oberkreide und noch unter Meeresbedeckung abgespielt. Diese Erscheinung der Gipfelfaltung als Beispiel gravitativer Gleit-Tektonik begegnet dem Geologen in den Dolomiten noch eindrucksvoller in der Fanesgruppe, der Tofana, der Civetta und am Sorapis.

3. Allgemeines über die Sellagruppe

Zu Unrecht gilt die Sellagruppe in einigen Kreisen als reiner Schlechtwetter-Klettergarten, denn Touren wie zum Beispiel die Schubertführe am Piz de Ciavazes oder die S-Wand am Bec de Mesdi lassen sich kaum von einer verantwortungsbewußt sichernden Seilschaft am fortgeschrittenen Nachmittag vom Auto aus angehen und noch am selben Tage durchsteigen. Zugegebenermaßen besitzt gerade die Sellagruppe viele Routen, zu deren Begehung man sich noch am späten Nachmittag im Auto entschließen kann mit der berechtigten Hoffnung, am selben Abend wieder erfolgreich zurück zu sein. Das gleiche gilt bei guter Kondition für die Standard-Hüttenanstiege, doch sollte nie vergessen werden, daß die Gruppe fast überall die Dreitausendergrenze streift, diese im Bereich des Piz Boè sogar übertrifft, und damit sehr schnell Schneefall oder Vereisung verbunden mit Nebel das Vorwärtskommen erschweren können.

Leider (oder glücklicherweise?) lassen sich gerade jene Kletterunternehmungen unproblematisch abbrechen (Gamsband, Ringband an der Pordoispitze usw.), die an sich große Fahrten darstellen, aber deshalb letzten Endes nicht zu den ernsten Unternehmungen gezählt werden können. Abzulehnen allerdings ist die Unsitte, jene Ausweichmöglichkeiten auch ohne objektive Gründe in Anspruch zu nehmen. Dies geht in einigen Fällen sogar so weit, Klettertouren, die eigentlich bis zum Gipfelbereich führen, als auf diesen Bändern beendet zu betrachten oder Neutouren überhaupt nur bis dorthin zu eröffnen.

Zweifellos gehört die Sellagruppe zu den meistbesuchten Sommerzielen der Alpen dank ihrer landschaftlichen Schönheiten und der vielseitigen Tourenmöglichkeiten, angefangen von einfachen Wanderungen bis hin zu schwersten Klettereien. Dazu kommen ihre überaus leichte Erreichbarkeit mit dem Auto und die Nähe weiterer faszinierender Gebirgsgruppen.

3.1 Gliederung der Sellagruppe

Grob gesagt überdeckt die Sellagruppe, an deren Aufbau besonders der Dolomit teilhat, einen Kreis mit einem Durchmesser von etwa 7 km. Sein Mittelpunkt ist beim Zwischenkofel nördl. der Bamberger Hütte zu denken. Dort nehmen die beiden großen, berühmten Täler ihren Anfang, nämlich das nach NO steil abfallende **Mittagstal** sowie das nach SW hinabführende **Val Lasties.** Das vergleichsweise unbedeutende **Val Gralba** greift im N von W her in die Sellagruppe.

Sowohl am äußeren Rand der Gruppe, als auch diese Täler begrenzend, streben beachtliche Wände empor, die teils nur den Rand der weiten Hochfläche gliedern, teils aber auch selbständige Gipfel formen. Jedem Besucher der Gruppe fallen allerorts die waagrechten breiten Bänder auf, welche etwa wie am Piz de Ciavazes die Wände durchziehen oder gar für zwei Gipfelniveaus sorgen, was besonders gut oberhalb des Grödner Joches zu sehen ist.

Die Sellagruppe läßt sich in vier Untergruppen gliedern:

1. Die **Mesulesgruppe,** nordwestl. des Val Lasties bis hin zum Val Gralba und dem Pisciadusee; insbesondere mit dem Piz de Ciavazes und den Sellatürmen.
2. Die **Murfreidgruppe,** bestehend aus dem Gipfelsaum am äußersten nordwestl. und nördl. Rand der Sella; insbesondere mit den Murfreidtürmen und der Rodelheilspitze.
3. Die **Pisciadugruppe,** eine kleine Gruppe zwischen dem Mittagstal im O und der Hochfläche im W; insbesondere mit dem Daint de Mesdi und der Pisciaduspitze.
4. Die **Boègruppe,** eine weiträumige Gruppe östl. des Mittagstales und des Val Lasties; insbesondere mit dem Piz Boè und der Pordoispitze.

3.2 Bevölkerung, Besiedelung, Sprache

Die eigentliche Sellagruppe ist letzlich nicht besiedelt, auch wenn man an der Sella-Ringstraße, vor allem auf ihren Pässen, größeren Häuseransammlungen begegnet. Die am Rande der Gruppe befindlichen Ortschaften (Wolkenstein, Canazei, Arabba, Corvara und Colfuschg) lie-

gen in jeweils verschiedenen Tälern und werden bis auf Corvara-Colfuschg durch Jöcher voneinander getrennt, die sich in früheren Zeiten nicht so leicht und schnell wie heute überwinden ließen. So ist es ohne weiteres verständlich, wenn diese Gemeinden trotz ihrer geographischen Nähe vielfach auf eine eigene, recht persönliche Geschichte, geprägt unter anderem durch die sie umgebende Talschaft, zurückblicken können. Gemeinsam ist diesen Talschaften jedoch das Ladinisch, eine romanische Sprache, die sich aus dem Lateinisch der Römer entwickelt und bis heute erhalten hat. Nur im Fassatal und damit auch in Canazei konnte das verwandte Italienisch kräftig an Boden gewinnen. Ohne weiteres ist eine Verständigung auf deutsch möglich, vor allem natürlich im Grödner- und Gadertal, die beide zur Provinz Bozen gehören und durch Jahrhunderte, wie auch das Buchenstein und Fassatal, einen Teil Tirols ausmachten.
Schon in vorrömischer Zeit dürften mit großer Wahrscheinlichkeit die Randbereiche der Gruppe besiedelt gewesen sein; Unsicherheit herrscht diesbezüglich hingegen für die Zeit zwischen dem Eindringen der Römer in den Alpenraum und dem Auftauchen der ersten schriftlichen Zeugnisse um das Jahr 1000. Das älteste Dokument des Grödner Tales stammt aus dem Jahr 999, in dem unter anderem das Waldstück „Forestum ad Gredine“ erwähnt wird; damit stoßen wir zum ersten Mal auf den Namen dieses Tales. Vom Jahre 1050 datiert eine Urkunde, die sich mit dem Fassatal befaßt, und im Jahre 1253 erscheint dann endlich der Name „Fassin“. Das Schloß Andraz oberhalb der gleichnamigen Ortschaft, dessen Ursprung im Dunkeln liegt, kommt Anfang des 13. Jahrhunderts in den Besitz der Familie Buchenstein. Schließlich weisen einige Urkunden aus dem Jahre 1297 erstmalig auf das zum Gericht Enneberg gehörende Corvara hin; das benachbarte Colfuschg jedoch unterstand damals dem Gericht Wolkenstein.
Weder das Grödner noch das Fassa- oder Gadertal konnten im Mittelalter in ähnlicher Weise wie das Buchenstein die Aufmerksamkeit ganz Tirols und noch weit darüber hinaus auf sich ziehen, als im Schloß Andraz der berühmte Nikolaus von Cues wegen eines Streites mit den Nonnen von Sonnenburg und deren Vogt Zuflucht gefunden hatte.
Anfang des 19. Jahrhunderts wurde die Region um die Sellagruppe zerstückelt und wechselte mehrmals den Besitzer, um schließlich wieder unter den Farben Tirols bis 1919 zu Österreich-Ungarn zu gehören.
Heute stellt der Tourismus (mit allen seinen Begleiterscheinungen wie Zersiedelung, übermäßigem Liftbau usw.) die Haupteinnahmequelle der Bewohner rund um die Sellagruppe dar. Daneben kann das Grödner Tal noch auf eine bis in das 18. Jahrhundert zurückgehende Tradition im Holzschnitzen verweisen.

3.3 Wintersport

Auch im Winter lohnt sich ein Besuch, sei es, um südseitig zu klettern oder eine der großen, noch verbliebenen Skitouren zu erleben. Lediglich im O der Gruppe haben bisher Planierraupen ihre ewigen Spuren im Boden der Sella hinterlassen und dafür gesorgt, daß sich dort der sommerliche sehende Wanderer über weithin nackt daliegendes Erdreich und über Fangnetze ärgern darf sowie der Skitourist sich im talnahen Teil seiner Unternehmungen mit dem Pistenbetrieb auseinandersetzen muß. Ansonsten kann man aber sagen, daß die Gruppe dank ihrer Geländeformen trotz der Straßennähe von entscheidenden Eingriffen verschont geblieben ist; der Seilbahn auf die Pordoispitze wegen brauchte keine Piste planiert werden, und die Sella-Ringstraße hält sich stets am Rande der Gruppe. Wer natürlich Ruhe, Einsamkeit und unberührte Natur sucht, findet letzteres hier nur schwer und ersteres lediglich während weniger Wochen im Jahre.

3.4 Bergführerbüros

Auskünfte über das Bergführerwesen sind in den jeweiligen Talorten in den Verkehrsbüros oder bei der Touristeninformation zu erhalten.

3.5 Schriften und Karten

Hier muß vor allem die blendende, dreiteilige Monographie von Dr. Karl Bindel aus Bamberg, dem früheren Chronisten und Erschließer der Sellagruppe genannt werden, die in der Zeitschrift des DuÖAV 1899 (S. 359—400), 1900 (S. 324—361) und 1904 (S. 381—404) erschien. Karl Schulz reichten im Jahre 1894 noch gut 5 Seiten im Band III der „Erschließung der Ostalpen“ (S. 366—371), um den damaligen Stand der Erschließung der Sellagruppe festzuhalten. Der vergriffene Kletterführer „Odle, Sella, Marmolada“ von Ettore Castiglioni bringt alle Touren bis Mitte der dreißiger Jahre. Eine Tourenauswahl ist in den verschiedenen Auflagen des Dolomiten-Kletterführers 1 b von Dr. Gunther Langes zu finden (zum Beispiel 7. Auflage 1974, S. 9—82). Neufahrten wurden bzw. werden vor allem in den Mitteilungen des DuÖAV, den Zeitschriften Rivista Mensile, Lo Scarpone, Le Alpi Venete, Österreichische Alpenzeitung, Deutsche Alpenzeitung, Der Bergkamerad und Alpinismus veröffentlicht sowie in den Tourenbüchern der örtlichen Hütten niedergelegt.

Beilagenkarte: Diesem Führer liegt eine auf den neuesten Stand gebrachte, sechsfarbige Karte im Maßstab 1 : 25 000 bei.

Es sei darauf hingewiesen, daß sich die Schreibweise von Eigennamen in Führer und Karte teilweise unterscheidet.

Karten:

- Langkofel- und Sellagruppe, 1:25 000; Herausgeber: DAV und OeAV, 1959; in diesem Führer neu überarbeitet als Beilagenkarte.
- Carta d'Italia alla scala 1:25 000; Blätter S. Cristina, Val Gardena, Corvara in Badia, (Monte Marmolada), (Canazei)
- Sellagruppe — Marmolada; Kompaßwanderkarte 1:50 000
- Carta delle Zone Turistiche d'Italia, 1:50 000, Blatt Val Gardena — Marmolada — Catinaccio — Gruppo di Sella.

3.6 Information für die Tourenplanung

Für die Tourenplanung kann über die Telefon-Auskunftsstellen der deutschsprachigen Alpenvereine Information bezüglich der Hüttenbewirtschaftung, den Zustand von Wegen und Anlagen, insbesondere von Klettersteigen, eingeholt werden.

Einen detaillierte Wettervorhersage sendet der Bayerische Rundfunk mit seinem **Wetterbericht für Bergsteiger** täglich kurz nach 7, 12 und 18 Uhr (UKW) sowie samstags kurz nach 6 Uhr (MW). Diese Lageberichte und die Vorhersagen schließen die Dolomiten mit ein.

4. Bergrettung

Jeder verantwortungsbewußte Bergsteiger, insbesondere der Kletterer, sollte sich über die grundlegenden Fertigkeiten der Selbst- und Kameradenhilfe im klaren sein. Ein Sturz in das Seil kann bei einem Nichtbeherrschen der Sicherungstechniken fatale Auswirkungen haben.

Ist eine Hilfe nur über eine organisierte Rettung möglich, muß diese zuerst einmal alarmiert werden.

4.1 Das „Alpine Notsignal"

Dieses international eingeführte Notsignal sollte jeder Bergsteiger im Kopf haben:

- Innerhalb einer Minute wird **sechsmal** in regelmäßigen Abständen, mit jeweils einer Minute Unterbrechung, ein hörbares (akustisches) Zeichen (Rufen, Pfeifen) oder ein sichtbares (optisches) Signal (Blinken mit Taschenlampe) abgegeben.

  Dies wird solange wiederholt, bis eine Antwort erfolgt.
- Die Rettungsmannschaft antwortet mit **dreimaliger** Zeichengebung in der Minute.

Weitere Hilfezeichen sind das Auslegen von leuchtfarbenen Ausrüstungsgegenständen, wie Biwaksack oder Anorak.

Alpine Auskunft

Mündliche und schriftliche Auskunftserteilung in alpinen Angelegenheiten für Wanderer, Bergsteiger und Skitouristen

→ **Deutscher Alpenverein**

Montag bis Freitag von 8.30 bis 12.30 Uhr
D-8000 München 22, Praterinsel 5
Telefon (089) 29 49 40
[aus Österreich 06/089/29 49 40]
[aus Südtirol 00 49/89/29 49 40]

→ **Österreichischer Alpenverein**

Montag bis Freitag von 8.30 bis 12.00
und von 14.00 bis 18.00 Uhr
derzeit im Tiroler Landesreisebüro
A-6020 Innsbruck, Bozner Platz 7
Telefon (0 52 22) 2 41 07
[aus der BR Deutschland 00 43/52 22/2 41 07]
[aus Südtirol 00 43/52 52/2 41 07]

→ **Alpenverein Südtirol**
Sektion Bozen

Montag bis Freitag von 9 bis 12
und von 15 bis 18 Uhr
im Landesverkehrsamt für Südtirol - Auskunftsbüro
I-39 100 Bozen, Waltherplatz 8
Telefon (04 71) 2 18 67
[aus der BR Deutschland 00 39/471/2 18 67]
[aus Österreich 04/071/2 18 67]

4.2 Rettungswesen, Meldestellen für alpine Unfälle

Sämtliche Schutzhütten, die zumeist Telefonverbindung ins Tal besitzen, nehmen Unfallmeldungen entgegen.

Weiterhin existiert im Grödnertal eine Klettergruppe („Catores“), die ihre Hauptaufgabe in der behelfsmäßigen Bergrettung sieht. Die meisten Bergrettungen in der Sellagruppe werden von den Catores durchgeführt.

- Telefon: **Wolkenstein 7 66 36 bzw. 7 66 82**

Auch in Canazei existiert eine Meldestelle für alpine Unfälle, beim Bergrettungschef Fave Renzo, bzw. bei den Carabinieri.

- Telefon: **Canazei 6 12 60 bzw. 6 11 10**

Um einen schnellen Rettungseinsatz zu ermöglichen müssen die Angaben kurz und genau sein.

Man präge sich das „5-W-Schema“ ein:

- **WAS** ist geschehen? (Art des Unfalles, Anzahl der Verletzten)
- **WANN** war das Unglück?
- **WO** passierte der Unfall, wo ist der Verletzte? (Karte, Führer)
- **WER** ist verletzt, wer macht die Meldung? (Personalien)
- **WETTER** im Unfallgebiet? (Sichtweite)

4.3 Hubschrauberbergung

Der Einsatz von Rettungshubschraubern ist trotz modernster Technik immer noch von den Sichtverhältnissen abhängig.

Durch das Auslegen von roten Biwaksäcken oder Anoraks wird die Suche aus der Luft erleichtert. Bei Sichtverbindung sind Armzeichen bzw. farbige Leuchtzeichen folgender Art festgelegt:

Beide Arme schräg hoch
oder
grünes Lichtzeichen

= **JA** auf Fragen
Hier landen oder
Wir brauchen Hilfe

Linker Arm schräg hoch,
rechter Arm schräg abwärts
oder
rotes Lichtzeichen

= **NEIN** auf Fragen
Nicht landen oder
Wir brauchen
keine Hilfe

Für eine Landung ist zu beachten:

- Hindernisse im Radius von 100 m dürfen nicht vorhanden sein.
- Es ist eine horizontale Fläche von ca. 30 x 30 m erforderlich. Mulden sind für eine Landung ungeeignet.
- Gegenstände die durch den Luftwirbel des anfliegeden Hubschraubers umherfliegen können sind vom Landeplatz zu entfernen.
- Der anfliegende Hubschrauber wird mit dem Rücken zum Wind von einer Person in „Yes-Stellung" eingewiesen.
- Dem gelandeten Hubschrauber darf man sich nur von vorne und erst auf Zeichen des Piloten nähern.

5. Zum Gebrauch des Führers

5.1 Allgemeines zu den Routenbeschreibungen

- **UIAA-Richtlinien**

In diesem Führer werden die 1973 erschienenen Richtlinien der UIAA für Schwierigkeitsbewertung und Routenbeschreibung für **Kletterführen** angewendet, und sie kommen überall dort voll zum Tragen, wo genügend Informationen über eine Tour bei Erstellung des Führers vorlagen. Ideal wäre gewesen, wenn hierfür alle Touren unter gleichen Bedingungen mit Papier und Bleistift hätten begangen werden können, doch war dies angesichts der vielen Führen in drei Sommern nicht möglich. Daher dürfte in diesem Führer nicht nur die Schwierigkeitsbewertung an manchen Stellen aus dem angestrebten Rahmen fallen, sondern bei vielen Klettertouren reichte es auch nur zu einer knappen Beschreibung herkömmlicher Art mit angedeutetem Beschreibungskopf.

Bei jeder Führe wurde möglichst der Ort ihrer Erstveröffentlichung angegeben. Beschließt den Führentext keine besondere Quellenangabe, so fußt er entscheidend auf der Erstveröffentlichung oder einem der Führerwerke (Castiglioni bzw. Langes). Bei **Wanderungen, Hüttenzustiegen** und **Übergängen** konnte die Beschreibung meist bewußt kurz gefaßt werden, da die Wege in der Sellagruppe sehr gut markiert und stark ausgetreten sind.

- **Randzahlen**

Alle in sich abgeschlossenen Angaben wie Beschreibungen eines Berges, Wanderweges oder einer Kletterführe, aber auch die Bemerkungen zu Talorten und Hütten sind jeweils mit Randzahlen (R) gekennzeichnet. Querverweise beziehen sich allemal auf diese Randzahlen.

● **Routenbezeichnungen**

Wie allgemein üblich tragen die Führen geographische Bezeichnungen, also etwa „Südkante“; ziehen durch eine Wand mehrere Führen, dann werden sie durch geeignete Zusätze unterscheidbar gemacht, wie zum Beispiel „Südwand (Schubertführe)“. Im Falle von Gedächtnisführen oder sonstigen Widmungen wird im allgemeinen erst im Beschreibungskopf darauf hingewiesen.

● **Abstiegsbeschreibung**

Alle komplizierteren Normalwege, auf denen auch bevorzugt abgestiegen wird, sind zusätzlich als Abstieg beschrieben und tragen dieselbe Randzahl wie die Aufstiegsbeschreibung, vermehrt um den Buchstaben **A**; beispielsweise für den Abstieg auf dem Normalweg des Ersten Sellaturmes:

● 62 Normalweg

● 62A Abstieg auf dem Normalweg (R 62)

● **Varianten**

Varianten sind durch dieselbe Randzahl wie der Originalweg gekennzeichnet, jedoch vermehrt um a, b; beispielsweise für die SW-Kante des Ersten Sellaturmes:

● 65 Westkante (Stegerkante)

● 65b Linke Ausstiegsvariante zur Westkante (R 65)

● **Zeitangaben**

Diese beziehen sich auf die Distanz Ausgangspunkt — Zielpunkt. Für die kletterfreie Fortbewegung wird ein Durchschnittswert zugrunde gelegt, und zwar in der Ebene mit 5 km/h, für wandernden Aufstieg 400 Höhenmeter/h und 800 Höhenmeter/h im Abstieg.

● **Richtungsangaben**

Angaben wie „rechts“ und „links“ beziehen sich immer auf die Hauptfortbewegungsrichtung; um Unklarheiten zu vermeiden treten Bezeichnungen wie „nördlich“ oder „orogr.“ hinzu.

● **Skitouren**

Routen, die auch als Skitouren infrage kommen, tragen vor ihrer Randzahl einen Stern; beispielsweise:

★● 41 Von Pian Schiavaneis durch das Val Lasties zur Bamberger Hütte

5.2 Aufbau einer ausführlichen Routenbeschreibung

Eine **UIAA- gemäße Routenbeschreibung,** die überall in diesem Führer (also auch bei leichten Normalwegen und Steiganlagen) angestrebt wurde, hat folgendes Aussehen:

Am Anfang befindet sich der sogenannte Beschreibungskopf, der alle Charakteristika der Route (sofern bekannt) enthält. Weiter folgen in wenigen Sätzen der etwaige Verlauf der Führe und nach der Erläuterung des Zuganges (mit Zeitangaben) schließlich die Beschreibung der eigentlichen Führe, gegebenenfalls aufgeschlüsselt nach einzelnen Seillängen. Bei gewöhnlichen Wegen wurden oft Übersicht, Zugang, Führe unter der Überschrift Anstieg zusammengefaßt.

Im einzelnen:

- **Beschreibungskopf**

Der Beschreibungskopf enthält der Reihe nach folgende Angaben, sofern sie bei Erstellung des Textes bekannt waren:

Erstbegeher in alphabetischer Reihenfolge oder beginnend mit jenem, der das meiste geführt hat; nur bei Frauen wurde der Vorname ausgeschrieben. Ortsangabe der Erstveröffentlichung oder ersatzweise eine sehr frühe Veröffentlichung.

Die nun folgende **Schwierigkeitsangabe** in Fettdruck richtet sich nach der schwierigsten Stelle der Fahrt, so daß meistens noch weitere Daten zur Bewertung anschließen. Markante Schlüsselstellen oder -passagen (☍) werden eigens hervorgehoben. Danach folgen eine Charakterisierung der Kletterei in technischer als auch ästhetischer Hinsicht sowie Angaben über die Felsbeschaffenheit und landschaftlichen Eindrücke. Als nächstes wird festgehalten, wie beliebt die Führe ist. Es folgt die Angabe, ob sich alle notwendigen **Haken** in der Wand befinden, möglichst sogar zahlenmäßig aufgegliedert nach Zwischenhaken (ZH) und Standhaken (SH). Unabhängig davon sollte im übrigen jede Seilschaft ein ausgewogenes Haken-, Klemmkeil- und Schlingensortiment bei sich führen, das vor allem bei einer Verbesserung der Standplatzsicherung und in Notfällen Verwendung findet.

Gegebenenfalls erscheinen sodann einige kurze Empfehlungen für die **günstigste Jahreszeit** einer Begehung der Führe oder ob sie zum Beispiel nach Regenfällen gemieden werden sollte.

Besteht die Möglichkeit, einen Anstieg durch **Ausqueren** abzubrechen, wird diese nur erwähnt.

Die **Wandhöhen** basieren auf der AV-Karte (1:25 000) und stellen lediglich Näherungswerte dar. Die Seil- und in deren Folge die Klettermeter wurden geschätzt. Meterangaben im Verlaufe einer Führenbeschreibung sind stets Klettermeter; Höhenmeter sind als solche eigens hervorgehoben.

Die **Zeitangabe** am Schluß des Beschreibungskopfes bezieht sich nur auf die eigentliche Führe und muß als ein Mittelwert aufgefaßt werden, der bedeutend überschritten (Verhältnisse, Verhauer, . . .), doch auch wesentlich unterboten werden kann.

Hinweise auf den **Bildteil** des Führers beschließen gegebenenfalls den Beschreibungskopf.

● **Übersicht, Zugang**

Es folgt eine kurze Darstellung des etwaigen Verlaufs der Führe und ihres Zuganges. (Beides möge, eventuell zusammen mit dem Wandfoto, jenen Seilschaften genügen, die sich sorgen, ihr Routengespür verkümmere, wenn sie detaillierte Beschreibungen zu Rate ziehen.)

● **Führenbeschreibung**

Bei der Beschreibung der Route wurde auf größte Genauigkeit Wert gelegt und diese möglichst nach einzelnen Seillängen aufgeschlüsselt. Am Schluß des Textes einer jeden Seillänge findet man in Klammern ihre Länge in Klettermetern, ihren Schwierigkeitsgrad und das im Fels befindliche Material. Bisweilen wurden Schwierigkeitsangaben und einzelne Haken schon in den Text der einzelnen Seillängen eingearbeitet. Allerdings standen (wie schon oben erwähnt) bei den meisten Führen solche ausführliche Unterlagen nicht zur Verfügung.

Mancher Routenbeschreibung wurde eine **Anstiegsskizze** beigegeben. (Siehe auch Kap. 5.4 UIAA-Symbole für Anstiegsskizzen, S. 38/39.)

Es sei ausdrücklich darauf hingewiesen, daß sich die Angaben über die ZH und SH auf den Zeitpunkt der Begehung durch den Verfasser beziehen (1976/77/78).

5.3 Abkürzungen

a) Allgemeine Abkürzungen

Abb.	=	Abbildung
B.	=	Betten
bew.	=	bewirtschaftet
bez., Bez.	=	bezeichnet (markiert), Bezeichnung
CAI	=	Club Alpino Italiano
DuÖAV	=	Deutscher und Österreichischer Alpenverein 1873—1938
E	=	Einstieg
Inf.	=	Information
L.	=	Lager
M.	=	Matratzen
m	=	Meter

Min.	=	Minuten
orogr.	=	orographisch (in Richtung des fließenden Wassers)
SAT	=	Società Alpinisti Trentini
SL	=	Seillänge
Std.	=	Stunde(n)
Tb	=	Tourenbuch
⚷	=	Schlüsselstelle
⚷SL	=	Schlüsselseillänge
↓ 20 m	=	Abseilstelle von 20 m
UIAA	=	Union international des associations d'alpinisme

b) Abkürzungen für Haken u. ä.

H	=	Haken
AH	=	Abseilhaken
BH	=	Bohrhaken
RH	=	Ringhaken
SH	=	Standhaken
ZH	=	Zwischenhaken
HK	=	Holzkeil
H-Leiter	=	Hakenleiter
VH	=	Verhauerhaken
SU	=	Sanduhr und gleichwertige Felsbildungen

c) Abkürzungen von Himmelsrichtungen

N, O, S, W	=	Norden, Osten Süden, Westen
NO, NW	=	Nordosten, Nordwesten
SO, SW	=	Südosten, Südwesten

d) Abkürzungen für Zeitschriften u. ä.

Alp.	=	Alpinismus
Ann.SAT	=	Annali SAT
Apf.	=	Alpenfreund
A.V.	=	Le Alpi Venete
Bk.	=	Bergkamerad
Boll.	=	Bolletino CAI
B.SAT	=	Bolletino SAT
Bs.	=	Der Bergsteiger
Cas. 1937	=	Kletterführer „Odle, Sella, Marmolada" von E. Castiglioni, 1937
E.O.A.III	=	Erschließung der Ostalpen, Band III
F.Ba.	=	Festschrift der Sektion Bayerland
F.S.B.	=	Festschrift der Sektion Bamberg
Ggf.	=	Gebirgsfreund

Jb.A.A.V.M.	=	Jahresbericht des Akademischen Alpenvereins München
Jb.A.Kr.Bgg.	=	Jahresbericht A. Kr. Berggeist
Jb.HGB	=	Jahresbericht der HG Bergland (Wien)
Lan.	=	Langes-Kletterführer
Mt.	=	Mitteilungen des DuÖAV
Mt.D.A.Z.	=	Mitteilungen in der Deutschen Alpenzeitung
Ö.A.Z.	=	Österreichische Alpenzeitung
R.A.	=	Rassegna Alpina
Riv.	=	Rivista Mensile
Scp.	=	Lo Scarpone
Schl.	=	Der Schlern
Zt.	=	Zeitschrift des DuÖAV

5.4 UIAA-Symbole für Anstiegsskizzen

Siehe nebenstehende Skizze.

5.5 Die Schwierigkeitsbewertung nach UIAA

Soweit über eine Führe genügend Unterlagen zur Verfügung standen, wurden die UIAA-Richtlinien für Schwierigkeitsbewertung angewendet.

Es wird (soweit bei einer Führe bekannt) scharf zwischen freier und künstlicher Kletterei getrennt in dem Sinne, daß es sich hierbei um zwei völlig verschiedene und hinsichtlich der Schwierigkeiten kaum vergleichbare Fortbewegungsarten im Fels handelt. Insbesondere besagt zum Beispiel „VI/A1" nicht nur, daß effektiv Stellen des VIten Grades (in definitionsgemäß freier Kletterei) zu bewältigen sind, sondern daß sogar mehr im VIten Grad als im ebenfalls vorkommenden Grad A1 geklettert wird. Andererseits überwiegt bei „A1/VI" die künstliche Kletterei der Schwierigkeit A1 gegenüber den VIer Stellen. Das früher bei schweren Hakentouren oft verwendete „VI+/A3" (oder ähnliches) — manchmal brauchte in solch einer Tour kein Meter frei geklettert zu werden — konnte in diesem Führer aus Informationsmangel nicht überall durch eine zutreffendere Bewertung ersetzt werden und blieb daher mit einem entsprechenden Vermerk („nach Angaben der Erstbegeher" o. ä.) stehen.

Der allmählich sich durchsetzenden Maxime, möglichst ohne künstliche Fortbewegungshilfen zu klettern („Rotpunkt-Kletterei"), wurde nur dort in Form einer zweiten Bewertung Rechnung getragen, wo entweder entsprechende Informationen vorlagen oder sich bei einer „Bewertung vor Ort" keine allzu großen Schwierigkeitsverschiebungen ergaben.

UIAA-Symbole für Anstiegsskizzen

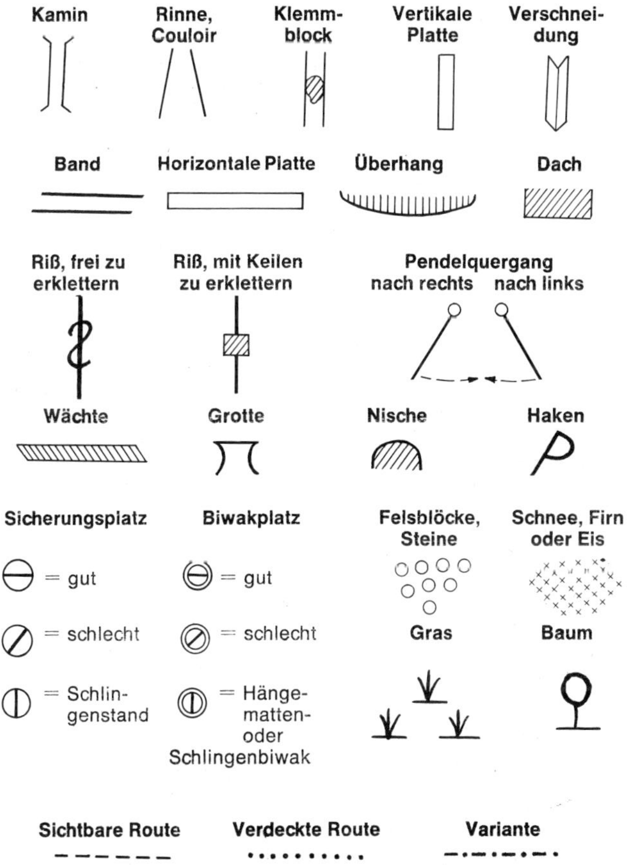

Nach Einführung des VII. Grades und der Öffnung der Schwierigkeitsskala nach oben im Mai 1979 durch die UIAA sind die Schwierigkeitsgrade wie folgt definiert:

I = Geringe Schwierigkeiten. Einfachste Form der Felskletterei (kein leichtes Geh-Gelände!). Die Hände sind zur Unterstützung des Gleichgewichtes erforderlich. Anfänger müssen am Seil gesichert werden. Schwindelfreiheit bereits erforderlich.

II = Mäßige Schwierigkeiten. Hier beginnt die Kletterei, die Drei-Punkte-Haltung erforderlich macht.

III = Mittlere Schwierigkeiten. Zwischensicherungen an exponierten Stellen empfehlenswert. Senkrechte Stellen oder gutgriffige Überhänge verlangen bereits Kraftaufwand. Geübte und erfahrene Kletterer können Passagen dieser Schwierigkeit noch ohne Seilsicherung erklettern.

IV = Große Schwierigkeiten. Hier beginnt die Kletterei schärferer Richtung. Erhebliche Klettererfahrung notwendig. Längere Kletterstellen bedürfen meist mehrerer Zwischensicherungen. Auch geübte und erfahrene Kletterer bewältigen Passagen dieser Schwierigkeit gewöhnlich nicht mehr ohne Seilsicherung.

V = Sehr große Schwierigkeiten. Zunehmende Anzahl der Zwischensicherungen ist die Regel. Erhöhte Anforderungen an körperliche Voraussetzungen, Klettertechnik und Erfahrung. Lange hochalpine Routen im Schwierigkeitsgrad V zählen bereits zu den ganz großen Unternehmungen in den Alpen und außeralpinen Regionen.

VI = Überaus große Schwierigkeiten. Die Kletterei erfordert weit überdurchschnittliches Können und hervorragenden Trainingsstand. Große Ausgesetztheit, oft verbunden mit kleinen Standplätzen. Passagen dieser Schwierigkeit können in der Regel nur bei guten Bedingungen bezwungen werden. (Häufig kombiniert mit künstlicher Kletterei: A0 bis A4).

VII = Außergewöhnliche Schwierigkeiten. Ein durch gesteigertes Training und verbesserte Ausrüstung erreichter Schwierigkeitsgrad. Auch die besten Kletterer benötigen ein an die Gesteinsart angepaßtes Training, um Passagen dieser Schwierigkeit nahe der Sturzgrenze zu meistern. Neben akrobatischem Klettervermögen ist das Beherrschen ausgefeilter Sicherungstechnik unerläßlich.

Ab dem Schwierigkeitsgrad III gelten die Zwischenstufen „—“ und „+“ für die untere und die obere Grenze eines Schwierigkeitsgrades.

Im „90-m-Quergang“ der Micheluzziführe (R 130) ►

Routen-Vergleichstabelle für die Schwierigkeitsgrade I bis VI (freie und vorwiegend freie Kletterei)

	Südliche Kalkalpen Sellagruppe	Nördliche Kalkalpen Wilder Kaiser
I	Erster Sellaturm, Normalweg R 62	Karlspitzen vom Ellmauer Tor
II	Zehner, Normalweg R 491	Scheffauer, Nordwand (Leuchsführe)
III	Dritter Sellaturm, Südwestwand (Jahnweg) R 92	Ellmauer Halt, Kopftörlgrat
IV—	Pordoispitze, Südpfeiler (Maria-Kante) R 632	Ellmauer Halt, Südwandschlucht
IV	Pordoispitze, Westwand (Fedeleführe) R 617	Predigtstuhl, Nordkante
IV+	Boèseekofel, Südostwand (Castiglioni) R 481	Predigtstuhl, Westwand (Dülferführe)
V—	Dritter Sellaturm, Westwand (Vinatzerführe) R 97	Christaturm, Südostkante (A0)
V	Piz de Ciavazes, Südostkante (Abram) (A0), R 137	Fleischbank, Ostwand (Dülferführe) (A0)
V+	Piz de Ciavazes, Südwand (Micheluzziführe) (A0), R 130	Fleischbank, Südostwand (Wießner/ Rossi-Führe) (A0)
VI—	Erster Sellaturm, Tissiführe (A0), R 67	Bauernpredigtstuhl, Lucke/Strobel-Riß (A0)
VI	Piz de Ciavazes, Südwand (Groß/Rizzi-Führe) (A2), R 129	Fleischbank, Ostwand (Schmuck-Kamin)

Nördliche Kalkalpen

	Wetterstein	Karwendel
I	Hochblassen, Normalweg	Speckkarspitze, Normalweg
II	Musterstein, Westgrat	Risser Falk, Normalweg
III	Dreitorspitze, Ostwand	Lamsenspitze, Südwand (Barthkamin)
IV—	Musterstein, Südwand (Hannemannführe)	Kleiner Solstein, Nordostwand
IV	Waxenstein, Zwölferkante	Nördliche Großkarspitze, Nordwestwand
IV+	Oberreintalturm, Südwestkante	Lalidererspitze, Nordkante (Herzogkamin)
V—	Scharnitzspitze, Südwand (Hannemannführe) (A0)	Lamsenspitze, Gerade Nordwand (A0)
V	Scharnitzspitze, Südwestkante (A0)	Laliderer, Nordwand (Dibonaführe) (A0)
V+	Schüsselkarspitze, Südwand (Herzog/Fiechtl-führe) (A0)	Grubenkarspitze, Nordpfeiler (Rebitsch-Führe) (A0)
VI—	Scharnitzspitze, Dir. Südwand (Spitzenstätter/Baldaufführe) (A0)	Lalidererspitze, Nordwand (Auckenthaler-führe) (A0)
VI	Hochblassen, Nordpfeiler (A1)	Lalidererspitze, Nordwand (Rebitsch/Spieglführe) (A1)

Routen-Vergleichstabelle für die Schwierigkeitsgrade A0 bis A2 (teilweise und vorwiegend künstliche Kletterei)

	Südliche Kalkalpen Sellagruppe	Nördliche Kalkalpen Wilder Kaiser
A0	Pordoispitze, Südostkante (Abram) (V), R 137	Fleischbank, Südostwand (Wießner/ Rossiführe) (V+)
A1	Piz de Ciavazes, Zeniverschneidung (V+), R 124	Predigtstuhl, Direttissima (VI—)
A2	Piz de Ciavazes, Via Italia 1961 (V), R 125	Fleischbank, Ostwand (Scheffler/ Siegertführe) (VI—)

Anmerkung zu den Vergleichstabellen:

Der Schwierigkeitsvergleich bezieht sich **nicht** auf die Länge, die Höhenlage und die Wetterexponiertheit der Routen, sondern nur auf die klettertechnischen Schwierigkeiten.

6. Versuch einer Rangordnung schönster Routen in den drei Schwierigkeitsbereichen (I/II; III/IV; V/VI und schwieriger)

Unter der Vielzahl der Führen dieses Gebietes finden sich einige, die weithin wegen ihrer Schönheit sowie leichten Erreichbarkeit bekannt sind und alljährlich häufig begangen werden. Neben diesen sogenannten Modetouren gibt es aber auch eine ganze Reihe wohl wenig bekannter, aber keineswegs weniger schöner Unternehmungen, die teilweise im folgenden zusammen mit einigen Modetouren aufgelistet sind.

● **Wanderungen, Klettersteige**

Dem Wanderer möge vor allem die Besteigung des Piz Boè vom Tale aus auf einem der ostseitigen Wege **(R 49** in Verbindung mit **R 551** oder **R 552)** empfohlen werden, sehr eindrucksvoll ist aber auch ein Besuch der Pisciaduspitze **(R 379)** sowie des Boèseekofels **(R 472)** über deren

	Nördliche Kalkalpen Wetterstein	Karwendel
A0	Schüsselkarspitze, Südwand (Herzog/Fiechtl-führe (V+)	Lalidererwand, Nordwand (Auckenthaler-führe) (VI—)
A1	Schüsselkarspitze, Südwand (Wersinführe) (V+)	Martinswand, Spitzenstätter/ Troierführe (VI—)
A2	Schwarze Wand, Golikowführe (VI)	Grubenkarspitze, Dir. Nord-ostwand (Baumann/ Wimmerführe) (VI—)

Normalwege. Herrliche Rundblicke bietet der Weg über die wenig ausgeprägten Gipfel am Rande der Hochfläche zwischen dem Piz Selva und der Gemsscharte. Wer besonders gern zwischen aufsteilenden Wänden geht, wird das Val Lasties **(R 36, R 41)** sowie das Mittagstal **(R 40)** nicht auslassen und vielleicht beide zu einer Durchquerung der Sella mit einer Boèbesteigung verbinden. Entsprechend Geübte sollten wenigstens über einen der beiden begeisternden Eisenwege (Pößneckerweg **[R144]** oder Pisciadusteig **[R 345]**) in die Sellagruppe eintreten.

● **Schwierigkeitsbereich I/II**

Im unteren Schwierigkeitsbereich (Grade I und II), dem letztlich die beiden Eisenwege auch angehören, trifft man kaum auf Touren, die sich als selbständige Bergfahrten lohnen. Denn sie sind meist schuttbedeckt und brüchig, sie dienen daher höchstens als Abstieg. Die Normalwege der beiden ersten Sellatürme **(R 62, R 78)** weisen den Schwierigkeitsgrad I auf und können als Kleinsttouren durchaus empfohlen werden. Schließlich sei eine Begehung des Gamsbandes am Piz de Ciavazes **(R 111 b)** empfohlen.

● **Schwierigkeitsbereich III/IV**

Im mittleren Schwierigkeitsbereich (Grade III und IV) dagegen könnte man eine ganze Fülle ausgesprochen schöner Touren aufzählen. Als Beispiele mögen genannt werden:

Überschreitung der ersten drei Sellatürme **(R 65, R 62 A, R 85, R 79 A, R 92, R 91 A)** mit Stellen IV, doch meist leichter;

Dritter Sellaturm: NW-Grat **(R 95)** mit Stellen IV, sonst III und leichter;

Boèseekofel: W-Wand (Dibona) **(R 475)** mit Stellen IV—, untere Hälfte der recht langen Tour I und II,

Boèseekofel: SO-Wand (Castiglioni) **(R 481),** IV+;

Neuner: O-Wand **(R 507),** IV+ bei trockenen Verhältnissen;

Pordoispitze: NW-Wand (Fedele) **R 617),** IV, sehr lange Tour,

Pordoispitze: SW-Wand (Via della Galleria) **(R 627),** IV.

● **Schwierigkeitsbereich V/VI**

Auch im oberen Schwierigkeitsbereich (Grade V und VI) ließen sich viele schöne und lohnende Unternehmungen nennen, von denen die straßennahen meist bekannt sind. Einige Beispiele auch weniger bekannter Touren:

Erster Sellaturm: WSW-Kante (Tissiführe) **(R 67),** VI—,

SW-Wand (Schoberführe) **(R 68),** VI—/A1 oder VII—;

Zweiter Sellaturm: N-Wand (Kasnapoff-Führe) **(R 82),** einige Stellen V—, sonst leichter,

Dir. N-Wand (Messnerführe) **(R 80),** V+, überwiegend V;

Piz de Ciavazes: SW-Verschneidung (Vinatzerführe) **(R 120),** V+/A0,
S-Wand (Micheluzziführe) **(R 130),** V+/A0,
S-Wand (Schubertführe) **(R 131),** einige Stellen VI— und A1,
SSW-Kante (Via Italia) **(R 125),** A2/V, obere Hälfte freie Kletterei;

Murfreidspitze: N-Wand („Schiefer Tod") **(R 290),** V— (eine Stelle), sonst leichter;

Bec de Mesdi: SO-Wand (Castiglioniführe) **(R 405),** V (eine Stelle), sonst leichter;

Zehner: Dir. SO-Wand **(R 497),** V;

Pordoispitze: NW-Wand (Via Niagara) **(R 616),** V+ (eine Stelle), sonst V und leichter. (Diese Tour stellt aber weitaus höhere Anforderungen an den Begeher als z. B. R 131.)

II. Täler und Talorte, Wanderungen im Talbereich

1. Fassatal

● 1 **Canazei,** 1465 m

Der Ort Canazei (I-38032; Tel.-Vorwahl 0462) mit seinen Fraktionen Alba und Penia im Talschluß des ladinischen Fassatales liegt zwischen drei der berühmtesten Berggebiete der Dolomiten, nämlich zwischen der Sella-, Langkofel- und Marmoladagruppe. Dieser sommers wie winters stark besuchte Touristenplatz wird am bequemsten durch das Fassatal erreicht.

Die etwa 1500 Einwohner zählende Gemeinde (zusammen mit **Alba** und **Penia)** ist mit Hotels, Pensionen und Gasthäusern sehr gut ausgestattet und besitzt ein Hallenbad sowie einen großen Campingplatz nahe dem Avisio, am Ortsende Richtung Alba. An der Nordseite der Marmolada wird auch im Sommer Ski gelaufen. Geschäfte aller Art (insbesondere Lebensmittel und Bergsportbedarf), eine Apotheke, das Post- und Telegrafenamt im Zentrum sowie ein Touristenbüro (Tel. 61113) ergänzen das Angebot. Einige Ärzte sind dauernd, ein Zahnarzt zweimal in der Woche am Ort.

Die **Bergrettung** wird von Favè Renzo, **Tel. 61260,** oder von den **Carabinieri, Tel. 61110,** wahrgenommen.

Canazei stellt nicht nur für die sommerliche Sella einen bevorzugten Standort dar, sondern übt auch auf die Pistenskiläufer und die wenigen Winterkletterer eine beträchtliche Anziehungskraft aus. Entsprechende Seilbahnen und Lifte sind in überreichem Maße vorhanden. Für die Alpinisten haben vor allem die Anstiegshilfen Canazei — Belvedere (via Pecol) und Pordoijoch — Pordoispitze eine gewisse Bedeutung.

Obwohl alle **Spaziergänge und Ausflüge von Canazei** nicht im Gebiet der Sellagruppe verlaufen, mögen hier trotzdem zwei erwähnt werden, da sie hübsche Ausblicke auf die Gruppe erlauben.

● 2 Val Mortic — Pian Frataces — Pian Schiavaneis. 1½ Std.

Von der Kirche S. Floriano in Canazei auf dem Weg Nr. 647 zur Sägemühle am **Rio Antermont** und über die Brücke. Nach einer kurzen, steilen Stelle immer sanft ansteigend neben dem Bach bis nach Mortic (Sitzbank und Marterl, 1660 m). Fast eben weiter zu verfallenen Häusern, über eine Brücke und längs des Baches auf halber Höhe zu einem aufgelassenen Kraftwerk. Nach einem kurzen Waldstück schräg unterhalb der Straße zu den Gebäuden auf Pian Frataces (**Rifugio Lupo Bianco,** 1727 m). Am Ende des geraden Straßenstückes verläßt man die Straße nach links und umgeht so deren weite Kurven, um sie bei der Straßengabel Canazei — Sellajoch — Pordoijoch wieder zu erreichen. Die folgende Haarnadelkurve wird links vermieden, und nach wenigen Schritten gelangt man zu den Gasthäusern auf Pian Schiavaneis (Rifugio Monti Pallidi, Rifugio Pian Schiavaneis, 1880 m).

● **3** **Col Rodella.** 3 Std.

Von Canazei-Gries auf dem Weg Nr. 530 orogr. links des Baches ein Stück bergan, sodann über die Brücke und nach **Soracrepa** mit der Kirche Madonna della Neve. Steil im Bereich des Baches weiter bis zu dessen Beginn. Nun westwärts zum auffälligen Col Rodella (2486 m).

Größere Wanderungen von Canazei aus in die eigentliche Sellagruppe sind unter **III. Hütten und Hüttenwege** sowie bei den Gipfeln selbst zu finden.

● **4, 5** frei für Nachträge

2. Buchensteiner Tal

● **6** **Arabba,** 1605 m

Diese nur knapp 200 Einwohner zählende, stille Ortschaft (I-32020) im westlichsten Zipfel des ladinischen Buchenstein (ital. **Livinallongo)** liegt zwischen der Sella-, Fanes- und Marmoladagruppe unmittelbar an der Sella-Ringstraße.

Man erreicht Arabba entweder über die Sella-Ringstraße oder direkt von Osten durch das Buchenstein; mit Cortina d'Ampezzo besteht eine Busverbindung.

Seit Errichtung einiger Seilbahnen bzw. Lifte herrscht hier im Winter ein reger Betrieb.

Als besonders lohnende Ziele für den Bergwanderer seien eine Besteigung des **Piz Boè** (R 548) sowie ein Besuch der **Porta Vescovo,** 2516 m, und des **Padon-Passes,** 2369 m, auf der Marmolada-Seite empfohlen.

● **7, 8** frei für Nachträge

3. Gadertal

● 9 Corvara, 1575 m, Colfuschg, 1615 m

Diese beiden berühmten Orte (I-39033 bzw. I-39030; Tel.-Vorwahl 0471) bilden zusammen mit dem dazwischen geschobenen **Pescosta** die Gemeinde Ladinia (amtl. **Kurfar).** Sie besitzt etwa 1000 Einwohner und liegt im zweigeteilten, großräumigen Talschluß des Gadertales nordöstl. der Sellagruppe direkt an der Sella-Ringstraße. Am bequemsten erreicht man die Orte von N durch das Gadertal (Omnibusverbindung).

Neben einer stattlichen Zahl von Hotels, Pensionen und Gaststätten gibt es ein Hallenbad und einen Campingplatz, der im südöstl. Teil von Colfuschg liegt. Geschäfte aller Art, Apotheke, Post- und Telegraphenamt sowie Touristenbüros (Corvara, Tel. 83176; Colfuschg, Tel. 83145) ergänzen das Angebot. Corvara und Colfuschg (ital. **Colfosco)** erfreuen sich nicht nur im Sommer großer Beliebtheit, sondern werden auch im Winter stark besucht; für letzteres sorgt eine Reihe von Bergbahnen bzw. Liften, die das Gebiet zwischen Grödner Joch und Campolongopaß überspannen.

Spaziergänge und Ausflüge von Corvara-Colfuschg.

Der breite Talboden erlaubt eine ganze Reihe hübscher Spaziergänge, aber auch nicht allzu anstrengende Wanderungen auf die umliegenden Hochwiesen und Gipfel sind sehr lohnend. Eine kleine Auswahl möge hier erwähnt werden.

● 10 Colfuschg — Pescosta. 1½ Std.

Von Corvara, in der Nähe des Bursèhofes beginnend, wandert man leicht ansteigend auf hübschem Weg (einmal den Trimmpfad berührend) am Rande der Sella zu einer Wegkreuzung nahe der Brücke, die südl. von Colfuschg den Pisciadubach übersetzt. Jenseits der Brücke führt ein steiniger Weg zur Straße Corvara — Grödner Joch hinauf, die inmitten von Colfuschg erreicht wird. Auf dieser Straße etwas in Richtung Corvara, bis man sie nach links verlassen und auf einer Seitenstraße zu Füßen des Sass Songher den Ort Pescosta gewinnen kann. Nun in südöstl. Richtung zurück nach Corvara.

● 11 Col Pradat. 1 Std.

Vom Gasthof Col Alto in Pescosta geht man auf der nach Colfuschg führenden Straße zu den Höfen von **Mersa** und steigt dann mittels eines gut markierten Weges rechts des Mersa-Tales bis nördl. des Col Pradat hinauf; 1997 m. Scharf links einbiegend erreicht man rasch das etwas höher liegende Col-Pradat-Haus (2036 m).

● **12 Grödner Joch.** 2 Std.

Von Colfuschg steigt man auf dem Weg Nr. 4 bis kurz oberhalb der letzten Häuser des Ortes und nimmt dann einen gut markierten Weg zur Linken. Bald erreicht man auf einem Weglein die Almen von Fordellas nordwestl. oberhalb von Colfuschg, um nun in südwestl. bis westl. Richtung durch Wiesen und Latschen auf schönem Aussichtsweg (Sellagruppe!) die Cir-Alm in unmittelbarer Straßennähe zu gewinnen. Mit wenigen Schritten zur Straße und zum Grödner Joch, 2125 m.

● **13 Boèsee.** 2½ Std.

a) Man steigt vom Bursèhof in Corvara über Grashänge und durch Waldstücke teils recht steil auf dem Weg Nr. 639 bis zu der Stelle in etwa 1800 m Höhe, wo von rechts der Weg Nr. 645 dazustößt.

b) Etwa vom Hotel Zentral in Colfuschg geht man nach S auf einem Fahrweg zur Brücke hinab, die über den Pisciadu-Bach führt, und nimmt jenseits den steil links aufwärts führenden Weg Nr. 645, der durch Wald zum Höhenrücken **Crep de Sella** leitet. Teils eben hin, teils fallend gelangt man anschließend zur Vereinigung mit dem Weg Nr. 639.

Nun gemeinsam durch hübschen Baumbestand und Latschen zum geschändeten Gelände der Pistenrampen im Bereich der Bergstation des **Crep de Mont**; 2198 m. Von dieser Bergstation den Markierungen (Nr. 638) folgend gelangt man bald zum kleinen Boèsee in einer hübschen Bucht zu Füßen des Ostrückens des Boèseekofels.

Weiter ausgreifende Wanderungen beginnend in Corvara bzw. Colfuschg sind unter **III. Hütten und Hüttenwege** sowie bei den Gipfeln selbst zu finden.

● **14—16** frei für Nachträge

4. Grödnertal

● **17** **Wolkenstein,** 1563 m

Das langgezogene Wolkenstein (I-39048; Tel.-Vorwahl 04771) liegt im Talschluß des berühmten Grödnertales und wird im O von der Sella-, im N von der Geisler- und im S von der Langkofelgruppe eingeschlossen. Besonders viele Gäste finden sich im Winter ein, die fast ausschließlich durch das Grödnertal anreisen; der regelmäßige Omnibusverkehr nimmt denselben Weg, die Eisenbahn wurde vor Jahren aufgelassen. Eine bestens ausgebaute Bergstraße bindet Wolkenstein (lad. **Selva)** an die Sella-Ringstraße an.

Der gut 2000 Einwohner zählende Ort ist mit Hotels, Pensionen, Gaststätten und Ferienwohnungen sehr gut ausgestattet, ein öffentliches Hallenbad befindet sich im Bau (1978). Bemerkenswert sind im **Haus der Kultur „Oswald von Wolkenstein"** die Volkstumsbibliothek, in der näheren Umgebung von Wolkenstein die gleichnamige Ruine sowie die **Fischburg.**

Geschäfte aller Art, eine Apotheke, das Post- und Telegraphenamt sowie ein Verkehrsamt (Tel. 75122) an der Hauptstraße ergänzen das Angebot. Mehrere Ärzte sind am Ort, Zahnärzte finden sich im nahen St. Ulrich. Das **Rote Kreuz** kann man unter Tel. 77000, die Polizei unter Tel. 75139 erreichen.

Auch Wolkenstein wartet mit einer großen Zahl von Liften bzw. Seilbahnen und Pisten auf, denen hinsichtlich der Sella-Touristen keine besondere Bedeutung zukommt.

Spaziergänge und Ausflüge von Wolkenstein.

Die Umgebung von Wolkenstein ist durch zahlreiche Wege erschlossen, die an geeigneten Stellen mit Bänken versehen sind. Besonders werden die kurzen Spazierwege zur Ruine Wolkenstein und zur Fischburg empfohlen.

● **18 St. Ulrich.** Ca. 10 km.

Auf der früheren Bahnlinie beim Ortsteil Plan beginnend wandert man durch das Zentrum von Wolkenstein nach St. Christina und schließlich nach St. Ulrich.

● **19 St. Christina über die Fischburg.** 1½ Std.

Vom Zentrum Wolkensteins führt ein Weg südl. des Grödnerbaches durch Wald zum Ortsteil Selva und weiter zur Fischburg. Von dort gelangt man nach dem nahen St. Christina.

● **20 Plan de Gralba/Kreuzboden.** 2½ Std.

Vom Zentrum Wolkensteins wandert man auf einem schattigen Weg westl. des Baches zum Ortsteil Plan und sodann weiter bis Plan de Gralba (Gasthaus, 1800 m).

★● **21 Grödner Joch.** 2 Std.

Von der zweiten Haarnadelkurve oberhalb des Ortsteiles Plan steigt man auf einem steinigen Ziehweg (Nr. 654) durch Wald — anfangs rechts des Baches, später links von ihm — in das Wiesengelände von **Plan Frea** empor und von dort weiter zur Straße. Bald erreicht man das Grödner Joch (Gasthäuser, 2121 m).

● **22—24** frei für Ergänzungen

III. Hütten und Hüttenwege

Die Erstellung von Hütten in der Sellagruppe begann um die Jahrhundertwende und reicht bis in die siebziger Jahre. Mit Ausnahme der Ostsella, wo die Vallon-Hütte entstehen sollte, aber wegen der Veränderungen infolge des Ersten Weltkrieges nun ein Ruinendasein fristen muß, ist die gesamte Gruppe mit bergsteigergemäßen Unterkünften gut ausgestattet. Zudem lassen sich alle Touren ohne weiteres vom Auto bzw. der Straße aus angehen. Längere Zustiege erfordern nur die Touren im Osten.

● 25 Sellajoch-Haus, 2176 m

Im Jahre 1904 von der Sektion Bozen des DuÖAV erbaut; nach dem Ersten Weltkrieg nahm es der CAI als „Kriegsschadenersatz" an sich. Das Haus, welches längst den Charakter einer Bergsteigerunterkunft verloren hat, steht direkt neben der Sella-Ringstraße auf der Grödner Seite, wenig unterhalb deren höchster Stelle. 52 B., 31 Doppelzimmer und 14 M. im Nebenhaus, geöffnet und bew. außer zwischen Ende Oktober und Anfang Dezember sowie in der Zeit zwischen zwei Wochen nach Ostern und Anfang Juni. Das Nebenhaus bleibt im Winter geschlossen. Einige Lifte in unmittelbarer Hausnähe. **Telefon: 0471/75136.** Schöner Blick zum Langkofel, zur Fünffinger- und Grohmannspitze, im O die Sellagruppe mit ihren Westabstürzen, im NO (links des Großen Murfreidturmes) die Puezgruppe. Aus dem Bereich des Sellajoches begeht man vor allem Touren an den Sellatürmen und am Piz de Ciavazes (sowie in der Langkofelgruppe).

● 26 St. Christina — Forcella Piz Sella — Sellajoch-Haus. 3—4 Std.

Von Monte Pana oberhalb St. Christina auf dem Weg Nr. 528 wenig ansteigend in das Tälchen des Rio Ampezzano und orogr. links des Baches bis auf knapp 2000 m empor. Nun linkshaltend (gemeinsam mit Weg Nr. 526) in die Forcella Piz Sella (Rifugio Comici, 2153 m). Unterhalb der NO-Wand des Langkofels in sanftem Auf und Ab zur Steinernen Stadt (großes Blockfeld) und jenseits zum nahen Haus.

● 27 Von Canazei durch das Val Salei zum Sellajoch-Haus. 2 Std.

Wie bei R 2 auf dem Weg Nr. 647 nach Mortic und weiter linkshaltend in das Val Salei (Weg Nr. 655). Auf 2058 m nach rechts über den Bach, dann zum Gasthaus Valentini (2201 m) und auf einem Fahrweg zur Sella-Ringstraße knapp oberhalb des Hauses.

Val Lasties vom Piz Boè ►

Grohmann-
spitze
Langkofel
Piz Selva
Piz ce Ciavazes
Piz Lasties
Colonna
Torre del Siella
Sellajochhaus
Piz del Siella
Piz de Roces
Torre de Roces
Val del Siella
Col Alton
Val Lasties

● 28 **Friedrich-August-Hütte,** 2298 m

Im Jahre 1974 von E. Kaßlatter aus Wolkenstein erbaut. Privates Schutzhaus in sehr ruhiger Lage, etwa 200 m westl. des Rodella-Sattels am Friedrich-August-Weg. 16 B., 15 M., von Anfang Juni bis Mitte Oktober und von Mitte Dezember bis Ende April bew., elektr. Licht. Vom Sellajoch-Haus (R 25) wenige Schritte über die Sella-Ringstraße hinauf und rechts (Wegzeiger, Nr. 4/617) dem Friedrich-August-Weg nach zur Hütte jenseits des Rodella-Sattels; ½ Std.

● 29 **Rifugio Monti Pallidi,** 1877 m

Privates Schutzhaus unmittelbar an der Sella-Ringstraße zu Füßen der W-Wand der Pordoispitze. 25 B.; auch HP, VP. Fast das ganze Jahr über bew. **Öffentliches Telefon.** Der Stützpunkt dient vor allem für Touren am Piz de Ciavazes, im Val Lasties und an der Pordoispitze. Telefon: **0462/61337.** Besitzer: I. Nemela, Canazei (Tel. 61519).

● 30 **Rifugio Pian Schiavaneis,** 1877 m

Privates Schutzhaus unmittelbar neben dem Rif. Monti Pallidi (R 29). 8 B., fast das ganze Jahr über bew. **Telefon: 0462/61338.**

Blick vom Pian Schiavaneis in das Val Lasties ►
Torre del Siella
R 165 Normalweg
R 169 Trenkerführe
R 171 SO-Kante

Torre del Siella
169
171
Piz del Siella
Torre de Roces
165
RISTORANTE

● 31 **Rifugio Tita Piaz,** 1933 m

Private Pension auf Pecol, in der Nähe der Zwischenstation der Kabinenbahn Canazei — Col de Ross. 18 B., ganzjährig bew. **Telefon: 0462/61223.** Besitzer: Fam. Riz.

● 32 **Col di Lana,** 2239 m

Privates Hotel auf dem Pordoijoch. 67 B., ganzjährig bew. **Telefon: 0462/61277.** Besitzer: Fam. Giambisi-Bruneri.

● 33 **Rifugio Forcella Pordoi,** 2848 m

Privates Hüttchen in der Pordoischarte. 7 B. Von Ende Juni bis Ende September bew. Bergführer vorhanden. Besitzer: G. Bernard, Pozza di Fassa.

● 34 Pordoijoch — Rif. Forc. Pordoi. 1½—2 Std.

Rechts der Seilbahnstation (Weg Nr. 627) über einen grünen Rücken, dann auf gutem Fußweg (Quelle links unterhalb) in flacheres Gelände. Bald steiler rechts an einer Felsinsel vorbei in die große Geröllhalde, die vom Wandfuß und der Scharte herabzieht. Mühsam im Zickzack dem Steig folgend zur Pordoischarte (links einige Drahtseilversicherungen) und in wenigen Schritten zur Hütte.

● 35 Pordoispitze — Rif. Forc. Pordoi. 10 Min.

Siehe R 607 A.

★● 36 Von Pian Schiavaneis durch das Val Lasties und den Langen Graben zum Rif. Forc. Pordoi. 2½—3 Std.

Von Pian Schiavaneis auf der Sella-Ringstraße etwa 200 m Richtung Sellajoch bis zu einem sehr großen Findling. Nun nach rechts auf dem breiten Fahrweg unmittelbar rechts des Bachbettes über offenes Gelände einwärts, bis rechts durch Latschen und Baumbestand ein anfangs schlecht erkennbarer, markierter Weg (Nr. 647) gegen die W-Wand der Pordoispitze hochgeführt. Am Fuße der eindrucksvollen Wandflucht linkshaltend, dann in Serpentinen empor auf die erste Flachstufe des Val Lasties (**Pian del Siella,** 2320 m). Hier trifft man auf den Weg Nr. 656, der von der Haarnadelkurve bei Km. 33,5 am Fuße der S-Wand des Piz de Ciavazes heraufkommt. Diesem Wege nach auf die nächste Flachstufe (**Pian de Roces,** 2500 m) und nun durch den Langen Graben unmittelbar östl. der Pordoispitze in südl. Richtung zur Scharte und Hütte.

● 37 **Bergstation Maria,** 2952 m

Auf dem Gipfel der Pordoispitze. 7 B. Ganzjährig bew. **Telefon: 0462/61178.** Die herrliche Aussicht ist unter R 606 angedeutet. Diese

Bergstation vermittelt auf Grund der Kabinenbahn, die in 4 Min. vom Pordoijoch herauffährt, den bequemsten Zugang zur Sellahochfläche. Natürlich kann man sie auch zu Fuß, nämlich über R 34 bzw. R 36 jeweils zusammen mit R 607, erreichen.

● 38 Bamberger oder Boèhütte, 2952 m

In den Jahren 1893/94 unter großen Mühen von der Sektion Bamberg des DuÖAV errichtet, 1907/08 erheblich erweitert und umgebaut. Nach dem Ersten Weltkrieg, in dessen Verlauf die Hütte starken Schaden erlitt, nahmen sie die Italiener an sich und überantworteten sie der SAT, die das Gebäude wieder in Ordnung brachte. Die Eigentümer heißen heute CAI-SAT. Die vielbesuchte Hütte steht auf der Sellahochfläche am NW-Fuß des Piz Boè, nahe des oberen Einganges zum Mittagstal. 22 B., 38 M., 10—12 Notlager, von Juli bis 20. September bew., stets offener Winterraum mit 4 M., Decken und Herd. **Telefon: 0471/83217.** Pächter: Pia Spinel, Fontanazzo di Fassa.

Die Hütte dient vor allem als Stützpunkt für eine Besteigung des Piz Boè, für Wanderungen auf der Sellahochfläche und Klettertouren an den Bergen, die orogr. links das Mittagstal flankieren. Alle Zugänge sind landschaftlich von besonderem Reiz und viel begangen, so daß sich daher schon ein Besuch der Hütte lohnt. Es ist zu beachten, daß bei ungünstigen Verhältnissen (etwa Neuschnee und Nebel) Orientierungsprobleme auf der Hochfläche auftreten können.

★● 39 Vom Pordoijoch zur Bamberger Hütte. 2½—3 Std.

Entweder wie bei R 34 oder R 35 zur Pordoischarte und auf dem Weg Nr. 627 ziemlich eben in Richtung Piz Boè weiter. Man schwenkt bald nach N ein (geradeaus zum Piz Boè) und steigt über einige Felsstufen zu einem Plateau am Fuße der W-Flanke des Piz Boè hinauf. In westl. Richtung (Stangenmarkierung), gegen Schluß ein wenig absteigend, zur Hütte.

★● 40 Von Colfuschg durch das Mittagstal zur Bamberger Hütte. 3½—4 Std.

Wie bei R 13 über den Pisciadubach, nun aber scharf rechts auf breitem Weg (Nr. 651) leicht ansteigend zum Beginn des Mittagstales **(Val de Mesdi).** In vielen Serpentinen orogr. rechts des Baches steil empor in den flachen Mittelteil (hier Abzweigung des Weges Nr. 676 zur Pisciaduhütte) und durch diesen inmitten einer herrlichen Szenerie zum steilen, oft vereisten Schlußstück, das zur Sellahochfläche und Hütte führt. (Siehe Abb. Seite 259)

★● **41 Von Pian Schiavaneis durch das Val Lasties zur Bamberger Hütte.** 2½—3 Std. (Siehe Abb. Seite 370)

Wie bei R 36 auf dem Weg Nr. 647 zu Pian de Roces und flach in nordöstl. Richtung zu einem schuttigen Steilaufschwung östl. der Torre de Roces, der in vielen Serpentinen überwunden wird. Auf etwa 2650 m Höhe betritt man wieder flacheres Gelände, auf dem man sich nach O wendet und über Schutt und Platten die Forcella d'Antersass (2830 m) gewinnt. Weiter wie bei R 52.

● **42** **Capanna Fassa,** 3152 m

In den Jahren 1968/69 von L. Bernard aus Pozza di Fassa zusammen mit seinen beiden Söhnen erbaut. Das kleine, private Hüttchen steht auf dem Gipfel des Piz Boè. 4 B., vom 1. Juli bis Ende September einfach, doch ausreichend bew. Kerzen- und Petroleumlicht. Die umfassende Aussicht ist unter R 548 (Piz Boè) beschrieben.

● **43 Vom Rifugio Forcella Pordoi zur Capanna Fassa.** 1 Std.

Auf dem Weg Nr. 627 ziemlich eben in Richtung Piz Boè und gerade weiter (nach links zur Bamberger Hütte) an den Beginn des SW-Rückens, über den man teilweise in ganz leichter Kletterei den Gipfel und damit das Hüttchen erreicht.

Die drei übrigen Zugänge sind unter R 56, R 551 und R 552 beschrieben.

● **44** **Pisciaduhütte,** 2585 m

Im Jahre 1902 von der Sektion Bamberg des DuÖAV als Zwischenstützpunkt für den Aufstieg zur Bamberger Hütte erbaut. Nach dem Ersten Weltkrieg nahmen sie die Italiener an sich und übergaben sie der Sektion Trient des CAI, die kaum Interesse zeigte. Seit 1940 gehört sie zur Sektion Bologna des CAI, welche das Gebäude erweiterte. Ihre heutige Größe erlangte das Haus 1960. Die Hütte steht oberhalb des Pisciadusees auf der großen Schutterrasse der Westlichen Masores inmitten einer wilden Felsszenerie: Piz- und Boèseekofel jenseits des Mittagstales, Pisciaduturm und -spitze sowie Sass dal Lec in unmittelbarer Hüttennähe; dazu kommen u. a. die Ausblicke auf Kreuzkofel- und Puezgruppe, tief unten im Tal die Häuser von Colfuschg-Corvara. 35 B., vom 1. Juli bis 25. September bew., elektrisches Licht. Das Tourengebiet ist vielseitig, angefangen bei den Klettereien der Pisciadugruppe bis hin zu landschaftlich eindrucksvollen Wanderungen und leichten Gipfelbesteigungen; allein die Zugänge der Hütte sind schon lohnend. Pächter: G. Kostner, Colfuschg; Tel. 83272.

● 45 Vom Grödner Joch bzw. direkt von der Sella-Ringstraße durch das Val Setus zur Pisciaduhütte. 1½—2 Std.

Auf dem Weg Nr. 666 steigt man über den Grasrücken südl. des Jochs ein Stück empor und wandert dann (Wegzeiger) ohne nennenswerte Höhendifferenzen ostwärts am Hang entlang zur Mündung des tiefen Val Setus. Hierher gelangt man auch direkt von der Sella-Ringstraße, und zwar von der elften (Rechts-)Kehre des Stückes Colfuschg — Grödner Joch. Nun auf dem von der Sektion Hamburg des DuÖAV erbauten Weg über Schutt im Zickzack zur Gabelung der Schlucht empor und durch ihren linken Ast (einige Drahtseile) über Fels zur großen Schutterrasse, die bis zum Piz de Ciavazes nach SW streicht. Linkshaltend — bald biegt der Weg Nr. 677 (Gamsscharte) von rechts ein — erreicht man binnen kurzem die Hütte. (Siehe Abb. Seite 239.)

● 45a Vom Grödnerjoch bzw. direkt von der Sella-Ringstraße durch das Mittagstal zur Pisciaduhütte. 3 Std.

Wie bei R 45 zur Mündung des Val Setus. Nun jedoch dem Steig nach entlang der Felswände — anfangs leicht fallend — zu einem zuckerhutförmigen 20 m hohem Kopf unter dem Brunecker Turm und bei einer Wegteilung hinab. Bald wieder an den Wänden entlang in das flache Mittelstück des Mittagstales und gemäß R 47 vollends zur Hütte. (Siehe Abb. Seite 247 und 259.)

★● 46 Ursprünglich führte der Zugang vom Grödner Joch zur oben erwähnten großen Schutterrasse durch das **Val Culea,** ein steiles, enges und oft vereistes Tal zwischen Kleiner Rodelheilspitze und Murfreidspitze. Um an dessen Beginn zu gelangen, steigt man vom Grödner Joch über den gegen S hochziehenden Grasrücken — anfangs dem Weg zur Pisciaduhütte (Nr. 666) folgend — gerade hinauf zum **Col de Frea** (2234 m) und weiter rechtshaltend auf einem breiten Band zur Mündung des Val Culea (Steigspuren). (Siehe Abb. Seite 239.)

● 47 Von Colfuschg durch das Mittagstal zur Pisciaduhütte. 3 Std.

Wie bei R 40 auf dem Weg Nr. 651 in den flachen Mittelteil des Mittagstales, den man bis zu einer Höhe von 2140 m hochsteigt. Nun auf dem rechts abzweigenden Weg Nr. 676 durch das ausgeprägte Seitental (einige Drahtseile) zur Hochfläche und weiter leicht ansteigend nach W — den Pisciadusee linkslassend — zur Hütte. (Siehe Abb. Seite 259.)

Der berühmte Pisciadu-Klettersteig (Via ferrata Brigata Tridentina al Pisciadu) wird unter R 345 beschrieben.

● 48 Vallonruine, 2519 m

Unmittelbar vor dem Ersten Weltkrieg wurden von der Sektion Bamberg des DuÖAV der Rohbau der geplanten Vallonhütte aufgezogen sowie Fenster und Türen eingesetzt. Während des Krieges geplündert und später verfallen, stehen heute nur noch die weithin sichtbaren Außenmauern am Col de Stagne, westl. oberhalb des Campolongo-Passes.

★● **49 Von Arabba zur Vallonruine.** 2½—3 Std.

Von der Talstation des Burz-Liftes auf dem Weg Nr. 637 zu den Häusern von **Zorz** und nur wenig steigend nach NW, dann über den Boè-Bach und jenseits ein Stück längs des Baches weiter (Plan de Boè), bis der Weg nordwärts führt. Vom Bec de Roces (siehe auch R 536) scharf nach W und durch ein enges Tal auf die Schuttfläche in der Nähe der Ruine. In wenigen Minuten nach N zu den Mauern.

● **50 Vom Campolongopaß zur Vallonruine.** 2—2½ Std.

Der Weg Nr. 638 beginnt beim Hotel Boè (1867 m), etwa 500 m nördl. des Campolongopasses. Auf dem Fahrweg gleich nördl. des Hotels etwas hinab und über den Bach (Parkplätze), dann in wechselnder Steilheit links am Hang empor zu einer kleinen Alm (1935 m). Weiter in Richtung Crep de Mont (siehe R 13), anschließend nach links schräg am Hang entlang hinauf und rechtshaltend in Richtung Bergstation der Kabinenbahn, die von Corvara heraufkommt. Noch vor den Gebäuden auf einem Steig links ab und in das der Pisten wegen geschändete Gelände. Nun bis in die Nähe des Boèsees gemeinsam mit R 13, dann in allgemein südwestl. Richtung im Bereich des Sesselliftes an den Rand der flachen Böden des Vallon und nach S hinauf zur Ruine.

● **51 Vom Pordoijoch zur Vallonruine.** 3 Std.

Wie bei R 34 in die große Geröllhalde, welche von der Pordoischarte herabzieht. So weit über sie im Zickzack empor, bis nach rechts (O) ein schwach ausgeprägter, mehr oder weniger horizontal unter den Wandabbrüchen verlaufender Steig abzweigt. Auf ihm zunächst die Schuttkegel querend, dann oberhalb der deutschen **Ehrenstätte Pordoi** über Schrofen und Gras (manchmal verwitterte rote Markierungsflecke) zum östl. Eck der in rund 2600 m Höhe nach NO streichenden Terrasse. Nun scharf nach NW einbiegend unter den Wänden entlang und wieder in nordöstl. Richtung über eine Geröllhalde (kaum erkennbare Steigspuren) zum Weg Nr. 638, der durch eine Schlucht vom Eissee herabkommt. Dieser häufig begangene Weg führt nach NNO unmittelbar unter den Wänden durch und trifft im Bereich einer wilden, großen Einbuchtung auf den Lichtenfelser Weg (Nr. 672). Bald nach rechts zur nahen Ruine. Will man direkt zum Crep de Mont, so geht man geradeaus weiter. (Siehe Abb. Seite 349, 353 und 361).

IV. Übergänge und Höhenwege

Die meisten Gipfel der Gruppe lassen sich auf Wegen oder schlimmstenfalls mittels unschwieriger Kletterei erreichen; daher haben die Hüttenübergänge und Höhenwege nicht nur für die reinen Hüttenbesucher, sondern auch für die Gipfelsammler große Bedeutung. Schließlich ergeben diese Wege bis auf wenige Ausnahmen interessante und stille Skitouren.

★● 52 Von der Pisciaduhütte zur Bamberger Hütte durch das Val de Tita. 2 Std.

Mit wenigen Schritten zum Abfluß des Pisciadusees, über den Bach hinweg und auf dem Weg Nr. 666 knapp unter der gelben W-Wand der Pisciaduspitze so weit im **Vallon del Pisciadu** hoch, bis man linkshaltend über eine kleine Felsstufe (Drahtseile, aber leicht) das nach SO hochziehende **Val de Tita** gewinnen kann. Durch dieses meist von Schneefeldern bedeckte Tal hoch zu einem weiten Sattel **(Bamberger Sattel** oder **Sella di Val de Tita,** 2815 m) zwischen Pisciaduspitze und Sass de Mesdi. Rechtshaltend auf die Hochfläche (2900 m) und in südöstl. Richtung (bald biegt Weg Nr. 649, Gamsscharte, ein) weiter zur Forcella d'Antersass (2830 m), wo der Weg Nr. 647 (Val Lasties) hinzukommt. Über den Zwischenkofel (2908 m) zur Hütte oder bei günstigen Verhältnissen (im Frühsommer liegt oft noch Schnee) auf dem **Coburger Weg** westl. unter dem Zwischenkofel durch zur Hütte. Der drahtseilversicherte, fast horizontal verlaufende Coburger Weg wurde noch vor der Jahrhundertwende von der Sektion Bamberg angelegt und zu Ehren der Sektion Coburg, mit der sie ein gutnachbarschaftliches Verhältnis verband, benannt.

★● 53 Von der Pisciaduhütte zur Bamberger Hütte durch das Val Ciadin. 3 Std.

In nordwestl. Richtung auf dem Weg Nr. 677 (anfangs gemeinsam mit Weg Nr. 666) fast eben zur Mündung des Val Setus und nördl. des Sass dal Lec mit einigen Serpentinen auf die große Schutterrasse, die bis zum Piz de Ciavazes nach SW streicht. Auf dieser Terrasse (rechts zwei hübsche, kleine Seen) so weit nach SW, bis man linker Hand durch ein breites Schuttal (nämlich das **Val Ciadin)** zur **Gamsscharte** (2914 m) ansteigen kann. Hier trifft man auf den Weg Nr. 649 (Fortsetzung des Pößneckersteiges). Nun südl. etwas ausholend um einen Rücken und nach W zur **Sella del Pisciadu** (2908 m), einem Sattel mit einem kleinen See, von dem durch das Vallon del Pisciadu ein Steig zur Pisciaduhütte führt. Von hier nach SW zur Forcella d'Antersass und weiter wie bei

R 52. (Die Kombination von R 52 und R 53 ergibt eine lohnende Rundwanderung über die Sellahochfläche)

● **54 Vom Sellajoch auf dem Pößnecker Steig zur Bamberger Hütte.** 4—5 Std.

Wie bei R 144 bzw. R 143 zum Piz Selva bzw. zur Gamsscharte und weiter gemäß R 53 zur Hütte.

● **55 Von der Bamberger Hütte zur Vallonruine durch die Vallonscharte.** 3—4 Std. (Mit einzelnen Kletterstellen.) (Siehe Abb. Seite 329.)

Gemäß R 40 über die oberste Steilstufe in das Mittagstal hinab und den bezeichneten Weg Nr. 651 zunächst beibehaltend bald nach rechts zur Mündung der tiefen, eisigen Schlucht zwischen dem Zehner (R 490) und Neuner (R 504), etwa gegenüber dem Bec de Mesdi (R 401). Bis zu einer durch drei Aufschwünge verursachten Unterbrechung empor, dort nach links zu einer Reihe von Kaminen im Fels des Zehners, die bis zu einem Überhang durchstiegen werden. Links auf einer Kante am Überhang vorbei (im Abstieg wird im Kamin abgeseilt). Nach einem weiteren Kamin kehrt man in die ursprüngliche Schlucht oberhalb der drei Aufschwünge zurück und gewinnt bald die von einem Felsbrocken überbrückte Scharte. Jenseits über Schnee, dann im Schutt die außergewöhnlich enge und eindrucksvolle Schlucht steil hinab zu den Schutthalden und der flachen Wiese des Vallon. Durch Blockwerk und auf dem Weg Nr. 638 zur weithin sichtbaren Ruine.

● **56 Von der Bamberger Hütte zur Capanna Fassa.** ¾ Std.

Über Geröll und Schnee nach S auf Steigspuren zum Steilaufschwung an der NW-Ecke des Piz Boè. In einigen Serpentinen (Drahtseile) auf das große Schuttfeld, welches westl. des Gipfels herabzieht. Über einen guten Weg empor zur Jägerscharte (3121 m, siehe R 547) und längs des breiten Grates dem Wege nach zum Gipfel und damit zur Hütte.

● **57—59** frei für Nachträge

V. Gipfel und Gipfelwege

1. Mesulesgruppe

● 60 Sellatürme

Unmittelbar östl. des Sellajoches bilden die Sellatürme den westlichsten Eckpfeiler unseres Führerbereiches. Lediglich aus nördl. bis nordwestl. Richtung erscheinen die ersten drei (im ganzen sind es fünf Türme) als markante Felsgestalten. Der Betrachter auf dem Sellajoch schenkt vor allem dem Ersten Sellaturm wegen des meist regen Kletterbetriebs an der Stegerkante (R 65) seine Aufmerksamkeit. Aus südl. Richtung haben wir den Eindruck, als seien der Zweite Sellaturm und ganz besonders der Erste Sellaturm mehr oder weniger unbedeutende Fortsetzungen des Gamsbandes (R 111 b), der Dritte Sellaturm ist von hier nur schlecht zwischen Zweitem Sellaturm und dem Piz de Ciavazes zu erkennen. Die beiden restlichen Türme befinden sich nördl. des dritten, und zwar der Vierte Sellaturm in Form eines vorspringenden Pfeilers des Piz de Ciavazes, der Fünfte Sellaturm als spitzer Zacken in der Schlucht zwischen Drittem Sellaturm und Viertem Sellaturm. Auf dem grasigen Rücken, der vom Ersten Sellaturm zum Sellajoch hinabzieht, steht ein mächtiger Felsklotz, die sogenannte **„Lokomotive“**, 2412 m. Die ersten drei Türme besitzen außergewöhnlich beliebte Kletterziele aller Schwierigkeitsgrade, weisen sie doch neben festem, allerdings des öfteren abgespeckten Fels, kurze Anmarschwege vom Sellajoch her und ebenso problemlose Abstiege auf. Es handelt sich höchstens um Halbtagestouren, die nicht nordseitigen Anstiege vom Ersten Sellaturm werden auch im Winter oft gemacht, so daß Zu- und Abstiege sogar in dieser Jahreszeit fast immer zügig begangen werden können. Von den Touren mittlerer Schwierigkeit wird vor allem die Überschreitung der ersten drei Sellatürme ausgeführt (R 65 — R 62 A — R 85 — R 79 A — R 92 — R 91 A).

● 61 Erster Sellaturm, 2533 m

Erste Ersteigung durch K. Berger, O. Ampferer und W. Hammer am 9. August 1899 (Ö.A.Z. 1900—297). Dieser Turm stellt im wesentlichen eine Fortsetzung des die S-Wand des Piz de Ciavazes in halber Wandhöhe trennenden Gamsbandes dar. Er fällt nach N mit einer wenig besuchten Wand ab, besitzt eine sehr schöne W-Kante, an die sich unmittelbar südl. eine kleine Wand anschließt. Es folgen die SW-Kante und rechts (östl.) davon ein abgesprengter, etwa 150 m hoher Pfeiler mit einem auffallenden blockverkeilten Engpaß. Jenseits läuft das Massiv des Ersten Sellaturmes in einer großen, schrofigen Mulde unterhalb des Gipfelaufsatzes des Zweiten Sellaturmes aus. Durch dieses letztgenannte Gelände führen Normalweg sowie der gebräuchlichste Abstieg.

● 62 **Normalweg**

K. Berger, O. Ampferer und W. Hammer am 9. August 1899 vom Zweiten Sellaturm kommend (Ö.A.Z. 1900—297).

I (einige Stellen), sonst Gehgelände.

Im Aufstieg vergleichsweise zu den übrigen Führen am Berg wenig begangen, um so mehr im Abstieg. Auffallende Begehungsspuren, daher leicht zu finden; mehrere Varianten möglich.

Höhendifferenz etwa 150 m. 1 Std. vom E.

Siehe Abb. Seite 116

Übersicht: Unterhalb der Grateinsenkung zwischen Erstem Sellaturm und dem Piz de Ciavazes befindet sich eine teils felsige, teils grasige und erdige Mulde, die der Normalweg über eine vorgelagerte Felsstufe erreicht. Durch diese Mulde auf die Fortsetzung des Gamsbandes, über die ein Steiglein nach links (W), zuletzt steil auf den Gipfel leitet.

Zugang: Vom Sellajoch südseitig über den Rasenrücken, der von der Lokomotive herabzieht, so weit hinauf (guter Steig), bis man den ersten Weg nach rechts erreicht. Auf diesem, nur noch wenig ansteigend, unter dem Ersten Sellaturm durchquerend zum Fußpunkt des dem Turm südl. angelehnten Pfeilers. Nun eine kurze felsige Stufe hinauf und weiter dem Weg folgend zu Felsbrocken, danach nochmals über ein Stück Weg in Richtung des Dritten Sellaturmes, der jenseits der Grateinsenkung zwischen Zweitem Sellaturm und dem Piz de Ciavazes kurzzeitig zu sehen ist. E am Beginn einer Rampe, die schräg nach rechts durch die felsige Wand hochzieht. ½ Std.

Anstieg: Über die Rampe 40 m hoch (I) zu Schutt und Gras. Gerade weiter, über den folgenden Steilaufschwung in einer Links-Rechts-Schleife und auf kurzem Wegstück nach rechts. Über eine 4 m hohe Steilstufe (I) hoch und wiederum auf einem Steiglein nach rechts, sodann direkt aufwärts. Über Fels und Erde linkshaltend weiter in Höhe der Unterkante des Gamsbandes am Piz de Ciavazes. In kurzem Zickzack zum Weg auf dem hier nur noch schmalen Band, der unterhalb der Felsen des Zweiten Sellaturmes leicht ansteigend nach links (W) bis zur Scharte zwischen Erstem Sellaturm und Zweitem Sellaturm verfolgt wird. Mit wenigen Schritten in die Scharte hinab und jenseits über den Rücken zum Gipfel, wobei oben erst rechts (nördl.) des Grates, dann links davon angestiegen wird. (Pracht)

● **62 A Abstieg nach Süden (Normalweg, R 62)**

I (einige Stellen), sonst Gehgelände.

Auf Grund der vielen Begehungsspuren leicht zu finden; wir geben eine kurze Beschreibung für ortsunkundige Winterkletterer, die auf eingeschneite und ungespurte Verhältnisse stoßen.

½ Std. bis zum Kar.

Siehe Abb. Seite 71

Vom Gipfel in Richtung Zweiter Sellaturm den breiten Rücken hinab in die Scharte zwischen Erstem Sellaturm und Zweitem Sellaturm, jenseits einige Schritte hinauf und unter mächtigen Überhängen hindurch nur schwach an Höhe verlierend bis kurz vor die Rinne, die von der Grateinsenkung zwischen Zweitem Sellaturm und dem Piz de Ciavazes herabkommt. Von hier aus erkennt man zwei auffallende Vorsprünge in der (oben erwähnten) südl. exponierten muldigen Flanke, von denen der obere der größere ist. Zunächst zum oberen absteigen, dann nach rechts und anschließend zum unteren. Nun zwei Möglichkeiten: Entweder nach rechts hinab und über die Einstiegsrampe in das Kar oder nach links durch Rinnen absteigen, am Schluß noch über eine niedere Felsstufe in das Kar.

Im Winter (nicht zuviel Neuschnee vorausgesetzt) oder bei einem Sackdepot an einem der Einstiege empfiehlt es sich, nun nicht den oben beschriebenen Zustieg als Rückweg zum Joch zu nehmen, sondern man steigt jetzt in Richtung jener auffallenden blockverkeilten Scharte an, die westl. des E zum Normalweg sichtbar ist. Vor Erreichen der Rinne, die von dieser Scharte herabzieht, schwenkt man nach links um den Pfeiler herum (kurze Kletterstelle III) und erreicht ein Steiglein, das unterhalb der SW-Wand und Lokomotive zum eingangs erwähnten grasigen Rücken führt. Über ihn bequem hinab zum Joch. (Pracht)

● **63 Nordpfeiler**

P. Holl, A. Manten und W. Roose am 12. August 1966 (Inf. P. Holl).

V/A 1 (eine Stelle), sonst III und leichter. Selten begangen.

Kantenhöhe etwa 130 m. 2 Std.

Übersicht: Die Führe verläuft über den Pfeiler rechts der Schlucht zwischen Erstem Sellaturm und Zweitem Sellaturm.

Zugang: Vom Sellajoch nordseitig des grasigen Rückens, der von der Lokomotive herabzieht, auf einem Weg in östl. Richtung, bald rechtshaltend am Hang hoch (im Bereich einer Liftruine) und mittels eines weiteren Weges in die Schutthalden unter der N-Wand. Am Wandfuß hoch zum E an der Mündung der Schlucht. 25 Min.

Führe: Von links nach rechts über den Abbruch der Schlucht hinweg (V u. A1, ♂) und sofort nach rechts zum Pfeiler. Diesen empor (II, III), zuletzt auf einer schrägen Platte kurz nach rechts (II) und gemeinsam mit R 64 durch den Ausstiegsriß zum Gipfel. (P. Holl)

● 64 Nordwand

F. Barth und G. Jahn am 22. September 1918 (Ö.A.Z. 1919—77).

IV— (zwei Stellen), sonst überwiegend III und leichter. Nicht lohnend, daher kaum begangen; Fels manchmal von schlechter Beschaffenheit. Fast alle SH und ZH fehlen. Wandhöhe etwa 150 m, Kletterlänge etwa 240 m. 2 Std. Siehe Abb. Seite 94

Übersicht: Die Führe verläuft in großer Rechts-Links-Schleife zu einem Bändersystem knapp unterhalb der Wandmitte, auf diesem weit nach links, sodann mit geringen Abweichungen gerade hinauf zum Gipfel.

Zugang: Vom Sellajoch wie bei R 63 in die Schutthalden unter der N-Wand. Noch etwas ansteigen bis etwa 20 m unterhalb einer Gedenktafel. Hier befindet sich der E an grauem, gestuftem Fels unter einer gelben Wand. 20 Min.

Führe: 1. SL: Rechtshaltend hinauf zu Stand bei einem großen Köpfl (38 m, II und III, 2 SH). **2. SL:** Unmittelbar rechts des Köpfls über gut griffigen, schwach ausgeprägten Überhang (IV—) in eine angedeutete Verschneidung, durch sie gerade hinauf (II und III) und in gleicher Richtung weiter, bis man linker Hand den Beginn einer teilweise grasigen Rampe erreicht; Stand an einem Köpfl (40 m). **3. SL:** Die Rampe hinauf zum großen Band und dieses nach links verfolgen zu Stand auf großen Blöcken (38 m, II und leichter). **4. SL:** Nun nicht gerade hoch (zwei Verhauerhaken!), sondern auf dem Band weiter nach links, dann rechts schwenkend über gut gestuften Fels auf ein kleines Bändchen und über eine kurze Wandstufe (III+, 1 H) gerade hoch zu Stand bei zwei Köpfln (38 m). **5. SL:** Links des Standes an einem kleinen Pfeiler hinauf zu einer seichten Gufel, anschließend rechtshaltend durch eine Rißverschneidung (IV—), die waagrecht nach rechts verlassen wird, um eine Kaminschlucht zu erreichen; Stand am Beginn der Schlucht (34 m). **6. SL:** Durch die Schlucht zu Stand links auf einem Schuttplatz (25 m, II und III). **7. SL:** Über eine niedere Wandstufe (III+) rechtshaltend zu den Gipfelblöcken (25 m). (Pracht)

● 65 Westkante (Stegerkante)

H. Steger und E. Holzner am 30. Juni 1928 (Riv. 1929—53). Im Jahre 1912 durchstiegen G. Orth und Mohr die Kante

weniger direkt (Lan. 1955—119). Weitere (kantennahe) Wegänderungen: G. Grohmann und W. Sobe im Jahre 1925 (Lan. 1974—16); G.B. Piaz und Del Torso im Sommer 1934 (Riv. 1934—677); F. Glück, Maria Itala Rezzera und G.B. Rezzera (Tb Sellajoch-Haus); D. Kuffenschin und F. Pederiva am 17. September 1953 (Riv. 1955—106).
IV (eine Stelle), sonst IV— und oft leichter. ♂ in der letzten SL.
Vielfach Kamin- und Rißkletterei in festem, aber abgespecktem Fels; sehr lohnend. Modetour allerersten Ranges.
Die meisten ZH und SH vorhanden, dazu häufig natürliche Sicherungsmöglichkeiten.
Kantenhöhe etwa 180 m, Kletterlänge etwa 220 m. 2 Std.
Siehe Abb. Seite 71, 94, und Skizze Seite 75

Übersicht: Die Führe verläuft größtenteils rechts der eigentlichen Kante, lediglich ihr Beginn kann auf deren linker Seite gewählt werden.

Zugang: Vom Sellajoch über den begrünten Rücken, der von der Lokomotive herabzieht, ein Stück hinauf, dann nordseitig an der Lokomotive vorbei zum E in der Verlängerung der Kante. 15 Min.

Führe: 1. SL: Den Begehungsspuren folgend auf den Grat und Stand an einem Köpfl (20 m, I und II). Hierher auch von S, eventuell im Winter vorzuziehen. **2. SL:** Längs des Grates zum ersten steileren Aufschwung und über ihn, am Schluß ein Riß, zu Stand auf einem Band (40 m, I und II). **3. SL:** Über das Band (wegartig ausgetreten) nach rechts zu schwarzem Rißkamin; Stand an einem Köpfl (25 m). **4. SL:** Durch den Rißkamin zu Stand an einem Abseilhaken linker Hand (38 m, IV— und III, 1 H). **5. SL:** Auf Wegspuren nach rechts zum Beginn eines Risses, der eine glatte Wand spaltet (15 m). **6. SL:** Durch den gutgriffigen Riß (III+) zu einem Absatz und weiter (IV—) zu Stand auf einem Podest mit Abseilhaken (40 m, 1 H). **7. SL:** Wenige Meter gerade empor, dann waagrecht nach rechts um die Kante in eine Verschneidung (III) und durch diese (IV, ♂) zu Stand bei einem Abseilhaken (20 m, 3 H). Nach etwa 30 m erreicht man den Gipfelbereich.
(Pracht)

● **65a** **Originalausstieg der Westkante (R 65)**
G. Mohr und Orth, 1912.
Umgeht den obersten Aufschwung in der N-Wand. Wenig lohnend, selten begangen. Länger als der unter R 65 beschriebene Ausstieg.
IV— (eine Stelle), sonst III und leichter. ½ Std.
Siehe Abb. Seite 94

Führe: Vom Standplatz nach der 6. SL kurz nach links, dann 5 m hinauf und weiter nach links an die linke Kante (35 m, III). Jenseits kurz hinab und querend (IV—) in einen Riß; diesen leicht hinauf und oben nach links verlassen (40 m). Nun unschwierig zum höchsten Punkt. (P. Holl)

● **65b** **Linke Ausstiegsvariante zur Westkante (R 65)**
Erstbegeher nicht mehr feststellbar (Inf. P. Holl).
Überwindet den obersten Aufschwung unmittelbar links der Kante. Durchaus lohnend, oft begangen.
V/A0 und IV. 1 SL, 3 H. 10 Min.
Siehe Abb. Seite 94

Variante: Vom Standplatz nach der 6. SL links der Kante den Haken folgend (A0, 3 H), zu einer Hangelschuppe, die nach rechts führt (V), dann linkshaltend und schließlich gerade hoch (IV) zu Stand bei einem Abseilhaken (20 m). Nach etwa 30 m (gemeinsam mit R 65) erreicht man den Gipfelbereich. (Pracht)

● **65c** **Rechte Ausstiegsvariante zur Westkante (R 65)**
L. und O. Senoner am 23. Oktober 1949; P. Mazzorana, G. Milani und G. Pagani am 16. Juli 1943 im Schlußteil etwas näher an der W-Kante (Riv. 1951—74).
Quert auf dem Band der 5. SL weiter nach rechts, um im Bereich von R 66 die Gipfelzone zu erreichen. Kaum begangen.
VI— (eine Stelle), sonst V. Von den 9 H beließen die Erstbegeher 7. 2 Std.

Variante: Auf dem Band der 5. SL von R 65 weiter nach rechts bis zu einem Riß etwa in Fallinie der linken Kante des großen, 20 m oberhalb des Bandes befindlichen Daches. Durch diesen Riß (vermutlich gemeinsam mit R 66) etwa 20 m empor und links an einem Wulst vorbei zu bequemem Stand (H). Weiter durch einen Riß unter ein gelbes Dach, das links umgangen wird. Oberhalb des Daches mittels eines ausgesetzten Querganges zurück und schließlich durch einen schwarzen Kamin in die leichten Gipfelfelsen. (Die Mazzorana-Variante quert oberhalb des Daches nicht nach rechts, sondern verläuft durch eine Serie unterbrochener und überhängender Risse parallel zum Schlußstück der W-Kante.)

● **65A** **Abseilpiste über die Stegerkante (R 65)**
Außer einem unschwierigen 20-m-Abstieg und einigen leichten Querungen wird der Abstieg durch Abseilen bewältigt. 5 Abseilstellen an meist gebohrten Ringhaken, von denen keine länger als 20 m sein muß. ½ Std.
Siehe Skizze Seite 75

Vom Gipfelbereich etwa 20—30 m über leichte Stufen (I) in Richtung Sellajoch absteigen bis zu einem einzementierten Ringhaken. Nun seilt man zweimal 20 m ab, danach noch einmal 16 m bis auf ein ausgeprägtes Band. Im Sinne des Abstieges etwa 10 m waagrecht nach rechts zu einzementiertem Abseilhaken. Weitere 20 m abseilen und über unschwieriges Gelände etwa 20 m absteigen (Sicherungsmöglichkeit an einem Ringhaken) zum letzten einzementierten Abseilhaken vor dem nächsten Abbruch. Nach 20 m Abseilen erreicht man leichtes Gelände der Südseite.

● **66** **Grödner Führe**

Rungaldier und Stuflesser (Lan. 1969—16).

A2/VI—, aufgeteilt wie folgt: Drei Stellen A2, längere Passagen A1, eine Stelle VI—, sonst leichter.

Hauptsächlich ausgesetzte Hakenkletterei mit drei Schlingenständen; Cassin-Bohrhaken am großen Dachüberhang. Fehlende ZH lassen sich zum Teil durch Klemmkeile ersetzen, alle SH am Platze (1978). Die Führe ist praktisch das ganze Jahr über begehbar. Für Freunde der Hakenkletterei, die auch kurze Freikletterstellen gehen können, durchaus zu empfehlen. Nach der 4. SL kann man die Route zur Stegerkante (R 65 bzw. R 65 A) verlassen.

Wandhöhe bzw. Kletterlänge etwa 190 m. 4 Std.

Siehe Abb. Seite 71 und Skizze Seite 73

Übersicht: Der südl. an die W-Kante anschließenden Wand ist rechts ein bis in halbe Wandhöhe reichender Pfeiler vorgelagert. Die Führe verläuft geradlinig mitten durch die S-Wand dieses Pfeilers, um danach über dessen geneigten Rücken bei grobem Blockwerk das eigentliche Massiv zu erreichen. Steil durch die darüberliegende gelbe Wand und direkt über den mächtigen Dachübergang. Danach auf gestuftem Fels gerade empor zum Gipfel.

Zugang: Vom Sellajoch über den Rasenrücken, der von der Lokomotive herabzieht, so weit hinauf, bis man rechtshin auf einem Weg unter die SW-Wand des Ersten Sellaturmes gehen kann. Die S-Wand des angelehnten Pfeilers wird links von der stumpfen Kante der De Francesch-Variante (R 67 a), rechts von dem Kaminsystem der Tissiführe (R 67) begrenzt. In etwa 40 m Höhe gewahrt man ein kleines Dach, in dessen Fallinie sich der E befindet. 20 Min.

Führe: 1. SL: Über grauen Fels von rechts her zum ersten Haken und den Haken folgend (A0 und A1) zu einer Unterbrechungsstelle, die mittels Klemmkeile bewältigt werden kann (A2). Durch einen freikletterbaren Riß weiter (IV) und an einigen Haken (A0 und A1) zu Schlingenstand (26 m). **2. SL:** Den Haken folgend gerade hinauf zu Schlingenstand unter dem Dach (12 m, A1). **3. SL:** Über das Dach hinweg (A2) und längs der Haken (A1) zu Stand in geneigtem, grauem Fels (20 m). **4. SL:** Auf dem Band wenige Meter nach links, dann kurz gerade hinauf und unter dem nun steileren Fels nach rechts zurück; bei einer Schuppe gerade hoch, weiter (hier trifft man auf R 67) zu großen Blöcken und nach deren Überkletterung schräg nach rechts zu Stand auf einem bequemen Band bei einem großen Block (33 m, II, IV— und III). **5. SL:** Einen Meter hoch, 3 m nach links und gerade hinauf (IV) zu einem Band (von hier kann man mühelos zur Stegerkante ausqueren), dann etwas links durch einen Riß in der gelben Wand (mit Grasbüscheln) zu einem brüchigen Band (V und VI—), das bis zu einem herausstehenden Haken nach rechts verfolgt wird; den Haken folgend zu Schlingenstand im Dachwinkel (35 m). **6. SL:** Den Bohrhaken folgend über das Dach zu bequemem Stand (12 m, A2). **7. SL:** Einige Meter gerade hoch (IV), dann etwas nach rechts und über den letzten Überhang (V+) in das geneigte Gelände der Gipfelfelsen; Stand an Köpfl (40 m). Noch weitere 20 m unschwierig zum höchsten Punkt. (Pracht)

● 67 Westsüdwestkante (Tissiführe)

A. Tissi, Mariola Guglielmini, G. Masè Dari und C. Aschieri am 8. September 1936 (Cas. 1937—361).

VI— (einige Stellen in den ersten beiden Seillängen), mehrfach V/A0, sonst IV, selten leichter. Bei freier Kletterei erhöhen sich die Schwierigkeiten auf VI (1 Stelle).

Schöne Kletterei in bestem Fels, viel begangen. Ausweichmöglichkeiten nach der 3. SL. Die meisten ZH und SH vorhanden, dazu häufig natürliche Sicherungsmöglichkeiten.

Wandhöhe etwa 180 m, Kletterlänge etwa 220 m. 3 Std.

Siehe Abb. Seite 71 und Skizze Seite 73

Übersicht: Die Führe verläuft anfangs durch das Kaminsystem im Verschneidungswinkel zwischen der S-Wand des unter R 66 erwähnten angelehnten Pfeilers und der SW-Wand des eigentlichen Massives. Nach Überwindung der Bänderzone oberhalb dieses Pfeilers zieht sie durch die darüber liegende gelbe Wand und gewinnt ein leicht ansteigendes

Erster Sellaturm von Süden (rechts dahinter Zweiter und Dritter Sellaturm) ►

R 62A	Abstieg nach Süden	R 68	Schoberführe
R 65	Stegerkante	R 69	Bruno-Bertoldi-Gedächtnisführe
R 66	Grödnerführe	R 70	Trenkerriß
R 67	Tissiführe	R 71	SW-Riß
R 67a	De Francesch-Einstiegsvariante	R 72	S-Pfeiler
		R 73	Neuer S-Pfeiler

Erster Sellaturm
62A
65
66
67
65
67
68
69
70
71
72
73
67a
66
67
68

Band im obersten Teil der SW-Wand. Vom rechten Ende des Bandes im allgemeinen linkshaltend zu den Gipfelschrofen.
Zugang: Wie bei R 66 an den Fuß der SW-Wand . Der E befindet sich wenig rechts des eigentlichen Kaminsystems.
Führe: 1. SL: Durch eine kurze gestufte Verschneidung einige Meter hoch auf ein Bändchen, nach links und durch die lange Kaminverschneidung hinauf (V, VI—), dann links über gestuftes Gelände zu Stand am Beginn des nächsten Steilaufschwunges (40 m, 5 H). **2. SL:** In den rechten, mit einem Riß versehenen Verschneidungswinkel, durch die Verschneidung hoch (VI— oder A1) auf eine Stufe, dann in den linken Verschneidungswinkel und durch ihn (V) zu Stand bei großem Blockwerk (38 m, 8 H). **3. SL:** Über die Blöcke hinweg (III+) und unschwierig linkshaltend mit kurzem Zwischenabstieg zu Stand der Stegerkante (36 m). **4. SL:** Einige Meter oberhalb quert man auf unschwierigem Band nach rechts in eine stumpfe Verschneidung in Falllinie eines schwarzen Rißkamins (22 m). (Im Verlaufe der letzten beiden SL trifft man auf R 66.) **5. SL:** In zwei linksausholenden Schleifen gewinnt man den Stand unter dem oben erwähnten Rißkamin (18 m, V/A0, 6 H). **6. SL:** Durch diesen Rißkamin und den folgenden Riß (IV+) auf ein breites Band der SW-Wand, das man bis fast zu seinem Ende verfolgt; Stand bei einem Haken auf dem Band (40 m, 3 H). **7. SL:** Zusammen mit R 68: Unmittelbar rechts des Standes durch einen Riß (IV—) in eine Nische und von rechts nach links über einen kleinen Überhang (V—, 1 HK) auf grasige Stufen; weit links ausholend in die Gipfelschrofen (30 m). (Pracht)

● 67a De Francesch-Einstiegsvariante zur Tissiführe

B. De Francesch und E. Talmon, 1962 (Lan. 1969—16).

A1 überwiegend, einige Freikletterstellen mittlerer Schwierigkeit; im ganzen 3 SL.

Die Führe verläuft links des Originalweges an der stumpfen gelben Kante des angelehnten Pfeilers (siehe R 66) und umgeht genau deren beide erste SL. Für Freunde der Hakenkletterei durchaus lohnend. Alle notwendigen ZH und SH vorhanden.

Kletterlänge etwa 80 m. 1 Std.

Siehe Abb. Seite 71 und Skizze Seite 73

Variante: 1., 2. SL: Von links nach rechts an die Kante und während zweier SL den Haken folgend zu Stand in geneigtem Gelände (22 m bzw. 27 m, A1). **3. SL:** Zuerst linkshaltend, dann rechts über ein Band zu 2 Haken an der Kante und wieder linkshaltend über kleinen Überhang (IV+), schließlich auf leichtem Gelände zu Stand an großen Blöcken (38 m). (Pracht)

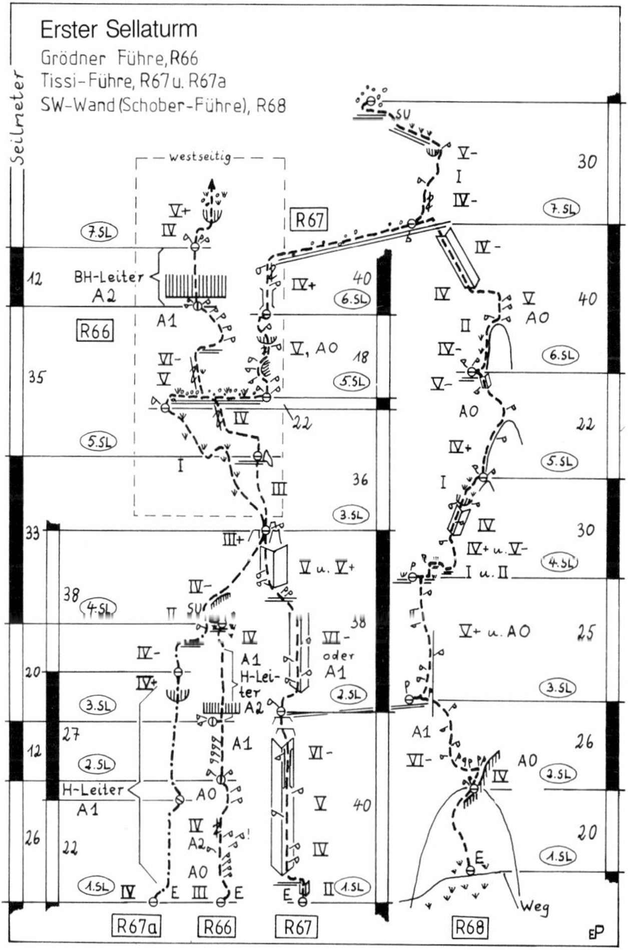
Erster Sellaturm
Grödner Führe, R66
Tissi-Führe, R67 u. R67a
SW-Wand (Schober-Führe), R68
Seilmeter
westseitig
R67
R66
R67a
R68
BH-Leiter
A2
H-Leiter
A1
Weg
EP

● 68 Südwestwand

M. Schober und B. Kleisl am 27. September 1938 (Ö.A.Z. 1939—166). Weiterhin haben B. Rossi, I. Chesi und G. De Mardi am 1. August 1943 diese Wand auf (teilweise?) neuem Weg durchstiegen (Riv. 1945—11). Deren Angaben stimmen mit jenen der Ö.A.Z. fast vollkommen überein.

VI—/A1, aufgeteilt wie folgt: Eine Stelle VI—, sonst V und A0 sowie A1, selten leichter; bei völlig freier Durchsteigung erhöhen sich die Schwierigkeiten bis **VII—** (Bs. 1978/2).
Sehr schöne Wandkletterei in bestem Fels; häufig begangen. Beliebtes Winterziel.
Die meisten ZH und SH vorhanden.
Wandhöhe etwa 180 m, Kletterlänge etwa 200 m. 4 Std.
Siehe Abb. Seite 71 und Skizze Seite 73

Übersicht: Die Führe verläuft mit nur geringen Abweichungen mitten durch die SW-Wand.

Zugang: Wie bei R 66 an den Fuß der SW-Wand. In der Wandmitte ragt ein schrofiger Vorbau etwa 30 m hinauf. Ihn durchquert der obere der beiden an der SW-Wand vorbeiziehenden Wege. E auf dem oberen Weg in Fallinie des Hochpunktes dieses Vorbaues. 20 Min.

Führe: 1. SL: Vom Weg schwach links haltend zu auffallend grauer Rampe, die man 4 m aufwärts bis zu Stand bei einem Köpfl verfolgt (20 m, II). **2. SL:** Noch einige Meter auf der nun steileren Rampe weiter bis zu einem Doppelhaken (IV), dann den Haken folgend nach links (A0 und A1) zu einer scheinbaren Kante, frei gerade hinauf (VI—) und längs der Haken (V+/A0) auf ein breites Band; Stand 6 m links (26 m, 10 H). **3. SL:** Nach rechts zurück zur stumpfen Kante und schwach linkshaltend auf ein grasiges Band; Stand an seinem linken Ende (25 m, V+/A0). **4. SL:** Waagrecht 4 m nach rechts, 3 m gerade hoch zu Haken, dann 7 m nach rechts (in der Mitte kurz absteigen) und gerade hoch (IV+ und V—) in eine nach rechts ziehende Verschneidung; durch diese (IV) zu grasigem Gelände und Stand an einem Köpfl (30 m, 5 H). **5. SL:** Am linken Rand einer großen Schuppe zu ihrem höchsten Punkt (IV+), gerade weiter (A0) und nach links (V—) in eine kurze Verschneidung, durch die man einen Stand links auf einem Absatz gewinnt (22 m, 3 H). **6. SL:** Nach rechts zu einem Pfeiler, zwischen Pfeiler und eigentlicher Wand über teils grasigen Fels auf den Pfeilerkopf, mittels Haken gerade hinauf (A1), dann frei so weit, bis man waagrecht in die links ansetzende Verschneidung queren kann (V und IV); durch die etwa 15 m lange Verschneidung (IV—) zu einem breiten Band, das noch 5 m nach links verfolgt wird; Stand an einem Haken

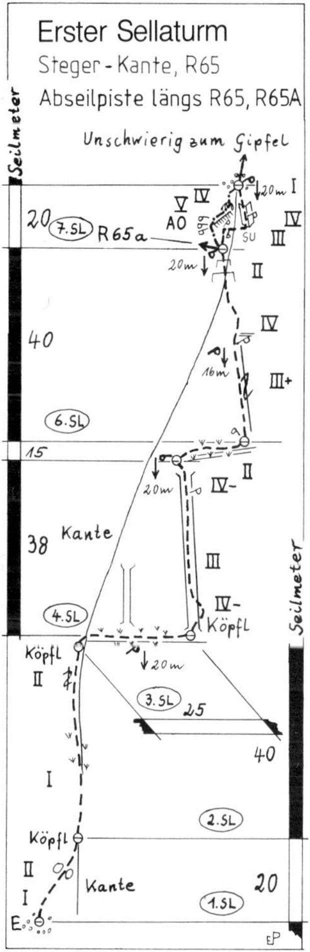

Erster Sellaturm
Steger-Kante, R65
Abseilpiste längs R65, R65A
Unschwierig zum Gipfel
Seilmeter
20
7.SL
R65a
V
AO
IV
20m
I
IV
III
SU
20m
II
40
IV
16m
III+
6.SL
15
20m
II
IV-
38
Kante
III
IV-
4.SL
Köpfl
Köpfl
II
20m
3.SL
25
40
I
2.SL
Köpfl
II
I
Kante
20
1.SL
E
EP

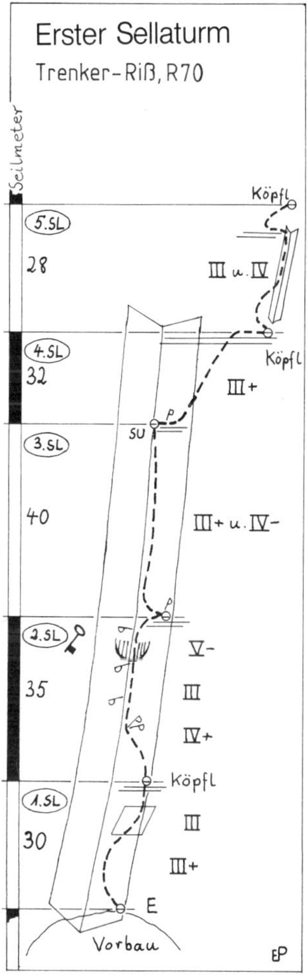

Erster Sellaturm
Trenker-Riß, R70
Seilmeter
Köpfl
5.SL
28
III u. IV
4.SL
32
Köpfl
III+
SU
3.SL
40
III+ u. IV-
2.SL
V-
35
III
IV+
Köpfl
1.SL
III
30
III+
E
Vorbau
EP

auf dem Band (40 m). **7. SL:** Zusammen mit R 67: Unmittelbar rechts des Standes durch einen Riß (IV—) in eine Nische und von rechts nach links über einen kleinen Überhang (V—, 1 HK) auf grasige Stufen; weit links ausholend in die Gipfelschrofen (30 m). (Pracht)

● 69 Südwestwand („Bruno-Bertoldi-Gedächtnisweg")

R. Callegarin, L. Filippi, L. Lucchetta und S. Prandini am 18. Juli 1977 (Riv. 1979—134).

V, A2, selten leichter.

Wandhöhe etwa 180 m.

Siehe Abb. Seite 71.

Übersicht: Die Führe, deren E gemeinsam mit R 68 ist, gewinnt den höchsten Punkt der dort erwähnten grauen Rampe und verläuft im folgenden zwischen R 68 und R 70.

Keine weiteren Informationen vorhanden.

● 70 Südwestverschneidung (Trenkerriß)

M. Pescosta und Luis Trenker, 1913 (Cas. 1937—361).

V— (eine Stelle), sonst IV und III. Schöne Kletterei in bestem Fels (♂ allerdings stark abgespeckt und im Winter manchmal vereist); häufig begangenes Kurzziel.

Die meisten ZH und SH vorhanden, dazu häufig natürliche Sicherungsmöglichkeiten.

Wandhöhe etwa 180 m, Kletterlänge etwa 160 m (kürzer als Wandhöhe, da man bald rechtshaltend den Normalweg gewinnt). 1½ Std.

Siehe Abb. Seite 71 und Skizze Seite 75

Übersicht: Die SW-Wand wird rechts durch eine Verschneidung begrenzt, die schräg nach rechts unter Überhänge hochzieht. Die Führe verläuft teils auf der rechten Begrenzungswand, teils im Winkel der Verschneidung, um danach unterhalb der Überhänge rechtsquerend eine rinnenartige Verschneidung und durch diese den Normalweg zu erreichen.

Zugang: Vom Sellajoch wie bei R 66 an den Fuß der SW-Wand und auf Steigspuren über den gestuften Vorbau unmittelbar rechts des Verschneidungsbeginns hoch zum E. 20 Min.

Führe: 1. SL: Vom E nach links in die Verschneidung, die man bald wieder nach rechts verläßt, um über Platten einen Köpflstand auf einem Band zu erreichen (30 m, III). **2. SL:** Schräg links aufwärts in die Verschneidung zurück (IV+) und durch sie hoch (III), über einen glattgegriffenen Überhang (V—), jenseits nach rechts zu Stand auf einem

Band (35 m, 5 H). **3. SL:** Zurück in die Verschneidung, in ihr hinauf zu SU-Stand in Höhe eines weiteren Bandes (40 m, III+ und IV—). **4. SL:** Nach rechts auf das Band und über geneigten Fels schräg rechts ansteigend auf das letzte Band und zum Beginn der Ausstiegsrinne; Stand an einem Köpfl (32 m, III+). **5. SL:** In einer Links-Rechts-Schleife in die verschneidungsartige Rinne, durch sie auf ein Band, kurz nach links und gerade hoch auf den bequemen Rücken des Normalweges; Stand an einem Köpfl rechts (28 m, III und IV). Über den Normalweg zum höchsten Punkt. (Pracht)

● 71 Südwestriß

H. Fiechtl und O. Katzer, 1924 (Ö.A.Z. 1925—13).
IV/A0 (eine Stelle; **V**, wenn völlig frei), sonst IV— und leichter.
Hübsche, aber kurze Riß- bzw. Kaminkletterei in gutem Fels; auf trockene Verhältnisse sollte geachtet werden.
Die meisten ZH und SH vorhanden.
Wandhöhe etwa 140 m, Kletterlänge etwa 130 m. 1½ Std.
Siehe Abb. Seite 71 und Skizze Seite 80

Übersicht: Nach S hin ist dem Ersten Sellaturm ein etwa 150 m hoher abgesprengter Pfeiler angelagert, an dessen Sockel man südseitig einen auffallenden blockverkeilten Felspaß bemerkt. Die Führe gewinnt an der W-Seite dieses Pfeilers in gerader Linie den Kamin zwischen ihm und dem Hauptmassiv und erreicht durch diesen Kamin, sich schließlich nördl. haltend, den Normalweg.

Zugang: Vom Sellajoch wie bei R 66 an den Fuß der SW-Wand und über gestuftes Gelände an den Beginn des Risses, der von dem oben erwähnten Kamin fortgesetzt wird. 20 Min.

Führe: 1. SL: Durch den Riß (anfangs gemeinsam mit R 72) zu Stand unterhalb der Rißteilung (30 m, II, IV— und III, 1 H). **2. SL:** Nach Durchkletterung des linken Risses (A0, IV, 2 H) über gestuftes Gelände (III, I) zu Stand am Beginn des tiefen Kamins (18 m). **3. SL:** Durch den Kamin, wobei alle Klemmblöcke außen überklettert werden und oben bei der Aufteilung der linke Ast gewählt wird, zu Stand auf einem Klemmblock im hinteren Teil des Kamins (38 m, III+). **4. SL:** Stemmend und spreizend durch den Kamin weiter, bis man ihn zum Hauptmassiv hin verlassen kann (III); gerade hoch (hier trifft man auf R 72, R 73 und R 74), dann kurz nach links (Sanduhr) (III) und entweder scharf rechtshaltend (I) zu Köpflstand am Normalweg oder mehr gerade hoch (III) ebenfalls zu einem Köpflstand am Normalweg (40 m). (Pracht)

● 72 Südpfeiler

F. Glück und G. B. Rezzera am 7. August 1935 (Tb Sellajoch-Haus).

IV+ (einige Stellen), sonst III.

Außergewöhnlich lohnende und abwechslungsreiche, doch recht kurze Führe in bestem Fels. Wohl eine der schönsten Kurzklettereien der Gruppe; häufig begangen.

Die meisten ZH und SH vorhanden.

Wandhöhe etwa 140 m, Kletterlänge etwa 140 m. 1½ Std.

Siehe Abb. Seite 71 und 94 und Skizze Seite 80

Übersicht: Mitten durch die W-Seite des unter R 71 erwähnten abgesprengten Pfeilers ziehen zwei Rißsysteme, die sich kurz vor dem Pfeilergipfel vereinigen. Die Führe, von links kommend, gewinnt durch das linke System den Pfeilergipfel, übersetzt den breiten, vom Kamin der Führen R 71 und R 74 gebildeten Spalt und erreicht gemeinsam mit diesen beiden sowie R 73 den Normalweg.

Zugang: Vom Sellajoch wie bei R 66 an den Fuß der SW-Wand und über gestuftes Gelände entweder a) zum E von R 71 oder b) mehr rechtshaltend und tiefer zu einem Köpflstand unterhalb des zu durchsteigenden linken Systems. 20 Min.

Führe: 1. SL: Entweder a) einige Meter gemeinsam mit R 71 hinauf, dann über Platten nach rechts (I) oder b) links des Köpfls durch einen Riß (IV), dann über eine Platte (III) und in einer Rinne hinauf (IV); nun gemeinsam durch einen blockigen Riß (III) zu einem erdigen und grasigen Band; Stand in der Mitte dieses Bandes (35 m bzw. 40 m). **2. SL:** Den Riß, der oberhalb des Standes ansetzt, ein wenig hoch (III), beim ersten Haken 2 m nach links (A0) in einen ausgeprägten Riß, in ihm so weit hoch (IV+), bis man in die große gelbe Verschneidung genau über dem Standplatz queren kann (hier Zwischenstand möglich); durch sie (IV) zu Stand im Kamin unter einem großen Überhang (40 m, 10 H). **3. SL:** Mittels eines Risses in der südl. Kaminwand spreizend unter dem Dach hinaus in einen Parallelkamin südl. davon, bei einer grasigen Stelle (nach 10 m) nach rechts auf den begrenzenden Rücken und sofort gerade empor zum ersten Absatz des Pfeilers; Stand an einem Köpfl (20 m, III+). **4. SL:** Über leicht begrünte Stufen in Richtung Hauptmassiv hoch bis zu einem breiten Spalt (I), über ihn hinweg (II), gerade hoch (gemeinsam mit R 71, R 72 und R 74), dann kurz nach links (Sanduhr) (III) und entweder scharf rechtshaltend (I) zu Köpflstand am Normalweg oder mehr gerade hoch (III) ebenfalls zu einem Köpflstand am Normalweg (40 m). (Pracht)

● 73 **Neuer Südpfeiler**

V+/A0, aufgeteilt wie folgt: Eine Stelle V+, mehrere Meter A0, sonst IV+ und leichter.
Sehr schöne Kletterei in bestem Fels, nach Regenfällen schnell trocken; leicht zu finden.
Die meisten ZH und SH vorhanden, dazu häufig natürliche Sicherungsmöglichkeiten.
Wandhöhe etwa 180 m, Kletterlänge etwa 170 m. 2 Std.
Siehe Abb. Seite 71 und Skizze Seite 80

Übersicht: Die Führe verläuft mitten durch die S-Seite des unter R 71 erwähnten abgesprengten Pfeilers. Von dessen höchsten Punkt dann gemeinsam mit R 71, R 72 und R 74 zum Normalweg.

Zugang: Vom Sellajoch wie bei R 66 in den Bereich der SW-Wand, doch nun an ihr vorbei bis knapp unter den blockverkeilten Felspaß, E bei einem Köpfl. 25 Min.

Führe: 1. SL: Schräg rechts hoch über eine schwach ausgeprägte Rampe bis etwa in Höhe des weithin sichtbaren Klemmblockes (IV), dann nach links (IV+) auf einen schmalen Absatz und längs einiger Haken gerade weiter (A0), schließlich wenige Meter linksqueren und jenseits einer scheinbaren Kante aufwärts (IV—) zu Stand (30 m, 8 H). **2. SL:** Durch die oberhalb des Standes ansetzende Verschneidung (III+), über den sie abschließenden Überhang (V—, 1 H), durch gestuftes Gelände weiter und nach links zu Stand bei einem großen Zacken unter gelbroter Wand (35 m). **3. SL:** Durch diese Wand längs eines feinen Risses (V, A0), dann schwierig über einen Überhang (V+), nach links aufwärts zur scharfen Kante, die man kurz verfolgt (IV+), um danach rechtshaltend einen Stand auf einem bequemen Absatz zu gewinnen (32 m). **4. SL:** Wenige Schritte nach links zu kurzem Kamin, durch ihn (IV) und über den ihn abschließenden Überhang (IV+) in die folgende Verschneidung; durch sie zu Absatz am Beginn eines Kamins, den man sofort nach rechts verläßt und in Wandkletterei rechts ausholend zu Stand bei einem Zacken, hinter dem sich ein schmaler Spalt befindet (35 m). **5. SL:** Rechtshaltend über Schrofen zu breitem Spalt, jenseits gerade hoch (nun gemeinsam mit R 71, R 72 und R 74), dann kurz nach links (Sanduhr) und gerade hoch (III) zu Köpflstand am Normalweg (40 m). (Pracht)

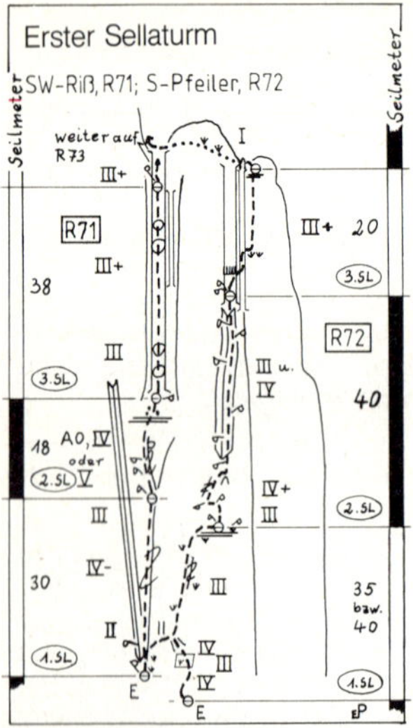
Erster Sellaturm
SW-Riß, R71; S-Pfeiler, R72
Seilmeter
weiter auf R73
R71
R72
III+
III+
III
III u. IV
IV+
III
III
IV-
II
II
IV
III
IV
A0, IV oder V
I
20
40
35 bzw. 40
38
18
30
3.SL
2.SL
1.SL
E
E
EP

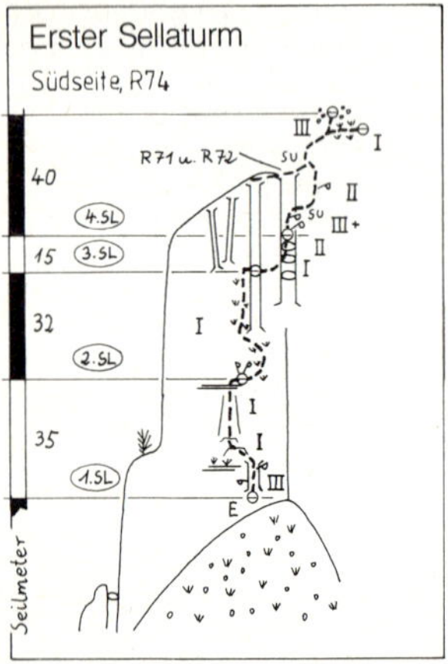
Erster Sellaturm
Südseite, R74
Seilmeter
R71 u. R72
SU
III
I
II
III+
II
I
I
I
I
III
40
15
32
35
4.SL
3.SL
2.SL
1.SL
E

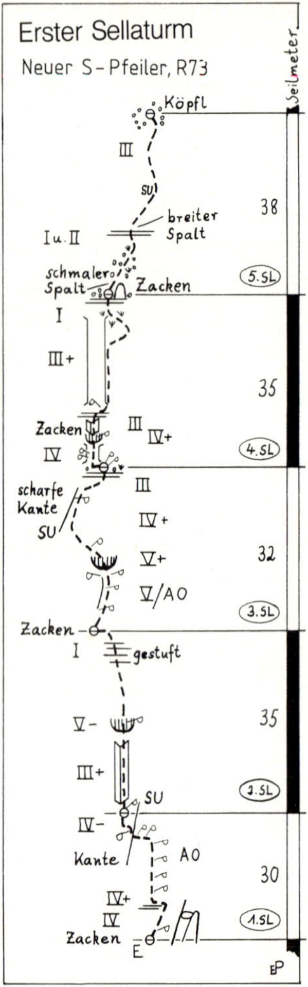
Erster Sellaturm
Neuer S-Pfeiler, R73
Seilmeter
Köpfl
III
SU
breiter Spalt
I u. II
schmaler Spalt
Zacken
I
III+
Zacken
III
IV+
IV
scharfe Kante
SU
III
IV+
V+
V/A0
Zacken
I
gestuft
V-
III+
SU
IV-
Kante
A0
IV+
IV
Zacken
E
38
5.SL
35
4.SL
32
3.SL
35
2.SL
30
1.SL
EP

● 74 Südseite

F. Kostner und Maria Gabloner, 1905 (Cas. 1937—361).

III (zwei bis drei Stellen je nach Ausstieg), sonst I und II. Im wesentlichen unterhaltende Kamin- und Schrofenkletterei, von der bei Nässe abzuraten ist; häufig begangen.

Die meisten ZH und SH vorhanden, dazu häufig natürliche Sicherungsmöglichkeiten.

Wandhöhe etwa 180 m, Kletterlänge etwa 120 m (ohne Schrofenvorbau). 1 Std.

Siehe Skizze Seite 80

Übersicht: Die Führe verläuft durch die O-Seite des unter R 71 erwähnten abgesprengten Pfeilers, quert etwa 30 m unter dem Pfeilergipfel in den Kamin, der sich zwischen Pfeiler und Hauptmassiv befindet, um ihn bald zum Hauptmassiv hin zu verlassen und gerade aufwärts den Normalweg zu gewinnen.

Zugang: Vom Sellajoch entweder wie bei R 73 zum blockverkeilten Felspaß und jenseits wieder hinab oder nicht durch die Rinne zum Klemmblock ansteigen, sondern etwa in Höhe des Rinnenanfangs teils durch Fels um den Vorbau herum oder schließlich auf dem Zugang von R 62 ebenfalls hierher. Über rasendurchsetzten Fels und Erdreich deutlichen Steigspuren folgend etwa 60 m hinauf zu einem 5 m hohen Kamin, an dessen Beginn sich der E befindet. 35 Min.

Führe: 1. SL: Durch den Kamin (III, 2 H), dann kurz nach links und über gestufte Schrofen etwa 20 m hinauf zu senkrechtem Felsriegel, nach kurzem Rechtsquergang Stand an zwei Haken (35 m). **2. SL:** Noch einige Meter nach rechts weiter und unmittelbar links eines Kamins gerade aufwärts zu Stand an einem auffälligen Zacken bei einem Kamin (32 m, I). **3. SL:** Mittels Zacken und guten Griffen Querung nach rechts in den Kaminspalt zwischen angelehntem Pfeiler und Hauptmassiv, Stand auf dem zweiten Klemmblock (15 m, I und II). **4. SL:** Nun gemeinsam mit R 71: Stemmend und spreizend etwa 7 m durch den Kamin hoch, den man über die Wand des Hauptmassives verläßt (III +), gerade empor, dann kurz nach links (Sanduhr) (III) und entweder scharf rechtshaltend (I) zu Köpflstand am Normalweg oder mehr gerade empor (III) ebenfalls zu einem Köpflstand am Normalweg (40 m). (Pracht)

● 75—76 frei für Nachträge

● 77 **Zweiter Sellaturm,** 2597 m

Erste Ersteigung durch O. Ampferer, K. Berger und W. Hammer am 9. August 1899 (Ö.A.Z. 1900—297). Dieser Turm ist durch einen weiten Sattel mit dem Piz de Ciavazes verbunden, eine tiefe Schlucht trennt ihn für den nordseitigen Betrachter vom Ersten Sellaturm. Beliebte Ziele sind seit langem N- und SW-Wand, letztere vor allem im Zuge einer Überschreitung der drei ersten Türme. Nach Eröffnung der direkten N-Wand rückte der Zweite Sellaturm auch in das Blickfeld der extremen Kletterer. Gegen S bilden der Zweite Sellaturm und der Ausläufer des Ersten Sellaturmes eine große Schrofenmulde, durch die auch (ihr anfangs gemeinsamer) Normalweg führt.

● 78 Normalweg

O. Ampferer, K. Berger und W. Hammer am 9. August 1899 (Ö.A.Z. 1900—297).
I, vielfach Gehgelände. Im Aufstieg wenig begangen, um so mehr im Abstieg; daher kräftig ausgetreten. Im unteren Teil gemeinsam mit R 62.
Höhendifferenz etwa 220 m. 1½ Std.
Siehe Abb. Seite 116

Übersicht: Unterhalb der Grateinsenkung zwischen Zweitem Sellaturm und Piz de Ciavazes befindet sich eine teils felsige, teils grasige und erdige Mulde, die der Normalweg über eine vorgelagerte Felsstufe erreicht. Durch diese Mulde auf die Fortsetzung des Gamsbandes, über die ein Steiglein führt. Weiter zur Einsenkung zwischen Zweitem Sellaturm und Piz de Ciavazes, von dort über den Grat zum Gipfel.

Anstieg: Vom Sellajoch wie bei R 62 auf die schmale Fortsetzung des Gamsbandes und jenseits über Schrofen zur oben erwähnten Einsenkung. Weiter nach links (W), südseitig in Gratnähe, teilweise wegartig ausgetreten, zu einer etwa 40 m hohen Steilstufe im O-Grat des Zweiten Sellaturmes kurz vor seinem Gipfel. Über ein Wandl in einen kurzen Kamin und weiter zum höchsten Punkt. (Pracht)

● 78 A Abstieg nach Süden (Normalweg, R 78)

I, vielfach Gehgelände. Stark ausgetreten. Im unteren Teil gemeinsam mit R 62A. Absteigend weniger als 1 Std.

Vom Gipfel auf der O-Seite durch einen kurzen Kamin und über ein Wandl in die Gratscharte. Knapp südl. des Verbindungsgrates Zweiter Sellaturm — Piz de Ciavazes bzw. auf ihm so weit nach O, bis man den deutlichen Steigspuren folgend zum Weg auf der Fortsetzung des Gamsbandes absteigen kann. Von dort weiter wie bei R 62 A.

● 79 A Abstieg nach Norden

R. Gomperz und H. Wedel am 15. September 1905 (XIII Jb. A.A.V.M.-63).

I, vielfach Gehgelände und zwei ausgesetzte Abseilstellen. Abseilhaken vorhanden.

Als Abstieg an sich nicht üblich, lediglich sein oberer Teil wird bei einer Überschreitung der Sellatürme benützt. 1 Std. für den gesamten Abstieg.

Siehe Abb. Seite 94

Übersicht: Zwischen Zweitem und Drittem Sellaturm zieht eine tiefe Schlucht in Richtung Piz de Ciavazes hoch. Von der Einsenkung zwischen Zweitem Sellaturm und dem Piz de Ciavazes gewinnt man durch Abseilen diese Schlucht und klettert gemäß R 91 A durch sie hinab auf das Geröll nördl. des Zweiten Sellaturmes (am Schluß mehrmals abseilen).

Vom Gipfel wie bei R 78 A, doch nicht hinab zum Steiglein auf der Fortsetzung des Gamsbandes, sondern weiter zur Abseilstelle im Sattel zwischen Zweitem Sellaturm und Piz de Ciavazes im Angesicht des Dritten Sellaturmes. Nach einer Abseilhöhe von etwa 10 m findet sich eine weitere Abseilstelle, von der aus man auf ein etwa 20 m tiefer liegendes Band gelangt. Dies wird leicht ansteigend hufeisenförmig durch die Schlucht verfolgt, bis man auf R 91 A durch die Schlucht absteigen kann. (Bei einer Überschreitung zum Dritten Sellaturm geht man bis zu der Stelle weiter, an der das Band sich scharf nach rechts wendet; nun gemäß R 92.) (Pracht)

● 80 Direkte Nordwand (Messnerführe)

R. und G. Messner im August 1968 (Alp. 1969/1).

V +, aufgeteilt wie folgt: Einige Stellen V +, überwiegend V, selten leichter (lediglich im oberen Teil).

Durchwegs fester Fels, sollte aber nur bei einigermaßen trockenen Verhältnissen angegangen werden. Großartige und anspruchsvolle Freikletterei; Wegfindung nicht immer ganz einfach, einige kleine Varianten möglich. Bis zum „Köpfl" (ein schlecht erkennbarer Pfeiler) ist ein Rückzug durch Abseilen unproblematisch.

Die meisten ZH und SH vorhanden, dazu häufig natürliche Sicherungsmöglichkeiten. Einige Klemmkeile mittlerer Größe vorteilhaft.

Wandhöhe etwa 250 m, Kletterlänge etwa 250 m (ohne die letzten unschwierigen 65 m). 3—5 Std.

Siehe Abb. Seite 85 und 183 und Skizze Seite 87

Übersicht: Unterhalb des Gipfelringbandes gewahrt man in Wandmitte eine auffallende, gut 40 m lange Rampe, die von links nach rechts hochzieht. Etwa auf halber Höhe zwischen dem Wandfuß und dem unteren Ende dieser Rampe erkennt man eine langgezogene (geräumige) Höhle, deren linker Teil sich in einem Wasserstreifen befindet. Zu diesem Wasserstreifen führt eine etwa 15 m über dem Wandfuß beginnende Rampe von links unten nach rechts oben. Die Führe verläuft nacheinander über die steile Einstiegswand mit anschließender Rißverschneidung, über die letztgenannte Rampe, rechts ausholend durch den Wasserstreifen zur Höhle, dann im Wasserstreifen sowie links und rechts davon zur erstgenannten Rampe und über sie in den geneigteren Gipfelbereich.

Zugang: Vom Sellajoch nordseitig des grasigen Rückens, der von der Lokomotive herabzieht, auf einem Weg in östl. Richtung zum tiefsten Punkt der N-Abstürze des Zweiten Sellaturmes und dann auf einem Steiglein unter dessen N-Wand bis etwa in Höhe des Wandfußes des Dritten Sellaturmes hoch. E unmittelbar links unterhalb einer etwa 8 m über dem Boden ansetzenden Verschneidung, welche in die (oben erwähnte) gestufte, nach rechts ziehende Rampe übergeht. 25 Min.

Führe: 1. SL: Über eine löchrige, gelbe und überhängende Wand etwa 8 m hinauf (V+) und nach rechts in die Rißverschneidung, durch die man eine Rampe erreicht (IV+); an einer Abseilstelle (2 H) vorbei zu bequemem Stand (30 m). **2. SL:** Über die Rampe weiter (III) (erst ansteigen, dann waagrecht, schließlich etwas absteigen), bis sie sich verliert, und schräg rechts hoch zu Wulst (V, 2 H); über ihn hinweg (V+) und, die Richtung beibehaltend, zu schlecht erkennbarem Pfeilerköpfl mit Abseileinrichtung (V+); von hier waagrecht nach links in den Wasserstreifen zu einem Haken und entweder gerade hoch oder in einer Rechts-Links-Schleife (V) zur langgezogenen Höhle; SH im Höhlendach (38 m). **3. SL:** Man verläßt die Höhle nach links, dann hoch zu H mit Schlinge und rechtshaltend über den Höhlenüberhang hinweg (A0 und V+); nun nach links in eine schwach ausgeprägte Verschneidung (hierher auch direkt vom Haken möglich) und weiter über hellgrauen Plattenfels (V und V+, 4 H) zu Stand an einer riesigen SU (35 m). **4. SL:** Rechtshaltend ein wenig absteigen (H) und waagrecht durch den schwarzen kompakten Fels (V+); weiter schräg hoch zu großlöchrigem Fels und auf ein Pfeilerköpfl (2 H) unmittelbar rechts davon; gerade hoch über leicht überhängenden Fels (V, 1 H) und linkshaltend in eine

Zweiter Sellaturm von Norden ►

R 80 Direkte N-Wand (Messnerführe)

R 81 N-Verschneidung

R 82 N-Wand (Kasnapoff-Führe)

Zweiter Sellaturm

gelbe Nische zu Stand (34 m). **5. SL:** Die Nische wird nach rechts verlassen (V, 1 H) und weiter schräg links hoch durch meist nassen Fels (IV +) zu Stand am Beginn der Rampe (35 m). **6. SL:** Über die Rampe empor zu Stand an einer großen SU am Ende der Rampe (34 m, III und IV). **7. SL:** Durch die über dem Stand sich befindende Verschneidung hoch und gerade weiter (H) durch einen brüchigen Riß (V—) zu Stand auf einem Plattenband (34 m). **8. SL:** Über das Plattenband nach rechts um die Kante und zu Köpflstand jenseits des Gipfelringbandes (32 m, I). **9. SL:** Schräg links über rauhen Fels in eine Gratscharte und längs des Grates zum Gipfel (35 m, I und II). (Pracht)

● 81 Nordverschneidung

W. Brög, Erika Heimrath, M. und Ingeborg Olzowy; September 1978 (Inf. Olzowy)

VI— (eine Stelle), sonst meist V und IV. Freikletterei in festem Fels.

Die meisten SH und ZH vorhanden, dazu häufig natürliche Sicherungsmöglichkeiten. Klemmkeile zur Sicherung notwendig.

Wandhöhe etwa 250 m, Kletterlänge etwa 330 m. 3—4 Std.

Siehe Abb. Seite 85 und 183

Übersicht: Die Führe — anfangs gemeinsam mit der Kasnapoff-Führe verlaufend — benützt die markante, etwa 100 m hohe Verschneidung in der rechten Hälfte der N-Wand und gewinnt sich links aufwärts haltend, das obere Ende der Messnerführe. Über diese erreicht sie schließlich den Gipfel.

Zugang: Vom Sellajoch zum E der Kasnapoff-Führe (R 82). 20 Min.

Führe: 1. SL: Gemeinsam mit der 1. SL von R 82 (36 m) und weiter zu Stand am Beginn der oben erwähnten, auffallenden Verschneidung. **2. SL:** Einige Meter in der Verschneidung hoch, nach links hinaus und mittels einer abgespaltenen Platte unter einen Überhang (IV), der rechtshaltend überwunden wird (V, 1 H); in einer großen Links-Rechts-Schleife (IV) links der Verschneidung zu großem Stand in ihrem Grund (40 m). **3. SL:** In der Verschneidung etwa 15 m empor (V +, 2 H), der folgende Überhang wird links überwunden (VI—, 1 H, ♂) und weiter (IV +) zu Stand in der Verschneidung (45 m). **4. SL:** In der Verschneidung bis unter einen großen Überhang, dann etwa 5 m nach rechts um die Kante und schräg links hoch zu Stand auf dem Pfeilerkopf am Ende der Verschneidung (20 m, IV). **5. SL:** Etwa 5 m gerade hoch, dann 10 m schräg links (IV) bis knapp vor den Beginn einer kurzen Verschneidung und 5 m gerade empor (V—, 1 H); nun rechtshaltend um eine kleine Kante in eine gelbe Nische, weiter 3 m nach links, sodann

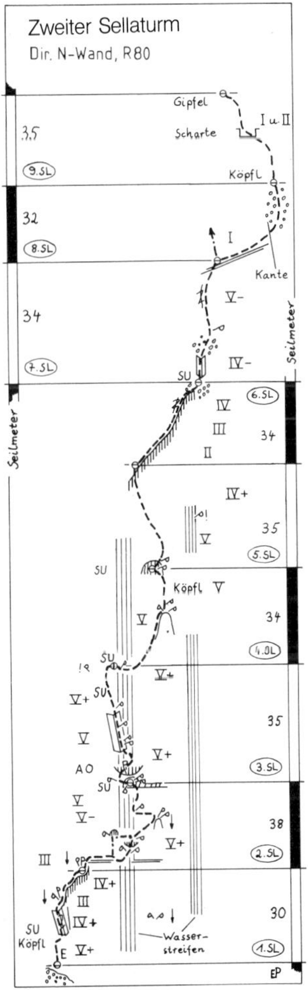
Zweiter Sellaturm
Dir. N-Wand, R80
Seilmeter
Gipfel
Scharte
I u. II
Köpfl
Kante
SU
Köpfl
Wasserstreifen
E
9.SL
8.SL
7.SL
6.SL
5.SL
4.SL
3.SL
2.SL
1.SL
EP

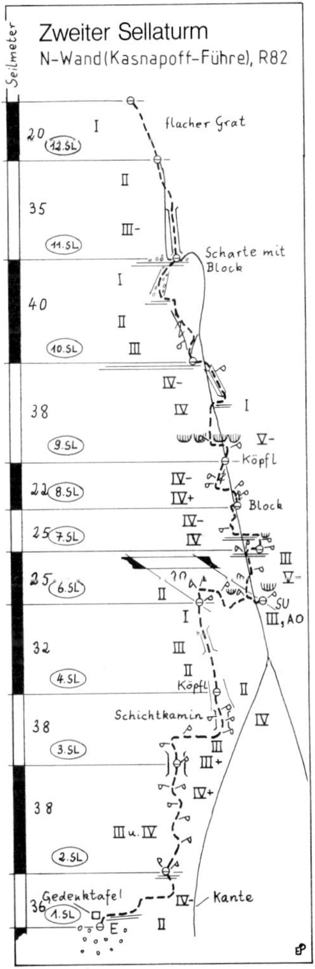
Zweiter Sellaturm
N-Wand (Kasnapoff-Führe), R82
Seilmeter
flacher Grat
Scharte mit Block
Köpfl
Block
SU
III, AO
Schichtkamin
Gedenktafel
Kante
E
12.SL
11.SL
10.SL
9.SL
8.SL
7.SL
6.SL
4.SL
3.SL
2.SL
1.SL
EP

4 m gerade hoch auf ein Band, das nach links zu schlechtem Stand verfolgt wird (40 m). **6. SL:** Gerade 10 m empor (V—), unter einem Überhang 5 m nach links (V) und rechtshaltend hoch (V—) zu Stand am oberen Ende der Rampe der Messnerführe (40 m). Über diese vollends zum Gipfel.
(Olzowy)

● 82 Nordwand (Kasnapoff-Führe)

M. Zelger und Frau von Kasnapoff im Jahre 1913 (Ö.A.Z. 1919—78).

V—, aufgeteilt wie folgt: Zwei Stellen V—, sonst IV und III, kurze Stellen leichter. Außergewöhnlich schöne und abwechslungsreiche Kletterei in an sich bestem, doch auf Grund der vielen Begehungen inzwischen stark abgegriffenem Fels. Die meisten ZH und SH vorhanden, dazu häufig natürliche Sicherungsmöglichkeiten.

Wandhöhe etwa 250 m, Kletterlänge etwa 350 m. 3—4 Std.
Siehe Abb. Seite 85, 94 und 183 und Skizze Seite 87

Übersicht: Die Führe verläuft anfangs knapp links der die N-Wand rechts begrenzenden Kante, in den oberen zwei Dritteln wechselt sie mehrmals zwischen N-Wand und W-Wand.

Zugang: Vom Sellajoch wie bei R 82 zum tiefsten Punkt der N-Abstürze des Zweiten Sellaturmes und dann auf einem Steiglein kurz über Schutt zum rechten Teil der N-Wand. E bei einer Gedenktafel links der Kante des Zweiten Sellaturmes. 20 Min.

Führe: 1. SL: Kurz hoch auf ein Band, das nach rechts verfolgt wird; ansteigend erreicht man einen ausgesetzten Rechtsquergang, der nach etwa 10 m durch anschließendes senkrechtes Ansteigen (IV—) zu einem Standplatz auf einem Absatz führt (36 m). **2. SL:** Über die steile Wand — immer die beste Möglichkeit nehmend — zu Stand rechts am Fuße einer Kaminrinne (38 m, III und IV, Stelle IV+). **3. SL:** Durch diese Rinne hoch (III+), dann Querung nach rechts (III) zu einem Schichtkamin und durch ihn (IV, 3 H) zu Köpflstand in der nun weniger steilen Wand (38 m). **4. SL:** Über gestuftes Gelände, das von einem kurzen Rißkamin unterbrochen wird (III), zu Stand in einer Rinne auf Höhe eines überwölbten Gratabsatzes (32 m). **5. SL:** Kurz über die Wand hinauf, dann Quergang nach rechts, bis man sich mittels eines Hakens etwa 2 m ablassen kann, wieder hoch in gelben Fels unter einem Überhang und weiter zu Stand (III) an der Kante (22 m). **6. SL:** Links der Kante weitgriffig auf den den Standplatz überwölbenden Überhang (V—, 1 H), etwas nach rechts und über einen Wulst (III) und anschließendes leichtes Gelände zu Stand am rechten Ende eines breiten Bandes

(25 m). **7. SL:** Gerade hoch unter einen Überhang, nach seiner Überkletterung linkshaltend auf einem Band zu einem kurzen Riß, den man rechts in eine Verschneidung verläßt; rechts um die Kante zu Stand bei einem Block (25 m, IV und IV—). **8. SL:** Den hier ansetzenden Riß hoch (IV+, 2 H), Quergang nach links um die Kante und durch einen Riß nach rechts zu Köpflstand (IV—, 2 H) an der Kante (22 m). **9. SL:** Einige Meter gerade hoch (H) unter einen Überhang, Quergang nach links bis zu seiner schwächsten Stelle und über ihn hinweg (V—, 1 H); gerade weiter auf ein Band an der Kante (IV), um sie herum und durch eine erst jetzt sichtbare Verschneidung (IV—, 1 H) auf ein breites Schotterband (38 m). **10. SL:** Der linke zweier auffallender Risse vermittelt den Weiterweg auf einen Absatz (III und II, 1 H), der über muldiges Gelände zum nächsten großen Schotterband verlassen wird; Stand in einer Gratscharte mit Blöcken (40 m). **11. und 12. SL:** Über den Grat in 1½ SL zum Gipfel (35 m bzw. 20 m, III und I). (Pracht)

● 83 Nordwestkante

R. Demetz und F. Glück im September 1935 (Cas. 1937—365).

V/A0, aufgeteilt wie folgt: Eine Stelle V, zwei Stellen A0, sonst IV und III (im Verlaufe der ersten vier Seillängen); dazu kommen noch die Schwierigkeiten der 6.—12. Seillänge von R 82, also zwei Stellen V— sowie IV und III.

Abgesehen von einer Hakenpassage vor allem hübsche Plattenkletterei in gutem Fels. Wesentlich weniger stark begangen als die N-Wand.

Die meisten ZH und SH vorhanden, dazu häufig natürliche Sicherungsmöglichkeiten.

Wandhöhe mit Vorbau etwa 250 m, Kletterlänge etwa 270 m (ohne Vorbau). 4—5 Std.

Siehe Abb. Seite 85 und Skizze Seite 91

Übersicht: Die Führe verläuft anfangs in Fallinie des markanten, gelbschwarzen Daches im unteren Teil der W-Wand, um dann unterhalb der Dachzone über Platten nach links zur Kante zu schwenken. Auf R 82 im Bereich der Kante zum Gipfel.

Zugang: Vom Sellajoch wie bei R 63 in die Geröllhalde nördl. des Ersten Sellaturmes und nach links zur W-Wand des Zweiten Sellaturmes. In Fallinie des markanten gelbschwarzen Daches und auf Höhe des Wandfußes der N-Wand des Ersten Sellaturmes betritt man den Wandvorbau und steigt etwa 80 m hinauf. E (Köpfl) am Beginn einer Kaminverschneidung rechts der großen, grauen Platte. 25 Min.

Führe: **1. SL:** Man durchsteigt die ganze Kaminverschneidung bis zu einem Stand unter Überhängen knapp links (25 m, II und III). **2. SL:** An der grau-gelben Grenze linkshaltend hoch (III, 2 H), bis man auf der Platte waagrecht nach links zu Stand inmitten der Platte (IV—, 1 H) queren kann (20 m). **3. SL:** Senkrecht über die Platte in eine gelbschwarze Verschneidung (III+), die durchstiegen wird (A0/V, 6 H); darüber verläßt man linkshaltend die Dachzone (A0, 2 H), um auf einem guten Podest Stand zu beziehen (20 m). **4. SL:** Links des Standes kurz hoch, dann in die rechte Verschneidung (III, 1 H) und linkshaltend über Platten zu Stand (IV+, 1 H) auf einem Podest an der Kante (20 m). Weiter mit der 7. SL von R 82. (Pracht)

● 84 Westwand

M. Demetz und G. Delago am 25. September 1930 (Cas. 1937—365).

V+ (eine Stelle), sonst IV und leichter. Die ☍ übertrifft die übrigen Passagen bei weitem an Schwierigkeit.

Wegen einiger Schuttstrecken im unteren und der Splittrigkeit des Gesteins im oberen Teil ist die Führe kaum zu empfehlen. Wenig begangen. Empfehlenswert wäre eine Kombination von R 84 mit R 85, dabei erstere bis zum Ringband.

Die meisten ZH, jedoch nicht alle SH vorhanden.

Wandhöhe etwa 250 m, Kletterlänge etwa 300 m. 4 Std.

Siehe Abb. Seite 94 und Skizze Seite 91

Übersicht: Die Führe überwindet die etwa 100 m über der Geröllhalde befindliche Dachzone in deren Mitte und gewinnt danach ein kleines Band in Höhe der Scharte zwischen Erstem und Zweitem Sellaturm. Nach einer auffallenden Rißverschneidung trifft sie auf dem großen Ringband mit R 85 zusammen, um dann mehr links (nördl.) durch eine weithin sichtbare gelbe Verschneidung in den Gipfelbereich zu gelangen.

Zugang: Vom Sellajoch wie bei R 63 in die Geröllhalde nördl. des Ersten Sellaturmes und nach links zur W-Wand. In Fallinie der linken Kante eines weiß-gelben Überhanges über leichte, schuttbedeckte Felsen etwa 30 m gerade hinauf zum E am Beginn einer engen Rinne (Sanduhr). 25 Min.

Führe: **1. SL:** Durch die Rinne hoch und nach rechts zu Stand 20 m unterhalb der rechten Kante des weiß-gelben Überhanges (30 m, II, I und III). **2. SL:** Etwas nach links und über große Blöcke in eine kurze Verschneidung, an ihrem Ende nach links um die Kante und durch einen Riß (IV— und III) unmittelbar links zweier auffallender Dächer zu

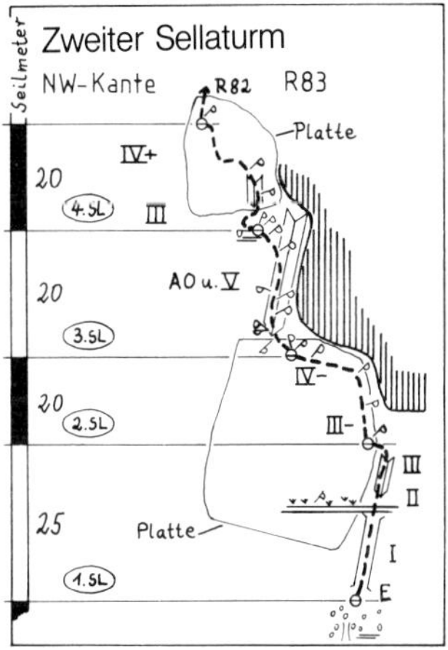
Seilmeter
Zweiter Sellaturm
NW-Kante R82 R83
Platte
IV+
20
4.SL
III
20
A0 u. V
3.SL
IV-
20
2.SL
III-
III
II
25
Platte
I
1.SL
E

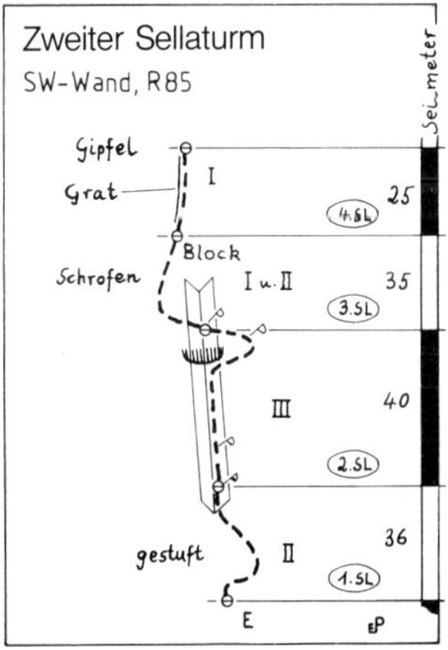
Zweiter Sellaturm
SW-Wand, R85
Seilmeter
Gipfel
Grat
I
25
4.SL
Block
Schrofen
I u. II
35
3.SL
III
40
2.SL
gestuft
II
36
1.SL
E
EP

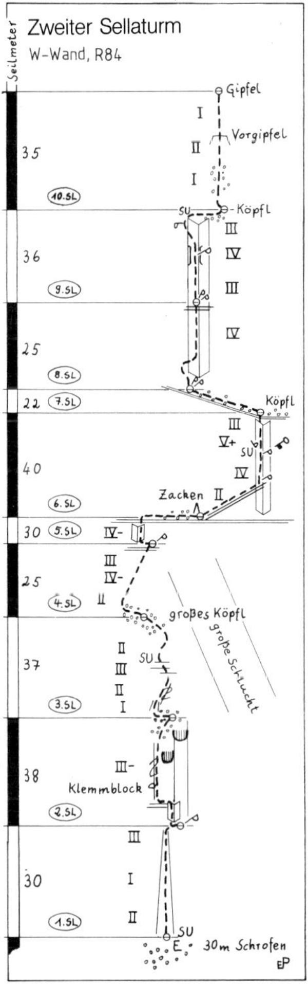
Seilmeter
Zweiter Sellaturm
W-Wand, R84
Gipfel
I
Vorgipfel
35
II
I
10.SL
SU
Köpfl
III
36
IV
III
9.SL
IV
25
8.SL
22
7.SL
Köpfl
III
V+
SU
40
IV
Zacken II
6.SL
30
5.SL
IV-
III
25
IV-
4.SL
II
großes Köpfl
große Schlucht
II
SU
37
III
II
3.SL
I
III-
38
Klemmblock
2.SL
III
30
I
1.SL
II
SU
E
30m Schrofen
EP

Stand in schuttigem Gelände (38 m). **3. SL:** Über Schutt nach links in eine kurze Rinne, dann scharf rechts durch einen Riß (II) in gestuftes Gelände, das linkshaltend begangen wird (III), leicht nach rechts auf ein großes Schrofenband und über dieses linkshaltend (in Richtung Scharte) nach 10 m zu Stand bei einem großen Köpfl (37 m). **4. SL:** Auf Schutt kurz nach links und über ein Wandstück hinauf zu Stand (IV— und III) auf einem Absatz (25 m). **5. SL:** Etwa 2 m nach links, dann durch eine kurze Verschneidung (IV—) auf ein Band in Höhe der Scharte und auf diesem 15 m nach rechts zu Stand an großem Zacken (30 m). **6. SL:** Schräg rechts über eine gezackte Rampe (II) hoch zu einer Nische in einer langen Verschneidung und durch sie in Rißkletterei (IV und V +, 3 H, ✓) zu Köpflstand auf dem großen Ringband im Bereich von R 85 (40 m). **7. SL:** Auf dem Ringband unschwierig 22 m nach links aufwärts zu Stand an 2 H. **8. SL:** Über ein steiles, gelbsplittriges Wandstück in die darüberliegende Verschneidung und durch diese zu bequemem Stand (25 m, IV). **9. SL:** Weiter durch die rechte der beiden hier ansetzenden Verschneidungen (die Fortsetzung der vorigen) (III), durch einen engen Kamin (IV, 1 H), dann kurz nach links und gerade hoch (H) zu überdachtem Schuttplatz; nach rechts um die Ecke zu Stand (36 m). **10. SL:** Ein wenig nach links und gerade hoch zu Vorgipfel und Gipfel (35 m, II und I). (Pracht)

● 85 Südwestwand

F. Kostner und Maria Gabloner, 1905 (Cas. 1937—365).
III, doch meist leichter. Schöne, aber sehr kurze Kletterei in gutem Fels; häufig begangen, vor allem im Zuge einer Überschreitung der Sellatürme.
Die meisten ZH und SH vorhanden.
Wandhöhe etwa 80 m, Kletterlänge etwa 130 m. ½—1 Std.
Siehe Abb. Seite 94 und Skizze Seite 91

Übersicht: Die SW-Wand wird von einer markanten Verschneidung durchzogen, deren linke Begrenzungswand sehr glatt erscheint. Durch diese Verschneidung verläuft die Führe. Danach sind in dem flachen Gipfelbereich mehrere Varianten möglich.

Zugang: Kommt man nicht vom Ersten Sellaturm (im Zuge einer Überschreitung), sondern vom Sellajoch, so benützt man R 62 bis knapp vor die Scharte zwischen Erstem und Zweitem Sellaturm und steigt das hier rinnenartige Ringband, das die ganze W-Wand des Zweiten Sellaturmes durchzieht, so weit hinauf, bis es etwas unterhalb der Gipfelhöhe des Ersten Sellaturmes ausgesetzt wird. Der E befindet sich bei einem großen Block. 1 Std.

Führe: 1. SL: Über gestuften Fels in einer Rechts-Links-Schleife in die markante Verschneidung und wenige Meter in ihr hoch zu Stand (38 m, II). **2. SL:** Durch die Verschneidung so weit empor, bis Überhänge zu einer Rechtsschleife zwingen; danach zurück zu Stand in der Verschneidung (40 m, III, 2 H). **3. SL:** Auf Wegspuren links um die Kante und gerade hoch zu Stand an einem Block (35 m, I und II). **4. SL:** Am Grat entlang nach etwa 25 m zum Gipfel (I). (Pracht)

● **86** **Von Süden**

S. Häberlein im Abstieg am 21. August 1906 (Ö.A.Z. 1906—293).

II, größtenteils leichter. Diese Führe ist als Aufstieg dem Normalweg (R 78) im oberen Teil vorzuziehen.

Höhendifferenz etwa 220 m. 1½ Std.

Anstieg: Vom Sellajoch wie bei R 62 auf die schmale Fortsetzung des Gamsbandes und längs des Wegleins nach links (W) bis zu einer kleinen Höhle etwa auf halbem Wege zur Scharte zwischen Erstem und Zweitem Sellaturm. Nun über eine kurze, steile Wand empor in leichteren Fels und direkt zum Gipfel.

● **87—89** frei für Nachträge

● **90** **Dritter Sellaturm,** 2688 m

Erste Ersteigung durch K. Berger und E. Franzelin am 29. Juli 1900 (Ö.A.Z. 1900—297). Dieser Turm, der höchste aller Sellatürme, sieht massig und elegant zugleich aus. Er zeigt nach W hin eine eindrucksvolle Wand, die auf halber Höhe von einem breiten Ringband („Spiralband") in zwei Hälften geteilt wird. Sowohl vom Piz de Ciavazes als auch vom Zweiten Sellaturm trennen ihn tiefe Schluchten, durch deren letztere der Normalweg heraufkommt. Mehrere schöne und lohnende Führen, ein problemloser Abstieg und die Nähe der Sella-Ringstraße sorgen für einen regen Besuch. Besonders beliebt sind SW-Wand (vor allem bei einer Überschreitung der drei ersten Sellatürme) und die W-Wand. Gipfelsteinmann und Buch.

● **91** **Normalweg**

K. Berger und E. Franzelin am 29. Juli 1900 (Ö.A.Z. 1900—297).

IV— (eine Stelle), sonst III (5 Stellen) und leichter; auf dem Spiralband und im oberen Teil der Einstiegsschlucht sogar Gehgelände. ☍ in der ersten SL bei einem engen und meist nassen Kamin.

Hauptsächlich im Abstieg begangen, was vor allem für den oberen Teil gilt, der für Absteigende mit inzwischen verbli-

Die fünf Sellatürme und der Piz de Ciavazes von Westen

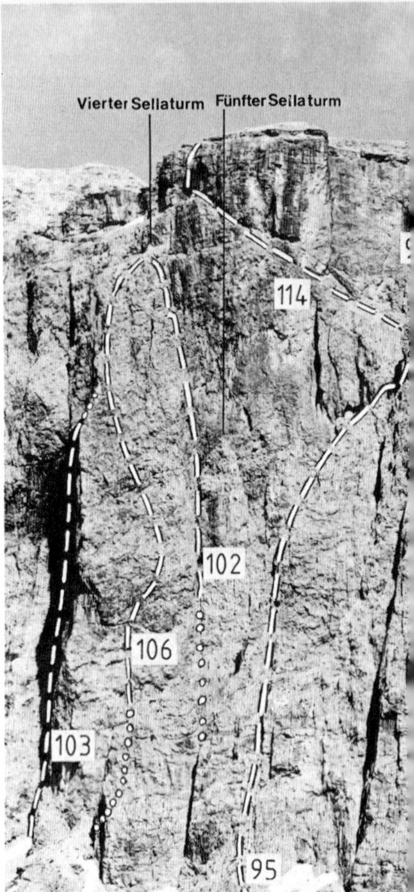

Vierter Sellaturm
R 102 Normalweg
R 103 NO-Riß
R 106 W-Wand

Dritter Sellaturm
R 91 Normalweg
R 92 Jahnweg
R 95 NW-Grat
R 98 Harrerführe
R 99 NW-Kante
R 100 W-Wand (Vinatzerführe)

Piz de Ciavazes
R 115 Schartenweg
R 118 NNW-Kante
R 119 WSW-Kante
R 120 SW-Verschneidung

Zweiter Sellaturm
R 79A Abstieg nach Norden
R 82 N-Wand (Kasnapoff-Führe)
R 83 NW-Kante
R 84 W-Wand
R 85 SW-Wand

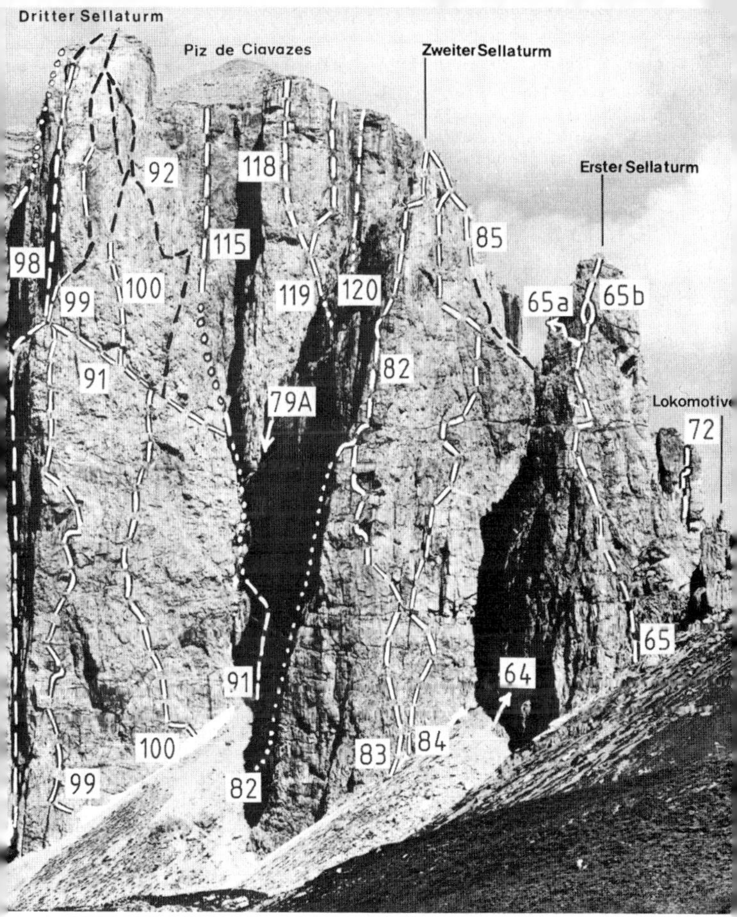

Erster Sellaturm

R 64 N-Wand

R 65 Stegerkante

R 65a Originalausstieg

R 65b Ausstiegsvariante

R 72 Südpfeiler

chenen (1978) roten Punkten markiert ist. Der untere Teil gehört auch zum Jahn-Weg (R 92) und wird daher oft durchstiegen.
Die meisten ZH und SH vorhanden, dazu häufig natürliche Sicherungsmöglichkeiten.
Höhendifferenz etwa 280 m. 2 Std.
Siehe Abb. Seite 94 und 183

Übersicht: Die Führe verläuft anfangs in der Schlucht zwischen Zweitem und Drittem Sellaturm, sodann auf dem Spiralband um den halben Turm herum bis zur N-Kante, in deren Bereich von N her die Gipfelhochfläche gewonnen wird.

Zugang: Vom Sellajoch wie bei R 80 zum tiefsten Punkt der N-Abstürze des Zweiten Sellaturmes und dann auf einem Steig über Schutt hinauf zur Mündung der Schlucht. E an deren orogr. linken Seite. 25 Min.

Führe: 1. SL: Über einen wenig ausgeprägten Rücken zu AH, weiter oberhalb durch eine Verschneidung (II und III) und durch einen senkrechten, meist nassen Kamin, genannt „Kirchl" (IV—, 1 H, ♂) zu Stand an AH. (38 m). **2. SL:** In geneigtem Gelände schräg links aufwärts zu Stand an AH (18 m, I). **3. SL:** Auf einem guten Band in die eigentliche Schlucht und über Schutt zur orogr. rechten Schluchtwand, wo Blockstufen zu Stand kurz vor deren Ende führen (38 m, I und II). **4. SL:** Über die letzte Blockstufe in den Schutt, dann zur orogr. linken Schluchtwand, kurz hinauf und über Platten (III), dann Schutt zur orogr. rechten Schluchtwand, schließlich mittels eines Risses (III) zu Stand im Schutt bei einer Sanduhr (40 m).

Nach knapp 40 m erreicht man über Schutt unschwierig das Spiralband, wo man auf den N-Abstieg des Zweiten Sellaturms (R 79 A) stößt. Nun wird dieses geröllbedeckte Band auf deutlichen Steigspuren bis zur N-Kante verfolgt (nach etwa 50 m zweigt nach rechts der Jahnweg, R 92, ab). In drei Seillängen (I und II) rechts aufwärts — den deutlichen Begehungsspuren und den Markierungen folgend — zu einer Gedenktafel am Fuße des knapp 30 m hohen und senkrechten Gipfelaufschwunges. Von hier 15 m gerade empor durch einen sehr glattgegriffenen Riß (III) zu AH am linken Ende eines Bandes, dann auf einem etwas höherliegenden Band waagrecht nach links (II) bis zu einer kurzen Verschneidung und durch diese (III) zu Stand im Schutt der Gipfelhochfläche. (Pracht)

● 91 A Abstieg auf dem Normalweg (R 91)
III (davon 2 Stellen mit „Sprungmöglichkeit"), sonst II und

I, viele Gehpassagen; die übrigen schwierigen Stellen werden abgeseilt. Deutliche Begehungsspuren. 1½ Std.

Vom Gipfelsteinmann über die schwach geneigte Hochfläche auf Steigspuren in Richtung Piz de Ciavazes absteigen und nach links an ihren nördl. Rand zu AH. Etwa 15 m abseilen auf ein Band, an dessen rechtem Rand (orogr.) sich ein weiterer AH befindet. Nochmals 15 m abseilen und über das sich nördl. anschließende Gelände wechselnder Steilheit den verblichenen roten Markierungen folgend im ganzen linkshaltend auf das Spiralband. Nun über das schuttige Band zur großen Schlucht zwischen Zweitem und Drittem Sellaturm, durch die sich der restliche Abstieg in folgender Weise vollzieht: Zuerst knapp 40 m auf der (orogr.) rechten Seite im Schutt hinunter, durch einen kurzen Riß (III), im Schutt nach links und über Platten sowie an der linken Schluchtwand (III) sofort wieder in den Schutt. Weiter im Schutt nach rechts und über Stufen nahe der rechten Schluchtwand etwa 15 m abwärts (II), um nun linkshaltend über Schutt ein Felsband zu gewinnen, das aus dem unmittelbaren Schluchtbereich hinausführt zu AH. Etwas linkshaltend 18 m abseilen bis zum nächsten AH, 20 m abseilen und noch 3 m abklettern zum letzten AH etwa 15 m über dem Kar. Eine weitere Möglichkeit, die Mündung der Schlucht abseilend zu überwinden, bietet sich an der rechten Schluchtwand (nicht empfehlenswert).

(Pracht)

● 92 Südwestwand (Jahnweg)

G. Jahn, E. Merlet und G. O. Dyhrenfurth am 11. August 1918 (Ö.A.Z. 1919—76)

IV— (1 Stelle im unteren Teil der Schlucht, die bei einer Überschreitung vom Zweiten Sellaturm kommend nicht geklettert werden muß), sonst III+ und III, mit vielen Stellen II. Abwechslungsreiche Kletterei in sehr gutem Fels, Modetour ersten Ranges.

Die meisten ZH und SH vorhanden, dazu häufig natürliche Sicherungsmöglichkeiten.

Wandhöhe etwa 160 m, Kletterlänge etwa 270 m (jeweils ab Spiralband). 1—1½ Std.

Siehe Abb. Seite 94 und 127 und Skizze Seite 99

Übersicht: Die eigentliche SW-Wand setzt oberhalb des Spiralbandes an. Im linken Teil dieser Wand beginnend (bis dahin gemeinsam mit R 91), zieht die Führe zunächst rechtshaltend hoch, mittels eines ausgesetzten Querganges etwa 70 m über dem E zurück in den linken Teil der Wand und durch diesen zum Gipfel.

Zugang: Vom Sellajoch wie bei R 91 zum selben E. 25 Min.

Führe: 1.—4. SL: Siehe R 91. **5. SL:** Über Schutt unschwierig zu Stand an einem Block auf dem Spiralband (38 m). **6. SL:** Auf diesem nach links bis zu Stand bei einem angelehnten Pfeiler am Beginn einer nach rechts hochziehenden Rißrampe (50 m). **7.—8. SL:** Über die Rißrampe hoch zu Stand bei einem niederen Pfeiler (35 m bzw. 38 m, III und II). **9. SL:** Hinter dem Pfeiler durch und etwa 20 m langer ausgesetzter Quergang nach links zu Stand an der Kante (35 m, III und II, 2 H). **10. SL:** Gerade hoch zu SU-Stand auf einem Geröllplatz (25 m, III und II). **11. SL:** Über eine gutgriffige und steile Wand in leichter Rechtsschleife (III, Sanduhr) hoch zu Stand unterhalb einer kurzen Plattenpassage (40 m). **12. SL:** Oberhalb dieser Platten gelangt man in einen geneigten und ausgeprägten Kamin, der bis kurz vor sein Ende verfolgt wird; Stand unterhalb eines links beginnenden, weiteren Kamins (28 m, II). **13. SL:** Scharf linkshaltend mittels eines Risses (III) in diesen Kamin, der bis zu seinem Ende verfolgt wird (II); Köpflstand unterhalb einer grauen Plattenzone (35 m). **14. SL:** Gerade über plattigen Fels in den Gipfelschutt (40 m, II und I). (Pracht)

● 93 Südwand

O. Eisenstecken und Gef. am 24. Oktober 1948 (Jb. HGB 1948—57).

Keine weiteren Informationen vorhanden.

● 94 Südostwand

E. und K. Kiene im September 1909 (Ö.A.Z. 1911—103).

IV. Außergewöhnlich brüchiger Fels, kaum begangen und nicht zu empfehlen. Wandhöhe etwa 160 m. 3 Std.

Zugang: Vom Sellajoch wie bei R 91 zum Spiralband, dann weiter in der großen Schlucht, anfangs in ihrem Grunde, dann auf steilerem Fels rechter Hand und schließlich durch eine brüchige Rinne bis etwa 20 m unterhalb der Einschartung zwischen Drittem Sellaturm und Piz de Ciavazes. 1½ Std.

Führe: Durch Kamine und Risse ohne besondere Schwierigkeit bis unter eine senkrechte Wand. Weiter über ein brüchiges und griffarmes Wändchen, dann folgt man einem schönen Kamin und durchsteigt eine glatte, doch leichtere Rinne, bis sie ungangbar wird. Mittels einer Rechtsquerung erreicht man einen Riß bei einer gelben Platte und gewinnt über eine schräg nach links führende Rampe kleingriffig den Beginn eines schwierigen Risses, durch den man bis unter das Schlußdach gelangt. Durch ein Loch in der Wand rechter Hand in einen schwarzen, glatten und anstrengenden Kamin, welcher nach wenigen Metern auf die Gipfelhochfläche führt.

Dritter Sellaturm
SW-Wand (Jahn-Weg), R92

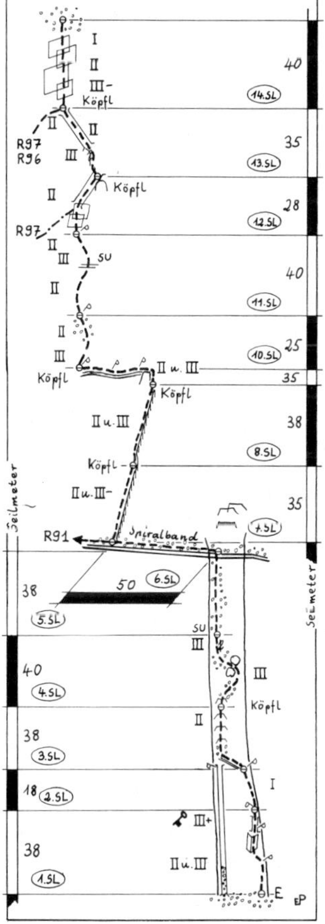

Dritter Sellaturm
NW-Grat, R95

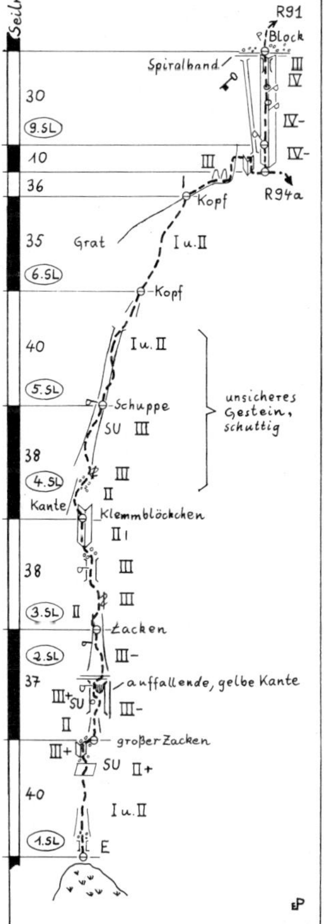

● 95 **Nordwestgrat**

S. Häberlein, Käthe Bröske und K. Spilka am 27. August 1906 (Ö.A.Z. 1906—293). A. Gogna und F. Mangia am 22. August 1964 mit ihrer Meinung nach direktem Ausstieg zum Spiralband (Riv. 1965—87), der aber auf dem Originalweg verlaufen dürfte.

IV, aufgeteilt wie folgt: Eine Stelle IV, 40 m IV—, sonst III und leichter.

Abwechslungsreiche und außergewöhnlich lohnende Kletterei, vor allem Kamine und Risse; sehr guter Fels, lediglich im Mittelteil etwa 100 Klettermeter schuttig. ⛏ erst am Ende der Hauptschwierigkeiten. Sehr selten begangen. Nach der Schlüsselstelle erreicht die Führe das Spiralband, somit Fluchtmöglichkeit mittels R 91 A.

Die meisten ZH und SH vorhanden, dazu häufig natürliche Sicherungsmöglichkeiten.

Kantenhöhe etwa 400 m, Kletterlänge etwa 460 m. 3—4 Std.

Siehe Abb. Seite 94 und 183 und Skizze Seite 99

Übersicht: Die Führe verläuft im unteren Teil knapp westl. der Kante, welche nordseitig vom Gipfel herabkommt und während des Anmarsches gut im Profil zu sehen ist. Im Mittelteil kurzzeitig auf der hier flacheren Kante, sodann durch eine markante Rißverschneidung und nach Überschreiten des Spiralbandes auf dem Normalweg zum Gipfel.

Zugang: Vom Sellajoch auf dem breiten, mehr oder weniger eben verlaufenden Weg bis kurz vor den tiefsten Punkt der Kante, dann über Geröll hinauf an den grasigen Kantenvorbau und etwas oberhalb des tiefsten Punktes von W her über diesen Vorbau zum Beginn des grasfreien Kantenaufschwunges. E in Fallinie einer deutlich ausgeprägten etwa 10 m hohen gelben Kante. 25 Min.

Führe: 1. SL: Durch einen kurzen Kamin (II) zu Geröll, dann in einer Rinne gerade hoch und über einen plattigen Klemmblock (II) zu einer kurzen Verschneidung, die zu Stand (III+) bei einem großen Block in Fallinie der oben erwähnten gelben Kante führt (40 m). **2. SL:** Durch eine ausgewaschene Rinne (II) zu dem Kamin unmittelbar links jener gelben Kante, in ihm hoch (III) bis unter einen Überhang, der links überwunden wird (III+, 1 Bohrhaken); rechtshaltend in eine breite, plattige Rinne, zuerst rechts (III), dann links (II, 1 H) in ihr hoch zu Stand an einem Zacken (37 m) **3. SL:** Nach links aus der Rinne, dann nach rechts zurück, mittels eines kurzen Risses weiter (III) zu Geröllplätzchen und linkshaltend in einen Kamin, der zu einem Geröllplatz führt (III, 1 H); durch die darüber ansetzende grau-gelbe Verschneidung zu Stand an einem schlecht erkennbaren Klemmblock unter dem gelb-brüchigen Abschluß (38 m). **4. SL:** Nach links zur Kante (II), rechtshaltend zu Geröll und nach einem Riß in unsicherem Gestein durch eine Rinne (III) zu Stand, kurz bevor sich das Gelände zurücklegt (38 m). **5. SL:** Vollends durch die Rinne hinauf (einmal nach rechts ausweichen) und rechtshaltend um die Kante in Schrofengelände; parallel zum Grat bis zu Stand an einem Kopf (40 m, I und II). **6. SL:** Weiterhin parallel zum Grat schräg ansteigen und schließlich auf die Gratschneide zu Stand bei großen Blöcken (35 m, I und II). **7. SL:** Am Grat direkt hoch, bis nach etwa 15 m eine Flachstelle mit Köpfln kommt; weiter am Grat und Quergang über Platten nach rechts (III) zu kleinen Köpfln; schließlich einige Meter hinab (III) und waagrecht nach rechts zu Stand am Beginn der auffallenden gelben Rißverschneidung (36 m). **8. SL:** Durch die Rißverschneidung 10 m hoch (IV—) zu Stand hinter einem Pfeiler. **9. SL:** In der Verschneidung weiter (IV— und IV, ♂, 2 H) zu Stand auf dem Spiralband (30 m). In weiteren 4—5 SL auf dem Normalweg zum Gipfel. (Pracht)

• 95a Variante zum Nordwestgrat (R 95)

P. Holl am 3. August 1966 im Alleingang (Ö.A.Z. 1966—155).

Vermeidet die gelbe Rißverschneidung unterhalb des Spiralbandes mittels einer weit rechts ausholenden Schleife und umgeht somit die ♂. **III.**

Kletterlänge etwa 120 m. 30 Min.

Variante: Vom Stand nach der 7. SL von R 95 teilweise absteigender, etwa 30 m langer Rechtsquergang in einen Kaminwinkel. Diesen etwas hinab, dann abermaliger, erst waagrechter, später absteigender Rechtsquergang an einer Höhle vorbei zu einem seichten Kamin (Mulde). Durch diesen in eine Art Verschneidung übergehenden Kamin 30 m empor in eine Nische. Wenige Schritte rechts hinab, ein kurzes Stück waagrecht nach rechts und gerade aufwärts zum Spiralband.

• 96 Nordwestwand

L.R. Biamino, G. Mazzotti, U. Perini und A. Tanesini am 29. August und 13. September 1942 (Riv. 1944—31).

V, meist jedoch leichter.

Abwechslungsreiche Kletterei, häufig durch Kamine oder Risse. Auf dem Spiralband bietet sich eine Fluchtmöglichkeit über den Normalweg (R 91 A).

Höhendifferenz etwa 350 m. Zeit der Erstbegeher 8 Std.

Übersicht: Die Führe gewinnt über das Wandstück zwischen dem NW-Grat (R 95) und der NW-Verschneidung (R 98) (2 Möglichkeiten) das Spiralband, um von dort rechts des Normalweges — die letzten Meter gemeinsam mit diesem — den Gipfel zu erreichen.

Zugang: Vom Sellajoch auf dem breiten, mehr oder weniger ebenen Weg in Richtung Dritter Sellaturm und über Geröll zum E im Grunde der weiten, doch wenig ausgeprägten Einbuchtung der NW-Wand, etwa 50 m rechts des NW-Grates und 100 m links der NW-Verschneidung. 25 Min.

Führe: Über Wandstellen und in Kaminen, aufgelockert durch leichtere Passagen, parallel zur NW-Verschneidung empor, bis sich zwei Möglichkeiten ergeben: a) Durch einen links oberhalb befindlichen schönen Riß zum Beginn der auffallenden gelben Rißverschneidung des NW-Grates (R 95), welche den Weiterweg zum Spiralband vermittelt. b) Oder mehr rechtshaltend mittels eines Kamins ebenfalls — etwas unterhalb von a) — auf das Spiralband. Nun gemeinsam weiter: Rechts unterhalb des Normalweges (R 91) durch einen großen Kamin, der sich allmählich zu einem Riß verengt. Durch diesen am Beginn und etwa in der Mitte überhängenden Riß (Sanduhr beim zweiten Überhang) bis zu einer Verzweigung empor. Der rechte Ast führt zum Schlußriß des Normalweges, über den man schließlich den Gipfel gewinnt.

● 97 Zur Schulter

M. Meneghel und R. Toresan im August 1947 (Riv. 1948—228).

IV. Die Erstbegeher beließen keinen der verwendeten 3 H. Höhendifferenz etwa 350 m (bis zum Gipfel). 3½ Std.

Übersicht: Die Führe verläuft über die Wand links der Nordwestverschneidung bis zur Schulter des Spiralbandes und benützt danach den Normalweg.

Zugang: Vom Sellajoch auf dem breiten, mehr oder weniger ebenen Weg in Richtung Dritter Sellaturm und über Blockwerk bzw. Geröll zum E etwa 50 m links der Nordwestverschneidung. 25 Min.

Führe: Erst mitten in der Wand, dann rechtshaltend zu Stand (H). Rechts über einen Überhang hinweg und weiter zu Stand. Längs eines überhängenden Risses (H), der eine Wand durchreißt, links haltend in eine Nische und weiter unter ein gelbes Dach (H). Etwa 7 m nach links und durch eine Rinne sowie über Wändchen auf die Schulter. Längs des Normalweges (R 91) vollends zum Gipfel.

● 98 Nordwestverschneidung (Harrerführe)

H. Feiertag und H. Harrer am 15. August 1934 (Tb Sella-Joch-Haus), aber auch F. Demuth, H. Demetz und A. Rogger am 29. September 1948 (Ö.A.Z. 1948—184).

V, aufgeteilt wie folgt: Je eine Stelle V und V— sowie sechs Passagen IV+; sonst überwiegend III und IV. ☍ kurz vor der Gipfelhochfläche.

Hauptsächlich Kamin- und Rißkletterei mit vielen moosigen und glitschigen Stellen. Im oberen Teil (d. h. vom Spiralband aufwärts), besonders in der 12. SL und am Beginn der 13. SL außerordentlich brüchig; auf der ganzen Führe muß mit Wasser gerechnet werden, vor allem bei Schnee auf dem Spiralband. Der obere Teil wird nur ganz selten begangen. Die Führe kann nicht empfohlen werden.

Die meisten ZH und SH vorhanden, dazu häufig natürliche Sicherungsmöglichkeiten.

Da die Führe das Spiralband kreuzt, bietet sich hier eine Fluchtmöglichkeit über den Normalweg (R 91 A).

Wandhöhe etwa 350 m, Kletterlänge etwa 440 m. 4—5 Std.

Siehe Abb. Seite 94 und Skizze Seite 105

Übersicht: Die N-Seite des Dritten Sellaturmes zeigt nach W in ihrem unteren Teil zwei markante Riesenverschneidungen. Die Führe gewinnt durch die rechte der beiden das Spiralband, um dann etwa 40 m rechts durch eine weitere große Verschneidung den Gipfel zu erreichen.

Zugang: Vom Sellajoch auf dem breiten, mehr oder weniger ebenen Weg in Richtung Dritter Sellaturm und über Blockwerk bzw. Geröll an den Fuß der Riesenverschneidung. 25 Min.

Führe: 1. SL: Im Grunde der Verschneidung gerade hoch (III) auf ein Schuttband und durch einen kleinen Kamin (II) zu Stand bei einem Köpfl (37 m). **2. SL:** Zuerst 5 m nach links, dann schräg rechts ansteigend wieder in die Verschneidung, wo nun ein großer Kamin beginnt; gerade empor (IV), auf die Rippe zwischen zwei Sekundärkaminen (IV +, 1 H) und zu Stand an einem Köpfl (37 m). **3. SL:** Im Kamin 10 m empor (H), dann nach links in die Wand (III) (rechts Verhauerhaken!), schräg links etwa 20 m empor (IV +, 1 H) und wieder nach rechts (IV) zu Stand (35 m). **4. SL:** Schräg nach rechts zurück (III) in den Kamin im Verschneidungsgrund, im Kamin direkt hoch, über einen Überhang (IV +, 1 H) und nach 5 m zu Stand (35 m). **5. SL:** Weiter im Kamin empor zu SU-Stand unter einem Überhang (20 m, II und III). **6. SL:** Über das gelbe Wändchen rechts des Überhanges (V—, 3 H) und wieder zurück in den Kamin, der sich nach einem Schuttplätzchen schluchtartig erweitert; 5 m darüber Stand an einem Köpfl (38 m). **7. SL:** Zuerst linkshaltend (III), dann wieder schräg nach rechts zurück in die Schlucht (H), durch sie weiter und schließlich auf einer Rinne zwischen zwei kleinen Kaminen (III +, 1 H) zu Stand an einem Köpfl jenseits eines Schuttplatzes (40 m). **8. SL:** Gerade empor zu Köpflstand auf dem Spiralband (18 m, II und III). **9. SL:** Auf dem Spiralband 40 m nach rechts zu Stand an einem Köpfl. **10. SL:** Kurz rechtshaltend empor (III), dann schräg links aufwärts, durch eine kleine Verschneidung (IV +) und über ein Schuttbändchen zu Stand am Beginn der Riesenverschneidung (34 m). **11. SL:** Direkt im Verschneidungsgrund hoch zu Stand an zwei Haken (35 m, IV und III, 2 H). **12. SL:** Im kaminartigen Verschneidungsgrund gerade empor zu Stand unter einem moosigen Überhang (28 m, IV und III, 2 H). **13. SL:** Über den Überhang hoch (IV +, 1 H) und im Verschneidungsgrund oder an der rechten Wand empor (V, ⚲, 2 H) bis zu einem die Verschneidung sperrenden Überhang; unter diesem 4 m nach rechts (IV +, 1 H) und über eine graue Wand direkt hoch (IV, 1 H) zu Köpflstand in einer Scharte des NW-Grates (35 m). **14. SL:** Nach 10 m erreicht man die Gipfelhochfläche und über diese den Gipfel (40 m). (G. Fischer III)

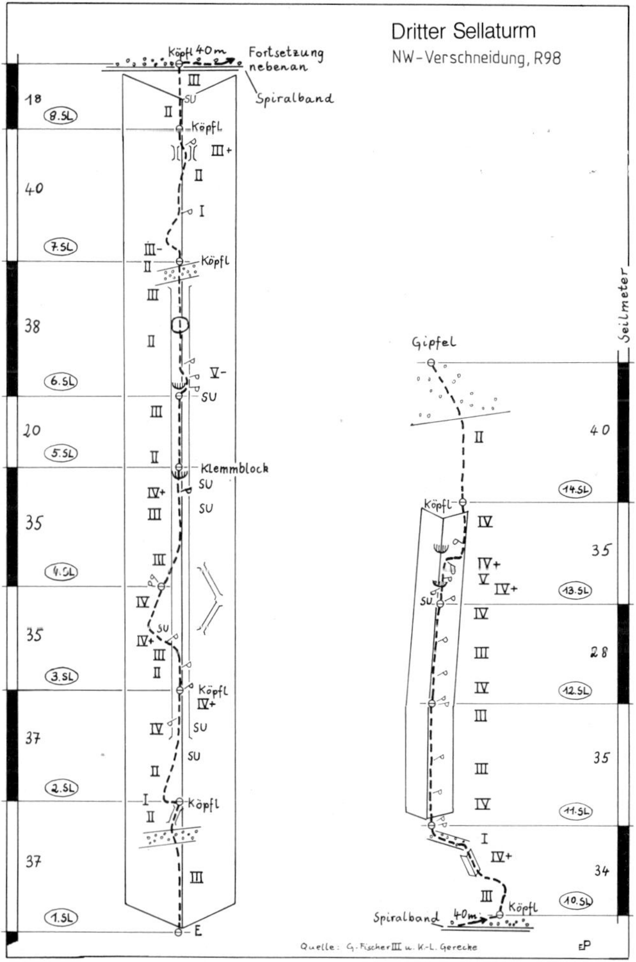

Dritter Sellaturm
NW-Verschneidung, R98
Köpfl 40m
Fortsetzung nebenan
Spiralband
Seilmeter
Gipfel
Köpfl
Klemmblock
SU
E
18
40
38
20
35
35
37
37
8.SL
7.SL
6.SL
5.SL
4.SL
3.SL
2.SL
1.SL
40
35
28
35
34
14.SL
13.SL
12.SL
11.SL
10.SL
Spiralband 40m
Quelle: G. Fischer III u. K.-L. Gerecke

● 99 Nordwestkante

C. Runggaldier und M. Senoner, 1962 (Lan. 1969—22).
V/A0, aufgeteilt wie folgt: Zwei Stellen V, eine Stelle V—, insgesamt 15 m A0, sonst überwiegend IV. ✓ kurz vor der Gipfelhochfläche.
Hauptsächlich abwechslungsreiche Wandkletterei mit einer hakentechnischen Passage in morschem Gestein. Empfehlenswerte Führe, die zumindest bis zum Spiralband öfters geklettert wird. Da die Führe das Spiralband kreuzt, bietet sich hier eine Fluchtmöglichkeit über den Normalweg R 91 A.
Die meisten ZH und SH vorhanden, dazu häufig natürliche Sicherungsmöglichkeiten.
Kantenhöhe etwa 350 m, Kletterlänge etwa 420 m. 4—5 Std.
Siehe Abb. Seite 94 und Skizze Seite 107

Übersicht: Die Führe verläuft bis zum Spiralband knapp rechts der linken Begrenzungskante der W-Wand, oberhalb des Spiralbandes kurz links der Kante, dann aber wieder rechts davon und schließlich rechtshaltend zum Gipfel.

Zugang: Vom Sellajoch auf dem breiten, mehr oder weniger ebenen Weg in Richtung Dritter Sellaturm und über Blockwerk und Geröll zu einem Band das nach links an die Kante führt. E am Ende dieses Bandes unmittelbar rechts der Kante, etwa 50 m über dem Kantenfuß (Köpfl). 25 Min.

Führe: 1. SL: Über grasigen Fels zu einem kurzen Kamin, nach seiner Durchkletterung (IV—) schwach rechtshaltend über grasigen Fels (IV+) zu Stand (35 m, 1 H). **2. SL:** Linkshaltend in Richtung Kante (H), weiter schwach links über eine Wand (IV+), dann schwach rechtshaltend zu einem Haken; nun leicht fallender Quergang nach rechts (V—), hinauf zu schmalem Band (IV) und rechtshaltend zu Stand (30 m, 2 H). **3. SL:** Kurz nach links, über einen Überhang schwach linkshaltend (IV—) zu einer gelben Nische rechts der Kante, durch eine Rinne (an deren Beginn ein kleiner Überhang, IV+) zu einem Band und nach rechts zu Köpflstand (30 m). **4. SL:** Durch die darüber ansetzende Verschneidung (IV) zu einer weißen Schlinge, kurz nach links und gerade empor (IV) zu Stand in Höhe einer großen Sanduhr (22 m, 3 H). **5. SL:** Quergang 10 m nach rechts um die Kante zu Stand (IV—, A0, 1 H). **6. SL:** Schräg links hoch (III), Quergang nach links in Höhe des großen Daches, über einen Rißüberhang (V, 1 H) und nach links zu großem Sicherungszacken an der Kante (33 m). **7. SL:** Gerade empor zu einer gelben Nische an der Kante (III) und schräg rechts (IV) zu Stand an einer Sanduhr (35 m, 1 H). **8. SL:** Durch eine kurze Ver-

Dritter Sellaturm

NW-Kante, R99

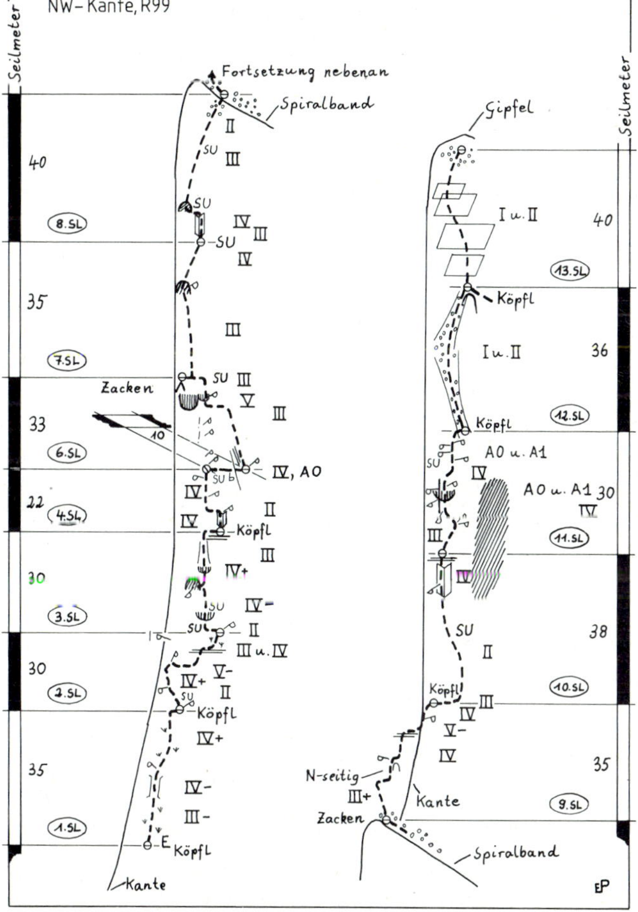

schneidung (IV), dann links zu einer Nische und schräg rechts hinauf zum Spiralband (40 m). **9. SL:** Links der Kante dem geringsten Widerstand folgend (III +) in einer Links-Rechts-Schleife zu einem schon von unten sichtbaren Haken, sofort kurz links und empor zu splittrigem Band (IV), das zur Kante rechts führt; an der Kante hoch (V, 1 H) und rechtshaltend hinauf (IV) zu Köpflstand (35 m). **10. SL:** Man quert so weit nach rechts, bis man leicht ansteigen kann, anschließend links einer großen schwarzen Wand durch eine gelbe Verschneidung (IV, 1 H) zu Stand 10 m unterhalb eines gelben, überhängenden Risses (inmitten der schwarzen Wand eine Schlinge) (38 m). **11. SL:** Schräg rechts hinauf (III) zu zwei Haken mit weißer Abseilschlinge, dann schräg links (IV) zu dem gelben Riß und durch ihn überhängend mittels einiger H und zweier HK (A0 und A1) zu einer kleinen Kante, über sie kurz nach rechts (IV) und durch die Fortsetzung des Risses überhängend (A0 und A1) in eine Schuttrinne (30 m, 7 H, 3 HK). **12. SL:** Durch diese und die nächste Rinne nach rechts zum letzten Stand des Jahnweges an einem großen Zacken (36 m, I und II). **13. SL:** Über Platten auf die Gipfelhochfläche (40 m, II und I). (Pracht)

● 100 Westwand (Vinatzerführe)

G. Vinatzer und V. Peristi am 23. Juni 1935 (Cas. 1937—368).

V—, aufgeteilt wie folgt: Drei Stellen V—, sonst III und IV. Abwechslungsreiche Kletterei in sehr gutem Fels, die zu den schönsten an den Sellatürmen gehört; häufig begangen. Da die Führe das Spiralband kreuzt, bietet sich hier eine Fluchtmöglichkeit über den Normalweg R 91 A.

Die meisten ZH und SH vorhanden, dazu häufig natürliche Sicherungsmöglichkeiten.

Wandhöhe etwa 330 m, Kletterlänge etwa 400 m. 4 Std.

Siehe Abb. Seite 94 und Skizze Seite 109

Übersicht: Die Führe hält sich im wesentlichen an das feine Rißsystem, das mitten durch die W-Wand zieht.

Zugang: Vom Sellajoch wie bei R 80 zum tiefsten Punkt der N-Abstürze des Zweiten Sellaturmes und leicht ansteigend an den W-Wandfuß des Dritten Sellaturmes. E wenig links der Fallinie der schwarzgelben überdachten Nische. 25 Min.

Führe: 1. SL: Etwa 10 m gerade empor, Quergang nach links (III, 1 H) und weiter schräg links hoch (IV—, 1 H) in geneigtem Gelände zu Stand (35 m). **2. SL:** Etwa 15 m schräg rechts aufwärts (wenige Meter bis zur eingangs erwähnten Nische), dann in einer Linksschleife zu

Dritter Sellaturm

W-Wand (Vinatzer-Führe), R100

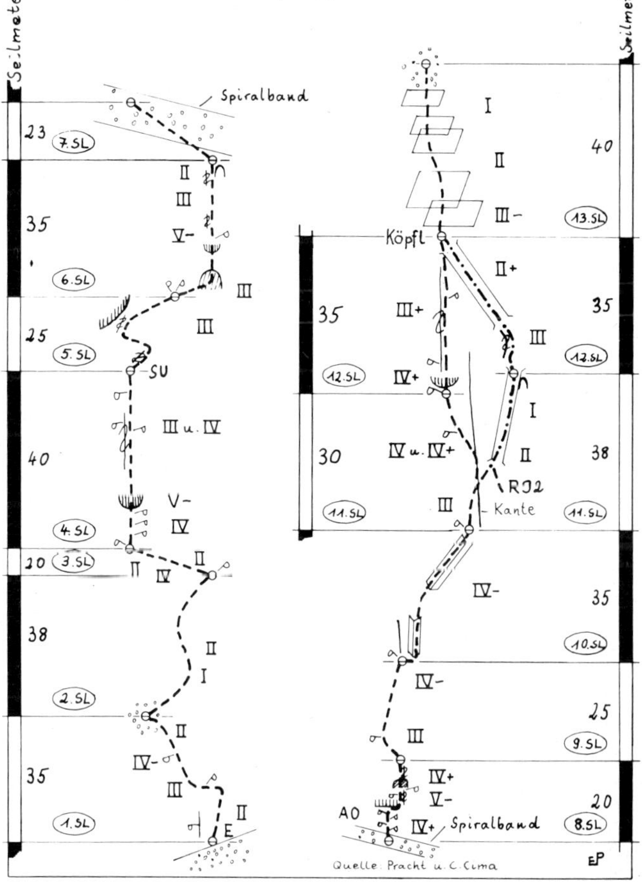

Stand (38 m, I und II). **3. SL:** Schräg links aufwärts zu Stand unter einem markanten Riß (20 m, II und IV—). **4. SL:** Durch den gutgriffigen und teilweise überhängenden Riß gerade hoch (40 m, V—, III und IV, 6 H). **5. SL:** Noch einige Meter im gelben Teil des Risses weiter, kurzer Quergang nach links in eine seichte Kaminrinne und rechtshaltend zu Stand in einer Nische (25 m, III). **6. SL:** Weiter nach rechts (III) zum Beginn eines markanten, überhängenden Rißkamins, durch ihn hinauf (V—, 1 H) und nach einer kurzen geneigten Zone mittels eines Risses zu Köpflstand am Rande des Spiralbandes (35 m). **7. SL:** Über das Spiralband aufwärts zu Stand unter einem auffallenden gelben Dach (23 m) **8. SL:** Mittels eines feinen Fingerrisses bis unter das Dach (IV+, A0, 4 H), das man an guten Griffen rechtshaltend übersteigt (V—); weiter am dort ansetzenden Riß (IV+, 2 H) zu Stand (20 m). **9. SL:** Über festen, grauen und gutgestuften Fels nach links (III) und schwach rechtshaltend (IV—) zum Beginn einer gelben, splittrig aussehenden Verschneidung (25 m, 1 H). **10. SL:** Durch die Verschneidung, dann rechtshaltend durch eine weitere Verschneidung zu Stand (35 m, IV—). Nun zwei Möglichkeiten:

a) Originalausstieg: **11. SL:** Nach rechts hoch zur Kante, die man ein Stück verfolgt, dann nach links und 10 m weiter zu Stand unter einem kleinen Dach (30 m, IV, IV+, 1 Stelle V—, 3 H). **12. SL:** Durch einen 30 m langen Riß mit einem Überhang am Beginn zu Köpflstand am Jahnweg (III+ und IV+, 2 H). **13. SL:** Gerade über plattigen Fels in den Gipfelschutt (40 m, II und I). (C. Cima)

b) **11. SL:** Nach rechts hoch (III) und um die Kante zum Jahnweg. Durch einen geneigten und ausgeprägten Kamin bis kurz vor sein Ende zu Köpflstand unterhalb eines links beginnenden, weiteren Kamins (38 m). **12. SL:** Scharf linkshaltend mittels eines Risses (III) in diesen Kamin, der bis zu seinem Ende verfolgt wird (II+ und II); Köpflstand unterhalb einer grauen Plattenzone (35 m). **13. SL:** Gerade über plattigen Fels in den Gipfelschutt (40 m, II und I). (Pracht)

● 101 **Vierter Sellaturm,** 2605 m

Erste Ersteigung durch S. Häberlein, Käthe Bröske und K. Spilka am 25. August 1906 (Ö.A.Z. 1906—293). Diese schlanke, doch unauffällige Erhebung bildet praktisch einen Vorbau des Piz de Ciavazes und steht hinsichtlich der Zahl ihrer Ersteigungen ganz im Schatten der drei ersten Türme. Im folgenden entnehmen wir die Anstiegsbeschreibungen ausschließlich der vorliegenden Literatur.

● 102 Normalweg

S. Häberlein, Käthe Bröske und K. Spilka am 25. August 1906 (Ö.A.Z. 1906—293).

III. Kaum begangen.

Höhendifferenz etwa 270 m. 2—3 Std.

Siehe Abb. Seite 94

Übersicht: Die Führe gewinnt im Bereich Vierter Sellaturm — Piz de Ciavazes auf der Seite, die dem Dritten Sellaturm zugewandt ist, die Scharte zwischen Viertem Sellaturm und dem Piz de Ciavazes; von dort direkt zum Gipfel.

Zugang: Vom Sellajoch wie bei R 144 auf dem breiten, mehr oder weniger eben verlaufenden Weg bis unterhalb der Mündung der tiefen Schlucht, die zwischen Drittem und Viertem Sellaturm herabzieht, und über Schutt zu ihr empor. Der E befindet sich im Grunde dieser Schlucht bei einem überhängenden Kamin rechts der Rinne, die sich zwischen Viertem Sellaturm und dem Piz de Ciavazes befindet. ¾ Std.

Führe: Mühsam durch diesen Kamin auf ein Band, das nach links bis zu seinem Ende verfolgt wird. Man überwindet nun eine 4 m hohe, abdrängende Stelle und gewinnt durch zwei glatte Rinnen rechtshaltend einen steilen Kamin, der aus drei Aufschwüngen besteht. Der erste kann links umgangen werden, während die beiden anderen mühsame Kaminkletterei erfordern. Quergang nach rechts über ein sehr ausgesetztes Band, das in eine lange, grasige Rinne übergeht und zu einer Gufel führt. Ein auffallender, etwa 30 m langer Engpaß wird durchstiegen und dann schräg linkshaltend zur Scharte zwischen Turm und Massiv. Von hier durch einen 20 m hohen, brüchigen Kamin zum Gipfel.

● 102 A Abstieg auf dem Normalweg (R 102)

III. Vermutlich können die schwierigen Stellen abgeseilt werden.

Vom Gipfel einen 20 m hohen, brüchigen Kamin in die Scharte zwischen Turm und Hauptmassiv hinab. Nun Richtung Dritter Sellaturm (S) schräg links haltend (orogr.) tiefer und durch eine etwa 30 m lange Rinne zu einer Gufel. Eine lange, grasige Rinne geht in ein ausgesetztes Band über, das nach rechts (orogr.) bis zu einem steilen Kamin verfolgt wird. Durch diesen Kamin und zwei nachfolgende glatte Rinnen rechtshaltend (orogr.) auf ein Band und längs diesem nach links (orogr.) bis zu einem überhängenden Kamin. Dieser und die anschließende Schlucht zwischen Drittem und Viertem Sellaturm führen zu den Geröllhalden auf der Westseite des Turmes.

● 103 **Nordostriß**

F. Glück, G. B. Rezzara und Maria Itala Rezzara am 23. August 1935 (Tb Sellajoch-Haus).

IV. Kaum begangen. Höhendifferenz etwa 270 m. 3 Std.

Siehe Abb. Seite 94 und 183

Übersicht: Die Führe verläuft zunächst längs des auffallenden Kamins, der den Turm auf der N-Seite vom Massiv trennt, und tritt oben auf die S-Seite über.

Zugang: Vom Sellajoch auf dem breiten, mehr oder weniger eben verlaufenden Weg unter dem Dritten und Viertem Sellaturm durch, dann über Geröll in den Winkel zwischen Turm und Massiv hinauf. E rechts des Kamins, der die Verschneidung durchreißt. ¾ Std.

Führe: Schräg von rechts nach links in etwa 15 m Höhe über guten Fels in den meist nassen Kamin und durch ihn, dabei einen kleinen Überhang übersteigend, 190 m hinauf bis zu einer überhängenden Verengung. Diese umgeht man in der Wand links und kehrt nach gut 20 m in den Kamin zurück. Es folgen eine rißartige Verengung und eine gelbüberdachte, nasse Höhle. Wiederum verläßt man den Kamin über die linke Wand, dann etwa 12 m empor und etwa 8 m nach links zu einem 15 m langen Riß, der schräg nach rechts zurück in den Kamin führt. Über gelbbrüchigen Fels 50 m hinauf, dann durch einen glatten Riß in den interessanten, 40 m langen Schlußkamin, der auch nach S zu offen ist. Von der Scharte durch einen 20 m langen, brüchigen Kamin zum Gipfel.

● 104 **Nordwand**

V. Malsiner und L. Moroder am 14. Oktober 1961 (Alp. 1965/9).

VI, aufgeteilt wie folgt: Zwei SL VI, je eine SL VI— und V, Rest IV.

Alle Haken wurden in der Wand belassen.

Höhendifferenz etwa 300 m, 9 Std. (Zeit der Erstbegeher)

Übersicht: Die Führe verläuft etwa mitten durch die Wand, erreicht in Wandmitte ein Band und gewinnt, eine Verschneidung und einen nachfolgenden Kamin benützend, in gerader Linie den Gipfel.

Zugang: Vom Sellajoch wie bei R 102 unter dem Viertem Sellaturm durch und über Geröll hinauf zum Wandfuß. ¾ Std.

● 105 **Neue Nordwand**

A. Bernard und G. Maffei am 17. September 1975 (Riv. 1979—219).

VI—/A 1, häufig V+ und V.

Sehr schöne Kletterei in gutem Fels, vergleichbar mit der Schubert-Führe am Piz de Ciavazes. Die Erstbegeher fanden im unteren Drittel einige Haken, sowie kurz vor dem Ausstieg einen alten Holzkeil vor.

Übersicht: Die Führe verläuft zwischen R 104 und R 106 in der Nähe der Kante (siehe auch Foto a. a. O.).

● **106** **Westwand**

M. Demetz, F. Glück und Hulda Tutino Steel am 30. September 1929 (Tb Sellajoch-Haus).
IV. Schöne Wandkletterei, doch selten begangen.
Höhendifferenz etwa 250 m. 3 Std.
Siehe Abb. Seite 94 und 183

Übersicht: Die Führe verläuft mit nur geringen Abweichungen mitten durch die steile W-Wand und gewinnt von links her den Gipfel.

Zugang: Vom Sellajoch auf dem breiten, mehr oder weniger eben verlaufenden Weg bis unterhalb der Mündung der tiefen Schlucht, die zwischen Drittem und Viertem Sellaturm herabzieht, und über Schutt zu dem einzigen großen Block nahe der W-Wand des Turmes, etwa 30 m links des E von R 102 (Normalweg). E hinter diesem Block. ¾ Std.

Führe: Über eine 25 m hohe Wand bis unter gelbbrüchigen Fels, dann 18 m schräg links aufwärts und schließlich 10 m waagrecht nach links. Nun 30 m in Wandkletterei empor zu einem großen Überhang, unter ihm rechtshaltend 12 m zu einem Block (H) und schräg links aufwärts (2 H, ♂) in das Gelände oberhalb des Überhanges. Erst 25 m über eine Wand, dann 30 m schwieriger zu einem 28 m hohen Doppelriß. Vom Ende dieses Risses quert man 25 m nach rechts zu einem anderen, weniger tiefen Riß. Nach einer 30 m hohen Wand erreicht man einen begrünten Absatz und weiter in einen hübschen Kamin, der nach 60 m die Nordkante erreicht. Über diese in leichter Kletterei zum Gipfel.

● **107** frei für Nachträge

● **108** **Fünfter Sellaturm**

Erste Ersteigung durch W. Hegemann und R. Redlich am 29. Juli 1911 anläßlich der Begehung der W-Schlucht zum Piz de Ciavazes (Mt. D.A.Z. 1911—94). Ein unbedeutender, gelblicher Felszacken, der die Schlucht zwischen Drittem und Viertem Sellaturm an ihrem unteren Ausgang versperrt. Klettertechnisch ebenso ohne Bedeutung wie der über den Gipfel dieses Turmes auf den Piz de Ciavazes führende Anstieg durch die W-Schlucht (R 114). (Siehe Abb. Seite 94.)

• 109 Von Westen

W. Hegemann und R. Redlich am 29. Juli 1911. (Mt.D.A.Z. 1911—94).

IV. Kaum begangen. Etwa 1½ Std.

Zugang: Vom Sellajoch wie bei R 144 auf dem breiten, mehr oder weniger eben verlaufenden Weg bis unterhalb der Mündung der tiefen Schlucht, die zwischen Drittem und Viertem Sellaturm herabzieht, und über Schutt zu ihr empor. E am Beginn des rechten Astes der Schlucht. ¾ Std.

Führe: Zuerst in der rechten, dem Dritten Sellaturm angehörenden Wand durch zwei steile Kamine und eine kleine Wand hinauf. Danach im Grunde der Rinne, die durch drei Aufschwünge versperrt wird. Den ersten überwindet man rechts mittels Steigbaum, der zweite wird direkt und der dritte in leichter Kaminkletterei genommen. Über kleine Stufen und Schutt zum Gipfel.

• 110 Piz de Ciavazes, 2828 m

Erste Ersteigung durch H. Bertram, H. Binn, H. Lorenz, O. Nafe sowie Th. und M. v. Smoluchowski am 18. August 1892 aus dem Sattel zwischen Piz de Ciavazes und Piz Selva von SO her, „nachdem ein Rudel von 33 Gemsen in größter Hast mitten zwischen uns hindurchgestürmt war." (Mt. 1893—35). Diesen Sattel hatten sie, aus dem Val Lasties kommend, durch Umgehen des Piz Lasties auf dem südseitig vorgelagerten, in etwa 2700 m Höhe verlaufenden Schuttband erreicht. Der Piz de Ciavazes stellt einen mächtigen, nach SW vorspringenden Eckpfeiler der gesamten Gruppe dar, der allerdings von N als Einzelerhebung kaum auffällt, dagegen nach S hin mit einer imposanten Wandflucht, einem Schaustück für Autotouristen und Dorado für Kletterer, aufwarten kann; die Sellatürme scheinen lediglich ein Anhängsel zu sein. Eine gewaltige Schlucht **(„Lorenzschlucht")**, die knapp unterhalb des Sattels der Erstersteiger nach S abfällt, trennt den Piz de Ciavazes von Piz Selva bzw. Piz Lasties. Nordseitig geht das knapp unter der Gipfelhöhe ansetzende und nach allen Seiten abfallende große Schuttfeld (bei nassen Verhältnissen stellenweise mehr ein Morast) allmählich in eine steinige Terrasse über, die unter dem Gipfelfeld der Sellahochfläche nach NO streicht. Hier zeigen lediglich die untersten 250 Höhenmeter, in Fortsetzung der Sellatürme, steilen Fels und erfahren ihrerseits eine Fortführung in der untersten Steilstufe der Sellahochfläche. Der eigentliche Gipfel des Piz de Ciavazes, eine kleine Felskrone inmitten des Schuttfeldes, wird trotz der Vielzahl von Modetouren praktisch nicht besucht. Beginnend bei der SW-Verschneidung bis hin zur SO-Kante findet sich eine ganze Reihe Modetouren allerersten Ranges und aller Schwierigkeitsgrade, von denen einige auch den anspruchsvollen Kletterer befriedigen, wenn er nur bereit ist, diese bis in den Gipfelschutt zu durchsteigen. Am Piz de Ciavazes hat sich die Unsitte eingebürgert, Klettereien der S-Wand in halber Wandhöhe abzubrechen und auf dem Gamsband nach W hinauszuqueren. Zugegebenermaßen unterscheidet sich die Art der Kletterei in beiden Wandhälften, herrscht nämlich im unteren Teil fast überall eisenfester Fels vor, so stößt man oben öfters auf brüchiges Gestein (eine Ausnahme bildet hier z. B. R 120). Zudem erlaubt der untere Teil auch dann ein Steigen in sonnenwarmem Fels, wenn oben noch dicke Eiszapfen von der Kante in die Wand hängen. Selbstverständlich sind die Klettermöglichkeiten der unteren Hälfte bis auf wenige Ausnahmen beliebte Winterziele. All dies ändert aber nichts daran, daß Routen wie zum Beispiel die Schubertführe (R 131) erst dann als „gemacht" angesehen werden können, wenn man auf ihnen das Plateau erreicht hat.

● 111 Normalweg

G. Haupt und P. Mayr am 4. August 1907 (Ö.A.Z. 1908—203).

I, da die schwierigen Stellen durch Eisenleitern, Klammern und Drahtseile erleichtert werden („Pößnecker Steig", R 144; nähere Angaben siehe dort); sonst Gehgelände. Als Aufstieg zum Piz de Ciavazes nicht üblich (die zahlreichen Begeher lassen seinen Gipfel zu ihrer Rechten und ersteigen sofort die Sellahochfläche).

Höhendifferenz vom E bis zum Gipfel etwa 540 m. 3 Std.

Anstieg: Vom Sellajoch wie bei R 144 in den Sattel zwischen Piz Selva und Piz de Ciavazes. Unschwierig über den NO-Grat des Gipfelaufbaues zum 100 m höheren Gipfel.

● 111a Südseitige Zustiegsvariante durch die Lorenzschlucht zum NO-Grat des Gipfelaufbaues

K. Bindel, H. Hofbauer und J. Kostner am 21. August 1900 im Abstieg (Zt. 1900—348).

III+ (einige Stellen).

Hübsche Kletterei in begeisternder Umgebung. An sämtlichen Abbrüchen eingerichtete Abseilstellen.

Höhendifferenz (vom Beginn der Schlucht) etwa 600 m. 2 Std.

Siehe Abb. Seite 117

Variante: Von der obersten, unmittelbar unter der S-Wand des Piz de Ciavazes vorbeiführenden Rampe der Straße Canazei — Sellajoch in wenigen Minuten schräg rechts ansteigend zum Beginn der großen Schlucht, die vom Sattel zwischen Piz Selva und Piz de Ciavazes herabkommt. An ihrer orogr. linken Seite empor zum Sattel und weiter wie unter R 111.

Die ersten drei Sellatürme, der Piz de Ciavazes, der Piz Lasties und die Colonna von Süden

Erster Sellaturm
R 62 Normalweg

Zweiter Sellaturm
R 78 Normalweg

● **111b Südseitige Zustiegsvariante über das Gamsband zum NO-Grat des Gipfelaufbaues**

Erstbegeher unbekannt; wahrscheinlich Jäger.

I. Originelle, manchmal ausgesetzte Wanderung mit einigen Kletterstellen auch auf dem Band **(„Gamsband“)**, das in halber Wandhöhe die gesamte S-Wand des Piz de Ciavazes durchzieht und in die Lorenzschlucht von R 111a einbiegt.

Piz de Ciavazes

R 111a Lorenzschlucht

R 111b Gamsbandweg

Höhendifferenz etwa 430 m, zusätzlich gut 1 km Horizontaldistanz auf dem Gamsband. 4 Std.
Siehe Abb. Seite 117, 121, 127, 136 und 149

Variante: Vom Sellajoch wie bei R 62 „zum Weg auf dem hier nur noch schmalen Band“, doch nun auf diesem Weg nach rechts (O) und ihm folgend über das ganze Gamsband bis zur SO-Kante (in der ersten Südwandschlucht ist auf deren orogr. rechten Seite eine Engstelle zu passieren). Jenseits der Kante weiter in die Schlucht und auf Variante R 111a zum höchsten Punkt.

● 111A Abstieg auf dem Normalweg (R 111)
I, teils Gehgelände, im unteren Teil ein gesicherter Klettersteig („Pößnecker Steig“); zwischen dem großen Schuttfeld unterhalb des Gipfelaufbaues und dem Beginn des gesicherten Schlußstückes rote Markierungen. 1—1½ Std.

Vom Gipfel über den unschwierigen NO-Grat etwa 100 Höhenmeter hinab zur Scharte zwischen Piz de Ciavazes und Piz Selva. Nun den roten Markierungen und deutlichen Begehungsspuren folgend in westl. Richtung ohne großen Höhenverlust zum westlichsten, nach NW abfallenden kesselförmigen Hochtal. (Kommt man nicht vom eigentlichen Gipfel, was die Regel ist, so stößt man entweder hier auf den Normalweg oder schon beim soeben erwähnten Sattel, je nachdem, ob man den Gipfelaufbau westl. oder östl. umgangen hat.) An der orogr. linken Seite dieses Hochtales hinunter, wobei eine kurze drahtseilversicherte Stelle zu passieren ist, und bald (nicht zu tief absteigen!) nach links an den Beginn der Drahtseilsicherungen des großen Wandabbruches. Den Sicherungen folgend in luftiger und unterhaltender Eisenkletterei in den Schutt am Wandfuß.

● 112 Westwand („Via Palmira“)
H. und Vitty Steinkötter am 16. Juli 1969 (Bk. 1969—521).
VI—, aufgeteilt wie folgt: Letzte SL VI—, eine SL V, sonst III und IV. Außer der letzten Seillänge soll es sich um guten Fels handeln. Verwendetes Material: 4 H und 1 HK.
Wandhöhe 350 m. 6 Std.
E etwa 100 m rechts des Pößnecker Steiges.

Keine weiteren Informationen vorhanden.

● 113 Westwand (Mazzoranaführe)
P. Mazzorana und Thea Musso am 19. Juli 1944 (Boll. 1946—228).
III+. Unterhaltende Kletterei in bestem Fels. Höhendifferenz etwa 350 m. 3 Std.
Siehe Abb. Seite 183

Übersicht: Die Führe verläuft zwischen der Via Palmira (R 112) und dem Vierten Sellaturm bis zur Nordabdachung.

Zugang: Vom Sellajoch wie bei R 144 bis kurz nach dem Vierten Sellaturm und über Schutt hoch zum E etwa 40 m links des Vierten Sellaturmes. ¾ Std.

Führe: Über glatten, doch gutgriffigen Fels zunächst in Richtung einer Nische hoch, dann gegen schwarze und überhängende Platten weiter. An deren Beginn waagrecht nach links zu dem tiefen und von Plan de Gralba aus gut sichtbaren Kamin (Steinmann). Etwa 35 m durch diesen Kamin, der bald in einen Riß übergeht, bis zu einer großen, gelben Nische empor. Nun über heiklen Fels linkshaltend auf eine große Schuttfläche und mittels einer Rißverschneidung über den letzten, etwa 20 m hohen, gelben Felsaufschwung zur Nordabdachung.

● **114** **Westschlucht**

W. Hegemann und R. Redlich am 29. Juli 1911 (Mt. D.A.Z. 1911—94).

IV. Wenig reizvoller Anstieg in vielfach brüchigem Fels. Kaum begangen.

Höhendifferenz etwa 500 m, davon 200 Höhenmeter auf dem Schutt der Hochfläche bzw. in den Gipfelfelsen. 3 Std.

Siehe Abb. Seite 94

Übersicht: Die Führe verläuft durch die Schlucht zwischen Drittem und Viertem Sellaturm, benützt danach ein auffallendes, nach links emporziehendes Band und gewinnt durch einen Kamin die Hochfläche.

Zugang: Vom Sellajoch auf dem breiten, mehr oder weniger eben verlaufenden Weg bis unterhalb der Mündung der tiefen Schlucht, die zwischen Drittem und Viertem Sellaturm herabkommt, und über Schutt zu ihr empor. E am Beginn des rechten Astes der Schlucht. ¾ Std.

Führe: Wie bei R 109 zum Gipfel des Fünften Sellaturms und in Richtung Piz de Ciavazes hinab. Über steilen Fels linkshaltend gewinnt man eine geneigte Terrasse, die nach links hin allmählich in ein Band übergeht. Dieses Band wird bis unter einen schwarzen, etwa 30 m hohen Kamin verfolgt. Über einen Rücken zum Kamin, durch ihn zur Hochfläche und schließlich in östl. Richtung über Schutt zum Sattel zwischen Piz Selva und Piz de Ciavazes. Weiter wie bei R 111.

● **115** **Schartenweg**

H. Leitgeb und R. Melchiori, am 28. Juli 1929 (Cas. 1937—375).

V (einige Stellen), sonst IV und leichter.

Ansprechende Rißkletterei, doch selten begangen.

Mehrzahl der Haken vorhanden, aus dem mittleren Teil gute Rückzugsmöglichkeiten. Oft von Wasser überströmt. Wandhöhe (bis zur Hochfläche) etwa 320 m. 2—3 Std.
Siehe Abb. Seite 94 und 121

Übersicht: Durch die Schlucht zwischen Zweitem und Drittem Sellaturm hoch und durch den vom Sellajoch gut sichtbaren Riß in Fortsetzung der Schlucht gerade empor auf die Hochfläche.

Zugang: Vom Sellajoch wie bei R 80 zum tiefsten Punkt der Nordabstürze des Zweiten Sellaturmes und dann auf einem Steig über Schutt hinauf zur Mündung der Schlucht. E an deren orogr. linken Seite. 25 Min.

Führe. Zunächst wie bei R 91 auf das Spiralband, dann jedoch teilweise im Schutt gerade weiter zum Beginn des Risses. Durch ihn empor zu einem markanten Block, der direkt (oder schon vorher links ausholend umgangen) wird. Den nun auf 40 m enger werdenden und ziemlich glatten Riß mühsam hinauf. Der folgende Überhang wird durch einen schräg nach links ziehenden Riß überwunden (↗), um dann dem Hauptriß bis zur Hochfläche zu folgen.

● 116 Westriß

G.B. Vinatzer und Piazza im Juli 1934 (Cas. 1937—375). Die eigentliche Führe beginnt wie R 115 in der Schlucht zwischen Zweitem und Drittem Sellaturm oberhalb des Spiralbandes.

Keine weiteren Informationen vorhanden.

● 117 Direkte Westwand

E. und M. Stuffleser am 20. Oktober 1963 in 8 Stunden (Bk. 1963/5).

Keine weiteren Informationen vorhanden.

● 118 Nordnordwestkante

Moroder und E. Stuflesser am 24. Oktober 1963 (Alp. 1967/9)
Siehe Abb. Seite 94

Übersicht: Die Führe verläuft links von R 119 unmittelbar an der Kante.

Keine weiteren Informationen vorhanden.

Piz de Ciavazes von Südwesten (obere Hälfte)

R 111 b	Weg auf dem Gamsband	R 120	SW-Verschneidung
R 115	Schartenweg	R 121	SW-Kante
R 119	WSW-Kante	R 122	Via Rudi Comploi

● 119 Westsüdwestkante

G. B. Vinatzer und R. Bonatta am 30. Agust 1936 (Riv. 1936 — ungez. S. Anfang Heft 12).

V + /A 1, aufgeteilt wie folgt: Eine Stelle V + /A 1, 20 m V, sonst IV +, selten leichter.

Verhältnismäßig selten begangen. Riß- und Kaminkletterei mit 1½ sehr brüchigen SL, sonst recht schön.

Die meisten ZH und SH vorhanden, dazu häufig natürliche Sicherungsmöglichkeiten.

Kantenhöhe (vom Sattel zwischen Zweitem Sellaturm und Piz de Ciavazes) etwa 150 m, Kletterlänge etwa 150 m. 2 Std. Siehe Abb. Seite 94, 121 und 127 und Skizze Seite 123

Übersicht: Knapp rechts der runden Kante, die am oben erwähnten Sattel ansetzt, gewahrt man ein schwarzes, nach rechts hin mehrfach gestuftes Rißsystem. Die Führe gewinnt dieses von links her und zieht durch dessen Risse und Kamine zur Hochfläche.

Zugang: Vom Sellajoch wie bei R 62 auf die schmale Fortsetzung des Gamsbandes und jenseits über Schrofen hinauf zum Sattel. Weitere 30 m über die brüchigen, aber leichten Felsen des Kantenvorbaues zu einem Stand bei zwei Haken. 1 Std.

Führe: 1. SL: Zuerst kurz nach rechts, dann nach links in eine flache Rinne und durch eine kurze Verschneidung (III) auf den Kopf des Vorbaues rechts unterhalb des auffallenden Daches an der Kante (32 m). **2. SL:** Kurz absteigen, nach rechts und hinauf zu auffallendem Riß (gelbbrüchig), der zu labilem Stand am Beginn eines brüchigen Bandes führt (22 m, V+/A1 und V, V—, 2 H). **3. SL:** Auf dem Band nach rechts, durch einen gelben, etwas weniger brüchigen Riß zu einer Nische (V, 1 H), über ihren Überhang (V—, 1 H) und in herrlicher Kletterei durch die Verschneidung (IV+) zu Stand in einer weiteren Nische (20 m). **4. SL:** Weiter in der Verschneidung (IV+), über einen Überhang (V—, 1 H) zu einem Podest mit Sanduhr; durch den darüber ansetzenden, schwarzen Kamin (III und IV, 1 H) zu einem großen Standplatz auf einem Absatz (36 m). **5. SL:** Durch den schwarzen Riß gleich oberhalb des Standes (IV+) zu einem weiteren Absatz, linkshaltend durch eine Verschneidung (IV—) zu einem großen Absatz mit Sicherungsköpfl; nach rechts und über schmutzig-gelben Fels (IV—) zum Ausstieg. Standhaken 10 m oberhalb der Plateaukante an einer Felsstufe (40 m). (Pracht)

● 120 Südwestverschneidung (Vinatzerführe)

G. B. Vinatzer und L. Rifesser im Juli 1934 (Cas. 1937—375).

V+/A0, aufgeteilt wie folgt: Eine Stelle V+, etwa 60 m V und V—, einige Meter A0, sonst IV, selten leichter.

Herrliche Rißkletterei in bestem Fels; Modetour ersten Ranges. Nach starken Regenfällen sowie im Frühjahr wasserüberronnen und dann nur unter erhöhten Schwierigkeiten begehbar.

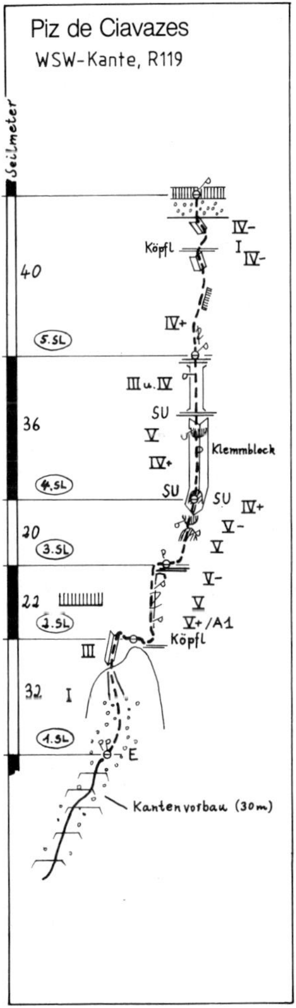
Piz de Ciavazes
WSW-Kante, R119
Seilmeter
40
5.SL
36
4.SL
20
3.SL
22
2.SL
32
1.SL
IV-
Köpfl
I
IV-
IV+
III u. IV
SU
V
Klemmblock
IV+
SU
SU
IV+
V-
V
V-
V
V+/A1
Köpfl
III
I
E
Kantenvorbau (30m)

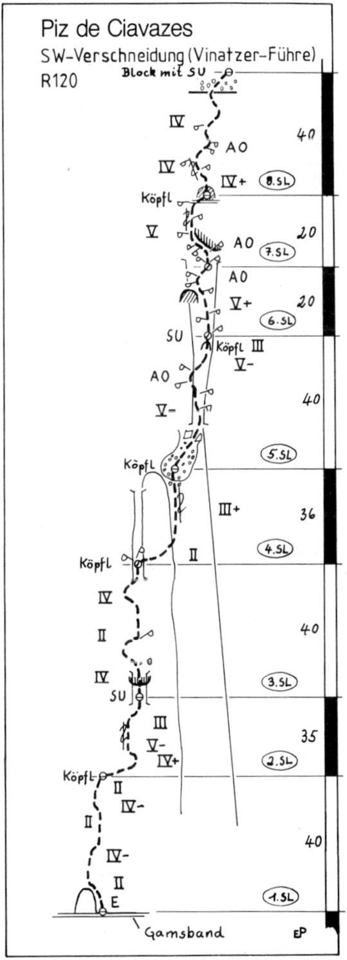
Piz de Ciavazes
SW-Verschneidung (Vinatzer-Führe)
R120
Block mit SU
IV
A0
IV
IV+
8.SL
40
Köpfl
V
A0
7.SL
20
A0
V+
6.SL
20
SU
Köpfl III
V-
A0
V-
40
5.SL
Köpfl
III+
36
Köpfl
II
4.SL
IV
II
40
IV
SU
3.SL
III
V-
IV+
35
2.SL
Köpfl
II
IV-
II
IV-
II
40
E
1.SL
Gamsband
EP

Die meisten ZH und SH vorhanden, dazu häufig natürliche Sicherungsmöglichkeiten.
Wandhöhe (ab Gamsband) etwa 240 m, Kletterlänge etwa 270 m. 3 Std.
Siehe Abb. Seite 94, 121 und 127 und Skizze Seite 123

Übersicht: Etwa 100 m rechts (südöstl.) der stumpfen Kante, die am Sattel zwischen Piz de Ciavazes und Zweitem Sellaturm ansetzt, befindet sich eine an der Hochfläche beginnende Riesenverschneidung, die nach ungefähr 100 m in zwei Rißsystemen ihre Fortsetzung zum Gamsband findet. Die Führe gewinnt, am Gamband beginnend, mittels des linken Rißsystems die Riesenverschneidung und folgt ihrem Verlauf bis zur Hochfläche.

Zugang: Vom Sellajoch wie bei R 62 „zum Weg auf dem hier nur noch schmalen Band". Man verfolgt ihn so weit nach rechts (O), bis man sich knapp links der Fallinie der Verschneidung befindet, und zwar dort, wo man einige Meter oberhalb des Bandes zwei weiße Pilzflecken gewahrt. E links davon. ¾ Std.

Führe: 1. SL: Im Riß zwischen Pfeiler und Wand empor, dann gerade hoch über Risse und Wandstellen zu Köpflstand auf einem Schrofenplatz (40 m, II und IV—). **2. SL:** Etwa 10 m unschwierig schräg rechts so weit ansteigen, bis man einen schwarzen Riß sieht; von rechts nach links (IV+) in den Rißkamin und in ihm (V—) bis zu einem Kamin mit Überhang; Stand an großer Sanduhr (35 m). **3. SL:** Über den Überhang hinweg (IV), dann mittels zweier Linksschleifen (2 H) in eine kurze Steilschlucht und durch sie (IV) zu Stand bei einem Köpfl (40 m). **4. SL:** Nun nicht die rißartige Fortsetzung der Schlucht durchklettern, sondern Quergang nach rechts (II) zu schwarzem Rißkamin, der (III+) zu Köpflstand in einem Geröllkessel leitet (36 m). **5. SL:** Den Kessel unschwierig bis zu seinem Ende bei Blöcken durchsteigen und in dem dort ansetzenden Kamin zu Stand bei einer Sanduhr und einem Haken (40 m, V—, A0, 4 H). **6. SL:** Gerade weiter (V+, 2 H), die große Höhle links lassend, und nach einer Linksschleife (A0, 3 H) zu Stand in einem Felsloch (20 m). **7. SL:** Den folgenden Überhang überwindet man linkshaltend durch einen waagrechten Riß (A0, 3 H) und gelangt durch den darauffolgenden schwarzen Riß (V, 2 H) zu Stand in einer großen Nische unter mächtigem gelben Überhang (Wandbuch) (20 m). Rechts empor Verhauerhaken! **8. SL:** Von rechts nach links in den markanten schwarzen Riß, den man nach rechts verläßt; eine Rechts-Links-Schleife führt zum Gipfelschutt; Stand rechts an Blöcken (40 m, IV+ und IV, 5 H). Vom letzten Stand kann man auch mehr links aussteigen.
(Pracht)

● 121 **Südwestkante**
E. Bonvecchio und G. Loss am 7. Mai 1967 (A.V. 1969—77).
VI. Inzwischen mehrmals wiederholt, die von den Erstbegehern geschlagenen 100 H blieben in der Wand. Große HK oder Klemmkeile ratsam.
Wandhöhe etwa 270 m.
Siehe Abb. Seite 121

Übersicht: Die Führe verläuft oberhalb des Gamsbandes im Bereich der ausgeprägten Kante rechts von R 120.

Zugang: Vom Sellajoch wie bei R 62 „zum Weg auf dem hier nur noch schmalen Band“. Man verfolgt ihn nach rechts (O) bis zum E am Beginn einer 70 m hohen Verschneidung. ¾ Std.

Führe: Durch die Verschneidung empor und 40 m schräg nach rechts (IV) zu einer Terrasse mit einer großen, gelben Nische. Nun über die hier ansetzende gelbe und abgerundete Kante 30 m hoch (III) zu Stand unter einem großen Dach. Über dieses hinweg (A1, große HK) und nach weiteren 30 m (VI) auf eine Terrasse (Wandbuch). Etwa 2 m nach links, über ein Dach (VI) und zum Beginn der 100 m hohen Ausstiegsverschneidungen. Nach 3 SL (V und VI) erreicht man den Rand der Hochfläche.

● 122 **Südwand („Via Rudi Comploi“)**
C. Barbier, J. Coloer und H. Steinkötter am 13. Juli 1969 (Bk. 1969/10).
V/A2, aufgeteilt wie folgt: Etwa 70 m V/A1 und A2, sonst III und IV. Die Hauptschwierigkeiten finden sich in den letzten 3 SL. Verhältnismäßig wenig begangen.
Die Erstbegeher schlugen 2 HK und 25 H, wobei die HK sowie 10 H im Fels belassen wurden.
Wandhöhe etwa 350 m. 6 Std.
Siehe Abb. Seite 121 und 127

Übersicht: Mitten im linken oberen Teil der S-Wand (von den Erstbegehern SW-Wand genannt) befindet sich eine große Einbuchtung („Amphitheater“). Etwa in Fallinie davon gewahrt man im unteren Teil eine Gruppe von Felspfeilern unmittelbar links einer großen, gelben Wand. Die Führe verläuft zwischen diesen Pfeilern und gewinnt anschließend rechtshaltend das Gamsband. Sodann links ausholend zum rechten Rand des Amphitheaters und weiter zum Ausstieg oberhalb davon.

Zugang: Vom Sellajoch wie bei R 62 in den Bereich des E vom Normalweg des Ersten Sellaturmes und in östl. Richtung unter der S-Wand des

Piz de Ciavazes weiter zum E bei einem Kamin rechts eines großen Felsköpfels. 40 Min.

Führe: Linkshaltend durch den Kamin und weiter bis unter eine senkrechte Wand. Rechts über Bänder diagonal auf das Gamsband. Auf dem Band 15 m nach links an den Fuß eines Kamins (Steinmann). Durch den Kamin und über Stufen leicht linkshaltend bis zu gutem Standplatz mit Sanduhr, 10 m unterhalb einer nach rechts hochziehenden Rampe. Von rechts nach links auf die Rampe und schräg rechts ansteigend (H) bis zu ihrem Ende und gerade hoch unter einen Überhang (Irrhaken). Weiter nach rechts und durch einen versteckten Riß wieder linkshaltend in eine Gufel (H). Links derselben hoch und Quergang darüber nach rechts, schließlich durch einen Riß in das von unten schon sichtbare Amphitheater. Rechts eine Seillänge über gestuften Fels empor (H). Weiter gerade 15 m hinauf und auf einem Band unter gelben Überhängen nach links zu Stand unter einem überhängenden, brüchigen Riß (H). (Bis hier III und IV, 3 Std.). Nun durch den Riß mit einem Doppelüberhang, dann nach links zu gutem Stand (25 m, A2/V). Rechts durch eine Verschneidung und überhängend zu dürftigem Stand (20 m, A1 und A2/V). Weiter gerade zum Ausstieg (25 m, A1/V).

● **123** **Südwand („Via Guffanti")**

A. Guffanti, L. Ploner und S. Riz am 5. September 1970 (Bk. 1971/1).

VI/A2 (laut Erstbegeher). Kaum begangen. Das gesamte verwendete Material wurde von den Erstbegehern in der Wand belassen.

Wandhöhe etwa 350 m. Zeit der Erstbegeher: 10 Std.

Übersicht: Die Führe verläuft bis zum Gamsband durch eine markante Verschneidung links der „Zeniverschneidung" (R 124) und im oberen Teil zwischen der „Via Rudi Comploi" (R 122) und „Via Italia 1961" (R 125).

Dritter Sellaturm und Piz de Ciavazes (linker Teil der S-Wand) ►

Dritter Sellaturm

R 92 Jahnweg

Piz de Ciavazes

R 111 b	Weg auf dem Gamsband	R 123 a	Werner-Gehlert-Gedächtnisweg
R 119	WSW-Kante	R 124	Zeniverschneidung
R 120	SW-Verschneidung	R 125	Via Italia
R 122	Via Rudi Comploi	R 127	Soldaführe

Piz de Ciavazes
Dritter Sellaturm
92
119
120
122
125
127
127
111b
111b
122
123a
124
125

Zugang: Von der obersten, unmittelbar unter der S-Wand vorbeiziehenden Rampe der Straße Canazei — Sellajoch in wenigen Minuten zum E etwa 50 m links der „Zeni-Verschneidung" bei einem von der Wand abgespaltenen Felszacken.

Führe: Zuerst leicht nach links hinauf ansteigen, dann schräg nach rechts eine Seillänge zu zwei gelben Nischen. Von der zweiten Nische etwa 6 m linkshaltend zu einer 35 m hohen Verschneidung mit gutem Fels und in dieser zwei Seillängen hoch zu einer Kanzel unter der großen gelben Wand. Bis hierher IV und IV+. Vom Stand 6 m schräg links hoch und anschließend durch einen Riß 20 m empor. Die folgenden zwei Seillängen sind rein technisch und verlaufen durch einen markanten Riß bzw. rechts von ihm über ein Dach und anschließend wieder im Riß zu einer schrägen Terrasse. Von hier rechts queren und senkrecht hoch zum Ausstieg.

● 123a „Werner-Gehlert-Gedächtnisweg"

R. Pickl und W. Scharl am 2. Juni 1977 (Inf. Scharl).

VI+ (2 Stellen), sonst V und V+.

Überwiegend Rißkletterei mit Wand- und kurzen Verschneidungspassagen in durchwegs gutem Fels.

Die Erstbegeher beließen den einen verwendeten SH. Klemmkeile verschiedener Größe ratsam, Sicherung häufig an Zacken und mittels Sanduhren. Wandhöhe etwa 140 m, Kletterlänge etwa 170 m. 2—3 Std.

Siehe Abb. Seite 127

Übersicht: Die Führe verläuft zunächst durch den auffallenden Riß links der Zeni-Verschneidung und endet nach einer Links-Rechts-Schleife auf dem Gamsband.

Zugang: Von der obersten, unmittelbar unter der S-Wand vorbeiziehenden Rampe der Straße Canazei — Sellajoch in wenigen Minuten an den linken Rand des unter R 124 erwähnten Hügels. Nun über Schrofen und leichte Felsstufen erst links-, dann rechtshaltend hoch zum E unter der linken Fortsetzung des begrünten und gewellten Saumes von R 124.

Führe: 1. SL: Links über eine 8 m hohe Wand (IV), dann über Gras rechts hoch auf die Fortsetzung des oben erwähnten Saumes und weiter zu Stand unter dem Beginn des auffallenden Risses. **2. SL:** Durch den überhängenden Schulterriß (VI+) und die folgende Rißverschneidung empor zu Stand an guten Klemmblöcken in einer Nische. **3. SL:** Weiter im mehrfach überhängenden Riß (anfangs VI+, 1 H) und nach 35 m zu Stand auf einer Kanzel. **4. SL:** Etwa 7 m gerade hoch, dann 5 m nach links und oberhalb eines kleinen Überhanges (V+) schließlich

15 m rechts aufwärts zu Stand auf einem Band. **5. SL:** Kurz nach rechts, dann gerade auf ein Band und 10 m rechts davon durch einen überhängenden Riß (V) auf das Gamsband.

● **124** **Zeni-Verschneidung**
D. Zeni und L. Trottner während dreier Tage im Sommer 1960 (Riv. 1965—303).
V + / A 1, aufgeteilt wie folgt: 4 SL V, V + und A 1, Rest (die ersten 3 SL) IV und leichter. Die eigentlichen Schwierigkeiten sind hakentechnischer Art, aufgelockert durch einige Freikletterstellen; teilweise gelbbrüchiges Gestein. Verhältnismäßig wenig begangen. Alle notwendigen ZH (etwa 40 H und 2 HK), ebenso alle SH vorhanden. Da die Führe sehr steil ist und auf dem Gamsband endet, läßt sie sich nahezu das ganze Jahr über durchsteigen. Wandhöhe (ab E) etwa 130 m, Kletterlänge etwa 180 m. 3—4 Std.
Siehe Abb. Seite 127 und Skizze Seite 129

Übersicht: Der linke untere Teil der S-Wand wird rechts von einer gelben, mit Dächern gespickten Kante begrenzt. Etwa 80 m links

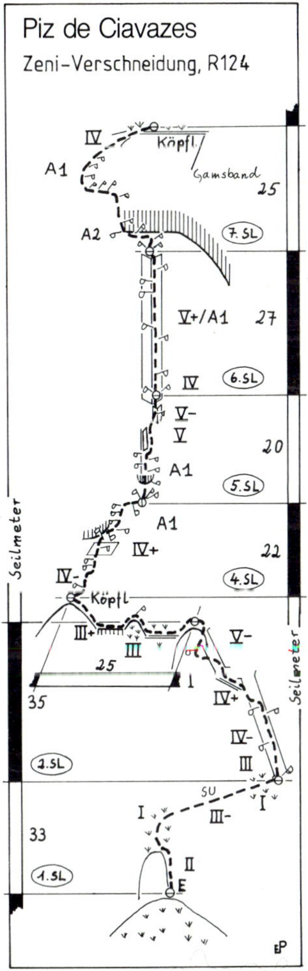

dieser Kante gewahrt man inmitten der gelben Wand eine knapp 30 m hohe, scharf profilierte Verschneidung sowie unter ihr einen Wandvorbau, der nach oben von einem begrünten und gewellten Saum abgeschlossen wird. Noch weiter unten ragt kegelförmig ein Gras- und Felshügel in die Wand. Vom höchsten Punkt dieses Hügels zieht die Führe erst nach rechts, dann über den gewellten Saum, anschließend in die Verschneidung und endlich erst links-, dann rechtshaltend zum Gamsband.

Zugang: Von der obersten, unmittelbar unter der S-Wand vorbeiziehenden Rampe der Straße Canazei — Sellajoch in wenigen Minuten zum Fuße des Hügels und von links nach rechts auf seinen höchsten Punkt, wo ein angelehnter Blockpfeiler steht. Die durch ihn mit der Wand gebildete rechte Rißverschneidung vermittelt den E.

Führe: 1. SL: Durch die Rißverschneidung auf ein Köpfl, etwas aufwärts und auf einem Schrofenband 20 m nach rechts (in der Mitte eine SU) zu Stand bei einem von Schuppen gebildeten Kamin (33 m, I, II und III). **2. SL:** Durch den Kamin hinauf (III, IV—, 3 H), an seinem Ende auf die linke Begrenzungskante (IV +) und über ein kurzes Schrofenband zu einem Pfeiler, den man anfangs durch seinen Kamin, dann über seine Stirnwand (V—, 1 H) ersteigt; Stand auf dem Pfeiler (35 m). **3. SL:** Langer Quergang nach links, zuerst absteigend, dann waagrecht, eine Kuppe übersteigen (H), nach einer Hangeltraverse (III +) schließlich zu Stand auf einem Köpfl (25 m). **4. SL:** Nach rechts in gelbbrüchigem Fels zu unterbrochenem Riß (IV—, 1 H), durch ihn (IV +, 2 H) zu einer Platte (H) unter einem Übergang, der rechtshaltend überwunden wird (A1); gerade hinauf (A1) (nicht zu weit! oben Verhauerhaken) und Quergang nach rechts (V—) zu Schlingenstand (22 m). **5. SL:** Teils frei, teils hakentechnisch gerade hoch zu Stand in der Verschneidung (20 m, V, A1, 7 H). **6. SL:** In der darüber ansetzenden Rißverschneidung teils frei, teils hakentechnisch hoch zu Stand in einer Nische unter dem die Verschneidung abschließenden Dach (27 m, V +, A1, 6 H). **7. SL:** Der Überhang wird linkshaltend genommen, danach einige Meter gerade hoch, worauf man etwa 4 m waagrecht nach links quert; schräg rechts über eine Wandstelle in eine Rinne und durch sie zur Unterkante des Gamsbandes; Stand an Blöcken (25 m, A1 und IV).

(Pracht)

● **125** **Südsüdwestkante („Via Italia 1961“)**

B. De Francesch, Q. Romanin, E. Wuerich und C. Franceschetti vom 12.—14. September 1961 (Bk. 1961—65).

A2/V, aufgeteilt wie folgt: Eine Stelle V, drei Stellen V—, 150 m A1 und A2, Rest IV und leichter (diese Angaben beziehen sich natürlich auf die gesamte Route).

Diese im ganzen doch ziemlich anstrengende Führe zerfällt in zwei recht unterschiedliche Hälften, nämlich in den unteren, überwiegend hakentechnischen und in den oberen, mehr Freikletterei bietenden Teil. Die hakentechnischen Seillängen weisen ausgesetzteste künstliche Kletterei an fast ausschließlich sehr guten Haken (vielfach Cassin-Bohrhaken) auf, die freikletterbaren Passagen spielen sich in gutem Fels ab. Der untere Teil stellt (auch heute noch) eine Modetour ersten Ranges dar, der obere, recht hübsche (!) Teil wird kaum begangen, da fast alle Kletterer auf dem Gamsband aus der Wand queren. Im Winter oder nach größeren Regenfällen ist bei einer Begehung (des unteren Teiles) dem Umstand Rechnung zu tragen, daß vor der Hakenkletterei plattig-grasiger Fels überstiegen werden muß.
Die meisten ZH und SH vorhanden; oberhalb des Gamsbandes Sicherungen an Köpfln u. ä. möglich.
Wandhöhe etwa 470 m, Kletterlänge etwa 500 m (ohne das leichte Gelände unmittelbar oberhalb des Gamsbandes) 8—10 Std. (4—6 Std. für den unteren Teil).
Siehe Abb. Seite 127 und 137 und Skizze Seite 133

Übersicht: Der linke Teil der S-Wand wird rechts in seiner unteren Hälfte von einer gelben, mit Dächern gespickten Kante, in seiner oberen Hälfte von einer mehr schrofig-gestuften Kante begrenzt. Längs dieser Kante, bisweilen links ausweichend, verläuft die Führe.

Zugang: Von der obersten, unmittelbar unter der S-Wand vorbeiziehenden Rampe der Straße Canazei — Sellajoch in wenigen Minuten zum Fuß der Kante und links derselben zuerst über Gras, dann (H) Fels unschwierig etwa 45 m hinauf zum E mit SH.

Führe: 1. SL: Schräg rechts ansteigend zur Kante (IV—, 2 H), einige Meter jenseits hinauf (V—, 2 H) und diesseits weiter (IV—, 2 H), dann durch überhängenden Riß (A0, 2 H) zu Stand (40 m). **2. SL:** Waagrechter Quergang nach links (Beginn des gelben Felses) bis zu der H-Leiter, die durch eine Verschneidung nach rechts zu Stand führt (24 m, A1). **3. SL:** Mittels einer Hangelschuppe nach links zur H-Leiter, um die Kante und nach einem größeren H-Abstand (HK) überhängend, zum Schluß senkrecht unter das große, etwa 4 m ausladende Dach zu Schlingenstand (35 m, A1 und A2). **4. SL:** Über das Dach und gerade hoch (Möglichkeit eines Zwischenstandes in Leitern), bis die Hakendichte merklich abnimmt (A1 und A2), sodann Querung nach links (IV—) in gelb-brüchige Nische mit gutem Standplatz (35 m). **5. SL:** In freier Kletterei rechtshaltend aufwärts (IV) zu einem Riß mit kurzer

Hakenleiter (A0, A1, 4 H) und weiter nach rechts, auf eine labile Schuppe tretend (IV+), zur Kante und zu Stand (25 m). **6. SL:** Links an einem niederen Pfeiler hoch (IV), in kleiner Linksschleife den Haken folgend nach rechts um die Kante (A1, A2), danach sofort zurück (schwieriger Schritt, V) und über grauen Fels zum Gamsband (35 m).

Auf dem Weg des Gamsbandes so weit nach links (Richtung Sellajoch) bis man einen begrünten Hang zur Rechten hat. Über diesen hoch zu den Felsen, einige Gratzacken bleiben rechts. Etwa 20 m links der Kante über eine kurze Grasrampe zum E des oberen Teiles am Beginn einer grasigen Kaminrinne. **7. SL:** Durch die Rinne etwa 7 m hoch (II) und nach einer kleinen Rechtsschleife waagrechte Querung nach links zu Stand in einer gelben Grotte (32 m). **8. SL:** Weiter 3 m nach links, über eine grasige Rampe hoch (III) und ziemlich gerade empor zu Stand in gelber Nische (30 m). **9. SL:** S-förmig gewinnt man (III) den rechten zweier Risse, in ihm hoch (IV—, V—, 1 H) bis zum abschließenden Überhang und nach rechts über eine Kante (A0, 1 H) zu Stand in einer Gufel (32 m). **10. SL:** Durch die darüberliegende Rinne gewinnt man jenseits der Kante eine weitere Rinne, die (III) zu einem Köpflstand wieder diesseits leitet (38 m). **11. SL:** Über flaches Gehgelände zu Stand am Fuße der markanten Verschneidung, die durch Wand und Vorbau unmittelbar links der Kante gebildet wird (40 m). **12. SL:** Durch die Verschneidung empor zu Stand auf der Spitze des Vorbaues bei großem Block (40 m, IV, 1 H). **13. SL:** Querung nach rechts (IV) in eine weitere gelbe Verschneidung; in ihr hoch (IV+, A0, 3 H), über den abschließenden Überhang (A1, 3 H), weiter gerade hoch (A1, 3 H) (rechts Verhauerhaken!) und rechtshaltend (IV) zu H-Stand (35 m). **14. SL:** Gerade und überhängend empor (A1, 5 H), Querung nach rechts (1 H) um die Kante in eine markante Verschneidung und in herrlicher Kletterei (V—) auf das Gipfelplateau (25 m). (Pracht)

● 126 Südwand (Rizzi-Canepa-Führe)

T. Rizzi und M. Canepa, am 23.—24. August 1961 (Riv. 1962—308).

VI und leichter; vermischt mit Hakenkletterei. Selten begangen. In den ersten 130 m beließen die Erstbegeher das verwendete Material (50 H bzw. HK), im oberen Teil wurden von den 15 H einige wieder entfernt.

Wandhöhe etwa 220 m. Zeit der Erstbegeher: 14 Std.

Übersicht: Die Führe verläuft — von der SSW-Kante kommend — über die orogr. rechte Wand der markanten, tiefschwarzen Riesenschlucht links der Wandmitte und endet auf dem Gamsband.

Piz de Ciavazes

SSW-Kante (Via Italia 1961), R125

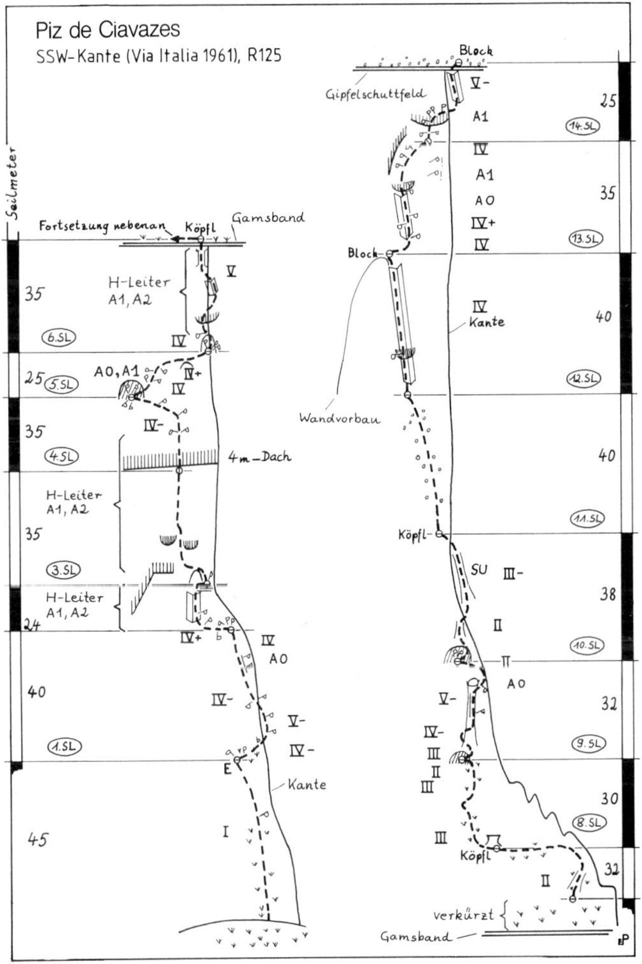

Zugang: Von der obersten, unmittelbar unter der S-Wand vorbeiziehenden Rampe der Straße Canazei — Sellajoch in wenigen Minuten zum Fuß der SSW-Kante und links derselben zuerst über Gras, dann (H) Fels unschwierig etwa 45 m hinauf zum E (H).

Führe: Erst rechts-, dann linkshaltend zu einer grauen und glatten Platte, die zunächst gerade, nach 6 m rechtshaltend zur Kante erstiegen wird; weiter auf einen oberhalb befindlichen Absatz. Links dieses Absatzes bis unter einen kleinen Überhang empor, der eine Verschneidung bildet. Durch die Verschneidung und leicht rechtshaltend zu Stand auf einem Band. Dieses verfolgt man 4—5 m nach rechts, steigt schräg links zu einer gelben Wand hoch, worauf man eine an der gelb-grauen Grenze befindliche Verschneidung erklettert. (130 m, VI; 50 H bzw. HK, alles belassen). Nun rechtshaltend in die Schlucht, die sich allmählich zu einem Kamin, schließlich zu einem Riß verengt. Nach dieser Rißverengung in brüchigem Fels bis unter eine gelbe Verschneidung empor und über deren linke Wand zum Gamsband (IV, V und VI; 15 H, teilweise belassen).

● 127 Südverschneidung (Soldaführe)

G. Solda und G. Pagani im Jahre 1947 (Alp. 1964/11).

VI—/A1, aufgeteilt wie folgt: Drei Passagen VI—, einige Meter A1, häufig V, nur unterhalb des Gamsbandes über längere Strecken leichter. Ernste Felsfahrt.

Die Führe weist in der oberen Hälfte öfters brüchigen Fels auf und ist bis weit in den Sommer hinein sehr naß, oft sogar vereist. Selten begangen. Es empfiehlt sich, neben Haken auch Bongs oder entsprechende Klemmkeile mitzuführen; das in der Wand befindliche Material ist teilweise schlecht. Am Gamsband kann eine Begehung mühelos abgebrochen werden.

Wandhöhe etwa 480 m, Kletterlänge etwa 600 m. 9—12 Std.
Siehe Abb. Seite 127 und 137.

Übersicht: Die Führe verläuft durch die markante, tiefschwarze Riesenschlucht links der Wandmitte.

Zugang: Von der obersten, unmittelbar unter der S-Wand vorbeiziehenden Rampe der Straße Canazei — Sellajoch in wenigen Minuten zum E in der Mündung der Schlucht.

Führe: In der Schlucht, meist etwas rechtshaltend, 3 SL hinauf zu einem Geröllplatz (120 m, II und III). Nach weiteren 40 m (III) wird die rechte Schluchtseite an einem Doppelriß erklettert: Entweder im linken Riß (hakentechnisch) oder rechts, dann Quergang nach links und weiter oben wieder in den Riß zurück (VI—, 2 H). Nun durch eine Verschneidung von links her zu Stand auf einem Pfeilerkopf (IV). Weiter schräg links, dann wieder leicht rechtshaltend (IV+) und leichter über Platten auf das Gamsband.

Man überquert das hier etwa 40 m breite Band. Von rechts her in die obere Schlucht einsteigen und hinauf zu Stand (35 m, III und IV+). Schräg rechts in brüchigem Fels weiter zu Stand (35 m, V, 2 H). Wieder in den Schluchtgrund und in sehr brüchigem Gestein (H) nach 30 m über ein kleines Wandl zu Stand in einem großen Geröllkessel (35 m, V+). Über die rechte Plattenrampe hinauf (V+, 1 H, brüchig) und nach kurzer Rechtsquerung (VI—) zu Stand auf einem Pfeiler. Unter einen großen Überhang hinauf, rechts in einen feinen Einriß und durch diesen (VI—, einige H) zu schlechtem Stand in einer Nische. Weiter 40 m (meist etwas in der rechten Wand bleibend) in schöner Kletterei (IV und V) zu Stand auf einem Band. Noch 10 m hinauf, dann nach links in die überhängende Verschneidung und durch sie (VI—; einige, teils schlechte H und HK) zu Stand an einem Klemmblock. Zuerst nach links (H), dann nach rechts in einen Kessel (20 m, V). Nach links zurück und über verschiedene Rißüberhänge (einige H) zum Gipfelschuttfeld. (Schubert + Alp. 1964/11)

● **128** **Südwand (Rossi/Tomasi-Führe)**

B. Rossi und A. Tomasi am 2. September 1945 (Boll. 1946—228).

V—/A1, aufgeteilt wie folgt: In den letzten beiden SL einige Meter V—, IV+ sowie A1 und A0; sonst IV und leichter. Selten begangen.

Im unteren Teil ist auf trockene Verhältnisse zu achten. Die Tour kann in Wandmitte auf dem Gamsband abgebrochen werden.

In den beiden ↗SL die meisten ZH und SH vorhanden.

Wandhöhe etwa 480 m. 7—8 Std.

Siehe Abb. Seite 137

Übersicht: Die Führe verläuft in der unteren Hälfte über die rechte (östl.) Schluchtwand von R 127, in der oberen Hälfte (nach dem Gamsband) wendet sie sich nach links, gewinnt so die SSW-Kante und über diese, am Schluß gemeinsam mit R 125, das Gipfelschuttfeld. Anfangs sind R 127 und R 128 unmittelbar benachbart.

Zugang: Von der obersten, unmittelbar unter der S-Wand vorbeiziehenden Rampe der Straße Canazei — Sellajoch in wenigen Minuten zum E an der Mündung der Schlucht.

Führe: Über leichten, bisweilen von Steilstufen unterbrochenen Fels etwa 100 m empor. Rechts 30 m durch einen Riß, der in den Grund der

Schlucht einbiegt, hoch und über eine 10 m hohe, schwierige Wand (H) zu einem Kamin. Durch ihn leicht an den Beginn einer etwas überhängenden Verschneidung, die in schwieriger, aber eleganter Kletterei (2 H) nach 35 m unter den schon vom Wandfuß aus sichtbaren großen Überhang führt. Er wird ausgesetzt rechts schwierig (2 H) umgangen, bis man nach 30 m in eine kleine Nische gelangt. Über das Nischendach sehr schwierig (2 H) spreizend hinweg und in den Kamin, der seinen Anfang bei der Nische nimmt. Nach 10 m gelangt man auf das Gamsband.

Man quert etwa 60 m nach links bis zum Beginn des zweiten Kamins, durch den man nach 30 m in schöner Kletterei die gelbe Kante erreicht. Ohne Schwierigkeiten 20 m nach rechts zu einer Wand, die zur Kante zurückführt. Über den Zackengrat zum Schlußaufschwung und gemäß R 125 auf das Gipfelschuttfeld.

● **129 Südwand (Groß/Rizzi-Führe, „Via delle Guide“)**

A. Groß, T. Groß und T. Rizzi vom 17.—20. Juli 1963 (Alp. 1965/9).

VI/A2, aufgeteilt wie folgt: 10 m VI, oft V/A0, A1 (das Anbringen von Haken kann durchaus A3 sein) sowie etwa 400 m III und IV.

Die (charakt.) Hauptschwierigkeiten befinden sich im oberen Teil. Die Führe weist dort öfters sehr brüchigen Fels auf und ist auch nicht ungefährlich. Bisher sind nur wenige Wiederholungen bekanntgeworden. Am Gamsband kann eine Begehung mühelos abgebrochen werden.

Die Erstbegeher schlugen etwa 185 H, 40 BH sowie 15 HK und ließen etwa 100 H zurück; insbesondere fehlen einige BH.

Wandhöhe etwa 480 m, Kletterlänge etwa 600 m. Mit einem Biwak muß unter Umständen gerechnet werden.

Siehe Abb. Seite 137

Piz de Ciavazes (mittlerer Teil der Südwand) ►

R 111b	Weg auf dem Gamsband	R 130b	Direkter Einstieg zu R 130a
R 125	Via Italia	R 131	Schubertführe (die Variante im oberen Wandteil, Strich-Punkt-Linie, ist die beschriebene Route)
R 127	Soldaführe		
R 128	Rossi/Tomasi-Führe		
R 129	Groß/Rizzi-Führe		
R 129a	Via Elvio-Turin		
R 130	Micheluzziführe	R 133	Kaminführe
R 130a	Buhlvariante		

Piz de Ciavazes
131
133
129
130
127
111b
111b
130a
133
130
125
129
127,128
129a
130
130b
131

Übersicht: Die Führe verläuft im unteren Teil auf der orogr. linken Begrenzungswand der großen Schlucht über anfangs grasigen, später plattigen Fels. Nach dem Gamsband benützt sie den niederen Wandvorbau rechts der Fallinie eines gelben Dachriegels, überwindet eine wassergeschwärzte Zone und erreicht am rechten Rand der großen gelben Wand die dunklen Felsen des Plateaurandes.

Zugang: Von der obersten, unmittelbar unter der S-Wand vorbeiziehenden Rampe der Straße Canazei — Sellajoch in wenigen Minuten zum E unterhalb der Mündung der Schlucht bei einer wenig ausgeprägten Kante.

Führe: Über grasdurchsetzten Fels dem geringsten Widerstand folgend (III und IV) etwa 150 m hinauf zum linken Fuß eines Pfeilers. Links des Pfeilers in einem Riß hinauf (V). Nach 20 m quert man 3—4 m links aufwärts, dann gerade hinauf (IV +) zu einem Band unter Überhängen. Auf dem Band nach links (IV) zu grasbewachsener Rampe, die man bis zu ihrem Ende verfolgt (Kanzel). Über eine 4 m hohe Wandstelle in eine Verschneidung. Durch sie und rechtshaltend zu schlechtem Stand (V +). Rechtsquerend und durch einen Riß zum Gamsband.

Über das Band und auf einen Wandvorbau. Nach einer kurzen Wandstelle (IV) verfolgt man einen von rechts unten nach links oben ziehenden Riß bis zu einem Band an seinem Ende (30 m, III und IV). Auf diesem etwa 7 m nach links, durch einen Riß (IV, 1 H) nach 25 m zu Stand. Weiter 2 m nach links, durch einen Riß 10 m hinauf (2 H), Quergang 2 m nach rechts (V) und durch weiteren Riß (V +) zu gutem Stand. Unschwierig 5 m nach links und über eine Wandstelle 15 m gerade hinauf (III) an die linke Seite eines gelben Pfeilers. Durch den Riß zwischen Pfeiler und Wand (H) auf den Pfeilerkopf (V). Rechts des Pfeilers gerade hoch (VI, 3 H) und nach rechts (IV, 2 H) zu einem weiteren Pfeiler (letzter bequemer Stand). Nun in dem überhängenden Riß 20 m hinauf (IV, A0 und A1) zu Stand links. Wieder nach rechts und den H folgend (V/A0 und A1), dann durch sehr brüchigen Fels (V, 2 H) zu Schlingenstand rechts. Immer den H folgend (V/A0 und A1) nach 40 m zu weiterem Schlingenstand. Etwa 7 m durch einen Riß hinauf, ebenso weit nach links und gerade hinauf (hier fehlen einige BH) zu Stand unter einem schwarzen Überhang (30 m, V/A1). Nun Quergang 25 m links aufwärts über zwei Überhänge (V/A1), 3 m gerade hinauf und links in eine Nische. Schließlich über weniger schwierigen Fels linkshaltend zum Gipfelschutt (III und IV).

(Schubert + Alp. 1965/9)

● 129a **Südwand („Via Elvio-Turin“)**
A. Campanile und P. Bini am 7. August 1977 (Inf. Bini).
VI— und V+.
Keine Wiederholung bekannt.
Die Erstbegeher verwendeten 5 SH und 1 ZH, die sie beließen; Klemmkeile und einige H seien Wiederholern empfohlen. Wandhöhe etwa 250 m. 2—3 Std.
Siehe Abb. Seite 137

Übersicht: Die orogr. linke Begrenzungswand der westl. Südwandschlucht wird in ihrem äußersten Teil durch eine nur knapp unterhalb des Gamsbandes ausgeprägte Kante von der eigentlichen Südwand getrennt, die nach unten in Grasschrofen ausläuft. Die Führe hier verläuft knapp links dieser Kante, zuerst über Schrofen, dann über kompakte Platten zum Gamsband.
Keine weiteren Informationen vorhanden.

● 130 **Südwand (Micheluzziführe)**
L. Micheluzzi und E. Castiglioni am 26. September 1935 (Cas. 1937—378).
V+/A0, aufgeteilt wie folgt: Vier Stellen V+, sonst V und V— sowie IV, lediglich im oberen Teil öfters III; werden die A0-Stellen frei geklettert, erhöhen sich die Schwierigkeiten auf VI— und **VI** (kurze Passagen). ✓ in der 21. SL kurz vor dem Ausstieg.
Bis zum Gamsband fester Fels, danach trifft man auf weniger guten und teilweise schutt- bzw. sandbedeckten Fels. Durchgehend abwechslungsreiche Kletterei, die in der unteren Hälfte Klettergartencharakter besitzt, in der oberen Hälfte aber mehr alpine Eindrücke vermittelt. Bis zum Gamsband (Fluchtmöglichkeit) stellt sie eine Modetour allerersten Ranges dar. Bei dieser herrlichen Felsfahrt hat sich die Unsitte eingebürgert, die Kletterei auf dem Gamsband abzubrechen. Die Ausstiegskamine im oberen Teil sind im Frühjahr meist naß oder gar vereist, der untere Teil dagegen weist fast das ganze Jahr gute Verhältnisse auf.
Die meisten ZH und SH vorhanden, dazu häufig natürliche Sicherungsmöglichkeiten.
Wandhöhe etwa 500 m, Kletterlänge etwa 700 m (+70 m Wandvorbau der oberen Hälfte). 6—10 Std.
Siehe Abb. Seite 137 und Skizze Seite 142 und 143

Übersicht: Die Führe verläuft im Zentrum des mittleren, rechts und links von je einer Schlucht begrenzten Teiles der S-Wand. Sie beginnt links der Fallinie der scharf profilierten Verschneidung unterhalb des Gamsbandes, quert unter dieser Verschneidung weit nach rechts und gewinnt einen markanten Wasserstreifen, um dann in einer Links-Rechts-Schleife das Gamsband zu erreichen. Nun schräg links hoch bis auf halbe Höhe der oberen Wandhälfte und lange Querung nach rechts an den Beginn eines Kaminsystems, durch das der Gipfelschutt erreicht wird.

Zugang: Von der obersten, unmittelbar unter der S-Wand vorbeiziehenden Rampe der Straße Canazei — Sellajoch in wenigen Minuten zum E links der Fallinie der scharf profilierten Verschneidung; starke Begehungsspuren.

Führe: 1. SL: Über plattigen Fels 2 m hinauf (V—) und leicht links ausholend nach 25 m (V—, 2 H) zu Stand auf einem Grasband (30 m). **2. SL:** Schräg links über eine Platte (H), dann Selbstzugquergang nach links (A0, 2 H), um die Kante und aufwärts (V+) zu einem Bändchen; kurz ansteigen und waagrecht nach rechts in eine Verschneidung, die man (V, 1 H) bei einem Überhang (2 H) nach rechts zu Stand auf einem Band verläßt (35 m). **3. SL:** Zuerst kurz nach links, dann rechts auf ein ausgeprägtes, waagrechtes Band mit einem großen Block, das nach links bis zu einer kurzen Verschneidung verfolgt wird; durch sie (H) erreicht man nach links hin einen Stand auf einem weiteren Band (30 m, II, IV+). **4. SL:** Entweder mit Hakenhilfe gerade hoch (A0) oder frei und schwieriger von rechts her hinauf (V) und durch eine Rinne zuerst nach links, dann nach rechts und wieder nach links durch einen sehr glatten Kamin zu Stand auf einem Band (35 m, 3 H). **5. SL:** Kurz gerade hoch und Quergang nach rechts zu einem auffallenden Sicherungszacken (15 m, I). (Hier zweigt die Buhl-Variante, R 130a, ab.) **6. SL:** An feinen Griffen und Tritten in gelbem Fels waagrecht nach rechts weiter (V), um die Kante und ansteigend (A0) zu H-Stand an zwei auseinander liegenden H (erstes H-Paar nicht als Stand nehmen) (35 m). **7. SL:** Einige Meter waagrecht weiter, mit Selbstzug schräg rechts hinab (A0, H versteckt), waagrecht zu SU (V+), nochmals hinunter und ansteigend zu Stand (30 m). **8. SL:** Waagrecht nach rechts und zwei Mal mittels Selbstzug genügend weit hinab (A0); der Stand auf einem Band wird durch kurze waagrechte Rechtsquerung (V—) erreicht (20 m). **9. SL:** Schräg rechts hoch (V), um die Kante (H), griffig über einen Wulst (IV) und durch eine Rinne zu Stand auf einem Band (35 m). **10. SL:** Leicht linkshaltend (V—, 1 H) zu zwei aufeinanderfolgenden Rißkaminen (V+, V), die zu Stand am Fuße eines weiteren, wenig tiefen Kamins führen (40 m). Ab hier verschiedene Möglichkeiten des Weiterweges. **11. SL:** Links dieses Kamins auf ein Band, schräg linkshaltend (V, 1 H) hoch und scharf rechts zu Stand auf einer Rampe

(30 m). **12. SL:** Erst rechts, dann waagrecht und nochmals rechts zu Stand (20 m, IV, 3 H). **13. SL:** Schräg rechts aufwärts zum Gamsband (40 m, IV und I). Nun unschwierig linkshaltend auf den Vorbau der oberen Wandhälfte und zum Beginn eines dunklen Kamins. **14. SL:** Durch den Kamin, der überhängend endet, und weiter in die ihn fortsetzende Verschneidung, die man nach links auf ein Band verläßt; Stand links bei einem H (40 m, III und IV+, 1 H). **15. SL:** Schräg links aufwärts über schmutzig-gelben Fels zu Stand bei einem Köpfl (40 m, III+). **16. SL:** In einer großen Links-Rechts-Schleife zu Köpflstand am Beginn eines Kamins (35 m, III und IV+, 1 H). **17. SL:** Durch den Kamin und durch seine rinnenartige Fortsetzung nach links zu Stand an einem Köpfl bei einer gelben Gufel (20 m, III). **18. SL:** Links der Gufel hoch (H), langer Quergang nach rechts mit Zwischenabstieg (H) zu Stand bei H (30 m, IV und III, 2 H). **19. SL:** Weiter waagrecht nach rechts, dann den schon von unten sichtbaren Wasserstreifen querend zu Stand unmittelbar rechts davon (40 m, III, IV—). **20. SL:** Gerade hoch, links an einem Köpfl vorbei zu schlechtem Stand (30 m, V—, 1 H). **21. SL:** Links aufwärts in eine Nische, über sie hinweg, nach links in die große Verschneidung und durch sie zu Stand in halber Höhe der Verschneidung (20 m, V+, V und A0, 9 H). **22. SL:** Man verfolgt die Verschneidung bis zu dem sie abschließenden Überhang (V, 3 H), kurz nach rechts, dann in eine lehmige Nische linker Hand und nach rechts ausholend zu Stand (20 m). **23. SL:** Durch den Schlußkamin und über den folgenden Schluchtüberhang auf das Gipfelschuttfeld; schlechter Standhaken an einem Block (30 m, V—, 2 H). (Pracht)

● **130a Buhl/Streng-Variante zur Micheluzziführe**

H. Buhl und E. Streng im Sommer 1949. (Riv. 1965—302).
VI—/A 1, aufgeteilt wie folgt: 2 Stellen VI—, 4 Stellen V+, 30 m V und 20 m A1, sonst IV+ und IV. ♂ in der zweiten Seillänge.
Anspruchsvolle Verschneidungskletterei mit einigen interessanten Quergangsstellen, durchwegs guter Fels. Verhältnismäßig selten begangen.
Die meisten ZH und SH vorhanden.
Kletterlänge der Variante etwa 200 m. 3—4 Std.
Siehe Abb. Seite 137 und Skizze Seite 142

Übersicht: Die Variante zieht vom Beginn des großen Querganges der Micheluzziführe durch gelben Fels gerade hoch, führt in mehreren, stets höher verlaufenden Quergängen nach rechts und kurz zurück nach links in die scharf profilierte, gut 100 m hohe Verschneidung, durch die sie das Gamsband gewinnt.

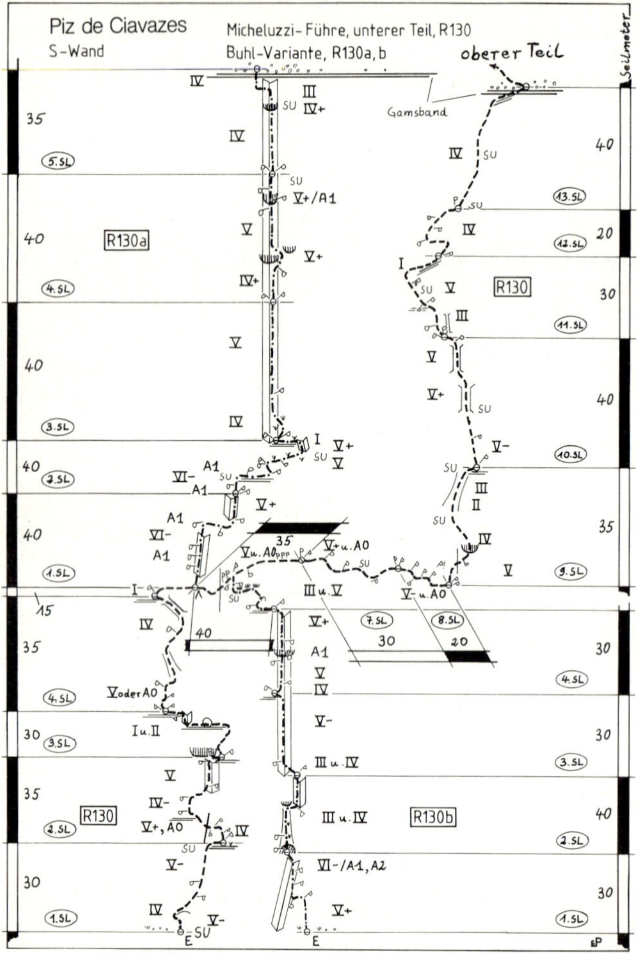
Piz de Ciavazes
S-Wand
Micheluzzi-Führe, unterer Teil, R130
Buhl-Variante, R130a, b
oberer Teil
Gamsband
Seilmeter
R130a
R130
R130b

Variante: 1. SL: Vom Sicherungszacken am Beginn des großen Querganges durch die darüber befindliche Verschneidung zuerst frei, dann hakentechnisch (A 1), dann wieder frei (VI—) zu einem von unten nicht sichtbaren Haken unter gelben Überhängen, sodann Quergang nach rechts (A 1) zur Verschneidung eines gelben Pfeilers und durch diese (V+) zu Stand auf dem Pfeiler (40 m, 6 H). **2. SL:** Vom Pfeiler gerade hoch (A 1) bis zu einer Sanduhrschlinge, dann Quergang nach rechts zu einem H in Fußhöhe (VI—), schräg links hoch und über einige Graspolster nach rechts in eine grasige Verschneidung (V), durch diese (V+) auf ein Rasenband und waagrecht nach links zu Stand am Fuße der großen Verschneidung (40 m, 6 H, 2 Schlingen). **3. SL:** Von rechts nach links ansteigend in die Verschneidung und zu Stand bei zwei H (40 m, IV und V, 1 H). **4. SL:** In der Verschneidung weiter (IV+, 1 H) zu markantem Überhang, rechtshaltend zwischen den beiden Wülsten durch (V+, oberstes Köpfl labil!), nach links zurück in die Verschneidung und über den folgenden Überhang (V+/A1, 3 H) zu Stand (40 m). **5. SL:** Nun wesentlich leichter zum letzten Überhang, nach ihm links auf ein Band und an der Kante hinauf zum Gamsband (35 m, IV+ und III). (Pracht)

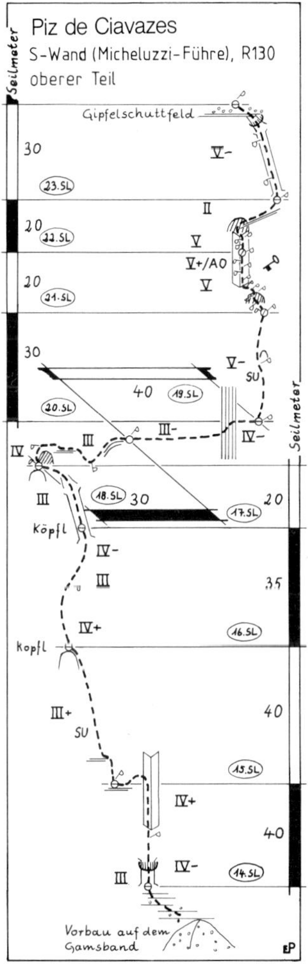

● 130b Direkter Einstieg zur Buhl-Streng-Variante (R 130a)

J. Heinl und A. Wehinger am 19. Juni 1974 (Bs. 1974/10).
VI—/A1, aufgeteilt wie folgt: Eine Stelle VI—, zwei Stellen A1, sonst V und leichter. ♂ in der ersten Seillänge.
Vor allem Verschneidungskletterei, kaum begangen.
Die meisten ZH, ebenso die meisten SH vorhanden. Kletterlänge der Variante etwa 170 m. 3—4 Std.
Siehe Abb. Seite 137 und Skizze Seite 142

Übersicht: Durch ein Verschneidungssystem in Fallinie der scharf profilierten Verschneidung unterhalb des Gamsbandes zum Beginn des großen Querganges der Micheluzziführe.

Zugang: Wie bei R 130 zum Wandfuß. Der E befindet sich etwa 30 m rechts des E von R 130 und etwa 6 m rechts der überhängenden Verschneidung.

Variante: 1. SL: Frei hinauf zum ersten H (V+) und den H folgend (A1 und A2) zum Wulst, über ihn von rechts nach links (VI—) zu Stand in einer Einbuchtung (30 m, 4 H). **2. SL:** In der rinnenartigen Verschneidung mit Graspolstern (H) gerade hinauf unter einen Wulst, nach rechts in eine Verschneidung (H) und durch sie zu Stand links auf einer Kanzel (40 m, III und IV). **3. SL:** Über eine kurze Rampe in die Verschneidung, durch sie ein Stück hoch (V—, 1 H) und nach links zu Stand auf einem Absatz (30 m). **4. SL:** An der Kante hoch, dann wieder in die Verschneidung und darin weiter (V—, 2 H) bis zu einem Überhang, der mittels eines Hakens überwunden wird (A1); nun im Riß der Verschneidung (V+, 1 H) zu Stand links auf einem Pfeilerkopf (30 m). **5. SL:** Waagrecht 8 m nach links zu einer Schuppe (H), an ihr hoch, linkshaltend (V—) unter kleine Wülste, nach links zu kurzer, seichter Verschneidung und gerade hoch (V, 1 H) zum Quergang der Micheluzziführe, den man in umgekehrter Richtung absteigend bis zum oben erwähnten Sicherungszacken verfolgt (40 m).

● 130c Südwand (Leoni/Martini-Führe)

P. Leoni und S. Martini am 3. Dezember 1978 (Riv. 1979—219).

Übersicht: Etwa 30 m rechts des E von R 130 beginnend, kreuzt diese Führe dann R 130 am Beginn des großen Querganges und gewinnt parallel zu R 130a das Gamsband.

Keine weiteren Informationen vorhanden.

● 131 Südwand (Schubertführe)

P. Schubert und K. H. Matthies am 26. Mai 1967 bis zum Gamsband; P. Schubert und K. Werner am 3. Juni 1967 die gesamte Führe (Bk. 1967—525). Von den Erstbegehern „Weg der Freundschaft“ genannt zu Ehren von H. Seibold †, einem langjährigen Seilgefährten von K.H. Matthies.

VI—/A1, aufgeteilt wie folgt: Etwa 20 m VI—, 10 m A1, einige Stellen A0, häufig V+ und V, nur im Bereich des Gamsbandes über längere Strecken leichter. ♂ in der 17. SL, nahe dem Ausstieg.

Großartige und abwechslungsreiche Kletterei, die sich bis zum Gamsband in bestem Fels abwickelt, aber im oberen Teil stellenweise etwas brüchig und oft feucht ist. Bis zum Gamsband Modetour ersten Ranges; der obere Teil wird nur sehr selten begangen, obwohl auch er schöne und schwere Kletterei aufweist (♂!, Wandbuch), und somit zur Führe gehört. Der untere Teil kann nahezu das ganze Jahr über begangen werden, der obere Teil schon ab dem Frühjahr.

Die meisten ZH und SH vorhanden, dazu häufig natürliche Sicherungsmöglichkeit.

Wandhöhe etwa 500 m, Kletterlänge etwa 640 m (+ 70 m Wandvorbau der oberen Hälfte). 8—12 Std.

Siehe Abb. Seite 137 und Skizze Seite 147

Übersicht: Die Führe verläuft in der unteren Wandhälfte knapp links der rechten Begrenzungskante des mittleren Teiles der S-Wand anfangs durch ein auffallendes Rißsystem, dann über Platten zum Gamsband. Vom Vorbau der oberen Wandhälfte gewinnt sie linkshaltend eine rampenartige Felspassage, die von rechts nach links hochzieht und sich vom helleren, darüberliegenden Fels gut abhebt. Dann erreicht die Führe den gestuften Beginn einer breiten Verschneidung wenig unterhalb des Plateaurandes und schließlich nach einer langen Rechtsquerung mit nachfolgendem geradem Aufstieg das Gipfelschuttfeld.

Zugang: Von der obersten, unmittelbar unter der S-Wand vorbeiziehenden Rampe der Straße Canazei — Sellajoch in wenigen Min. zum Wandfuß. Der E befindet sich unmittelbar links der Begrenzungskante auf einem niederen Wandvorbau bei einer etwa 10 m hohen, gelben Verschneidung.

Führe: 1. SL: Von rechts her in die Verschneidung, nach etwa 8 m (V—/A0, 2 H) Quergang nach links (H) an die Kante und jenseits auf ein schmales Band (V—); gerade hoch über eine Wand (V—, 2 H), bis man ausgesetzt nach rechts queren kann (V+), um den langen, schräg

nach rechts hinaufziehenden Riß zu erreichen; durch ihn (IV +, 2 H) zu Stand rechts auf einem Absatz (36 m). **2. SL:** Weiter im Riß zu einem H (IV +), Querung nach rechts und über einen Wulst hoch (V +, 1 H), nochmals nach rechts zu einer kleinen Verschneidung (V), in ihr (H) nur kurz empor und zurück nach links (V +) in den vorerwähnten langen Riß, den man bis zu Stand (IV und V) verfolgt (35 m). **3. SL:** Weiter im Riß (V, 3 H), durch seine verschneidungsartige Fortsetzung (VI—) zu Stand an einem großen Zacken (18 m). **4. SL:** Luftige Querung nach links (V, 1 H) und an löchrigem Fels schräg links hoch (V— und V +, 2 H), dann kurz nach rechts zu einem Köpfl (VI—) und schräg links empor (V/A0, 4 H) zu Stand (34 m). **5. SL:** Im gelben Riß über dem Stand hinauf bis zu einem Überhang (IV—, 1 H, 1 HK), jenseits Querung (H) nach links und schwach rechtshaltend hoch (V—, 1 H) zu Stand (40 m). **6. SL:** Nun nach links schwach absteigend in eine kurze Verschneidung (gerade hoch Verhauer!), nach ihr links um die Kante und hoch zu geräumigem Stand am Beginn einer grauen, plattigen Rampe (30 m, V—, 1 H). **7. SL:** Über die steile Rampe hinauf, dann kurz nach links, weiter schwach rechtshaltend zu Stand bei einer Sanduhr (38 m, IV +, 1 H). **8. SL:** Gerade hoch und über einen Wulst (V—), dann nach links aufwärts, wieder nach rechts und linkshaltend (IV und IV +) zu Köpflstand auf dem Gamsband (38 m, 2 H).
Über das Gamsband und etwa 70 m immer dem geringsten Widerstand folgend auf den gut gestuften Vorbau. Stand auf einem Absatz unter einem schwarzen Riß; H auf dem Absatz. **9. SL:** Am Riß hoch, dann leicht linkshaltend und in einer Rechts-Links-Schleife zu Stand bei einem großen, gelben Köpfl (40 m, II und III). **10. SL:** Kurz nach links und längs eines schwarzen Risses gerade hoch, dann nach rechts zu Stand auf einem Absatz (20 m, III +). **11. SL:** Durch die Verschneidung rechts des schwarzen Risses ansteigen (IV +) und gerade weiter (III und II) zu Stand unter einer Wand (40 m). **12. SL:** Über leichtes Gelände waagrecht nach links, dann kurz in eine Plattenwand absteigen und schräg links hoch (IV—) zu Stand bei zwei Sanduhren (35 m). **13. SL:** Links oberhalb des Standes durch eine kurze Verschneidung (IV) in einen Geröllkessel (im schwarzen Wasserstreifen) und mittels Selbstzug (Schlinge) durch eine steile Rinne etwa 8 m hinab zu gutem Stand (35 m). Die Erstbegeher erreichten den Quergang vor der Selbstzugstelle direkter, aber wesentlich schwieriger mittels des markanten schwarzen Rißsystems vom Wandvorbau aus. **14. SL:** Wenige Meter nach links zu grasigem Riß, durch ihn hoch und nach rechts zu Stand in gelbbrüchiger Nische (25 m, V). **15. SL:** Durch die gelbe Rinne, dann durch den sie fortsetzenden Riß weiter zu Stand bei zwei H (25 m, III und III +, 1 HK). **16. SL:** Gutgriffig in gelbem Fels, einen Überhang

Piz de Ciavazes

S-Wand (Schubert-Führe), R131

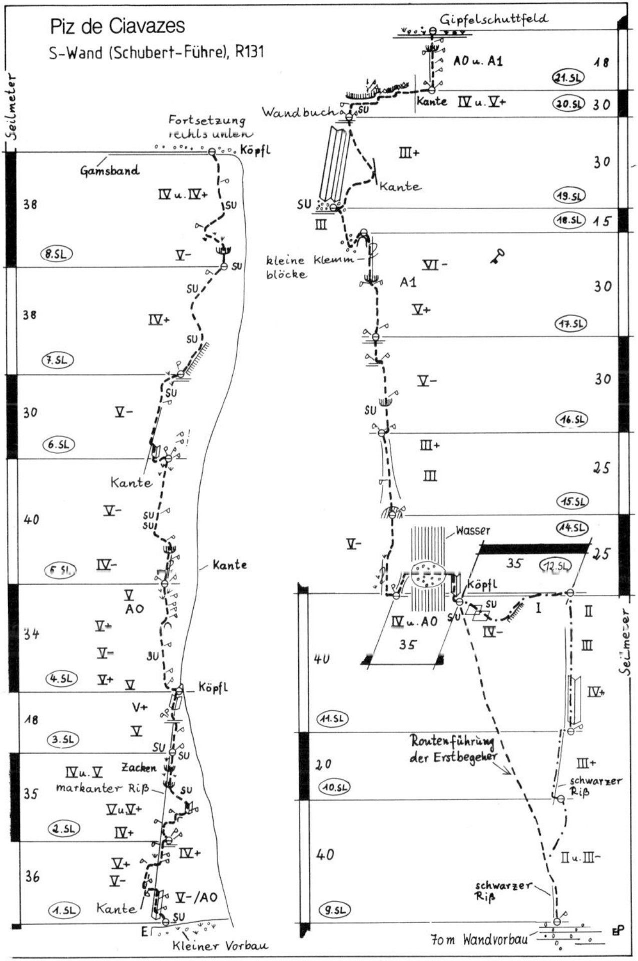

überspreizend zu einem Absatz links und über weniger steilen Fels links des Risses hinauf zu Stand am Beginn einer gelben Verschneidung (30 m, V—, 3 H). **17. SL:** Durch diese Verschneidung (V+) unter einen Überhang, schwach linkshaltend über ihn hinweg (A1, 2 H) und durch den dort ansetzenden gelben Riß (VI—, ♂) zu Stand auf dem Pfeilerkopf am Ende des Risses (30 m). **18. SL:** Vom Pfeilerkopf einige Meter absteigen und jenseits hinauf zu gutem Stand auf einem geräumigen Geröllplatz (15 m, III). **19. SL:** Nun nicht durch die zwei Verschneidungen oberhalb des Geröllplatzes, sondern nach rechts hinaus in die Wand, dann zur Kante und gerade hoch zu Stand auf einem weiteren Geröllplatz (30 m, III+; Wandbuch). **20. SL:** Gerade hoch unter die Wulstzone (IV), Quergang nach rechts (V—, 1 H), bis man über die feingriffige Wand zu einem H ansteigen kann (V); wieder nach rechts queren (V—) (links oben 2 Verhauer-H!), abermals zu einem H hinauf und waagrecht um die Kante zu Stand am unteren Ende eines schwarzen Risses (30 m). **21. SL:** Durch diesen Riß, einen Überhang überwindend, zum Gipfelschutt (18 m, A0 und A1, 5 H). (Pracht)

● 132 Südwand (Ferrariführe)

G. Ferrari, B. Boreatti und A. Sidi am 15. August 1968 (R.A. 1968—315).

VI/A1. Die Erstbegeher benötigten 130 H und 9 HK. Wandhöhe etwa 250 m. 7 Std.

Übersicht: Die Führe verläuft zwischen R 131 und R 133 und endet auf dem Gamsband.

Keine weiteren Informationen vorhanden.

● 133 Südwand (Kaminführe)

F. Glück, G. Demetz und Hulda Tutino Steel am 14. August 1928 (Riv. 1928—276).

V. Schöne Kletterei in meist gutem Fels.

Selten begangen, oft erst im Herbst trockene Verhältnisse.

Wandhöhe etwa 500 m. 7—9 Std.

Siehe Abb. Seite 137 und 149

Piz de Ciavazes (rechter Teil der S-Wand) und Piz Lasties ►

R 111b	Weg auf dem Gamsband	R 135	Rampenführe
R 133	Kaminführe	R 136	S-Wand (Rampenkante)
R 133a	Kleine Micheluzzi	R 136a	Variante zu R 136
R 134	Via Irma	R 137	Abramkante
R 134a	Einstiegsvariante zu R 134	R 137a	Variante Belli/Reali
		R 138	Via Albina
		R 139	Via Antonietta

Piz de Ciavazes
Piz Lasties
138
135
137
139
111b
133a
Lorenzschlucht
134
133a
134a
133
133b
135
136a
136
137a
137

Übersicht: Die Führe verläuft durch die große rechte Schlucht.

Zugang: Von der obersten, unmittelbar unter der S-Wand vorbeiziehenden Rampe der Straße Canazei — Sellajoch in wenigen Min. zur Mündung der Schlucht; der E befindet sich 15 m links des Kamins in deren Grund.

Führe: Durch einen 20 m langen Kamin zu einem zweiten, engeren Kamin, der in halber Höhe eine schwierige Stelle aufweist. Nach einer kurzen leichten Passage und einem 5 m langen glatten Kaminstück muß man 8 m nach rechts queren und über eine 15 m hohe Wand schwach rechtshaltend zu einem weiteren Kamin klettern. Nach 12 m in diesem Kamin erreicht man wieder leichtes Gelände, worauf ein brüchiger Kamin folgt, der zum Beginn eines 120 m hohen, oft nassen Kamins führt. In diesem Kamin unter zwei Klemmblöcke hoch, die rechts umgangen werden. Nach 20 m in den Kamin zurück, wo ein weiterer Block mit Hilfe eines engen Risses schwierig überwunden wird. Nun über leichten Fels zum Gamsband. Etwa 40 m links des großen schwarzen und überhängend beginnenden Kamins, 30 m hinauf und nach rechts in den Kamin. Durch ihn über mehrere Überhänge hoch, von denen sich einige links umgehen lassen. Dort, wo sich die Wand von neuem aufsteilt, kehrt man bei wenig Wasser in den Kamin zurück, andernfalls muß man die linke senkrechte Wand an kleinen Griffen schwierig durchsteigen. Nun 15 m durch den überhängenden Kamin, der sich oben schließt und häufig naß ist, sodaß man ihn nach rechts verlassen muß. Auf einem schmalen Band 18 m schräg nach rechts bis zu einem 10 m hohen Wändchen und durch eine Art Rinne schräg nach links auf eine Kanzel. Gerade 10 m hinauf, dann schräg links aufwärts und zurück in den Kamin, der meist naß ist und oben von einem Block abgeschlossen wird. Nochmals 12 m nach rechts, 5 m gerade hoch und 20 m schräg nach links; etwas oberhalb 20 m nach rechts überden Schlußüberhang in das Gipfelschuttfeld.

● **133a** **Variante zur Kaminführe (R 133)**

L. Micheluzzi, W. Rogers und P. Slochovich am 18. August 1928 (Riv. 1929—52). Der untere Teil dieser Variante wird **„Rechte Micheluzzi“** oder „Kleine Micheluzzi“ genannt.

V, aufgeteilt wie folgt: Einige Stellen **V** (vermutlich) oberhalb des Gamsbandes, sonst **IV+** (3 Stellen unterhalb des Gamsbandes), IV und leichter. Der untere Teil bietet, abgesehen von 2 SL, nur leichte Schrofenkletterei und wird öfters durchstiegen; der obere Teil ist oft noch im Spätsommer naß. Alle notwendigen ZH, ebenso alle SH (im unteren Wandteil) vorhanden.

Wandhöhe etwa 500 m, Kletterlänge des unteren Teiles etwa 200 m. 6—8 Std., 3 Std. bis zum Gamsband.
Siehe Abb. Seite 149 und Skizze Seite 153

Übersicht: Am Fuß der Kaminschlucht beginnend, gewinnt die Führe durch leichte Schrofen in einer großen Rechts-Links-Schleife ein auffallendes Grasköpfl unter gelb-roten Überhängen knapp rechts der Kaminschlucht und zieht schräg rechts hinauf zum Gamsband. Der obere Teil der Führe wickelt sich in der Schlucht ab.

Zugang: Von der obersten, unmittelbar unter der S-Wand vorbeiziehenden Rampe der Straße Canazei — Sellajoch in wenigen Min. zur Mündung der Schluch und von links her etwa 5 m unterhalb des eigentlichen Wandfußes in den Kamin hinab und zum E gegenüber.

Führe: 1. SL: Durch eine schräg rechts aufwärtsführende Kaminrinne (II) auf ein Band, das nach rechts zu Stand verfolgt wird (35 m). **2. SL:** Weiterhin rechts über ein ansteigendes Band (II, 1 H) zu einem kurzen Kamin, der (III +, 1 H) auf ein waagrechtes Schrofenband führt; Stand an seinem rechten Ende (35 m). **3. SL:** Nach rechts um die Kante und durch eine der beiden Rinnen (II) nun linkshaltend zu Köpflstand (35 m). **4. SL:** Über einen gelben Bruchgrat auf ein Band, das von einem kurzen Kamin unterbrochen wird, bis zu Stand bei einem Köpfl (40 m, I). **5. SL:** Über Schrofen nach rechts in eine Rinne, die von einem Band fortgesetzt wird; Stand nach diesem Band auf dem auffallenden Grasköpfl unter gelb-roten Überhängen (40 m, I). **6. SL:** Von links her zu einer Schuppe, die (IV +, 2 H) auf ein langes, teilweise unterbrochenes, nach rechts führendes Bändchen leitet; nach dem Bändchen (II und III +, 1 HK) durch einen Riß (IV +) zu Stand auf einem Pfeilerköpfchen (40 m). **7. SL:** Seilzugquergang schräg nach rechts unten auf ein grasiges Band (H), das bis zu einem Kamin nach rechts verfolgt wird; durch den Kamin (IV—) zu Stand auf einem Schartenköpfl (20 m). **8. SL:** Etwas nach rechts und steil an zwei kurzen Rissen (III) auf ein kleines Podest (2 H); gerade weiter über einen kleinen Überhang (IV—) zu einem Haken, von da kurz nach rechts und wieder gerade und steil hoch (H), am Schluß rechtshaltend auf das Gamsband (40 m). Zunächst weiter wie bei R 133 bis zum Beginn des 18-m-Querganges auf einem schmalen Band. Nun aber zu der geräumigen Nische des Überhanges, der den Kamin abschließt, und über eine brüchige Wand zur Kanzel von R 133. Längs eines engen Risses unter den ihn abschließenden Überhang, nach rechts und auf einen Block seitlich des Risses. Jenseits davon weiter rechtshaltend zu einer kleinen, schrägen Terrasse, dann ein wenig hoch und über meist nasse Felsen nochmals bis zu einer Art Wasserbecken rechtsqueren. Weiter 40 m nach rechts in eine tiefe

Nische, etwas nach links zu einer Wasserrinne und in ihrem linken Teil auf das Gipfelschuttfeld.

● 133b Einstiegsvarianten zur „Rechten Micheluzzi" (133a)
Nicht lohnend, da der Fels sandig und brüchig ist.

Unmittelbar links der großen Rampe, welche die rechte untere Hälfte der S-Wand durchzieht, gewahrt man einen zuckerhutförmigen, oben grasbewachsenen Wandvorbau.

An der linken Seite des Vorbaues hoch (zwei Möglichkeiten) und linkshaltend zur dritten Seillänge von R 133a.

● 134 Südwand („Via Irma")
E. Böhnel und P. Pellegrinon am 22. Mai 1964 (Alp. 1965/1).
V/A1, aufgeteilt wie folgt: Drei Stellen V, eine Stelle V—, 40 m A0 bzw. A1; sonst IV und leichter. Hübsche Kletterei mit 1½ hakentechnischen SL (auch frei möglich, dann Stellen VI+ und **VII—),** in der 2.—4. SL überwiegend Schrofen. Häufig begangen.
Die Führe endet auf dem Gamsband und weist daher fast immer gute Verhältnisse auf.
Die meisten ZH und SH stecken, gute natürliche Sicherungsmöglichkeiten.
Wandhöhe etwa 260 m, Kletterlänge etwa 360 m. 4—5 Std.
Siehe Abb. Seite 149 und Skizze Seite 153

Übersicht: Unmittelbar links der großen Rampe, welche die rechte untere Hälfte der S-Wand durchzieht, gewahrt man einen zuckerhutförmigen, oben grasbewachsenen Wandvorbau. Die Führe gewinnt in einer Links-Rechts-Schleife den Hochpunkt dieses Vorbaues (hierher auch direkt), verläuft dann über eine teilweise schrofige Wand zur mittleren und längsten von drei Verschneidungen und durch diese zum Gamsband.

Zugang: Wie bei R 133 zur S-Wand und den Schuttkegel zwischen dem Wandvorbau und der großen Rampe ein Stück hinauf. E am Fuße des rechten dreier Kamine, die den Wandvorbau nebeneinander durchziehen.

Führe: 1. SL: Etwa 10 m bis zum Ende des ersten Kaminstückes und nach einem Graspolster durch das zweite, darüber befindliche Kaminstück (IV, 1 H), dann unschwierig über ein grasiges Band zu einer Schwarte, die innen erstiegen wird; Köpflstand auf einem grasigen Band (36 m). **2. SL:** Das Band nach links verfolgend gelangt man zu zwei Pfeilern, deren linker durch den Riß zwischen beiden erstiegen

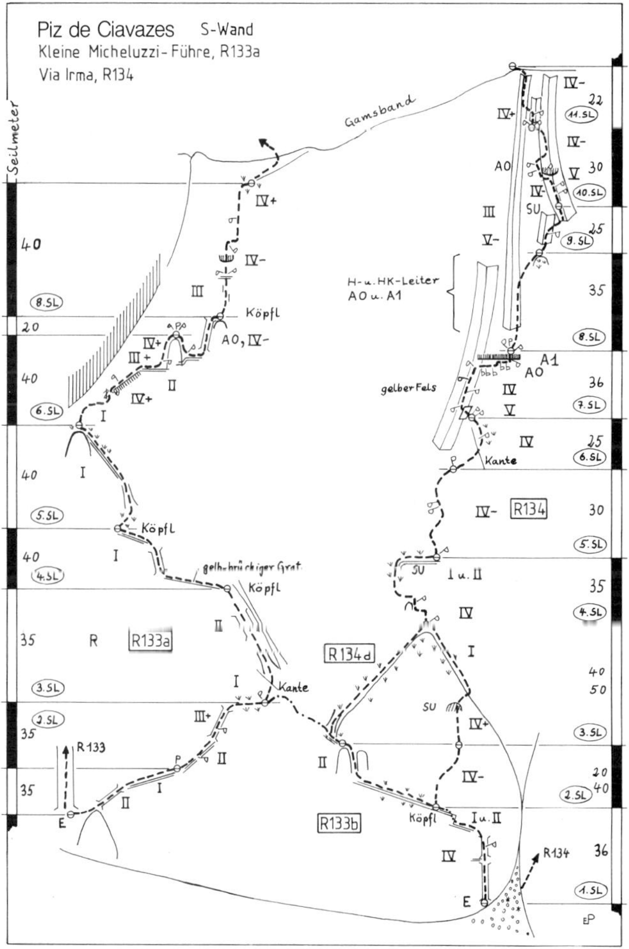
Piz de Ciavazes S-Wand
Kleine Micheluzzi-Führe, R133a
Via Irma, R134
Seilmeter
Gamsband
H-u. HK-Leiter
A0 u. A1
gelber Fels
Kante
Köpfl
gelb-brüchiger Grat
R133a
R134d
R133b
R134
R133
E
1.SL
2.SL
3.SL
4.SL
5.SL
6.SL
7.SL
8.SL
9.SL
10.SL
11.SL
SU
A0, IV-
A1

wird; Stand an einem Köpfl (40 m, I und II). **3. SL:** Etwa 5 m nach links, dann durch eine schrofige Rinne rechtshaltend hinauf und so zu Stand auf dem höchsten Punkt des Grasbandes (50 m; Stellen I, ohne Zwischensicherung mit 40 m-Seil möglich).

Hierher auch wie folgt: **2. SL:** Rechtshaltend über eine Wand und gerade hoch zu Stand (20 m, IV—). **3. SL:** In eine Nische (IV+), nach rechts heraus und linkshaltend (I) zu Stand auf dem höchsten Punkt des Vorbaues.

Nun wieder gemeinsam: **4. SL:** Nach etwa 5 m erreicht man links ein kleines Köpfchen (IV, 1 H), dann leicht in einer Linksschleife auf ein Band und nach rechts zu Stand (35 m, I und II). **5. SL:** Zuerst in einer kleinen Linksschleife, dann gerade hoch und schließlich rechtshaltend zu Stand (30 m, IV—, 2 H). **6. SL:** Nach rechts um die Kante und linkshaltend zu Stand bei einer Platte unmittelbar rechts der langen Verschneidung (25 m, IV, 1 H). **7. SL:** Feingriffig und nur wenig ansteigend über die Platte nach links (V) in die Verschneidung und durch sie unter einen Überhang (IV, 3 H), der nach rechts so weit unterklettert wird (A0, 3 H und 1 HK), bis man ihn (A1, 1 H) übersteigen kann; Stand unmittelbar darüber (36 m). **8. SL:** Nach rechts und den H folgend an der rechten Verschneidungswand, am Schluß stark rechtshaltend zu Stand auf einem Köpfl (35 m, A0 und A1). **9. SL:** Die breite, graue Verschneidungswand wird in einer Rechts-Links-Schleife (V—, 1 H) bis zur darüber befindlichen Verschneidung durchstiegen; nach wenigen Metern (III) zu Stand in dieser Verschneidung (25 m). **10. SL:** In der Verschneidung hoch (IV—, 2 H) bis zu einem Überhang, den man linkshaltend umklettert (V/A0, 3 H); wieder in die Verschneidung und in herrlicher Kletterei (IV—) nach links zu Stand (30 m). **11. SL:** Durch die mittlere dreier Verschneidungen zu einem H, dann nach links in die benachbarte Verschneidung und durch diese zum Gamsband (22 m IV+ und IV, 1 H). (Pracht)

● 134a Einstiegsvariante zur „Via Irma" (R 134)

Über R 133b zur 3. SL von R 134; nicht lohnend, da sandig und brüchig.

● 135 Südwand (Rampenführe)

E. Lezuo und S. del Torso am 14. August 1935 (Cas. 1937—382).

IV+, aufgeteilt wie folgt: Eine Stelle IV+, 50 m IV, mehrere Stellen IV—, sonst leichter. in der letzten Seillänge vor dem Gipfelplateau. Sehr empfehlenswerte Tour in meist gutem Fels, deren unterer Teil häufig begangen wird. Der un-

tere Teil ist nahezu das ganze Jahr über, der obere Teil meist erst ab Frühsommer begehbar. Eine Begehung kann auf dem Gamsband durch Ausqueren (R 111 b) abgebrochen werden. Die meisten ZH und SH vorhanden, dazu häufig natürliche Sicherungsmöglichkeiten.
Wandhöhe etwa 500 m, Kletterlänge etwa 420 m (etwa 100 Höhenmeter werden unschwierig im Bereich des Gamsbandes gehend zurückgelegt). 3—5 Std.
Siehe Abb. Seite 149

Übersicht: Die Führe verläuft stets etwa in der Mitte der großen Rampe, welche die rechte untere Hälfte der S-Wand durchzieht, und erreicht das Gamsband in der Nähe eines Gratausläufers des SO-Grates. Nun wendet sie sich auf die andere Seite des SO-Grates und gewinnt durch den auffallenden Kamin links des Doppelpfeilers das Gipfelplateau.

Zugang: Von der obersten, unmittelbar unter der S-Wand vorbeiziehenden Rampe der Straße Canazei — Sellajoch in wenigen Min. zum Wandfuß des rechten Drittels und den Schuttkegel zwischen dem Wandvorbau und der Rampe ein Stück hinauf, E etwa 10 m rechts der Höhle an der linken Begrenzung der Rampe.

Führe: 1. SL: Den Rinnen folgend über glattgeschliffenen Fels zum ersten Haken gut 10 m über dem E (III +), gerade weiter (IV, 2 H) und kurzer (4 m), leicht fallender Quergang nach links; dann wieder längs einer Rinne (III und IV, 2 H) zu Stand (35 m). **2. SL:** Über einen kleinen Wulst (IV—) in eine Rinne unmittelbar links eines Pfeilers und in ihr hoch zu Stand (30 m). **3. SL:** Über die Schrofen in Richtung eines gabelförmigen Doppelrisses zu Stand auf einer kleinen Plattform unter dem Riß (30 m, I und II). **4. SL:** Durch den rechten Riß 6 m empor, dann in die mittlere der Rinnen oberhalb davon und im wesentlichen gerade aufwärts (40 m, III und II). (Nicht zu weit rechts halten!) **5. SL:** Über die glatte Platte oberhalb des Standes (IV—, 1 H) in den darüber befindlichen Kamin, den man kurz darauf nach rechts durch einen etwas brüchigen Riß verlassen kann (III); durch einen weiten Rißkamin etwa 6 m hoch (III) zu Stand bei einem links außen steckenden RH (40 m). **6. SL:** Den Rißkamin hoch (III), bis er sich nach links hin zu einem abdrängenden Riß verengt; durch diesen Riß (IV—) und etwa 10 m rechts des Verschneidungsgrundes, den die Rampe mit der übrigen S-Wand bildet, hoch (III) zu Stand (38 m). **7. SL:** Über einen kleinen Überhang rechtshaltend empor (IV—) und über Platten (II und III) an den oberen Rand der eigentlichen Rampe, der durch eine überhängende, trapezförmige Platte gesperrt wird; am rechten Rand der Platte

(III+) vorbei zu Stand in flachem Gelände (35 m). **8. SL:** Entweder über Gras und Schrofen auf das Gamsband oder (lohnender) durch den links ansetzenden Kamin 20 m empor (III) zu Stand in Schrofengelände (40 m). Über die nun wenig geneigte, grasbewachsene Rampe etwa 80 m empor auf das Gamsband und nach rechts bis zu der Kante, die durch einen Ausläufer des SO-Grates gebildet wird. Unschwierig über den Vorbau nach rechts um die Ecke in die große Schlucht, die den Piz de Ciavazes vom Piz Lasties trennt. Dort beliebig, doch im wesentlichen gerade etwa 100 m empor (I und II); man gelangt so auf ein wegartig ausgetretenes Rasenband, das schräg rechts emporleitet, Stand. **9. SL:** In Richtung auf den großen Doppelpfeiler bis zu einem kurzen Kaminstück, das von einem weithin sichtbaren Klemmblock überdacht wird; durch den brüchigen Kamin (III) und unter dem Klemmblock hindurch nach links zu Stand (30 m). **10. SL:** Querung nach links über brüchiges Gelände zu gutem Stand bei einem Felsenfenster (15 m). **11. SL:** Den hier ansetzenden Kamin hoch zu schlechtem Stand (30 m, IV und III+). **12. SL:** Etwa 8 m in der Verschneidung empor, dann Hangelquergang nach links zu einem HK und um die Ecke zu Stand (13 m, IV). (Bei Nässe kann man den HK auch direkt anklettern (IV+.) **13. SL:** Schräg links aufwärts zu weiterem HK (IV+, ♂) und direkt oder rechtshaltend 25 m empor (IV) zum Ausstieg (40 m).

(H. Fischer I)

● **136** **Südwand (Rampenkante)**

C. Platter und E. Rasom am 10. August 1967 (Alp. 1967/12).

V, meist IV und leichter. Die Erstbegeher beließen 6 der 30 verwendeten Haken und widmeten die Führe Aldo Moro. 7 Std.

Siehe Abb. Seite 149.

Übersicht: Die Führe verläuft an der Kante der Rampe von R 135 und endet auf dem Gamsband.

Keine weiteren Informationen vorhanden.

● **136a** **Variante zur Rampenkante (R 136)**

B. De Francesch und F. Vanzetta am 14. November 1978 (Riv. 1979—219).

VI, oft V und eine Stelle A1. Die Erstbegeher beließen alle 30 H und widmeten die Führe Papst Johannes Paul II.

Siehe Abb. Seite 149.

Übersicht: Die Führe verläuft in ihrem unteren Teil rechts von R 136, um danach gemeinsam das Gamsband zu gewinnen. Man beachte das Photo im B.SAT 1979—25.

Keine weiteren Informationen vorhanden.

● 137 **Südostkante (Abramkante)**

E. Abram und K. Gombocz im Sommer 1953 (Riv. 1954—44).

V/A0, aufgeteilt wie folgt: Bis zum Gamsband je 20 m V und A0, zwei Stellen V—, sonst IV und leichter; oberhalb des Gamsbandes 30 m V bzw. A0, sonst IV und leichter. Sehr empfehlenswerte Führe (auch in Verbindung mit R 134, oberer Teil) in fast durchwegs gutem Fels. Bis zum Gamsband Modetour allerersten Ranges, die dort durch Ausqueren gemäß R 111b abgebrochen werden kann. Der untere Teil ist nahezu das ganze Jahr über begehbar, lediglich bei Nässe ist in der zweiten Seillänge Vorsicht geboten.

Die meisten ZH und SH vorhanden, dazu häufig natürliche Sicherungsmöglichkeiten.

Wandhöhe etwa 500 m (bis zum Gamsband etwa 300 m).

7—9 Std. (bis zum Gamsband 4—6 Std.)

Siehe Abb. Seite 149 und Skizze Seite 158

Übersicht: Die S-Wand wird rechts von einer auf dem Gamsband unterbrochenen, markanten Kante begrenzt, die auf etwa 1/3 Höhe ihrer unteren Hälfte ein weit ausladendes Dach aufweist. Die gelbe Verschneidung links dieses Daches findet in einem geraden Riß ihre Fortsetzung nach unten. Die Führe verläuft nach einer Wandstufe durch diesen Riß und die anschließende Verschneidung, quert oberhalb des großen, doch unterhalb eines kleinen, sich darüber befindlichen Daches nach rechts und gewinnt, meist in Kantennähe verlaufend, das Gamsband. Nun östl. des oberen Teiles der Kante von rechts her in Kantennähe und abgesehen von einem Rechtsquergang gerade empor zum Schuttplateau.

Zugang: Von der obersten, unmittelbar unter der S-Wand vorbeiziehenden Rampe der Straße Canazei — Sellajoch in Richtung SO-Kante und auf einem Grasband etwa 50 m oberhalb des tiefsten Punktes der Kante von links nach rechts zum E 20 Min.

Führe: 1. SL: Linkshaltend in eine angedeutete Verschneidung, weiter links aufwärts, dann gerade hinauf und nach links über ein Rasenband zu Stand (22 m, III und IV—). **2. SL:** Einige Meter gerade hoch, dann waagrechter Quergang nach links, anschließend schräg rechts hoch (2 H), zuletzt über eine kurze angedeutete Rampe zu Stand (38 m, IV+ und IV). **3. SL:** S-förmig in den markanten Riß (V—, 3 H), darin hoch (III+ und V, 3 H), oben jedoch nicht den Hakenspuren nach, sondern rechts des Risses über die gutgriffige Wand zu Stand in einer gelben Nische (40 m). **4. SL:** Links hinaus und im Bogen nach rechts in die

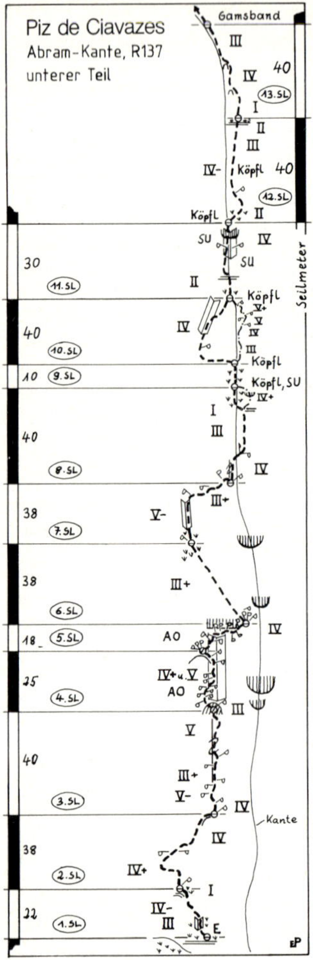

große gelbe Verschneidung (V/A0, 6 H), die man 5 m unter dem großen Überhang nach links (IV+) zu Stand auf einer Schuppe verläßt (25 m). **5. SL:** Ansteigend zurück in die Rißverschneidung, unter dem Überhang zu einem H mit Schlinge und mittels eines Seilzugquerganges nach rechts zu zwei H; rechtshaltend um die Kante zu Stand (18 m, A0 und IV, 8 H). **6. SL:** Über grauen Fels links aufwärts um die Kante zu Stand in Schrofen (38 m, III+). **7. SL:** Durch Schrofen zu einer kurzen, flachen Verschneidung, die man durchklettert (V—), um anschließend (H) leicht ansteigend nach rechts um die Kante (2 H) zu queren; Stand unter einem Riß (38 m). **8. SL:** Durch den Riß hoch (IV), Quergang nach rechts um die Kante (2 H) und parallel zur Kante bis zu einem Absatz, dann nach links zur Kante und über Schrofen zu Stand (40 m). **9. SL:** Über die schrofige Kante zu Stand an einem großen Köpfl unter einer Steilstelle des Grates (10 m). **10. SL:** Etwa 15 m Quergang nach links über eine graue, ausgesetzte Wand, dann gerade hoch und durch eine Verschneidung nach links zu Stand auf der Kante an zwei Köpfln (40 m, IV, 1 H). **11. SL:** An der Kante weiter, durch eine Verschneidung auf der Kante (IV, 2 H) und über einen Überhang (IV) zu Köpflstand am Beginn eines nach rechts ziehenden Grasbandes (30 m).

12. SL: Auf diesem Band nur kurz nach rechts, dann scharf links hoch (H) unter eine rotbraune Wand und parallel zur Kante zu geräumigem Stand (40 m, IV— und III). **13. SL:** Kurz nach rechts, gerade hoch zu einer Schuppe, dann zu einer weiteren Schuppe und linkshaltend erneut auf den Grat; über ihn zum Gamsband (40 m, IV und III). (Im letzten Teil mehrere Varianten möglich). (Pracht).
Auf dem Gamsband nun weit nach rechts ansteigen zum Beginn des zweiten Aufschwunges. Von rechts nach links ohne besondere Schwierigkeiten etwa 100 m empor in unmittelbare Kantennähe und durch eine Reihe von Rissen rechts der Kante weiter. Über eine glatte Platte 20 m nach rechts (V) in einen schwarzen und nassen Riß, den man durchsteigt (V). Der ihn fortsetzende Kamin führt schließlich zum Schuttplateau.

● **137a Variante zur Südostkante (R 137)**
D. Belli und R. Reali am 21. Mai 1967 (Alp. 1967/9).
VI/A2. Nur wenige Wiederholungen.
Siehe Abb. Seite 149

Übersicht: Die Führe erreicht von links nach etwa ¾ der Höhendifferenz zwischen dem Wandfuß und dem Gamsband die SO-Kante.
Keine weiteren Informationen.

● **138 Südwand („Via Albina")**
C. Barbier und R. Meßner am 10. September 1968 (Jb. HGB 1965/69—97).
V+ (eine Stelle), sonst vielfach V und IV. ☍ in der letzten SL. Teilweise brüchiger Fels; wenig bekannt und daher selten begangen. Die Erstbegeher verwendeten 9 H, davon sind 5 ZH vorhanden. Häufig gute Klemmkeilmöglichkeiten. Die Ausstiegsrisse sind im Frühjahr oft naß.
Wandhöhe etwa 250 m, Kletterlänge etwa 280 m. 4—6 Std.
Siehe Abb. Seite 149

Übersicht: Den rechten oberen Teil der S-Wand durchzieht ein Rißsystem, das bei einer auffallenden Gufel am Gamsband beginnt und in einen tiefen, unmittelbar links der SO-Kante befindlichen großen Kamin mündet. Die Führe hält sich im wesentlichen an dieses System und gewinnt durch den Kamin die Gipfelhochfläche.

Zugang: Vom Sellajoch wie bei R 62 auf das Gamsband und über dieses bis knapp links der oben erwähnten Gufel. Einige Meter leicht (II) hinauf zum E auf einem guten Absatz am Beginn eines gelben, brüchigen Risses. 2 Std.

Führe: 1. SL: Durch den Riß (V—, 1 H) empor in einen Kamin, in diesem etwa 10 m hinauf bis unter einen Überhang und Quergang nach links (IV—) zu Stand auf einem breiten Band (40 m). **2. SL:** Über das Band etwa 15 m nach links und sehr ausgesetzt mittels eines kurzen, nur schwach ausgeprägten Risses zurück zu Stand in dem Kamin (35 m, IV und IV+). **3. SL:** Nun nicht gerade weiter durch den Kamin, sondern nach rechts zu Stand am Beginn einer steilen Rampe (20 m, III+). **4. SL:** Auf der schmaler werdenden und brüchigen Rampe zu Stand bei einem Knick dieser Rampe (40 m, IV+). **5./6. SL:** Durch das rinnenartige Gelände im allgemeinen stets leicht rechtshaltend zu Stand auf einem guten Absatz unter einem steilen, auffällig schwarzen Riß, der sich schon in dem oben erwähnten großen Kamin befindet (je 40 m, IV— und IV). **7. SL:** Den Riß etwa 15 m hinauf (V—), dann kurzer Quergang nach rechts in einen Parallelriß, durch diesen teils piazend empor und jenseits des ihn abschließenden Überhanges (V) nach links zu gutem Stand unter dem Schlußkamin (30 m, 3 H). **8. SL:** Zunächst anstrengend durch den als Schulterriß ausgebildeten Kamin (V; oft feucht, schlechte Sicherungsmöglichkeiten), dann bei einer Unterbrechungsstelle nach links hinaus (V+, ☍) und wenige Meter oberhalb rechtshaltend auf die Gipfelhochfläche (30 m, 1 H). (R. Schiestl).

● 139 Südwand („Via Antonietta")

C. Barbier und R. Comploi, 1.9.1968 (Jb. HGB 1965/69-97).
V+/A1, aufgeteilt wie folgt: Die letzte Seillänge V+/A1, sonst V und leichter.
Wenig bekannt und daher kaum begangen. Die Erstbegeher verwendeten 10 H; es empfiehlt sich einige Klemmkeile und Schlingen mitzunehmen. Wandhöhe etwa 250 m. 6—7 Std.
Siehe Abb. Seite 149

Übersicht: Die Führe beginnt am Gamsband und verläuft links der SO-Kante, um dann mittels eines langen Linksquerganges die Riesenverschneidung und durch diese das Gipfelschuttfeld zu erreichen.

Zugang: Vom Sellajoch wie bei R 62 auf das Gamsband und über dieses zum E etwa 50 m links der SO-Kante. 2 Std.

Führe: 1./2. SL: Durch eine graue Verschneidung und über Wandstellen hoch zu Stand (insgesamt 45 m, III und IV). **3. SL:** Etwa 15 m hinauf und schräg nach links zu Stand auf einem Pfeilerkopf (II und III). **4. SL:** Nun 10 m schräg rechts zu einem H und nach einer kurzen Rechtsquerung schräg rechts hoch zu Stand an der Kante (IV). **5. SL:** Einige Meter gerade hoch, dann eine kurze Linksschleife und über eine senkrechte Wandstelle (IV+, 1 H) sowie über Platten (III und IV) zu Stand auf einer Terrasse. Die nach links ziehende Rampe hoch und lange Linksquerung in die Riesenverschneidung, welche zum Ausstieg führt.

● **140—141** frei für Nachträge

● **142** **Piz Selva,** 2941 m

Erste touristische Ersteigung durch L. Bernard, L. Darmstädter und H. Stabeler am 4. Juli 1889 von der Sellahochfläche her (Mt. 1889—173). Seit alter Zeit auch durch Jäger oft besucht, sowie ab 1872 mehrmals von Joh. und Jos. Alton. Der Piz Selva stellt die südwestlichste Randerhebung der Sellahochfläche dar und wird durch einen Steinmann gekennzeichnet. Aus nordöstl. bis östl. Richtung erscheint dieser Gipfel eher als ein Teil der Hochfläche, im S ist ihm unmittelbar der etwa 70 m niedrigere Piz Lasties vorgelagert; lediglich dem Betrachter aus westl. Richtung zeigt er eine etwa 200 m hohe Felswand, die auf der steinigen Terrasse ansetzt, welche vom Piz de Ciavazes bis zur Pisciaduhütte reicht. Eine Besteigung lohnt sich vor allem über den Pößnecker Steig (R 144), aber auch als Ziel einer Wanderung längs des Westabsturzes der Sellahochfläche (R 143). Bei schlechten Verhältnissen (etwa gleichzeitig Nebel und Neuschnee) können im Bereich der Hochfläche erhebliche Orientierungsprobleme auftreten!

● **143** **Normalweg**
Seit alter Zeit durch Jäger begangen, aber auch die touristischen Ersteigerer folgten in etwa dieser Route. Unschwieriger, markierter Wanderweg (Nr. 649).
1 Std. von der Gamsscharte.
Siehe Abb. Seite 167

Anstieg: Von der Gamsscharte in sanftem Auf und Ab stets knapp links (östl.) des Randes der Hochfläche den Markierungen folgend auf einem Steiglein zum Gipfelsteinmann; dabei werden Piz Gralba (R 191) und Piz Revis (R 186) überschritten.

● **144** **Anstieg von Westen** (Pößnecker Steig)
G. Haupt und P. Mayer am 4. August 1907 bis zum großen Schuttfeld des Piz de Ciavazes (Ö.A.Z. 1908—203), H. und Hanne Barth am 26. August 1909 durch den südwestl. exponierten Gipfelaufschwung vom Gamsband kommend (Tb Grödnerjoch).
I, da die schwierigen Stellen durch Eisenleitern, Klammern und Drahtseile erleichtert werden.
Diese Steiganlage wurde 1911/12 von der thüringischen Sektion Pößneck des DuÖAV eingerichtet (Mt. 1913—122) und heißt daher „Pößnecker Steig“ (Nr. 649). Modetour allerersten Ranges, meist in Verbindung mit einem Besuch der

Bamberger oder Pisciaduhütte. Abwechslungsreiche und ausgesetzte eindrucksvolle Eisenkletterei, die im Mittelteil durch unschwierige Gehpassagen aufgelockert wird. Für Ungeübte empfiehlt sich die Mitnahme eines Seiles.
Höhendifferenz etwa 650 m. 3½—4 Std.
Siehe Abb. Seite 183

Übersicht: Etwa 500 m nördl. des Dritten Sellaturmes stürzt ein Wasserfall durch den unteren Teil der langgezogenen Wandflucht, die das Sellamassiv nach W abschließt. Der Steig gewinnt durch die Wand unmittelbar rechts dieses Wasserfalls einen riesigen Schuttkessel, verläuft dann an dessen orogr. linker Seite und erreicht so den Sattel zwischen Piz de Ciavazes und Piz Selva. Von dort zieht der Steig mittels weiterer Sicherungen durch die Südwestwand zum höchsten Punkt.

Anstieg: Vom Sellajoch mehr oder weniger eben nördl. unter den Sellatürmen auf dem breiten, tiefsten Weg bis in den kleinen Sattel (2300 m) zwischen dem Hauptmassiv und einem vorgelagerten, niederen Kopf, Hinweistafel.

Den Drahtseilen, Stiften, Klammern und Markierungen folgend in unterhaltender Eisenkletterei durch verschiedene Felsformen zu einem riesigen Schuttkessel oberhalb des Wasserfalles. An der orogr. linken Seite des langgezogenen Kessels mittels einiger Serpentinen und einer weiteren (unschwierigen) Drahtseilpassage auf das schuttige Gipfelringband des Piz de Ciavazes. Auf dem Band nach links in die Scharte zwischen Piz de Ciavazes und Piz Selva (markiert). Von hier den weiteren Markierungen folgend anfangs über Schutt, dann über schöne Felsstufen zu einigen Eisenstiften, die eine kurze Rechtsquerung erleichtern. Nun über eine gesicherte, schwarze Wandstufe in die große, schon von der Scharte aus sichtbare Schlucht, die rechts von einem gelbgrauen, runden Turm flankiert wird. Rechtshaltend weiter (nicht links durch eine schmale Rinne) und neuerdings mittels Drahtseilen in flaches Plattengelände, sodann rechtshaltend zu zwei auffallenden, schlanken Felstürmchen. Oberhalb des oberen Türmchens jenseits des Rückens kurze Querung nach rechts zu Drahtseilsicherungen in einer Rinne, an deren oberen Ende man etwa 40 m nach rechts zu den letzten Drahtseilsicherungen quert. Gerade hoch zum breiten Gratrücken zwischen Piz Selva links und Piz Lasties rechts; großer Steinmann. In wenigen Minuten über den Rücken zum Gipfelsteinmann des Piz Selva.

● 144a Variante zum Pößnecker Steig

E. Marsili und A. Tanesini am 27. August 1941 (Riv. 1943—124).
IV (eine Stelle), sonst III.

Kurze, unterhaltende und elegante Kletterei; stellenweise naß. Selten begangen.
Wandhöhe etwa 180 m (bis zum riesigen Schuttkessel), Höhendifferenz etwa 650 m (bis zum Gipfel). 2 Std. (bis zum Schuttkessel).

Übersicht: Die Führe verläuft längs des auffallenden, die ganze Wand durchziehenden Kamins links des Wasserfalles bis zum riesigen Schuttkessel von R 144 und gewinnt dann auf R 144 (Pößnecker Steig) den Gipfel.

Zugang: Vom Sellajoch wie bei R 144 in den dort erwähnten kleinen Sattel. Jenseits unter dem Wasserfall hindurch und nach 70 m hoch zum E am Beginn einer glatten Verschneidung. ¾ Std.

Führe: Durch die Verschneidung hoch, dann über die Wand links und weiter linkshaltend bis oberhalb einer schuttbedeckten Terrasse, wo der Kamin beginnt. Über gelben und schlechten Fels hinauf, bis er überhängend wird. Mit schwierigem Spreizschritt nach rechts in eine nasse und brüchige Wand und gerade empor in eine kleine gelbe Höhle oberhalb des Überhanges. Nochmals 2 m nach rechts und in den Kamin, der bis zum riesigen Schuttkessel verfolgt wird.

● 145 Anstieg von Westen (Gamsband)

H. und Hanne Barth am 26. August 1909 (Tb Grödnerjoch).
I. Kaum als zusammenhängender Anstieg begangen. Teils originelle und ausgesetzte Wanderung, teils Eisenkletterei.
Höhendifferenz vom Sellajoch etwa 660 m, zusätzlich gut 1 km Horizontaldistanz auf dem Gamsband. 4½—5 Std.

Anstieg: Vom Sellajoch wie bei R 62 durch die schrofige Mulde zwischen Zweitem Sellaturm und Piz de Ciavazes auf das Gamsband, über dieses in die große Schlucht, die vom Sattel zwischen Piz de Ciavazes und Piz Selva herabzieht, sodann gemäß R 111 a in diesen Sattel und über den obersten Teil des Pößnecker Steiges (R 144) zum Gipfel.

● 146 Aus dem Val Lasties durch die Mühlsteigerschlucht

H. Lorenz, M. und Th. von Smoluchowski sowie V. Wessely am 13. August 1892 im Abstieg (Mt. 1893—35), Mühlsteiger und L. Treptow am 14. August 1894 im Aufstieg (Ö.A.Z. 1895—138). Kaum begangen.
III (vermutlich eine Stelle), sonst I und Gehgelände.
Höhendifferenz vom Val Lasties etwa 800 m. 2½ Std.

Anstieg: Aus dem untersten Teil des Val Lasties linkshaltend in die Schlucht zwischen Piz Lasties und Torre del Siella. In dieser so weit hoch, bis sie sich zu einem steilen und blockgefüllten, in N-S-Richtung verlaufenden Trichter verengt. Mühsam darin empor und bei einer Verzweigung durch den linken Ast vollends rasch zur Hochfläche. Sich westwärts haltend zum Gipfel. (Cas. 1937—383).

● **147—149** frei für Nachträge

● **150** **Piz Lasties,** 2875 m

Erste Ersteigung (und Namensgebung) durch K. Bindel im Alleingang am 26. August 1897 (Zt. 1900—350). Für den unbefangenen Betrachter sind Piz Lasties und Piz Selva nicht zu unterscheiden, da lediglich eine von weitem kaum erkennbare Scharte die beiden Gipfel und damit den Piz Lasties vom Hauptmassiv trennt; zudem erscheint seine schöne, durch mehrere Strebepfeiler gegliederte und das Val Lasties an dessen Ausgang flankierende S-Wand eher als südwestl. Begrenzung der Sella-Hochfläche denn als Teil eines selbständigen Berges. Links und rechts dieser Wand, durch die verhältnismäßig wenig besuchte Routen führen, erkennt man tiefe Schluchten (links Lorenz-, rechts Mühlsteigerschlucht), die bis zu dem Schuttband hochziehen, das etwa 200 m unterhalb des Gipfels durch die ganze Wand läuft und eine Fortsetzung des Gipfelschuttfeldes des Piz de Ciavazes darstellt.

● **151** **Normalweg**
K. Bindel am 26. August 1897 (Zt. 1900—350).
I. Kaum begangen, als selbständige Unternehmung ohne Interesse. ½ Std.

Anstieg: Vom großen Steinmann kurz unterhalb des Gipfels des Piz Selva (R 144) über Platten und Stufen in die Scharte zwischen Piz Lasties und Hauptmassiv, dann jenseits einer Rinne hoch und durch ein auffallendes Felsenfenster hindurch. Nun über eine 5 m hohe Wandstufe hinab, auf ein tieferes Band und über Geröll und eine schmale Scharte leicht hinauf zum höchsten Punkt.

● **151 A** **Abstieg auf dem Normalweg (R 151)**
I, teils Gehgelände. ½ Std. bis zum Beginn des Pößnecker Steiges.

Vom Gipfel in eine schmale Scharte und über Geröll auf ein Band, von dem man zu einem Felsenfenster oberhalb einer 5 m hohen Wandstufe gelangt. Jenseits, nach Überqueren einer Rinne, in die Scharte zwischen Piz Lasties und Piz Selva hinauf und schließlich über Platten und Stufen zum großen Steinmann des Pößnecker Steiges.

● 152 **Gerade Westwand**

P. Holl, A. Manten und W. Roose am 10. August 1966 (Mt. Ö.A.V—1967/1, 2).

V, aufgeteilt wie folgt: Im Verlaufe einer Seillänge IV und V, sonst stellenweise IV. ⚲ etwa in Wandmitte.

Abwechslungsreiche Kletterei in gutem Fels. Selten begangen. Einige H beließen die Erstbegeher. Wandhöhe etwa 470 m, 4—5 Std. (jeweils bis zum Schuttband).

Siehe Abb. Seite 167

Übersicht: Die Führe verläuft anfangs über einen gewaltigen Plattenschuß schräg links hinauf zu einem turmartigen Block und danach im wesentlichen gerade empor bis knapp unter das Schuttband, welches 200 m unterhalb des Gipfels den Berg umgürtet. Nach einem Linksquergang erreicht sie schließlich dieses Band.

Zugang: Von der obersten, unmittelbar unter der S-Wand des Piz de Ciavazes vorbeiziehenden Rampe der Straße Canazei — Sellajoch in wenigen Minuten schräg rechts ansteigend zum Beginn der großen Schlucht, die vom Sattel zwischen Piz de Ciavazes und Piz Selva herabkommt und zum E knapp rechts des tiefsten Punktes der SW-Kante, die bis in den Grund der Schlucht reicht.

Führe: Etwa 5 m empor und waagrecht nach links an die Kante (III+). Nun über Schrofen 20 m hoch, dann links ansteigend zum Beginn eines gewaltigen Plattenschusses. Diesen schräg links in gutem Fels aufwärts (II) zu einem etwa 50 m hohen turmartigen Block in Fallinie einer scheinbaren Scharte und durch die Schlucht rechts des Turmes 15 m in eine Mulde unter einem Kamin empor (III). Rechts über einen Überhang in eine Rinne, die auf ein Band leitet (Nische). Aus der Nische waagrecht nach rechts an die Kante und über diese in eine überdachte, abdrängende Nische etwas links der Kante. Über die rechte, von Rissen durchzogene Wand (V/A0, 1 H) in leichteres Gelände und auf ein Band. Diesem nach links folgend zu einem Riß, durch ihn empor (IV) und mit der folgenden Seillänge an den rechten Rand einer Schrofenmulde (IV—). Über ihre linke Begrenzungsrippe 35 m hoch (H) und 20 m in eine Schlucht abseilen. Weiter an der Wand knapp links davon (jenseits ein gewaltiger Felskessel) und empor (III—) in eine Scharte. Von hier auf einem Band 40 m nach links (III) bis knapp vor sein Ende und mittels einer sehr steilen Verschneidung (IV) auf das große Schuttband. Leicht weiter zum Gipfel.

● 153 Südwestpfeiler

B. De Francesch am 25. Juli 1956 (Riv. 1955—240).

V +, aufgeteilt wie folgt: Je eine kurze Stelle V +, V und IV +, 4 Passagen IV, meistens jedoch III und leichter. ♂ kurz unterhalb des Gipfels, die aber durch Verlassen der Wand über das Schuttband umgangen werden kann.

Manchmal grasiger Fels, vor allem am Beginn der Kletterei; schöne landschaftliche Eindrücke. Da viele leichte Passagen (II), aber auch einige schwere Stellen (IV + und schwieriger) vorkommen, dürfte der extreme Kletterer kaum befriedigt werden, der weniger versierte aber überfordert sein. Sehr selten begangen. Nach 500 m Wandhöhe kann man die Wand auf dem großen Schuttband nach links zum Sattel zwischen Piz de Ciavazes und Piz Selva verlassen.

Die meisten ZH, doch keine SH vorhanden; Stand meist an Köpfln u. ä.

Wandhöhe etwa 750 m, Kletterlänge etwa 550 m (da viele Gehpassagen). 4—6 Std.

Siehe Abb. Seite 167

Übersicht: Die vom Sattel zwischen Piz de Ciavazes und Piz Selva (bzw. Piz Lasties) herabziehende Schlucht wird rechts von einem schlanken, im unteren Teil von steilen Matten begrünten Pfeiler begrenzt. Die Führe verläuft, sich meist in Kantennähe haltend (ein großer Überhang wird links umgangen), über diesen Pfeiler zum großen Schuttband und gewinnt jenseits zwischen Colonna und Hauptmassiv den unmittelbaren Gipfelbereich.

Zugang: Von der obersten, unmittelbar unter der S-Wand des Piz de Ciavazes vorbeiziehenden Rampe der Straße Canazei — Sellajoch in wenigen Minuten schräg rechts ansteigend zum Beginn der großen Schlucht, die vom Sattel zwischen Piz de Ciavazes und Piz Selva herabkommt. Rechts über Gras- und Schrofenhänge schwach rechtshaltend hinauf zum E, der sich am oberen Ende einer grasigen Rinne befindet, etwa 40 m unterhalb von Latschen und in Fallinie des mittleren Kantenaufschwunges; gegenüber, an der Abram-Kante, erblickt man etwas tiefer ein kleines Bäumchen. ¾ Std.

Führe: 1. SL: Über rasendurchsetzten Fels schwach rechtshaltend zu Köpflstand bei Latschen und Kiefern rechts der Kante (38 m, II).

Piz de Ciavazes und Piz Lasties von Südosten ►

R 143	Normalweg	R 153	SW-Pfeiler
R 152	Gerade W-Wand	R 158	O-Wand

2. SL: Durch die Baumgruppe (II) zu sehr schmaler Rampe (IV) und über die Kante (III) zu Köpflstand am Rande einer Wiese (40 m). **3. SL:** Zwischen Wiese und Fels unter den großen dreieckförmigen Überhang und nach links zu Köpflstand (40 m, I und II). **4. SL:** Den Überhang links umgehen und gerade hoch zu Köpflstand (38 m, II und III). **5. SL:** Weiter gerade hoch zu Stand an einer Sanduhr (35 m, II). **6. SL:** Zuerst gerade hoch und nach rechts zu Stand an der Kante (40 m, II und III). **7. SL:** Durch einen kurzen, wenig ausgeprägten Riß rechts der Kante zu einem Podest (H); schwierig hoch (V) zur Kante

und längs derselben (II) zu Stand (33 m). **8. SL:** Nach links (IV) über die Kante (III, 1 H) und wieder zurück zu Köpflstand auf ihrer rechten Seite (28 m). **9. SL:** Rechts der Kante hoch (II), über einen Überhang (IV), sodann bei einem H scharf nach links über die Kante (IV) und durch einen kurzen Kamin zu Köpflstand (III) rechts der Kante (36 m). **10. SL:** Rechts der Kante gerade hoch zu Köpflstand (40 m, II und III). **11. SL:** Erst rechts der Kante, nach einer Rechts-Links-Schleife über die Kante zu Stand an einer SU oberhalb eines kurzen Risses links der Kante (40 m, II und III). **12. SL:** Links der Kante gerade hoch zu Stand bei Blöcken auf dem Pfeilergipfel (40 m, II). Nun 50 m waagrecht über die Pfeilerschrofen nach N, in einen Spalt hinunter und jenseits wieder 15 m senkrecht hinauf zu einem Absatz (III+). Weiter über Schutt und Schrofen (inzwischen auf dem großen Schuttband) nach links zu einer Verschneidung zwischen Colonna und Hauptmassiv. **13. SL:** Durch die Blockverschneidung hoch (IV und IV+), oben nach links hinaus und weiter (III) zu Stand bei einer Sanduhr (35 m). **14. SL:** Durch die Rinne weiter, nach links in die Scharte zwischen Colonna und Hauptmassiv, sodann über Blockwerk zu einer Verschneidung und durch sie (V+) zu Stand auf einem Bändchen (30 m). **15. SL:** Über die graue Wand in einer Rechts-Links-Schleife hoch zu Stand im Schutt (40 m, III und III+). Nun leicht auf dem Schuttband nach links in eine breite Rinne und, ohne den eigentlichen Gipfel zu betreten, zum Pößnecker Steig.

(Pracht)

● 154 Südkamin

B. De Francesch u. D. Magugliani, 16. 8. 1964 (Alp. 1965/9).
IV, aufgeteilt wie folgt: Etwa 100 m IV, sonst III und leichter.
Selten begangen. Die Erstbegeher ließen zwei H in der Wand. Wegen eines meist nassen Kamins sollten trockene Verhältnisse abgewartet werden. Nach 500 m Wandhöhe (am Ende der Schwierigkeiten) kann man die Wand nach links auf dem großen Schuttband zum Sattel zwischen Piz de Ciavazes und Piz Selva verlassen. Wandhöhe etwa 750 m. 5—7 Std.

Übersicht: Rechts des SW-Pfeilers (R 153) gewahrt man einen weiteren, deutlich ausgeprägten Pfeiler (R 155). Die Führe verläuft durch Rinnen und Kamine zwischen diesen beiden Pfeilern, danach durch die O-Seite des Gipfelaufbaues.

Zugang: Von der obersten, unmittelbar unter der S-Wand des Piz de Ciavazes vorbeiziehenden Rampe der Straße Canazei — Sellajoch in wenigen Minuten schräg rechts ansteigend zum Beginn der großen Schlucht und weiter ostwärts über Wiesengelände zum E links der Steilrinne, die zwischen den beiden oben erwähnten Pfeilern herabkommt. ½ Std.

Führe: Über teilweise bewachsene Felsen 40 m hinauf und nach rechts in die Steilrinne. Durch diese etwa 200 m empor bis unterhalb einer gelben, überhängenden Wand. In einem Riß von links nach rechts aufwärts zum Fuß eines feuchten Kamins, der auf 100 m verfolgt wird (IV). Weiter durch eine Rinne (III) auf einen Absatz. (Ist die Rinne naß oder liegt Schnee, kann man auf der linken Begrenzungskante gehen.) Vom Wandfuß bis zum Absatz (Steinmann) etwa 500 m. Nun in eine Scharte absteigen und über eine Wandstelle auf das große Schuttband. Weiter nach rechts und über die O-Seite zum höchsten Punkt.

● **155** **Südpfeiler**

B. De Francesch am 2. Juli 1955 (Riv. 1956—176).

Übersicht: Die Führe verläuft längs des mittleren, am tiefsten fußenden Pfeilers.
Keine weiteren Informationen vorhanden.

● **156** **Südostwand**

H. Kiene, A. Bonomi und E. Hofer am 25. August 1913 (Ö.A.Z. 1914—147).

III. Selten begangen. Nach 400 m Wandhöhe kann man auf dem großen Schuttband die Wand nach links verlassen zum Sattel zwischen Piz de Ciavazes und Piz Selva.
Wandhöhe etwa 650 m. 4 Std.

Übersicht: Östl. des SW- und S-Pfeilers (R 153 bzw. R 155) gewahrt man nochmals zwei Pfeiler, die aber weiter oben in Grashängen fußen. Die Führe gewinnt über den rechten dieser beiden letztgenannten Pfeiler das große Schuttband und von dort über einfaches Gelände in der O-Seite den Gipfel.

Zugang: Von der letzten Kehre vor der obersten, unmittelbar unter der S-Wand des Piz de Ciavazes vorbeiziehenden Rampe der Straße Canazei — Sellajoch auf dem Steiglein Nr. 656 zur Mündung der Mühlsteigerschlucht. Über grasiges Gelände erst linkshaltend, dann nach rechts ansteigend zum E bei einer auffallenden, gelben Wand. ¾ Std.

Führe: Auf einem Grasband nach links und durch eine Rinne zu einer kleinen Scharte. Jenseits in eine große Rinne, die wieder rechtshaltend zu einer weiteren Scharte führt. Auf der anderen Seite etwa 20 m hinab in eine tiefere Scharte und aus dieser durch einen etwas überhängenden, wenig ausgeprägten Riß so weit hoch, bis man nach links queren und durch einen günstigen Riß weitersteigen kann. Schließlich leitet ein schmales Band wieder nach links in eine Gratscharte. Aus dieser über eine gutgestufte Wand zu einer Geröllterrasse und durch einen Riß links zu einer zweiten Terrasse mit Gras. Links durch einen schönen Stemmkamin auf das große Schuttband gegenüber der Colonna. Rechts von ihr über Schrofen und Schutt auf die O-Seite des Gipfelaufschwunges des Piz Lasties und durch unschwierige Rinnen zum höchsten Punkt.

● **157** **Neue Südostwand**

I. Obermüller und H. Peterka am 3. September 1958 (Gbf. 1960—45).

IV, oft III und leichter. Sehr schöne und steile Kletterei in vollkommen festem Fels. Selten begangen. Nach 400 m Wandhöhe kann man auf dem großen Schuttband die Wand nach links verlassen zum Sattel zwischen Piz de Ciavazes und Piz Selva.

Wandhöhe etwa 650 m. 4 Std.

Übersicht: Die Führe gewinnt mittels einer Kante den Pfeiler von R 156 und über dessen äußerste Wölbung das breite Schuttband, um schließlich auf dem einfachen Gelände der O-Seite den Gipfel zu erreichen.

Zugang: Von der letzten Kehre vor der obersten, unmittelbar unter der S-Wand des Piz de Ciavazes vorbeiziehenden Rampe der Straße Canazei — Sellajoch wie bei R 156 zum gleichen E. ¾ Std.

Führe: Auf demselben Grasband wie bei R 156 nach links, über die Unterbrechungsstelle hinweg und in die Scharte, wo sich rechts die erste Kaminschlucht öffnet. Nicht durch sie (R 156), sondern sofort rechts über die herrlich gestufte Kante des Vorbaues empor. Nach etwa 120 m nimmt diese Kante einen schmalen, gratartigen Charakter an und zieht gegen den Kopf des Vorbaues. Wenig unterhalb dieses Kopfes absteigend in jene Scharte, bei welcher der Kamin von R 156 endet (Steinmann). Gemeinsam mit R 156 über den brüchigen Trennungsriegel und in die nächste Scharte hinab, aus der sich senkrecht der oben erwähnte Pfeiler erhebt. (R 156 führt darunter nach links über ein kleines Gesimse und links um eine Ecke in die SW-Seite des Pfeilers.) Nun direkt zu einer Nische hinauf und rechts von ihr empor in eine flache Einbuchtung an der Pfeilerwölbung, aus der kurz linksquerend ein Köpfl erreicht wird. In dem darüber befindlichen Kamin, der von einem gelben, abstehenden Felszahn gebildet wird, eine Seillänge empor. Jetzt waagrechter Quergang nach links zu einer Rippe mit einem auffallenden Zacken (Steinmann). Weiter gerade aufwärts zu einer gelben Steilwand (vermutlich Kreuzungsstelle mit R 156, die nun nach rechts weiterführen dürfte). Von einer Scharte direkt über einen gutgriffigen Überhang empor und senkrecht hinauf zu einem gelben Überhang. Dicht unter diesem nach rechts und gleich rechts neben ihm gerade aufwärts, über einen weiteren Überhang hinweg zu weniger steilem Fels und oberhalb davon senkrecht zum Schlußturm empor (Steinmann). Unter diesem gelben Turm kurzer Rechtsquergang in eine Scharte und an der rechten Turmwand zu einem kurzen, gelben Riß mit einem Überhang. Senkrecht darüber weiter oder leichter: von der rechten Turmwand nochmals nach rechts und über gute Felsköpfl und Schrofen zur Ausstiegswand. Gerade hinauf zu einem zweiten Turmgipfel (Steinmann), kurzer Abstieg und durch eine breite Schuttrinne zum großen Schuttband. Von ihm beliebig über einfache Felsstufen gerade, dann linkshaltend zum Gipfel (oder schräg rechts den geringsten Schwierigkeiten folgend über Felsbänder und Stufen sofort zum Piz Selva).

● **158** **Ostwand**

P. Holl und H. Skargeth am 9. Juli 1965 (Mt. Ö.A.V. 1967/1, 2).

IV, meist III und leichter.

Vielfach Kaminkletterei; selten begangen. Nach 400 m Wandhöhe kann man die Wand auf dem großen Schuttband nach links zum Sattel zwischen Piz de Ciavazes und Piz Selva verlassen.

Wandhöhe etwa 700 m. 3—4 Std.

Siehe Abb. Seite 167

Übersicht: Die Führe verläuft über die Wand, welche die Mühlsteigerschlucht (zwischen Piz Lasties und Torre del Siella) auf ihrer orogr. rechten Seite begrenzt.

Zugang: Von der letzten Kehre vor der obersten, unmittelbar unter der S-Wand des Piz de Ciavazes vorbeiziehenden Rampe der Straße Canazei — Sellajoch wie bei R 156 zur Mündung der Mühlsteigerschlucht. Durch diese so weit hinauf, bis der rechts begrenzende Schrofenvorbau des Torre del Siella durch glatte Wände abgelöst wird. Nun durch eine große, schneegefüllte Schlucht links ansteigend in die O-Wand und zum E etwa 40 m unterhalb des Schluchtendes, am Beginn einer 150—200 m hohen Kaminreihe. 1 Std.

Führe: Durch den Kamin 40 m empor zu Stand auf einer Geröllkanzel. Nun nach rechts an die Kante und zum Beginn eines Bandes, das 40 m (brüchig) auf- und absteigend nach rechts verfolgt wird. Weiter die gegliederte Wand 40 m schräg rechts empor an den Beginn eines stellenweise kaminartigen Rinnensystems und durch dieses mehrere SL bis an sein Ende (Kanzel). Nun einige Meter links hinab und erst waagrechter, dann ansteigender Linksquergang in eine Mulde und an den Beginn eines im rechten Winkel ansetzenden, mehrmals überhängenden Kamins; Stand rechts an der Kante. Eine Rampe schräg rechts empor, dann schräg links an einer Schichtfuge hoch und in den Kamingrund, der oberhalb des ersten großen Überhanges erreicht wird. Weiter 20 m im Kamin zu einem Absatz und den folgenden 35 m hohen, überhängenden engen Kaminteil zuerst spreizend, dann mit der rechten Körperhälfte innen, möglichst weit außen empor (♂) in eine Grotte. Unter dem Klemmblock durch und hinaus auf ihn zu Stand. Nun den Kamin 15 m hinein querstemmen und mit wenigen Schritten in ein Schartl. Weiter über die sich zurücklegende Wand 60 m empor auf ein Schichtband und über dieses nach links zu einer Kaminrinne. Diese empor, weiter den geringsten Schwierigkeiten folgend 40 m über die steile Wand längs kurzer Kamine und Wandstufen in leichtes Gelände und so auf das große Schuttband; nun über Schrofen zum Gipfel.

● **159** frei für Nachträge.

● 160 **Colonna,** 2794 m

Erste Ersteigung durch C. Franchetti und S. Stüger am 31. Juli 1913 (Ö.A.Z. 1915—138). Diese „Säule" wird von einem schlanken, gut 70 m hohen Felsturm gebildet, der als Teil der S-Wand des Piz Lasties auf dem großen Schuttband fußt. Wegen des langen Zustiegs stellen der Normalweg und eine Variante desselben für sich allein keine lohnenden Kletterziele dar. (Siehe Abb. Seite 53.)

● 161 Normalweg

C. Franchetti und S. Stüger am 31. Juli 1913 (Ö.A.Z. 1915—138) .
IV, meist III. Kaum begangen und als selbständige Bergfahrt von geringem Interesse. Höhendifferenz etwa 70 m. ¾ Std.

Zugang: Vom Sattel zwischen Piz de Ciavazes und Piz Selva auf dem großen Schuttband zur O-Wand der Colonna, E unterhalb der Scharte zwischen Turm und Hauptmassiv. 10 Min.

Führe: Vom E in die Scharte zwischen Turm und Hauptmassiv. Nun 4 m über die O-Kante der Colonna hinauf, dann linkshaltend auf einem Band zu einer Stufe und über diese auf ein weiteres Band. Dieses wird bis zu einer Kanzel der SO-Kante verfolgt, dann dort sehr ausgesetzt durch die O-Wand und mittels eines engen Risses zum höchsten Punkt.

● **162—163** frei für Nachträge.

● 164 Torre del Siella, 2831 m

Erste Ersteigung durch J. Albert und K. Berger am 28. Juli 1901 (Ö.A.Z. 1901—320). Dieser Turm, manchmal auch **Punta del Siella** genannt, stellt für den Betrachter auf Pian Schiavaneis die aufallendste Berggestalt an der orogr. rechten Seite des Val Lasties dar und zerfällt von dort aus betrachtet in drei übereinander liegende Abschnitte, nämlich in einen teils felsigen, teils grasigen Sockel, einen Wandgürtel auf halber Höhe (ihn bedeckt ein breites Schuttband) und den zuckerhutförmigen, von einem tiefen Kamin durchzogenen Gipfelaufbau. Nordseitig lehnt sich der Berg an das Massiv der Sellahochfläche an, west- bzw. ostseitig trennen ihn Schluchten vom Piz Lasties (hier die Mühlsteigerschlucht) bzw. Piz del Siella, einem gipfellosen Vorsprung der Sellahochfläche, der das große Val del Siella orogr. rechts begleitet. Die Führen des Torre del Siella werden verhältnismäßig wenig besucht.

● 165 Normalweg

J. Albert und K. Berger am 28. Juli 1901 (Ö.A.Z. 1901—320).

III, oft leichter. Nicht lohnend, daher kaum begangen. Höhendifferenz etwa 60 m (vom E). ½—1 Std.

Siehe Abb. Seite 55

Übersicht: Die Führe verläuft im Bereich des N-Grates.

Zugang: Entweder vom Pößnecker Steig (R 144): Zum Rande der Sellahochfläche gegenüber dem Torre del Siella und über leichte Felsen hinab zum Einschnitt zwischen Turm und Hochfläche. Oder vom Val Lasties: An der Wegteilung Nr. 647/Nr. 656 (R 36) auf der ersten Flachstufe des Val Lasties (Pian del Siella) linkshaltend durch ein kleines Tälchen zu einer Kaminrinne, die rechts des Berges herabkommt. Nun schräg links über grasiges Gelände ansteigen und durch einen ausgeprägten Felsendurchlaß auf die abfallende Wiese, welche dem ersten der drei oben erwähnten Abschnitte angehört. Rechtshaltend in die Schuttrinne, die zwischen Torre del Siella und Piz del Siella herabkommt; mühsam hinauf zum Einschnitt zwischen Turm und Hochfläche. E bei einer gelben Wand. 30 Min. bzw. 1¼ Std.

Führe: Gerade über zwei ausgesetzte Steilstellen zu einer Einschartung des N-Grates. Auf einem Band nach rechts in die NW-Wand zu einer kleinen Geröllterrasse. Nun rechts aufwärts unter glatten Felsen und Überhängen hindurch und auf einem ausgesetzten, brüchigen Band 30 m weiter zum Beginn eines Kamins. Durch ihn hinauf und über die Gipfelschrofen zum höchsten Punkt.

● 165 A Abstieg auf dem Normalweg (R 165)

II und leichter, zweimaliges Abseilen; die Abseilstellen sind eingerichtet. 20 Min. bis in die Einschartung.

Vom Gipfel auf dem anfangs waagrechten N-Grat in Richtung Sella-Hochfläche zu einem Steinmann am Beginn des steilen Teiles. Über die W-Seite des N-Grates etwa 20 m abseilen zu einem breiten Band. Auf einem teils schmalen Band (eine Schlupfstelle) nach rechts und zurück zum N-Grat, Steinmann. 20 m abseilen, schräg links (orogr.) abwärts zur Kante und an ihr in den Einschnitt (bei genügend Seil kann man beim zweiten Abseilen sofort die Schuttrinne erreichen). (Pracht)

● 165 a Variante zum Normalweg (R 165)

A. Martin am 15. August 1904 (Mt. 1905—114).

II. ½—1 Std.

Variante: Vom Einschnitt steigt man etwas unter der W-Wand ab bis zum Beginn eines Kamins. In diesem Kamin sofort über einen Überhang (↗), nach einer kurzen Unterbrechung weiter bis zu einer Gratscharte. Nun auf einem Band so weit, bis es sich zu einem Gesims verengt, und von dort gerade hoch unter einen Aufschwung des W-Grates. Unmittelbar rechts der Kante über eine steile, doch gutgriffige Wand zum zweiten waagrechten Teil des Grates und über ihn auf den höchsten Punkt.

● 167 Westwand

C. Andreoli, G. Flora und M. Micheluzzi am 14. August 1948 (Riv. 1951-200).

V, vielfach IV und leichter.

Teilweise brüchiger Fels. Von den 8 H blieben 4 im Fels. Das breite Schuttband in halber Höhe bietet eine Fluchtmöglichkeit zur Schlucht, durch die der Zugang zum Normalweg heraufkommt.

Wandhöhe etwa 400 m. 6 Std.

Übersicht: Die Führe verläuft durch die dem Piz Lasties zugekehrte Wand.

Zugang: Von Pian Schiavaneis wie bei R 36 in das Val Lasties bis unterhalb der Mündung der Mühlsteigerschlucht. Durch diese über leichte Felsen und einige steile Aufschwünge hoch zum zweiten deutlichen Absatz, wo sich der E in Fallinie einer auffallenden, gelben Nische befindet. 1½ Std.

Führe: Über eine senkrechte, 50 m hohe Wand in die oben erwähnte Nische. Schwierig nach rechts heraus und oberhalb eines Überhanges

(H) in einen brüchigen Kamin, der auf eine kleine Terrasse führt. Etwa 30 m nach rechts in eine Verschneidung und durch diese (H) teilweise schwierig bis zu einem senkrechten gelben Riß, der schwierig auf ein erdiges Band leitet. Nun leicht linkshaltend zum breiten Schuttband, das man unmittelbar links eines auffallenden Felsturmes erreicht. Jenseits des Bandes durch einen schräg nach links verlaufenden Riß mit auffallenden schwärzlichen Bändern empor. Mittels eines heiklen, 3 m langen Querganges (H) überwindet man einen Übergang und erreicht links eine gelbe Verschneidung. Durch diese (H) hoch und weiter senkrecht über eine ausgesetzte Wand bis unter sperrende Überhänge. Nun 20 m nach links in leichten, doch glatten Fels und hoch zum Gipfel.

● 167a Südwestwand (De Francesch-Führe)

B. De Francesch, C. Franceschetti und A. Sanesi am 17. August 1968 (A.V. 1969—178).
IV. Von den 6 H blieben 4 im Fels.
Wandhöhe etwa 200 m. 3 Std.

Übersicht: Die Führe beginnt auf dem großen Schuttband und verläuft etwa 80 m links des tiefen Kamins von R 169.

Zugang: Wie beim Normalweg (R 165) in die Schuttrinne, die zwischen Torre del Siella und Piz del Siella herabkommt, und so weit in ihr hinauf (bzw. hinunter), bis man nach links (bzw. rechts) das breite Schuttband des mittleren Wandteiles begehen kann. Unschwierig auf dem Band in die SW-Wand und zum E etwa 80 m links des tiefen Kamins von R 169. 1 Std.

Führe: Über gegliederten Fels den geringsten Schwierigkeiten folgend zum Beginn eines Risses, welcher bald in einen Kamin übergeht (40 m). Durch diesen hoch (Steinmann) und schwach rechtshaltend zu einem gelben Amphitheater (40 m), das an seiner rechten Seite längs eines feinen Risses bis zu einem zweiten, kleineren Amphitheater überklettert wird. An seiner linken Seite mittels einer kleinen Verschneidung vorbei (30 m), zum Grat und über leichten Fels auf den nahen Gipfel.

● 168 Südkante

B. De Francesch im Jahre 1954 (Lan. 1969—34).
IV. Wegen des langen und mühsamen Zustieges wenig lohnend, daher selten begangen. Teilweise schlechter Fels.
Kantenhöhe etwa 200 m. 2—3 Std.

Übersicht: Die Führe verläuft über die linke Kante des tiefen Kamins, der die SW-Wand des zuckerhutförmigen Gipfelaufbaues durchzieht.

Zugang: Wie bei R 167 auf das breite Schuttband des mittleren Wandteiles und unschwierig auf ihm in die SW-Wand und zum E etwa 50 m links des tiefen Kamins von R 169. 1 Std.

Führe: Durch einen schwarzen, leicht überhängenden Riß spreizend etwa 30 m hoch, bis sich dieser zum Kamin erweitert und sich schließlich an der Kante auflöst. Nun längs der Kante bis zu einem Überhang, der rechts durch einen Kamin umgangen wird und welcher auf eine Terrasse führt, die die Kante waagrecht unterbricht. Auf dieser Terrasse bis zur Kante, über diese und eine gelbe Wandstelle auf ein kleines Band, das 2 m nach links verfolgt wird. Über ein kleines Dach (H) und schließlich auf leichtem Gelände zum Gipfel.

● **169** **Südwestwand (Trenkerführe)**

Luis Trenker und L. Sotriffer im Jahre 1913 (Ö.A.Z. 1927—36).

IV—, aufgeteilt wie folgt: Zwei Stellen IV—, sonst III und vielfach leichter.

Überwiegend schöne Kaminkletterei, im obersten Abschnitt Schutt und Schrofen. Selten begangen. Eine Begehung ist meist erst ab dem Sommer möglich, da der tiefe Kamin des Gipfelaufbaues vorher Wasser führt. Vor diesem Kamin kann man die Wand auf dem großen Schuttband verlassen und so die Schlucht zwischen Torre del Siella und Piz del Siella erreichen.

ZH vorhanden. Alle übrigen Stand- und Zwischensicherungen sind an natürlichen Sicherungen möglich.

Wandhöhe etwa 320 m, Kletterlänge etwa 350 m (jeweils vom E). 2½—3 Std.

Siehe Abb. Seite 55 und Skizze Seite 177

Übersicht: Die Führe überwindet den mittleren Abschnitt der SW-Wand durch einen kurzen Kamin, dessen untere Fortsetzung rinnenartig den teils felsigen, teils grasigen Sockel durchfurcht, und verläuft oberhalb des breiten Schuttbandes in dem tiefen Kamin des Gipfelaufbaues.

Zugang: Wie beim Normalweg (R 165) auf die abfallende Wiese und ganz nach links um die Kante zu einem Kamin links einer großen, schwarzen Wandstelle. Über Felsrippen rechts der schluchtartigen unteren Fortsetzung des Kamins hinauf, bis man links der Schlucht etwa 20 m unterhalb einer schwarzgelben Steilstufe bei einem Köpfl den E erreicht. ½ Std. (von der Wegteilung).

Führe: 1. SL: Nach links, dann schräg rechts hoch und nach etwa 30 m in den Kamin zu Köpflstand auf einer Schutterrasse (35 m, II u. III). **2. SL:** Durch den Kamin weiter unter den ihn abschließenden Klemm-

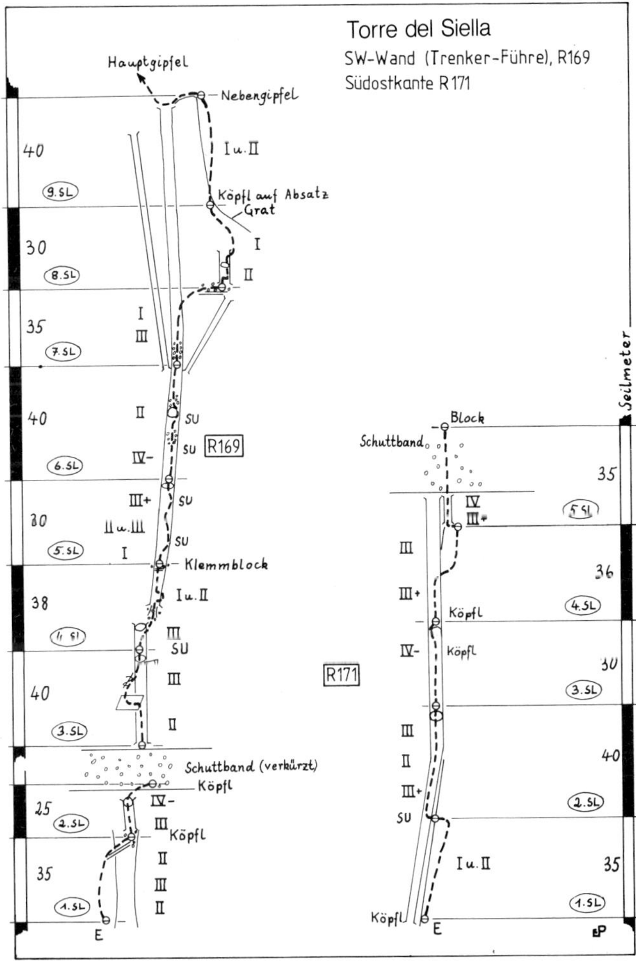
Torre del Siella
SW-Wand (Trenker-Führe), R169
Südostkante R171
Hauptgipfel
Nebengipfel
I u. II
Köpfl auf Absatz
Grat
I
II
I
III
II
SU
SU
R169
IV-
III+
SU
II u. III
SU
I
Klemmblock
I u. II
III
SU
III
II
Schuttband (verkürzt)
Köpfl
IV-
III
Köpfl
II
III
II
E
40
9. SL
30
8. SL
35
7. SL
40
6. SL
30
5. SL
38
40
3. SL
25
2. SL
35
1. SL
R171
Seilmeter
Block
Schuttband
35
IV
III+
III
36
III+
Köpfl
4. SL
IV-
Köpfl
30
3. SL
III
II
40
III+
SU
2. SL
I u. II
35
Köpfl
1. SL
E
EP

block (III) und rechts an ihm vorbei (IV—) zu Köpflstand auf dem großen Schuttband (25 m). Über dieses Band hinauf zum Beginn des tiefen Kamins. **3. SL:** Vom Stand hinter einem großen Block durch den weißlichen Kamin etwa 20 m hinauf, Quergang an Platten nach links, bis man in einen schrägen Riß hochsteigen kann; durch ihn in den Kamin zurück und hinter einem Klemmblock durch (H) zu SU-Stand auf diesem (40 m, II u. III). **4. SL:** Weiter im Kamin zu einem Riesenklemmblock, auf ihn und durch die nachfolgende Schlucht zu SU-Stand auf einem weiteren Klemmblock (38 m, III u. II). **5. SL:** Im Kamin zu Stand auf dem nächsten Klemmblock (30 m, III + u. II). **6. SL:** Weiter im Kamin (nochmals ein Klemmblock) bis zu einer Dreiteilung und im mittleren Kaminast zu Stand auf einer Rippe (40 m, IV— u. II). **7. SL:** Durch diesen Kamin noch ein Stück hinauf (III u. I), dann nach rechts zu Stand (II) auf einem Band am Beginn eines kurzen Kamins mit großem Klemmblock (35 m). **8. SL:** Unter diesem Klemmblock durch (II) und zu Köpflstand auf einem Gratabsatz (30 m). **9. SL:** Über den Grat zum Nebengipfel (40 m, I u. II). Von hier, die Scharte des Hauptkamins überschreitend, zum höchsten Punkt. (Pracht)

● **170** **Neue Südwestwand**

B. Laritti und P. Marconi am 10. Juli 1978 (Riv. 1979—219).
VI und V + (je einige Stellen), sonst III, IV und V.
Die Erstbegeher benützten 6 H. Wandhöhe etwa 320 m, Kletterlänge etwa 360 m. 7 Std.

Übersicht: Die Führe verläuft benachbart und parallel zu R 169.

● **171** **Südostkante**

M. Demetz, F. Glück und J. Schalon am 10. September 1927 (Tb Grödnerjoch).
V, meist jedoch leichter. Schöne und ausgesetzte Kletterei; selten begangen.
Kantenhöhe etwa 200 m. 3 Std.
Siehe Abb. Seite 55

Übersicht: Die Führe verläuft, auf dem großen Schuttband beginnend, längs des Risses, der die stumpfe SW-Kante durchzieht und von Pian del Siella im Val Lasties gut zu sehen ist.

Zugang: Wie beim Normalweg (R 165) in die Schuttrinne, die zwischen Torre del Siella und Piz del Siella herabkommt, und so weit in ihr hinauf, bis man nach links das breite Schuttband des mittleren Wandteiles begehen kann. E am oberen Rand des Bandes, in der Nähe der Kante. 50 Min.

Führe: Zu einem Riß und durch ihn nach 25 zu Stand. Nun nach rechts in die Wand und durch einen 2 m langen überhängenden und schwierigen Riß zu einer kleinen Terrasse. Über eine Wand und durch einen Kamin jetzt leichter zu einem Absatz, dann wieder durch den Kamin, der sich weiter oben zu einem glatten, anstrengenden Riß verengt. Nach der Überwindung eines Überhanges (mehrere H) wieder in jenem Kamin hinauf und nach einem Klemmblock zu einem Absatz. Kurz nach rechts und wieder in den Kamin, der zu einem Gratrücken führt. Über ihn zum nahen Gipfel.

● 172 Variante durch den Wandgürtel auf halber Höhe

Obwohl 1977 keine Begehungsspuren vorgefunden wurden, dürfte dieser sich in natürlicher Weise ergebender Zugang zum großen Schuttband schon früher begangen worden sein. **IV** (eine Stelle), sonst eine Stelle IV— und leichter. Hübsche Kaminkletterei in gutem Fels; der lohnendste Zugang zum großen Schuttband. Kaum begangen. Keine Haken vorhanden.

Wandhöhe etwa 130 m, Kletterlänge etwa 160 m. 1½ Std.

Siehe Skizze Seite 177

Übersicht: Die Variante verläuft durch den schwach ausgeprägten Kamin etwa in Fallinie der SO-Kante, unmittelbar links einer tiefen Kaminschlucht.

Zugang: Wie beim Normalweg (R 165) auf die abfallende Wiese und linkshaltend zum Felsaufschwung. E am Fuße der grauen Kante rechts des Kamins. 20 Min.

Variante: 1. SL: Über die graue Rippe rechts des Kamins 30 m hinauf, dann etwa 5 m nach links zur Kante unmittelbar rechts des Kamins und hoch zu SU-Stand (35 m, I u. II). **2. SL:** Durch den Kamin zu bequemem Stand oberhalb eines auffallenden Klemmblockes (40 m, III u. II). **3. SL:** Weiter im Kamin bis unter den nächsten auffallenden Klemmblock und ihn links umgehend zu bequemem Köpflstand oberhalb davon (30 m, IV—). **4. SL:** Weiter durch den Kamin zu einem Geröllplatz (III+) und rechts über die Wand (III) zu Stand bei Klemmblöcken wenig unterhalb einer Scharte (36 m). **5. SL:** Nach links in den 10 m langen Kamin und durch ihn (III+ u. IV) auf das breite Schuttband, Stand am besten bei großen Blöcken etwas oberhalb (35 m).

(Pracht)

● 173 Nordostwand

A. Groß und D. Zeni im Jahre 1959 (Lan. 1969—35).
IV, oft III. 3 Std.

Keine weiteren Informationen vorhanden.

● **174—175** frei für Nachträge.

● **176** **Piz del Siella,** 2775 m

Ein Ausläufer der Sellahochfläche, der zwischen der Torre del Siella und dem Val del Siella deutlich, doch ohne eigentlichen Gipfel nach Südsüdosten in das Val Lasties hineinragt und leicht von der Sellahochfläche (R 143 oder R 144) erreichbar ist.
Siehe Abb. Seite 53

● **177** **Piz de Roces,** 2779 m

Ein Ausläufer der Sellahochfläche, der das Val del Siella orogr. links begrenzt und — ohne eigentlichen Gipfel — leicht von der Sellahochfläche (R 143 oder R 144) erreichbar ist.
Siehe Abb. Seite 53

● **178** **Torre di Roces,** 2754 m

Erste Ersteigung durch V. Bramani und E. Castiglioni am 22. August 1935 (Cas. 1937-387). Dieser gelbliche Turm mit seinem scharf profilierten Gipfelaufbau erhebt sich knapp vor dem Piz de Roces und ist mit diesem durch einen Zackengrat verbunden.
Siehe Abb. Seite 53

● **179** **Normalweg**
V. Bramani und E. Castiglioni am 22. August 1935 im Abstieg (Cas. 1937—387).
I. Als selbständige Tour ohne Bedeutung; kaum begangen. Der Turm ist 25 m niedriger als die gegenüberliegende Sellahochfläche. ½ Std.

Führe: Vom Piz de Roces (R 177) steigt man durch eine Schuttrinne einige Meter ab und folgt dann auf einem Band dem schmalen und gezackten Verbindungsgrat Hauptmassiv — Turm. Über ein steiles Wändchen in eine Scharte hinunter und steil zur Spitze.

● **179 A** **Abstieg auf dem Normalweg (R 179)**
I. Man hat die etwa 25 m höhere gegenüberliegende Sellahochfläche zu gewinnen. ½ Std.

Vom Gipfel steil in eine Scharte hinunter und jenseits über ein Wännchen zum schmalen und gezackten Verbindungsgrat Turm — Hauptmassiv empor. Diesem mittels eines schmalen Bandes folgend zu einer Schuttrinne, die nach wenigen Metern auf den Piz de Roces (R 177) führt.

● 180 **Südostkante**

V. Bramani und E. Castiglioni, 22. 8. 1935 (Cas. 1937—387).
V+, aufgeteilt wie folgt: Eine Stelle V+, sonst V und IV. Überwiegend Kaminkletterei in sehr gutem Fels. ♂ in der 2. SL. Selten begangen. Die überhängende ♂ ist meist von Wasser überronnen und dann äußerst glitschig; nur nach längeren Trockenperioden kann mit annehmbaren Verhältnissen gerechnet werden.
Wandhöhe etwa 230 m. 3—4 Std.

Übersicht: Die Führe erreicht durch den ersten Kamin unmittelbar rechts der Kante das große Schuttband und verläuft dann durch den ersten Kamin links der Kante zum höchsten Punkt.

Zugang: Man verläßt auf Pian de Roces den durch das Val Lasties führenden Weg Nr. 647 (R 36) und steigt über Schutt und Gras zum E am Beginn des oben erwähnten Kamins. 20 Min.

Führe: Durch den teils rinnenartigen Kamin hoch zu Stand in einer kleinen Höhle unmittelbar rechts eines schwarzen Überhanges. Schräg links aufwärts über den Überhang hinweg (V+) in eine Nische und durch den hier beginnenden, überhängenden Riß hinauf. Weiter in seiner kaminartigen Erweiterung und nun weniger steil zum großen Schuttband. Auf diesem Band nach links um die Kante und über leichten Fels zu einem senkrechten engen Kamin. Durch ihn zu leichtem Fels in der Nähe des höchsten Punktes.

● **181 185** frei für Nachträge.

● **186** **Piz Revis**, 2940 m

Eine unbedeutende Erhebung am Westrand der Sellahochfläche zwischen Piz Selva und Piz Gralba, die nach Westen mit einer steilen Wand abfällt und nach Osten gleichmäßig in die Sellahochfläche übergeht. Dieser Gipfel läßt sich mühelos von der Gamsscharte (R 143) erreichen.

● **187** **Piz del G. U. F.**, 2540 m

Erste Ersteigung durch H. Fiechtl im Jahre 1913 (Cas. 1937—388). Dieser Turm, früher **Fiechtl-Turm** genannt, steht am Fuß des Piz Revis und besitzt einen auffallenden Doppelgipfel; zwei schutt- bzw. schneegefüllte Rinnen trennen ihn vom Hauptmassiv. Von den beiden Kletterführen ist die N-Wand durchaus lohnend, während vom Normalweg als selbständige Bergfahrt abgeraten werden muß.
Siehe Abb. Seite 183

• 188 Normalweg

H. Fiechtl im Jahre 1913 (Cas. 1937—390).

III +, aufgeteilt wie folgt: Eine Stelle III +, 20 m III, sonst II und leichter. ♂ kurz unterhalb des Gipfels.

Abgesehen von der letzten (und eigentlich einzigen Seillänge) nur Geröll und schuttbedeckter, schlechter Fels. Nicht lohnend und daher kaum begangen. 1 ZH an der ♂. Die Führe wurde durch einige Steinmänner gekennzeichnet (1978).

Höhendifferenz etwa 240 m. 1½ Std.

Siehe Abb. Seite 183

Übersicht: Die Führe hält sich bis zum Schuttsattel zwischen Turm und Hauptmassiv an den Verlauf der nördlichen der beiden Rinnen, die den Turm vom Hauptmassiv trennen. Von hier gewinnt sie rechtshaltend die Scharte zwischen den beiden Gipfelchen und erreicht schließlich über steilen Fels die nördliche Spitze.

Zugang: Vom Sellajoch mehr oder weniger eben nördlich unter den Sellatürmen auf dem breiten, tiefsten Weg von R 144 in den kleinen Sattel (2300 m) zwischen dem Hauptmassiv und einem vorgelagerten Kopf (hier beginnen die Drahtseilversicherungen des Pößnecker Steiges). Auf dem nun weniger ausgetretenen Weg unter den Wänden weiter zum Piz del G.U.F., an ihm vorbei und von Norden her zum Beginn der Rinne, die von der Scharte zwischen Turm und Hauptmassiv herabkommt. 1 Std.

Führe: Durch den Schutt bzw. Schnee der Rinne bis zu einer Steilstelle, die rechts umgangen wird. Weiter in der Rinne, bald scharf nach rechts einbiegen und hoch zu einer gelben Wand. Entlang dieser Wand zu einer Scharte zwischen dem Turm und einem Gendarm, jenseits kurz hinab und durch die Schlucht vollends hoch zur Scharte zwischen Hauptmassiv und Turm. Schräg rechts aufwärts zu einem Band, das man nach rechts bis unter den Sattel zwischen den beiden Gipfelchen verfolgt. Am Fuße des nördlichen Gipfelchens etwa 2 m hinauf in den Sattel und nach 30 m auf R 189 zum höchsten Punkt. (Pracht)

Westabstürze der Sellagruppe (südlicher Teil) ►

Zweiter Sellaturm
R 80 Direkte N-Wand
R 81 Nordwandverschneidung
R 82 N-Wand (Kasnapoff-Führe)

Dritter Sellaturm
R 91 Normalweg
R 95 NW-Grat

Vierter Sellaturm
R 103 NO-Riß
R 106 W-Wand

Piz de Ciavazes
R 144 Pößneckersteig

Piz del G.U.F.
R 188 Normalweg
R 189 N-Wand

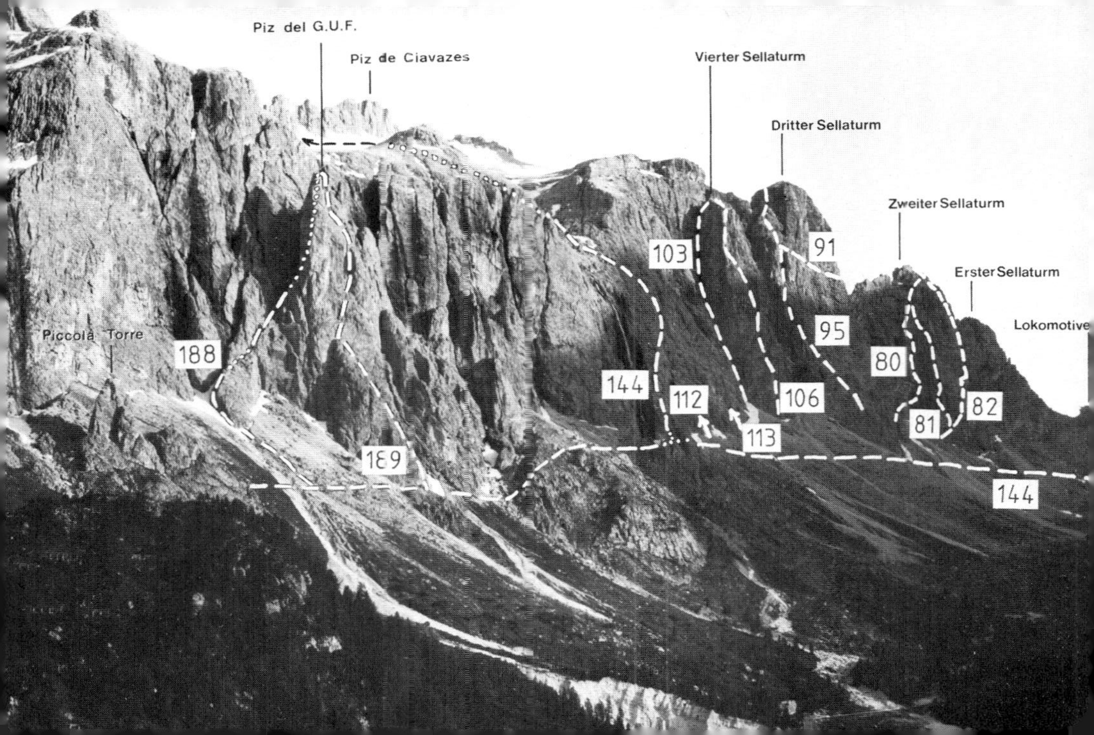
Piz del G.U.F.
Piz de Ciavazes
Vierter Sellaturm
Dritter Sellaturm
Zweiter Sellaturm
Erster Sellaturm
Lokomotive
Piccola Torre
188
189
144
103
112
113
106
91
95
80
81
82
144

● 188 A Abstieg auf dem Normalweg (R 188)

II und leichter, stellenweise Gehgelände. Vom Gipfel wird 20 m abgeseilt (Abseilstelle eingerichtet). Mehrere Steinmänner. 1 Std. bis zum Wandfuß.

Vom Gipfel 20 m abseilen in Richtung des anderen Gipfels, dann in die Scharte abklettern und sellaseitig 2 m hinab auf ein Schuttband. Über das Band nach rechts (etwas ansteigen) und rechtshaltend hinunter zur Scharte zwischen Turm und Hauptmassiv. Durch die nordseitige Rinne kurz hinab, bis man in eine Scharte zwischen dem Turm und einem Gendarm aufsteigen kann. Durch die jenseitige Rinne abwärts und zunächst an der steilen gelben Wand entlang tiefer. Dann schwenkt man scharf nach rechts und steigt in entgegengesetzter Richtung in den Rinnengrund zurück. Durch ihn tiefer bis vor den untersten Steilabbruch, der orogr. links auf der begleitenden Rippe umgangen wird. Durch die restliche Rinne in flaches Gelände. (Pracht)

● 189 Nordwand

R. L. Bianino, Vincenzina Passalacqua und A. Tanesini am 9. September 1934 (Tb Sellajoch-Haus).

IV, aufgeteilt wie folgt: Drei Stellen IV, fünf Stellen IV—, sonst III und vielfach leichter.

Abwechslungsreiche und lohnende Kletterei in gutem Fels. Selten begangen.

Die meisten ZH vorhanden, Standplatzsicherungen mittels Köpfln u. ä. möglich.

Wandhöhe etwa 300 m, Kletterlänge etwa 380 m. 4 Std.

Siehe Abb. Seite 183

Übersicht: Die Führe verläuft anfangs durch eine Riesenverschneidung, um dann schwach rechtshaltend die W-Wand und durch diese die Scharte zwischen den beiden Gipfelchen zu gewinnen. Über steilen Fels erreicht man schließlich den nördlichen Gipfel.

Zugang: Wie beim Normalweg R 188 zum Piz del G.U.F., von dessen Fuß ein kiesiges, meist trockenes Bachbett bis zur Straße hinabführt. Der E befindet sich am Beginn eines weiteren, doch wesentlich kürzeren Bachbettes (hierher auch direkt von der Straße). 45 Min.

Führe: 1./2./3. SL: Durch die ganze, links graue und rechts schwarzgelbe geneigte Riesenverschneidung hoch zu Stand bei Klemmblock (3 × 40 m, I u. II). **4. SL:** Kurz nach links in eine Sandrinne, dann nach rechts in einen Kamin mit Klemmblock und durch diesen zu Stand in einer Scharte zwischen dem Turm und einem großen Zacken (40 m, II u. III). **5. SL:** Zunächst spreizend zwischen Zacken und Wand hinauf

(III), dann in der Wand weiter (IV— u. III) zu Stand unter einer gelben Wand bei einem angelehnten Pfeiler (34 m). **6. SL:** Auf den Pfeiler (III+), Quergang von etwa 10 m nach rechts (IV, 1 H), dann zunächst gerade hoch und schließlich schräg rechts ansteigend (III+ u. II) zu Stand am Beginn der breiten Rinne (38 m). **7. SL:** Anfangs rechts in der Rinne hoch (IV—), etwas nach links (IV) und aufwärts zu Stand (IV—) am Beginn eines Risses (30 m). **8. SL:** Durch den Riß hinauf (III+ u. IV), nach rechts (IV—) um die Kante in die W-Wand und noch einige Meter hoch zu Stand an einem Felskopf (25 m). **9. SL:** Über geneigten, festen Fels gerade empor in Richtung des linken Gipfelchens zu Stand an einem Block (36 m, I u. II). **10. SL:** Gerade weiter zu einem Kamin unmittelbar rechts des Gipfelchens und durch diesen (IV— u. III+) zu Stand in der Grateinsenkung (28 m). **11. SL:** In Kantennähe am nördlichen Gipfelchen gerade hoch (III) bis zur oberen gelben Wandstelle, dann (H) nach links um die Kante in die W-Seite und in einem Links-Rechts-Bogen (III+) auf den Gipfel (30 m). (Pracht)

● **190** **Von Südwesten**

G. Bianino, V. Leonardi und A. Tanesini am 2. August 1934 (Scp. 16.8.1934).
III. Teilweise brüchig, kaum begangen.
Kletterlänge etwa 280 m. 3 Std.

Übersicht: Zuerst kurz über eine Kante, dann rechts durch zwei Kamine in die SO-Wand und mittels eines Risses und eines Kamines in die Scharte zwischen den beiden Gipfelchen. Nähere Angaben siehe Cas. 1937—390.

● **191** **Piz Gralba,** 2974 m

Erste touristische Ersteigung durch Jos. Alton und K. Schulz am 17. August 1889 von der Sellahochfläche her (E.O.A. III-370). Seit alter Zeit auch von Jägern oft besucht, sowie ab 1872 mehrmals von Joh. und Jos. Alton. Der Piz Gralba stellt die höchste Erhebung am W-Rand der Sellhochfläche dar und fällt nach Westen mit einer etwa 800 m hohen, durch ein Schuttband und eine Schutterrasse unterbrochenen Wand ab. Das Schuttband selbst zieht in etwa 2700 m Höhe durch die gesamte Wandflucht vom Piz de Ciavazes bis zur Pisciaduhütte. Von allen Seiten läßt sich der Gipfel des Piz Gralba nur schlecht ausmachen, da er wie die der übrigen Randerhebungen wenig ausgeprägt ist. Eine Besteigung ergibt sich im Rahmen einer Begehung des Pößnecker Steiges (R 144) oder der NW- bzw. W-Wand. Die Aussicht ist eindrucksvoll und entspricht jener des Piz Miara (R 201). Bei

schlechten Verhältnissen (etwa gleichzeitig Nebel und Neuschnee) können im Bereich der Hochfläche erhebliche Orientierungsprobleme auftreten!
Siehe Abb. 187

● 192 Normalweg

Seit alter Zeit durch Jäger begangen, aber auch die touristischen Erstersteiger nahmen etwa diese Route. Unschwieriger, markierter Wanderweg (Nr. 649), der wegen herrlicher Ausblicke sehr lohnend ist. 40 Min. von der Gamsscharte.

Anstieg: Von der Gamsscharte (R 53) in sanftem Auf und Ab stets knapp links (östl.) des Randes der Hochfläche den Markierungen folgend auf einem Steiglein unter dem weithin sichtbaren Gipfelkreuz des Piz Miara durch zum flachen Gipfel.

● 193 Anstieg von Westen (Pößnecker Steig)

Geschichte und Charakteristik dieses Steiges sind unter R 144 aufgeführt. 4—4½ Std.

Anstieg: Vom Sellajoch wie bei R 144 auf den Piz Selva und dem vielbegangenen Weg in nördlicher Richtung folgend weiter zum Gipfel.

● 194 Nordwestwand

G. Demetz, F. Glück und A. Schranzhofer am 27. September 1933 (Riv. 1934—128).

V (2 Stellen), sonst IV und leichter. Vornehmlich Wand- und Kaminkletterei in nicht überall zuverlässigem Fels; eine der längsten Fahrten der Gruppe. Selten begangen. Einige ZH und SH vorhanden. Die Führe kann meist erst ab Herbst begangen werden, da vorher durch die Kamine ihres mittleren Teiles zuviel Wasser herabkommt. Sowohl nach etwa 300 m als auch nach etwa 460 m Wandhöhe kann man die Führe nach rechts (S) auf Schutt zum Pößnecker Steig verlassen. Wandhöhe etwa 750 m, Kletterlänge etwa 850 m. 8 bis 10 Std.
Siehe Abb. Seite 187

Übersicht: Der mittlere Steilaufschwung der Wand wird rechts durch einen mächtigen Turm begrenzt. Die Führe verläuft im unteren Teil

Westabstürze der Sellagruppe (nördlicher Teil) ►

Piz Gralba
R 194 NW-Wand

Piz Miara
R 204 NW-Wand

Mesules dla Bièsces
R 243 Normalweg
R 252 SW-Wand

Mesules dla Bièsces
Piz Miara
Piz Saliera
Piz Gralba
252
204
243
194

vielfach im Bereich von Kaminen links der Fallinie jenes Turmes, dann über die breite Terrasse zum Fuß des großen, nach N hin offenen Kamins zwischen diesem Turm und der eigentlichen Wand. Durch diesen Kamin erreicht sie das große Schuttband, um schließlich von rechts nach links schräg aufwärts, sich stets in der Nähe einer schwach ausgeprägten Kante haltend den Gipfel zu gewinnen.

Zugang: Von der Straße Sellajoch — Wolkenstein wenig nördl. eines Kieswerkes über teils grasige, teils schuttige Hänge hinauf zum E in einem kleinen Sattel hinter einem großen, mit Gras bewachsenem Wandvorbau. 45 Min.

Führe: Auf einem kleinen, kurzen Band in eine Schlucht und über glatten Fels 30 m gerade hinauf zu Stand. Nun zuerst schräg rechts hoch, dann waagrecht nach rechts zu einem großen, schon vom E aus sichtbaren Kamin. Diesen verläßt man etwas oberhalb wieder, um danach über eine steile Wand in ihn zurückzukehren. Man bleibt im Kamin bis auf Höhe von naß-schwarzen Felsen rechts des Kamines. Über diese Felsen hoch, links an einem grauen Wändchen vorbei und über leichtes Gelände zu einem großen Kamin, der an seinem Beginn überhängend und meist naß ist. Linkshaltend über den schwierigen Überhang hinweg und im Kamin weiter zu einer kleinen Terrasse oberhalb einer Nische. Weiter linkshaltend über einen weiteren Überhang und nach rechts in eine Höhle; oberhalb zweier Platten zum Rand der Schutterrasse.

Über die geneigte Terrasse hoch in den Winkel zwischen dem großen Turm und dem eigentlichen Massiv. Durch den rechten der beiden Kamine, einen brüchigen Überhang überwindend, nach rechts zum Einschnitt zwischen Turm und Massiv und weiter rechtshaltend bis zu einem Überhang. Über ein brüchiges Grätchen, danach schräg links aufwärts nach 40 m an den Rand des großen Schuttbandes.

Jenseits dieses Bandes über grauen Fels, der dem Sellajoch zugewandt ist, leicht zu einer Terrasse und linkshaltend in einen überhängenden Kamin, den man nach links verläßt. Weiter auf ein Band und über eine 15 m hohe, überhängende Wand schwierig in eine Nische. Man verläßt diese nach links und erreicht jenseits einer letzten überhängenden Passage den Gipfelgrat und den Gipfel.

● 195 Westkante

H. Peterka und O. Oberdorfer am 27. August 1956 (Ö.A.Z. 1957—38).

IV (laut Erstbegeher „sehr schwierige Kletterei"). Sehr guter Fels, doch wenig begangen.

Kantenhöhe etwa 200 m. 1 Std.

Übersicht: Die Führe gewinnt von rechts die scharf profilierte W-Kante, welche nördl. der weithin sichtbaren Schlucht von R 196 zum Gipfel leitet, und verläuft im Bereich dieser Kante bis zum Gipfel.

Zugang: Vom Sellajoch wie bei R 144 an den unteren Rand des „riesigen Schuttkessels oberhalb des Wasserfalles" und noch unterhalb der nach NO streichenden Schutterrasse zu P. 2647 hinauf. Nun über diese Terrasse — vorbei an mächtigen Felsblöcken — in Richtung der W-Wand des Piz Gralba. Der E befindet sich oberhalb eines Schuttkegels unmittelbar rechts des gelben Kantenabbruches, jenseits der Schlucht von R 196. 2½ Std.

Führe: Über gutgestuften Fels gerade hoch und bald linkshaltend auf einen kleinen Vorbau. Ein hier beginnendes Band führt zur Kante unmittelbar oberhalb ihres gelben Abbruchs (Steinmann). Nun 20 m senkrecht empor, dann in herrlichem Fels nach links zu einem (eiserfüllten) Spalt. Senkrecht weiter bis auf eine geräumige Stufe, zu der durch die südl. Kantenwand ein Kamin heraufführt, welcher von einem mächtigen Quader überbrückt wird (Steinmann). Etwa 60 m erneut senkrecht empor zu luftigem Stand und schwach links an der Kante hinauf, die — allmählich flacher werdend — eine waagrechte Schulter bildet (Steinmann). Über leichte Platten und Stufen nach etwa 100 m direkt zum Gipfel.

● 196 Westwand

H. Kiene, F. Pirchner, Rosenbauer und Luis Trenker am 20. August 1922 (Tb Sellajoch-Haus).
II. Überwiegend Kaminkletterei mit einem recht langen Zustieg. Selten begangen.
Wandhöhe etwa 200 m. 3—4 Std.

Übersicht: Die Führe verläuft durch die vom Sellajoch aus gut sichtbare Schlucht des Gipfelaufschwunges oberhalb des großen Schuttbandes.

Zugang: Das große Schuttband erreicht man entweder wie bei R 195 oder wie folgt: Von der Straße Sellajoch — Wolkenstein gemäß R 243 in das Val Gralba und in diesem empor bis auf etwa 2300 m. Nun rechtshaltend über Schutt und Schnee mühsam in Richtung Piz Miara zum großen Schuttband. Auf diesem erreicht man den E am Fuße des oben erwähnten Kamins. 2½ Std.

Führe: Im Kamin mit mehreren Steilstellen ganz hoch, oben durch ein Loch in leichtes Gelände und zum nahen Gipfel.

● 197 Piccola Torre

Ein unbedeutender Felszacken am Fuße der NW-Wand des Piz Gralba von nur geringer Höhe. (Siehe Abb. Seite 183.)

● 198 Westwand

A. Celli und E. Marsili am 27. August 1941 (Riv. 1943—124).
III. Wandhöhe etwa 90 m. 30 Min.

Zugang: Von der Straße Sellajoch — Wolkenstein westl. des Gipfels des Piz Gralba über teils grasige, teils schuttige Hänge hinauf zum E links der Rinne, die den Turm von einer rechts befindlichen Felskuppe trennt. 40 Min.

Führe: Direkt empor auf eine kleine Schutterrasse und weiter durch einen kurzen, brüchigen Kamin zu einer abstehenden Schuppe, die an ihrer Kante überwunden wird. Mit einem Spreizschritt nach rechts (O) und über sehr guten und griffigen Fels zum höchsten Punkt.

● 199 Ostwandriß

A. Celli und E. Marsili am 27. August 1941 (Riv. 1943—124).
V. Überwiegend Rißkletterei.

Übersicht: Die Ostwand wird von zwei parallelen, überhängenden Rissen gespalten; durch den linken der beiden verläuft die Führe.

Zugang: Von der Straße Sellajoch — Wolkenstein wie bei R 198 zum Turm und weiter zum E etwas unterhalb der Stelle, wo der Schutt bis zur Wand reicht. 45 Min.

Führe: Durch den morschen Riß auf einen Absatz und überhängend in ihm einige Meter empor zu einer Gufel (H). Über das Dach der Gufel hinweg und unter einen weiteren, kleinen Überhang. Die Wand rechts davon führt zu einem kleinen Kamin und dieser zum Grat kurz unterhalb des Gipfels.

● 200 Piz Saliera, 2958 m

Erste touristische Ersteigung durch Jos. Alton und K. Schulz am 17. August 1889 von der Sellahochfläche her (E.O.A. III—370). Seit alter Zeit auch von Jägern oft besucht. Eine unbedeutende und schlecht auszumachende Erhebung am W-Rand der Hochfläche unmittelbar nördl. des Piz Gralba. Von der Gamsscharte (R 53) mühelos erreichbar. (Siehe Abb. Seite 187.)

● 201 Piz Miara, 2965 m

Erste touristische Ersteigung durch Jos. Alton und K. Schulz am 17. August 1889 von der Sellahochfläche her (E.O.A. III—370). Seit alter

Zeit auch von Jägern oft besucht. Dieser Gipfel am W-Rand der Hochfläche ist wegen seines weithin sichtbaren Gipfelkreuzes leicht auszumachen und wird häufig besucht. Nach NW bricht er mit einer rund 750 m hohen Wand ab, die in etwa 2700 m Höhe von einem breiten, die ganze Wandflucht der Hochfläche durchziehenden Schuttband in zwei Abschnitte zerteilt wird. Der untere Teil, in seiner nördl. Hälfte mehr eine überbreite Schuttrinne, nimmt nach S hin an Steilheit zu, während der obere Teil durchgehend abweisend aussieht. Im N wird letzterer von einer mäßig steilen, meist Schnee führenden Rinne begrenzt, die bei günstigen Verhältnissen mit Ski abgefahren werden kann (R 203). Im Sommer verbindet man gern eine Wanderung über die Sellahochfläche mit einem Besuch dieses Gipfels. Oft wird er auch bei einer Begehung des gesamten Pößnecker Steiges betreten. Allerdings können bei widrigen Bedingungen (etwa gleichzeitig Nebel und Neuschnee) im Bereich der Hochfläche erhebliche Orientierungsprobleme auftreten! Die Aussicht, vor allem auf die nähere Umgebung, ist großartig: So sehen wir zum Beispiel genau gegenüber im W das mächtige Langkofelmassiv, links davon — etwas weiter entfernt — den Rosengarten und die Latemargruppe, nach dem Fassatal baut sich in der südl. Nachbarschaft die westl. Marmoladagruppe auf. Drehen wir uns weiter, dann hält vor allem die öde, doch eindrucksvolle Sellahochfläche unseren Blick gefangen, dahinter im SSO die Pordoispitze mit ihrer Seilbahnstation und im SO der Piz Boè mit einem Hüttchen sowie einem häßlichen Telephonreflektor auf seinem Gipfel. In nordöstl. bzw. nördl. Richtung finden sich Puez- bzw. Geißlergruppe und schließlich nach NW hin das Grödnertal.

● 202 Normalweg

Seit alter Zeit durch Jäger begangen, aber auch die touristischen Erstersteiger nahmen etwa diese Route. Unschwieriger, markierter Wanderweg (Nr. 649), der wegen herrlicher Ausblicke sehr lohnend ist. 30 Min. von der Gamsscharte.

Anstieg: Von der Gamsscharte (R 53) in sanftem Auf und Ab stets knapp links (östl.) des Randes der Hochfläche den Markierungen folgend auf einem Steiglein zum weithin sichtbaren Gipfelkreuz.

★● 203 Anstieg von Westen (durch die Schneerinne)

G. Merzbacher und J. Santner am 9. September 1885 auf dem Wege zum Piz Beguz (Mt. 1886—85).

I. Steile Schutt- und Schneefelder. Selten begangen.

Im Winter bei günstigen Verhältnissen großartige Steilabfahrt. Oft Pickel und Steigeisen vorteilhaft. Etwa 250 m

unterhalb des Gipfels, am Beginn der eigentlichen Schneerinne, kann man auf dem großen Schuttband nach rechts (S) zum Pößnecker Steig oder nach links (N) zur Pisciaduhütte queren.
Höhendifferenz etwa 1050 m (von der Straße). 4 Std.

Anstieg: Von der Straße Sellajoch — Wolkenstein wie bei R 245 in das Val Gralba und in diesem bis auf etwa 2300 m hoch. Nun rechtshaltend über Schutt und Schnee mühsam in Richtung des Gipfels zum großen Schuttband, dann durch die Schneerinne steil zur Hochfläche und nach rechts zum Gipfel.

● **204** **Nordwestwand**
V. Leonardi und A. Tanesini am 28. Juli 1934 (Tb Sellajoch-Haus).
III, vielfach leichter. Selten begangen.
Etwa 250 m unterhalb des Gipfels kann man nach rechts (S) zum Pößnecker Steig oder nach links (N) zur Pisciaduhütte queren.
Wandhöhe etwa 750 m, Kletterlänge etwa 850 m. 5—7 Std.
Siehe Abb. Seite 187

Übersicht: Durch das große Schuttband wird die Wand in zwei Abschnitte zerteilt. In zwei Drittel Wandhöhe des unteren Teiles ist eine große, schuttige Terrasse eingelagert. Die Führe zieht links dieser Terrasse hoch zum großen Band (mehrere Möglichkeiten) und gewinnt über einen Pfeiler inmitten des oberen Wandteiles den Gipfel.

Zugang: Von der Straße Sellajoch — Wolkenstein wenig nördl. eines Kieswerkes auf einen steilen begrünten Kegel, der sich orogr. links der Mündung des Val Gralba befindet. Vom höchsten Punkt dieser Erhebung zum E in einer kleinen Scharte. 1½ Std.

Führe: Über grauen Fels bis zu einem überhängenden Wandgürtel, der rechts durch einen hübschen Kamin überwunden wird. Nun schräg links in einen Einschnitt und mittels Wandkletterei gerade hoch. Linksquerend in eine Schlucht, die erstiegen wird, nochmals linkshaltend durch eine Verschneidung und 30 m nach rechts (III) zu einem glatten Kamin, der auf ein Band führt. Nach einem weiteren Kamin und brüchigem Gelände erreicht man das große Schuttband. (Hierher auch über R 196.) Jenseits des Bandes schließlich in schöner Kletterei über die Kante eines auffallenden und steilen Pfeilers direkt zum Gipfel.

● **205** **Anstieg von Westen (Pößnecker Steig)**
Geschichte und Charakteristika dieses Steiges sind unter R 144 aufgeführt. 4½ Std.

Anstieg: Wie bei R 144 auf den Piz Selva und dem viel begangenen Weg folgend in nördlicher Richtung weiter zum Gipfel.

● 206 **Piz Beguz,** 2972 m

Erste touristische Ersteigung durch G. Merzbacher und J. Santner am 9. September 1885 direkt von Wolkenstein auf R 203 (Schneerinne) mit Weiterweg zur Mesules (Mt. 1886—85). „Da beiden das Gebirge bisher ganz unbekannt gewesen war, hatten sie sowohl beim Auf- als beim Abstieg Irrfahrten zu bestehen." (E.O.A. III—370). Seit alter Zeit auch durch Jäger oft besucht, sowie ab 1872 mehrmals von Joh. und Jos. Alton. Der Piz Beguz liegt am W-Rand der Sellahochfläche nordöstl. des Piz Miara (Gipfelkreuz) und genau westl. der Gamsscharte. Seine NW-Wand, in das Val Gralba übergehend, besteht aus zwei etwa gleichhohen Hälften, die von dem großen Schuttband getrennt werden, das vom Piz de Ciavazes bis zur Pisciaduhütte zieht. Ein markanter, nach NW exponierter Pfeiler profiliert die obere Hälfte, und ihm entspricht jenseits des Gipfels eine Rippe der Hochfläche, die geradlinig zur Torre di Roces (R 178) verläuft und das **Val del Siella** vom **Val Lerghia** trennt. Dieser wenig auffallende Gipfel wird nur selten besucht, da einerseits der Pößnecker Steig in größerem Abstand an ihm vorbeiläuft, zum anderen die Aussicht jener des Piz Miara entspricht. (Siehe Abb. Seite 229.)

● 207 Normalweg

Seit alter Zeit durch Jäger begangen. Erste touristische Begehung durch G. Merzbacher und J. Santner am 9. September 1885 im Abstieg (Mt. 1886—85). Gehgelände. 15 Min. von der Gamsscharte.

Anstieg: Von der Gamsscharte (R 53) in sanften Auf und Ab den Markierungen folgend bis in die Nähe der oben erwähnten Rippe und leicht zum Gipfel.

● 208 Durch das Val Gralba

Jos. Alton im Jahre 1889 ab dem großen Schuttband (E.O.A. III—370).

II. Mühsamer und langer Anstieg, jedoch mit schönen landschaftlichen Eindrücken; selten ausgeführt. In der Schneerinne oberhalb des großen Schuttbandes besteht bisweilen Steinschlaggefahr.

Höhendifferenz etwa 1100 m von der Straße. 4 Std.

Anstieg: Von der Straße Sellajoch — Wolkenstein wie bei R 243 in das Val Gralba und dieses schuttige und felsige Tal ganz hinauf bis zu einem kleinen Sattel, von dem aus man das Grödnerjoch erblickt. Rechtshaltend über einen Felsrücken, dann 150 m über eine naßschwarze Wand bis unter Überhänge, die man links ausholend jenseits einer Rippe durch eine Rinne umgeht, und weiter hoch auf das große Schuttband. In einer Schneerinne unmittelbar links des Piz Beguz zur Hochfläche und nach rechts zum Gipfel.

● **209** **Nordwestkante**

A. Tanesini im Juli 1935 (Cas. 1937—394).

III (einige Stellen), vielfach leichter. Oberhalb des großen Schuttbandes hübsche Kletterei mit schönen landschaftlichen Eindrücken; selten begangen. Etwa 200 m unterhalb des Gipfels kann man nach links (N) zur Pisciaduhütte ausqueren. Wandhöhe etwa 600 m. 4 Std.

Übersicht: Oberhalb des großen Schuttbandes zieht ein auffallender Pfeiler zum Gipfel. Die Führe verläuft im unteren Teil in Fallinie dieses Pfeilers und oberhalb des großen Schuttbandes über diesen Pfeiler selbst.

Zugang: Von der Straße Sellajoch — Wolkenstein wie bei R 243 in das Val Gralba. Dessen Schuttkar so weit hinauf, bis man bei zwei markanten, benachbarten Pfeilern das felsige Gelände zur Rechten betritt. Unterhalb eines Wasserfalls vorbei in östl. Richtung leicht steigend (Begehungsspuren) zu Wiesengelände im hinteren Val Gralba. Der E befindet sich in Fallinie des oben erwähnten Pfeilers.

Führe: Über gut gegliederten und mäßig steilen Fels gerade hinauf zum großen Schuttband. Jenseits des Bandes entweder sofort direkt hoch oder erst rechts ausholend und danach stets auf dem Pfeilerrücken (einige Steilstufen werden rechts bzw. links umgangen) direkt zum Gipfel.

● **210** **Nordwestwand**

V. Leonardi und A. Tanesini im Sommer 1934 (Ö.A.Z. 1936—41).

Keine weiteren Informationen vorhanden.

● 211 **Piz Rotic**, 2966 m

Erste touristische Ersteigung durch Jos. Alton und K. Schulz am 17. August 1889 (E.O.A. III—370). Seit alter Zeit auch durch Jäger oft besucht, sowie ab 1872 von Joh. und Jos. Alton. Der Piz Rotic beschließt nach N hin die Reihe der Gipfel am W-Rand der Sellahochfläche. Er fällt nach N und W mit mäßig steilen Wänden zum großen

Schuttband ab und flankiert orogr. links das Val Ciadin. Seine Aussicht ähnelt jener der südl. Nachbargipfel doch beeindrucken hier besonders die Murfreidtürme und die Murfreidspitze.

● 212 Normalweg
Seit alter Zeit durch Jäger oft begangen. Gehgelände. 15 Min. von der Gamsscharte.

Anstieg: Von der Gamsscharte (R 53) in nordwestlicher Richtung direkt zum Gipfel.

● 213 Durch das Val Gralba
Geschichte und Charakteristik dieses Anstieges sind unter R 208 aufgeführt. 4 Std.

Anstieg: Von der Straße Sellajoch — Wolkenstein wie bei R 208 auf die Hochfläche und über diese nach N zum nahen Gipfel.

● 214—215 frei für Nachträge

● 216 Le Mesules

Westgipfel, 2998 m, Mittelgipfel, 2994 m, Ostgipfel, 2995 m

Erste touristische Ersteigung des Westgipfels durch G. Merzbacher und J. Santner am 9. September 1885 vom Piz Beguz kommend (Mt. 1886—88), des Ost- und Mittelgipfels durch H. Lorenz, M. und Th. von Smoluchowski sowie V. Wessely am 13. August 1892 im Rahmen einer Gesamtüberschreitung Gamsburg — Piz Selva (Mt. 1893—35). Seit alter Zeit auch durch Jäger oft besucht. Das dreigipfelige Mesules-Massiv setzt mit seiner stark gegliederten Nordwestwand in etwa 2740 m auf dem dort sehr breiten großen Schuttband an und bildet den nördl. Ausläufer der Sellahochfläche. Im W flankiert die Mesules mit ihrem Westgipfel, einer schmalen Felsklippe und zugleich der höchsten Erhebung der gesamten Hochfläche, das breite Val Ciadin, im O trennt eine Eisrinne dieses Massiv von der Gamsburg. Südseitig geht es teils in die Hochfläche über, teils fällt es mit steilen Wänden gegen das Vallon del Pisciadu ab. Ein Besuch dieses Berges lohnt sich allemal wegen seiner blendenden Aussicht: Zum Beispiel im N, unmittelbar zu Füßen die Murfreidtürme und die Murfreidspitze, jenseits des Grödnerjoches Geisler- und Puezgruppe, rechts anschließend über dem Abteital die Kreuzkofelgruppe. Südl. davon erblicken wir die Berge um den Falzaregopaß, dahinter die Tofanen. Ganz besonders beeindrucken in unmittelbarer Nähe die steinigen und kahlen Halden, die in der Sellagruppe immer wieder anzutreffen sind. Darüber gewahren wir im SO den höchsten Gipfel der Sellagruppe, den Piz Boè, rechts daneben die

Pordoispitze. Nicht weniger beeindruckend zeigt sich das Langkofelmassiv westl. unserer Aussichtskanzel vor dem Hintergrund der Seiser Alm, etwas weiter weg und südl. treten der Rosengarten und die Latemargruppe in das Blickfeld. Mehr links können wir die Palagruppe sehen, davor die Marmoladagruppe. Am Horizont beschließen im N die Hohen Tauern, die Zillertaler, Stubaier und Ötztaler Alpen, im W Ortler- und Presanellagruppe das Panorama.

• 217 Normalweg

Seit alter Zeit durch Jäger oft begangen. Steiglein. 15 Min. von der Sella del Pisciadu.

Anstieg: Von der Sella del Pisciadu auf Steigspuren in nordwestl. Richtung über mäßig steiles Gelände zum Mittelgipfel, ein kurzer Grat führt zum Westgipfel, dem höchsten der drei.

• 218 Gratübergang von der Gamsburg

H. Lorenz, M. und Th. von Smoluchowski und V. Wessely am 13. August 1892 im Rahmen einer Gesamtüberschreitung Gamsburg — Piz Selva (Mt. 1893—35).

I. Unsicheres Gestein und schuttig, doch sehr schöne Ausblicke. 30 Min.

Anstieg: Vom Gipfel der Gamsburg (R 220) stets dem brüchigen Grat folgen und über eine Scharte hinweg. Durch eine steile Schuttrinne gegen das Vallon del Pisciadu (S) so weit hinab, bis man über leichte Felsen zum Ostgipfel der Mesules aufsteigen kann. Nun weiter auf dem fast ebenen Grat bis zu einer etwa 20 m tiefen Scharte, nach der man bald die Hochfläche erreicht.

• 219 Von Nordwesten

K. Bindel, Dittmann und H. Seyffert am 2. August 1901 (Zt. 1904—391).

II (einige Stellen). Teils brüchig, einige Eispassagen. Trotz der großen landschaftlichen Eindrücke selten begangen. Höhendifferenz etwa 210 m. 3—4 Std.

Übersicht: Die Führe verläuft unterhalb des Mittelgipfels links der breiten Rinne, die von der Scharte zwischen Mittel- und Westgipfel herabkommt.

Zugang: Auf dem Weg Pisciaduhütte — Gamsscharte (R 53) geht man an der schuttigen bzw. eisigen Rinne, die von der Scharte zwischen Gamsburg und Ostgipfel der Mesules herabkommt, in südwestl. Richtung vorbei. Der E befindet sich dort, wo der Schutt bzw. Schnee am höchsten gegen eine von Wasser durchflossene, gelbe Rinne hinaufreicht. ¾ Std.

Führe: Über eine etwa 5 m hohe plattige Wandstufe in die oben erwähnte Rinne und durch diese so weit hoch, bis der Weiterweg auf dem linksseitigen, brüchigen Grat möglich wird. Auf ihm zu einer Scharte, von der aus man über plattige, steile Schrofen einen Gipfelaufbau zunächst links, dann rechts umgeht, um die obere Schneerinne zu erreichen. Nach deren Überquerung und einer Steilstufe zu einem charakteristischen, weithin sichtbaren Felsfenster, hinter dem die breite Rinne liegt, welche von der Scharte zwischen Mittel- und Westgipfel herabkommt. Auf einem etwa 20 m langen, waagrechten Band nach links, um auf Schnee bzw. Fels und durch Rinnen die Hochfläche in unmittelbarer Nähe des Mittelgipfels zu erreichen.

● 220 **Gamsburg,** 2948 m

Erste Ersteigung durch H. Lorenz, M. und Th. von Smoluchowski und V. Wessely am 13. August 1892 im Rahmen einer Gesamtüberschreitung Gamsburg — Piz Selva (Mt. 1893—35). Die Gamsburg (ital. **Castello dei Camosci)** setzt das Mesules-Massiv, von dem sie durch eine Scharte getrennt ist, nach NO fort und bildet zusammen mit dem Sass da Lec einen Kamm, der die orogr. linke Begrenzung des Vallon del Pisciadu ergibt und nördl. auf dem großen Schuttband fußt, das bis vom Piz de Ciavazes herüberzieht. Zwischen Gamsburg und Sass da Lec findet sich eine tiefe und weithin sichtbare Scharte **(Forcella del Sass da Lec,** 2855 m), zu der von beiden Seiten Rinnen hochführen. Dieser Gipfel wird kaum besucht, obwohl auch er eine schöne Aussicht bietet.

● 221 Normalweg

H. Lorenz, M. und Th. von Smoluchowski sowie V. Wessely am 13. August 1892, indem sie von N die Forcella del Sass da Lec erstiegen (Mt. 1893—35).
I. Teilweise Schutt und brüchiges Gestein. Als selbständige Bergfahrt trotz schöner Ausblicke kaum lohnend.
Höhendifferenz etwa 250 m vom Weg im Vallon del Pisciadu. 1½—2 Std. von der Pisciaduhütte.
Siehe Abb. Seite 201

Anstieg: Von der Pisciaduhütte auf einem Steig an der orogr. linken Seite des Vallon del Pisciadu so weit hoch, bis die Hütte beim Rückwärtsschauen gerade verschwindet. Rechts oberhalb gewahrt man nun die breite Forcella del Sass da Lec, die über Schuttfelder mühsam erstiegen wird. (Hierher auch über Schutt bzw. Eis durch die nördliche Rinne).

Nun westl. über einen Geröllhang hoch, der sich zu einem breiten Band verschmälert und über dieses Band zu einer Schulter. Weiter in eine Schuttrinne der N-Wand und in dieser etwa 50 m empor in die rechte Hälfte der sie abschließenden, von einem Zacken geteilten Scharte. Schließlich zum Fuß der beiden Gipfelblöcke, deren südlicher (und höherer) durch einen Kamin erstiegen wird. (Zt. 1900—345)

● 221a Variante zum Normalweg (R 221)

F. Graf und P. Waitz am 17. Juli 1901 (Zt. 1904—391). Vermeidet die manchmal vereiste Rinne nach der Schulter und ist kürzer.

Variante: Von der Schulter etwa 7 m empor zu einem guten Band, auf diesem nach rechts und hinab in die Scharte mit dem Zacken.

● 221A Abstieg auf dem Normalweg (R 221)

I. Teilweise Schutt und brüchiges Gestein. ½—1 Std. zur Forcella del Sass da Lec.

Vom südl. Gipfelblock durch einen Kamin an dessen Fuß hinab und in eine von einem Zacken geteilte Scharte. Etwa 50 m in der hier ansetzenden Schuttrinne der N-Wand abwärts, dann zu einer Schulter. Von hier auf einem breiten Schuttband, das allmählich in einen Geröllhang übergeht, zur Scharte hinab.

● 222 Nordwand

C. Bellodis und C. Zardini am 29. Juli 1956 (A.V. 1969—179).

VI (im Verlaufe einer SL), sonst V und leichter. Kaum begangen. Von den 24 H beließen die Erstbegeher 4.

Wandhöhe etwa 200 m, 4—5 Std.

Siehe Abb. Seite 229

Übersicht: Etwa rechts ihrer Mitte wird die N-Wand durch einen senkrechten Riß, der oben in eine große Verschneidung übergeht, gespalten. Die Führe entwickelt sich längs dieses Riß-Verschneidungs-Systems.

Zugang: Auf dem Weg Pisciaduhütte — Gamsscharte (R 53) bis in die Nähe des kleinen Sees nördl. der Gamsburg. Über Schutt zum E am Beginn eines Risses wenige Meter links des oben erwähnten Systems. ½ Std. von der Hütte.

Führe: Etwa 50 m durch diesen Riß empor, bis man auf einer Felsleiste 4 m nach rechts queren kann. Nun 30 m zwischen den beiden Rissen weiter. Unter einer gelben Wand quert man auf einem schmalen Band in einen überhängenden Riß, der 40 m (VI) verfolgt wird. Rechts über die Wand hoch in Richtung der großen Verschneidung, die oben durch ein kleines Dach abgeschlossen wird. Dieses umgeht man links und erreicht bald ein großes Band. Die linke Begrenzungskante der Verschneidung führt zum Grat und dieser zum Gipfel.

● 223 Von Westen
A. Stradal am 7. August 1899 (Mt. 1900—152).
I. Nicht lohnend. Höhendifferenz etwa 250 m. 1½ Std.

Anstieg: Auf dem Weg Pisciaduhütte — Gamsscharte (R 53) so weit in südwestl. Richtung, bis man zur Mündung der schuttigen Rinne, welche die Gamsburg von der Mesules trennt, einbiegen kann. Durch diese Rinne hoch bis zu einem guten Band, auf dem man nach links quert. Über schlechten Fels empor und rechtshaltend zur Mitte zwischen der Rinne und der gelben Schlußwand links. Dann über ein bequemes Band nach rechts zur Scharte zwischen Gamsburg und der Mesules, von der aus man einen Vorgipfel und nach Überschreitung einer Scharte den Gipfel erreicht.

● 223a Variante zum Anstieg von Westen (R 223)
K. Bindel, Hofbauer und J. Kostner am 19. August 1900 (Zt. 1900—345).

Variante: Wie bei R 223, doch durch die ganze Rinne zur Scharte.

● 224 Gratübergang zur Mesules
Siehe R 218.

● 225—229 frei für Nachträge

● 230 Sass da Lec, 2935 m

Erste Ersteigung durch H. Lorenz, W. Merz, M. und Th. von Smoluchowski sowie V. Wessely am 8. August 1892, nachdem schon mehrere Seilschaften gescheitert waren (Mt. 1893—34). Manchmal wird dieser Berg auch **Sass da Lec del Pisciadu** genannt, um ihn vom Piz da Lec, nämlich dem Boèseekofel (R 471) besser zu unterscheiden. Weiterhin findet sich auch — vornämlich in der älteren Literatur — der schöne Name **Pisciaduseekofel.** Mit dieser mächtigen Pyramide, durch die Forcella del Sass da Lec von der Gamsburg abgespalten, endet der Kamm, welcher, bei der Mesules beginnend, das Vallon del Pisciadu orogr. links begleitet. Gelbliche Wände und ein gezackter NO-Grat geben dem Berg ein auffallendes Äußeres, das Gestein selbst ist meist brüchig, die Felsen vielfach mit Schutt bedeckt. Einige der Gipfel des NO-Grates tragen eigene Namen: Der erste kantige Turm (von NO her gezählt) heißt **Torre del Sass da Lec** und setzt sich mit einer tiefen Scharte vom übrigen Berg ab. Die folgende, massige Erhebung nennt man

Torre dei Quattro, hinter der nächsten Scharte zieren den Grat einige kühne Gendarme, sodann führt er zu einem unbenannten Hochpunkt, um danach endlich den Hauptgipfel zu erreichen. Der Gipfel, welcher zwei Steinmänner trägt, wird trotz der schönen Aussicht nur selten besucht, allerdings bieten benachbarte und bequemer zu erreichende Berge entsprechende landschaftliche Eindrücke. (Siehe Abb. Seite 201.)

● 231 Normalweg

W. Merz und Graf Wickenburg 1893 im Abstieg (Zt. 1900—342).

I mit einigen Gehpassagen. Meist Schutt oder brüchiger Fels; als selbständige Bergfahrt nicht lohnend, obwohl sie sich nach K. Bindel zu einem „reizenden Cabinetstückchen der Touristik" gestaltet. Höhendifferenz 78 m, Anstieg bedeutend länger. 30 Min.

Siehe Abb. Seite 201

Zugang: Von der Pisciaduhütte wie bei R 221 zur Forcella del Sass da Lec und südseitig wenige Meter eben hin zum E am Beginn einer schuttigen und brüchigen Rinne. 1 Std.

Führe: Durch die Rinne empor zum Grat und jenseits über einen Schutthang rechts des Grates etwa 50 m ansteigen zu einem Steinmann am Grat. Auf der anderen Seite des Grates über ein sehr breites Schuttband waagrecht nach NO bis zu einer Kante, dahinter eben weiter auf dem jetzt viel schmäleren Band zu einer schuttplatzartigen Verbreiterung. Von hier etwa 30 m schräg rechts ansteigend zu einer wenig ausgeprägten Scharte. Auf einem Bnad wird nordseitig so weit nach O gequert, bis man mit wenigen Schritten auf den Gipfel steigen kann. (Pracht)

● 231 A Abstieg auf dem Normalweg (R 231)

I, mit einigen Gehpassagen. 20 Min. bis zur Forcella del Sass da Lec.

Vom Gipfel (und zwar von der nordöstl. der beiden je von einem Steinmann markierten Erhebungen) wenige Meter auf dem Grat in nordöstl. Richtung, dann leicht 2 m hinab auf ein breites Band, das in Richtung Gamsburg bis zu einer Scharte gequert wird. Von hier nordseitig über einige Stufen, Bändchen und Rinnen etwa 30 m schräg rechts (orogr.) hinab auf ein Geröllplätzchen, das von einem Band in Richtung Gams-

Nordöstlicher Teil der Mesulesgruppe von Süden ►

R 41 Zur Bamberger Hütte
R 221 Zur Forcella del Sass da Lec

Sass da Lec
R 231 Normalweg

Torre del Sass da Lec
R 238 Von Osten
R 379 Normalweg auf die Pisciaduspitze

Gamsburg
Sass da Lec
Forc.del Sass da Lec
231
221
Geislergruppe
Puezgruppe
Torre dei Quattro
Torre del Sass da Lec
238
41
379
Val de Tita

burg fortgesetzt wird. Auf diesem Band querend um eine Kante, jenseits auf dem nun erheblich breiteren Band weiter zur Gratkante oberhalb der Forcella del Sass da Lec. Nun südseitig in Gratnähe etwa 50 m hinab bis zu einer Scharte rechts eines auffallenden hinausragenden Felsriffes. Durch die hier ansetzende steile, schuttige und brüchige Rinne hinab und rechts eben hin zur nahen Forcella. (Pracht)

● 232 **Südwestgrat (Variante zum Normalweg, R 231)**
H. Lorenz und A. Wagner am 9. Oktober 1896 (Mt. 1897—142).
II. Sehr brüchig und kaum begangen. 30 Min.

Variante: Von der Scharte über den gesamten Grat direkt zum Gipfel.

● 233 **Nordostgrat**
J. Baumgärtner und K. Vltavski am 17. August 1910 (Mt. 1911—64).

II, meist jedoch leichter. Teilweise unsicheres Gestein; der lohnendste Anstieg auf den Sass da Lec. Höhendifferenz etwa 250 m, Anstieg bedeutend länger. 1½—2 Std.

Übersicht: Die Führe verläuft durch den nordwestseitigen Kamin zwischen Torre del Sass da Lec und Torre dei Quattro, dann stets weit unterhalb des Grates auf der NW-Seite des Torre dei Quattro zu deren Gipfel, nach der folgenden Scharte ansteigend rechts, an einem kühnen Gendarmen vorbei, zum Vorgipfel und Hauptgipfel.

Zugang: Von der Pisciaduhütte ansteigend zum Fuß der Torre del Sass da Lec, nördl. an diesem Turm vorbei und zum E am Beginn des Kamins, welcher auf der von der Hütte abgewandten Seite die Torre del Sass da Lec vom Torre dei Quattro trennt. ½ Std.

Führe: Durch den Kamin in die Scharte und über ein Band schräg linkshaltend auf einen Geröllplatz. Nun mittels eines felsigen Bandes, das immer breiter wird, nach rechts hinauf, dann jenseits einer Sekundärkante in die W-Wand des Torre dei Quattro und über gut gestuften Fels zu dess Gipfel. Ohne Schwierigkeiten in die nächste Scharte hinab, dann wieder ansteigend rechts an einem kühnen Gendarmen vorbei, um über ein Band rechts aufwärts zum nordöstl. Vorgipfel zu gelangen. Entlang des Grates nach kurzem Zwischenabstieg zum Hauptgipfel.

● 234 **Von Norden**
H. Lorenz, W. Merz, M. und Th. von Smoluchowski und V. Wessely am 8. August 1892 anläßlich der Erstersteigung (Mt. 1893—34).
II. Teilweise schlechter Fels; selten begangen.
Höhendifferenz etwa 230 m. 1½—2 Std.

Übersicht: Die Führe verläuft meist links der Schlucht, die von der Scharte zwischen dem nordöstl. Vorgipfel und dem Hauptgipfel herabkommt, und gewinnt so den Vorgipfel. Über den Verbindungsgrat gelangt man zum Hauptgipfel.

Zugang: Von der Pisciaduhütte wie bei R 233 nördl. am Torre del Sass da Lec vorbei und zum E am Fuße der oben erwähnten Rinne. ½ Std.

Führe: Durch diese Rinne nur wenig hoch, bis man nach links über ein schmales Band hinausqueren kann. Nach einem lockeren Felskopf über gestuftes Gelände leicht empor zum Vorgipfel und wie bei R 233 über den Verbindungsgrat zum Hauptgipfel.

● 235 **Torre dei Quattro,** 2888 m

Erste Ersteigung durch J. Baumgärtner und K. Vltavski am 17. August 1910 anläßlich der Erstbegehung des NO-Grates des Sass da Lec (Mt. 1911—142). Ein massiger Felsklotz in diesem Grat, der keine selbständige touristische Bedeutung besitzt und lediglich bei einer Begehung dieses Grates überschritten wird (siehe auch R 233).

● 236 **Torre del Sass da Lec,** etwa 2800 m

Erste Ersteigung durch L. Rizza und Beatrice Tomasson am 15. Juli 1900 (Cas. 1937—400). Dieser manchmal nach der Erstersteigerin, aber auch **Kiene-Turm** benannte Eckpfeiler stellt die letzte Erhebung des Grates dar, der von der Mesules nach NO verläuft (siehe R 230), und ist durch eine deutliche Scharte vom Torre dei Quattro getrennt. Einige kurze Klettereien führen zu diesem gut hundert Meter hohen Turm.

● 237 **Normalweg**

L. Rizzi und Beatrice Tomasson am 15. Juli 1900 (Cas. 1937—400).
III. Hübsche, doch kurze Kletterei.
Höhendifferenz etwa 120 m. 1 Std.

Zugang: Von der Pisciaduhütte wie bei R 233 zum E. ½ Std.

Führe: Wie bei R 233 in die Scharte und auf einem schmalen, mehrmals unterbrochenen Band in nördl. Richtung bis zur N-Kante. Über diese so weit hinauf, bis man nach links in weniger schwierige Felsen ausweichen kann. Nun vollends direkt zum Gipfel.

● **238** **Von Osten**

E. und K. Kiene im Jahre 1910 (Cas. 1937—400).
III+. Hübsche, doch kurze Kletterei.
Einige ZH und SH vorhanden. Höhendifferenz etwa 120 m. 1½ Std.
Siehe Abb. Seite 201

Zugang: Von der Pisciaduhütte westl. ansteigend zum E am Fuße des Kamins, der von der Scharte zwischen den beiden Türmen herabkommt. 20 Min.

Führe: Im Kamin empor zu einem Klemmblock und auf einem Band etwa 10 m nach links zu Stand am Massiv des Torre dei Quattro. Spreizend zurück an den Torre del Sass da Lec bei einem Band. Rechtshaltend erreicht man durch eine Rinne den Grat und durch einen kurzen Kamin den Gipfel.

● **239** **Nordostwand**

M. Auckenthaler und H. Buratti am 17. Juli 1932 (Mt. 1933—236). Irrtümlicherweise werden auch M. Noggler und F. Peroso als Erstbegeher genannt (Riv. 1934—618).
VI— (2 Stellen), sonst V und leichter. Sehr schöne, doch kurze Rißkletterei.
Wandhöhe etwa 120 m, Kletterlänge etwa 150 m. 2½—3 Std.

Übersicht: Die Führe verläuft durch den Riß, der mitten durch die Wand zieht.

Zugang: Von der Pisciaduhütte in westl. Richtung ansteigend zum E am Beginn des Risses. 20 Min.

Führe: Durch den linken, etwas brüchigen Teil des Risses (VI—) 30 m empor zu Stand. Weiter im Riß und über einen Überhang (VI—) hinweg zu weniger steilem Gelände, das auf den Gipfel führt.

● **240—241** frei für Nachträge

2. Murfreidgruppe

● 242 **Mesules dla Bièsces,** 2409 m

Kein eigentlicher Gipfel, sondern eher ein großer, langgezogener Sockel, der das NW-Eck der Sellagruppe formt und auf dem die beiden weithin sichtbaren Murfreidtürme stehen. Er geht nach S mit einem teils begrünten, teils schuttigen Hang in das Val Gralba über, nordseitig dagegen fällt er mit steilen, etwa 200 m hohen, durch turmartige Vorsprünge gegliederten Wänden zum **Val de Frea** ab. Dabei hebt sich der mittlere kantige Turm, welcher zwei Kamine besitzt, besonders ab; er heißt **Westlicher Mesulesturm,** 2337 m, sein linker, etwas massigerer Nachbar ist der **Östliche Mesulesturm,** 2332 m. Weiterhin zieht die SW-Wand wenig oberhalb der Straßenkreuzung Wolkenstein — Grödnerjoch — Sellajoch mit ihrem senkrechten gelben Schild die Aufmerksamkeit auf sich. Gleich rechts davon stürzt im Sommer ein aus dem Val Gralba gespeister Wasserfall in die Geröllhalden. Die Führen auf diese unbedeutende Erhebung werden nur selten begangen und sind bis auf wenige Ausnahmen kaum lohnend.

● 243 **Normalweg**

Wahrscheinlich durch Jäger und Hirten zum ersten Male begangen. Leichtes, doch teilweise mühsames Gehgelände. Einige Steigspuren; Routenverlauf gut auffindbar. Als selbständige Bergfahrt ohne Bedeutung. Höhendifferenz etwa 500 m. 2 Std.

Siehe Abb. Seite 187, 213 und 219

Anstieg: Von der Straße Sellajoch — Wolkenstein etwa 500 m oberhalb der Abzweigung Wolkenstein — Grödnerjoch — Sellajoch übersetzt die Straße zum Sellajoch (bei Km 26) einen Bach, der während des Sommers in Form eines Wasserfalles aus dem Val Gralba herabstürzt. Von der Brücke (einige Parkplätze) orogr. links des allerdings meist trockenen Bachbettes durch Latschen und Buschwerk hinauf, dann im Bachbett weiter zu einer versteckten Schlucht vor der großen Plattenwand mit dem Wasserfall. Durch diese Schlucht mühsam hoch und über Schutt zu einem nur schlecht erkennbaren Steiglein. Auf ihm nach links (N) in das **Val Gralba** und in einem großen, ansteigenden Bogen unter dem Großen Murfreidturm hindurch nach links auf den Rasenrücken, der ostwärts gegen den Großen Murfreidturm mit einigen Felszacken aufsteilt. (Pracht)

● **243 A** **Abstieg auf dem Normalweg (R 243)**
Gehgelände über Gras und Schutt. Teilweise Steigspuren. 1 Std.

Vom Grasrücken rechts über teilweise felsdurchsetzte, hübsche Wiesen schräg hinab in das Val Gralba zu einem von oben gut erkennbaren Steiglein, das unter den Wänden des Piz Miara hindurchzieht. (Nicht versuchen, durch das Val Gralba direkt abzusteigen; Wasserfall!) Nach der ersten Riesenblockgruppe verläßt man das Steiglein nach rechts, um (teilweise Steigspuren) eine unterhalb davon hinabziehende Rinne zu erreichen. Durch sie und ihre bachbettartige Fortsetzung in flaches Gelände und schließlich zur Straße.

● **244** **Nordkante**
G. Peroso und G. B. Vinatzer am 15. August 1936 (Cas. 1937—403).
III und leichter. Überwiegend Kaminkletterei, der als selbständige Bergfahrt keine Bedeutung zukommt, sondern allenfalls einen Zustieg zur NO-Wand des Großen Murfreidturmes darstellt.
Wandhöhe etwa 130 m. 1 Std.
Siehe Abb. Seite 219

Übersicht: Aus der Scharte zwischen den beiden Murfreidtürmen zieht nach N eine Rinne bis in das Geröllkar herab. Die Führe verläuft durch das Kaminsystem orogr. links dieser Schlucht und endet auf der großen Schutterrasse.

Zugang: Die Straße Wolkenstein — Grödnerjoch verläßt man bei Km 3 und steigt über Gras und Schutt in die große Einbuchtung unterhalb der beiden Murfreidtürme. Rechtshaltend zum E am Beginn des Kaminsystems. 20 Min.

Führe: Durch den Riß zu einem gelben Zacken und weiter durch einen 25 m hohen Kamin zu einem weiteren Zacken. In einem Kamin mit Klemmblock schräg links zu einer kleinen Terrasse, wo sich der Riß teilt. Mittels des linken Risses erreicht man schließlich den Ausstieg. (Will man sofort absteigen, so benützt man das Steiglein, welches auf der Terrasse nach links in das Geröllkar zurückführt.)

● **245** **Östlicher Mesulesturm, Ostkante**
H. Holzer am 20. September 1969 (Inf. H. Steinkötter).
IV+ (eine Passage), sonst IV und III. Überwiegend Wandkletterei.
Wandhöhe etwa 130 m. 1½ Std.
Siehe Abb. Seite 219

Übersicht: Aus der Scharte zwischen den beiden Murfreidtürmen zieht nach N eine Rinne bis in das Geröllkar herab. Die Führe verläuft rechts von R 244 und endet bei einem weithin sichtbaren Baum.

Zugang: Die Straße Wolkenstein — Grödnerjoch verläßt man bei Km 3 und steigt über Gras und Schutt in die große Einbuchtung unterhalb der beiden Murfreidtürme. Rechtshaltend zum E bei einem eigenartig geformten Block. 20 Min.

Keine weiteren Informationen.

• 246 Westlicher Mesulesturm, Ostwandriß

G. Peroso und G. B. Vinatzer im Jahre 1936 (Inf. H. Steinkötter).
V+ (2 Stellen), sonst V und leichter. Sehr selten begangen.
Wandhöhe etwa 200 m. 3—5 Std.
Siehe Abb. Seite 219.

Übersicht: Die Führe verläuft anfangs durch die Ostwand des Turmes, dann durch die Nordseite bis zum höchsten Punkt.

Zugang: Von der Straße Wolkenstein — Grödnerjoch zwischen Km 2 und Km 3 über Gras und Schutt hinauf zu dem auffallenden Turm, der durch zwei tiefe Kamine vom eigentlichen Massiv abgespalten wird. Der E befindet sich östl. des Turmes in der Schlucht bei einem großen Block. 25 Min.

Keine weiteren Informationen vorhanden.

• 247 Westlicher Mesulesturm, Nordwestriß

G. Demetz und Agnese Groppello am 8. September 1936 (Cas. 1937—403).
IV. Anstrengende Kaminkletterei, die nur bei trockenen Verhältnissen angegangen werden sollte.
Wandhöhe etwa 225 m. 3 Std.
Siehe Abb. Seite 219

Zugang: Von der Straße Wolkenstein — Grödnerjoch zwischen Km 2 und Km 3 über Gras und Schutt hinauf zu dem auffallenden Turm,der durch zwei tiefe Kamine vom eigentlichen Massiv abgespalten wird. Der E befindet sich am Beginn des rechten (westl.) Kamins. 20 Min.

Führe: Durch den glatten, dunklen Kamin etwa 80 m hinauf, dann durch den überhängenden Teil weitere 40 m empor. Nun im linken der beiden hier ansetzenden Äste zum Ende des Pfeilers und über eine 30 m hohe, glatte Wand, die von einem Riß durchzogen wird, schwierig in leichtes Gelände.

● 248 Westlicher Mesulesturm, Westwand

H. Holzer im Alleingang am 13. Juni 1971 (Inf. S. Walzl).
IV, größtenteils II und leichter. Die schwierigen Stellen befinden sich im obersten Fünftel der Wand. Selten begangen. Wandhöhe etwa 200 m. Zeit des Erstbegehers ¾ Std.

Übersicht: Die Führe verläuft mitten durch die W-Wand bis zu einem überdachten Band in ¾ Wandhöhe und erreicht danach durch eine ansteigende Linksquerung einen kurzen Kamin. Nach diesem hält sie sich schwach rechts und gewinnt, rechts an einem Dachl vorbeiziehend, den baumbestandenen Gipfel.

Keine weiteren Informationen vorhanden.

● 249 „Sieglindekante“

H. Holzer und Sieglinde Walzl am 12.6.1971 (Lan. 1974—82).
V, aufgeteilt wie folgt: Eine Seillänge V, zwei Stellen V—; häufig IV— und IV, kaum leichter als III. ♂-SL in Wandmitte.
Luftige Kletterei in allerbestem und griffigem Fels.
6 H und der HK wurden von den Erstbegehern belassen.
Wandhöhe etwa 200 m. 3—4 Std.
Siehe Abb. Seite 219

Übersicht: Rechts des Östl. Mesulesturmes gewahrt man eine Schlucht, die rechts (W) eine Kante formt; am Fuß dieser Kante befindet sich eine auffallende Felsnadel. Die Führe verläuft im unteren Drittel links, im mittleren rechts und schließlich wieder links dieser Kante.

Zugang: Von der Straße Wolkenstein — Grödnerjoch zwischen Km 2 und Km 3 über Gras und Schutt hinauf zu der Schlucht, die rechts des Turmes von R 247 herabkommt, und durch diese ein Stück empor. Über Schrofen nach rechts zu einem markanten Turm und durch eine weitere Rinne zum E jenseits eines großen Blockes in Fallinie eines riesigen Kamins. 20 Min.

Führe: 1. SL: Einige Meter gerade hinauf, dann über eine Platte nach rechts zu einem Wasserstreifen unter dem riesigen Kamin und zwischen Überhängen um eine kleine Kante herum nach rechts zu Stand (III, IV und IV+). **2. SL:** Durch ein feines S-förmiges Rißsystem weiter zu Stand links eines neuerlichen feinen Rißsystems (III, IV und IV+). **3. SL:** Über fast senkrechte Platten zu Stand unter einem gelben Überhang (IV+ und V—). **4. SL:** Weiter durch den von einer Felsschuppe gebildeten Riß zu Stand rechts in einer kleinen Scharte zwischen dem Schuppenzacken und der Wand (III, III+). Es folgt die ♂SL.

5. SL: Etwa 2 m nach rechts um die Kante in einen versteckten, stark überhängenden Riß und in diesem (HK) hinauf zu Stand bei einer Sanduhr unterhalb einer gelben Nische (V). **6. SL:** Links von diesem Stand, doch rechts der Kante, durch ein Rißsystem zu Stand auf dem ersten Kantenabsatz (IV). **7. SL:** Durch einen seichten Kamin rechts der Kante gerade hinauf und linkshaltend zu Stand links der Kante (IV—, III). **8. SL:** Weiter über gestuften Fels nach rechts zu Stand an der Kante (III+, III). **9. SL:** Schließlich linkshaltend zum Gipfel (I und II). (S. Walzl)

● 250 Westwand

G. Demetz u. Agnese Groppello, 28. 8. 1936 (Cas. 1937-403).
V (eine Stelle), sonst drei Stellen IV +, häufig IV und IV—, selten leichter. ☍ in der ersten Seillänge.
Abwechslungsreiche Kletterei in allerdings morschem und brüchigem Gestein; nicht zu empfehlen. Selten begangen.
Die meisten ZH und SH vorhanden, dazu häufig natürliche Sicherungsmöglichkeiten.
Wandhöhe etwa 210 m, Kletterlänge etwa 270 m. 3—4 Std.

Übersicht: Von der **Sella del Culac** (Km 2 der Straße Wolkenstein — Grödnerjoch) zieht ein begrünter Rücken zum Wandfuß und geht dort in eine schwach ausgeprägte Kante über, die von der NW-Wand und der W-Wand der Mesules dla Biesces geformt wird. Die Führe verläuft knapp rechts dieser Kante, gewinnt bald eine schrofige Mulde mit einem verdorrten Baum, um dann am rechten Rand des großen Trichters die Gipfelwiese zu erreichen.

Zugang: Über den oben erwähnten begrünten Rücken auf deutlichen Steigspuren zum Wandfuß. Der E befindet sich in Verlängerung des Rückens oberhalb einer kurzen, steilen Stufe, etwa 20 m rechts einer Fernsehantenne (!). 15 Min.

Führe: 1. SL: Über eine Wandstelle rechtshaltend (IV—, 1 H) in einen kurzen, glatten Kamin (IV, 1 H), der nach links verlassen wird (V); durch eine Verschneidung (IV, 1 H) zu Stand unter einer gelben Wand (30 m). **2. SL:** Mittels eines Risses (IV +, 1 H) wird die gelbe Wand überklettert, dann nach links zu einem Absatz mit einem großen Köpfl, weiter querend auf ein kleines Schuttplätzchen (Haken mit Karabiner). Gerade über den Überhang hoch (IV) und nach links in einen Rißkamin (IV +), den man bei einer großen Sanduhr nach rechts verläßt: gerade hoch (IV—) zu Stand auf einem Schuttfleck (35 m). **3. SL:** In großem Bogen durch das schrofige Gelände einer Mulde nach links hinauf, zu einem verdorrten Baum (30 m, I). **4. SL:** Etwas oberhalb durch die Mulde zurück nach rechts zu einem gelben, oben überhängenden Kamin und durch ihn (II und III) zu bequemem Stand an Klemmblöcken etwa 5 m unterhalb des Überhanges (30 m). **5. SL:** Durch den Kamin weiter, nach Überwindung des Überhanges (III+) rechtshaltend (III) in einen weiteren Kamin mit Klemmblock, den man hinten überklettert. Am Ende des Kamins linkshaltend (IV—) über grasdurchsetztes Gelände links aufwärts zu Stand (35 m). **6. SL:** Linkshaltend in einen langen Kamin mit einem Überhang, durch ihn ein Stück hinauf (III) und nach links oben zu Stand in gestufter Wand zwischen dem soeben verlassenen und einem weiteren, breiten Kamin (34 m). **7. SL:** Über diese Wand noch so weit hoch (IV), bis man oberhalb des Überhanges wieder in den vorher verlassenen Kamin zurückqueren kann; durch den Kamin (III) vollends hinauf und nach rechts zu Köpflstand (32 m). **8. SL:** Über die hier rechts einer gelben Wand ansetzende Rippe gerade hoch zu bequemem Stand mit einem großen Sicherungszacken (20 m, III+). **9. SL:** Nach links unter einem Überhang hindurch in eine kurze Verschneidung, danach durch eine weitere Verschneidung zu Stand im Grasgelände der Gipfelkuppe (28 m, III und IV—). (Pracht)

● 251 Direkte Westwand

H. Holzer und Sieglinde Walzl am 6. Juni 1971 (Inf. S. Walzl). Von den Erstbegehern auch als „Seppele-Gedächtnisweg" bezeichnet.

IV+/A1, aufgeteilt wie folgt: Vier Stellen IV+, eine Stelle A1; sonst IV, häufig leichter.

Wandhöhe etwa 200 m. 2—3 Std.

Übersicht: Die Führe verläuft in annähernd gerader Linienführung durch eine Reihe von Kaminen zwischen der unter R 250 erwähnten schwach ausgeprägten Kante und einem tiefen Kaminsystem in der oberen Wandhälfte.

Zugang: Von der Sella del Culač wie bei R 250 an den Wandfuß und nach rechts zum E. 15 Min.

Führe: 1. SL: Rechts einer Kante hoch auf ein Bändchen (IV—), über einen Überhang (A1), bei einer Leiste in einer Rechts-Links-Schleife (IV+ und IV) weiter und hoch (IV+, III) zu Stand unterhalb eines Kamin. **2. SL:** Linkshaltend einen Rampenriß empor und weiter zu Stand bei einem Felsköpfl linker Hand (II und III). **3. SL:** Rechts an einem Amphitheater vorbei und schließlich scharf links zu Stand (II und I). **4. SL:** Durch Kamine gerade hoch zu Stand (IV— und III+). **5. SL:** Weiter in Richtung eines gelben Felszackens, rechts an ihm vorbei zu Stand in einer Nische (III und IV). **6. SL:** Zuerst längs einer Kante (IV), dann durch einen Rißkamin (IV+) zu Stand wenig unterhalb der Hochfläche. **7. SL:** Kurz nach rechts (II) und durch einen Kamin (I) auf die Wiese.

● **252** **Südwestwand**

C. Danese und V. Malsiner am 11./13. Juni 1963 (Alp. 1965/9).

VI+/A2, A3 (nach Angaben der Erstbegeher), aufgeteilt wie folgt: 80 m VI+/A2, A3; 100 m VI, sonst IV+ und leichter. Meist Riß- und Hakenkletterei; selten begangen. 30 H wurden von den Erstbegehern belassen; empfehlenswert sind zwei HK (30—35 cm lang). Weiterhin werden 50 m-Seile benötigt. Wandhöhe etwa 350 m, Kletterlänge etwa 450 m. Zeit der Erstbegeher: 26 Std.

Siehe Abb. Seite 187

Übersicht: Der zentrale Teil der SW-Wand ist auffallend gelb gefärbt und weist einen senkrechten, durch eine angelehnte Riesenplatte gebildeten Riß auf. Die Führe gewinnt über eine graue, von links unten nach rechts oben verlaufende Rampe den Beginn dieses Risses, überwindet oberhalb desselben eine Dachzone und und endet rechtshaltend auf der Gipfelwiese.

Zugang: Von der Straße Wolkenstein — Sellajoch in unmittelbarer Nähe der Abzweigung zum Grödnerjoch (Km 26) über begrüntes Gelände zum E am Beginn der oben erwähnten Rampe. 30 Min.

Führe: Rechtshaltend in Richtung der markanten Rampe und auf ihr (IV) nach 5 SL zu der angelehnten Platte in Wandmitte. Links im Riß zwischen Platte und Wand (VI, HK) nach 3 SL auf die Platte; guter Biwakplatz. Gerade weiter (VI/A3) und nach Überwindung des Daches zu Stand. Weiter 4 SL gerade hinauf (VI) und rechtshaltend in weniger schwieriges Gelände, über das man (III+) den Gipfel erreicht.

● **254—257** frei für Nachträge

● **258** **Großer Murfreidturm,** 2724 m

Erste Ersteigung durch H. Delago am 28. Juni 1896, „der durch seine Marschleistungen und die sich anschließenden erfolgreichen hochtouristischen Unternehmungen die touristische Welt in Staunen gesetzt.“ (Zt. 1900—351). Der ladinische bzw. italienische Name lautet **Gran Ciampani de Murfreid** bzw. **Grande Campanile del Murfreid;** hierin bedeutet Murfreid „kalte Wand“ und bezieht sich auf die ganze W-Seite der mittleren Terrasse vom Piz de Ciavazes bis zum Val Culea. Der Große Murfreidturm, ein außergewöhnlich auffallendes und mächtiges Felsgebilde besonders für den Betrachter am Sellajoch, fußt auf der Mesules dal Biesces und neigt sich ein wenig nach O. Eine tiefe Scharte trennt ihn vom Kleinen Murfreidturm, der von S massig und eher als ein Teil des Hauptmassivs erscheint. Beide Türme liegen unmittelbar nördl. des Val Gralba. Die NO-Wand des Großen Turmes wird des öfteren begangen. (Siehe Abb. Seite 213.)

● 259 **Normalweg**

K. Berger und E. Franzelin am 29. August 1900 anläßlich der zweiten Ersteigung, wobei sie die Wegführung des Erstersteigers etwas änderten (Zt. 1904—393).

III, oft leichter. Brüchig und schuttig, im Anstieg als selbständige Bergfahrt ohne Interesse und daher selten ausgeführt. Höhendifferenz etwa 360 m. 2 Std.

Siehe Abb. Seite 213

Übersicht: Westwärts schließt sich dem Turm eine Zackenreihe an, welche in die Gipfelwiese der Mesules dla Biesces übergeht. Die Führe verläuft durch die nach S offene Schlucht zwischen dem Turm und der Zackenreihe, gewinnt dann den Riesenkamin der N-Seite, um anschließend teilweise links dieses Kamins eine Scharte unmittelbar westlich des Gipfels zu erreichen.

Zugang: Von der Straße Wolkenstein — Sellajoch wie bei R 243 zum unteren Rand der Gipfelwiese der Mesules dla Biesces und nach rechts zum E am Beginn der oben erwähnten Schlucht. 1¾ Std.

Führe: In der Schlucht — einige Klemmblöcke werden überklettert oder man kriecht unter diesen hindurch — zur Scharte zwischen dem Turm und der Zackenreihe. Weiter nach links schräg aufwärts über eine sehr brüchige Wand und oberhalb einer Schrofenpassage unter einen gelben Überhang, der rechts durch einen Kamin umgangen wird. Nun wieder nach links, über Schrofen und Wandeln aufwärts, bis man linksquerend (N) ohne Schwierigkeiten den großen Kamin erreichen kann. Nach einer 15 m hohen, abgewaschenen Stufe und einem darauffolgenden Überhang linkshaltend aus dem Kamin (Schlucht) und empor zu einer gelbroten Wand, die an ihrer rechten Kante umklettert wird. Schwierig nach rechts zurück in den großen Kamin und in diesem durch einen Sekundärkamin in eine Gratscharte unmittelbar rechts (W) des Gipfels. Nach 40 weiteren Höhenmetern zum höchsten Punkt.

Murfreidtürme von Südwesten ►

Mesules dla Biesces
R 243 Normalweg

Kleiner Murfreidturm
R 268 Normalweg
R 272 S-Wand

Großer Murfreidturm
R 259 Normalweg
R 261 Über die W- und S-Wand
R 262 Direkte S-Wand
R 260 A Abstieg nach Süden

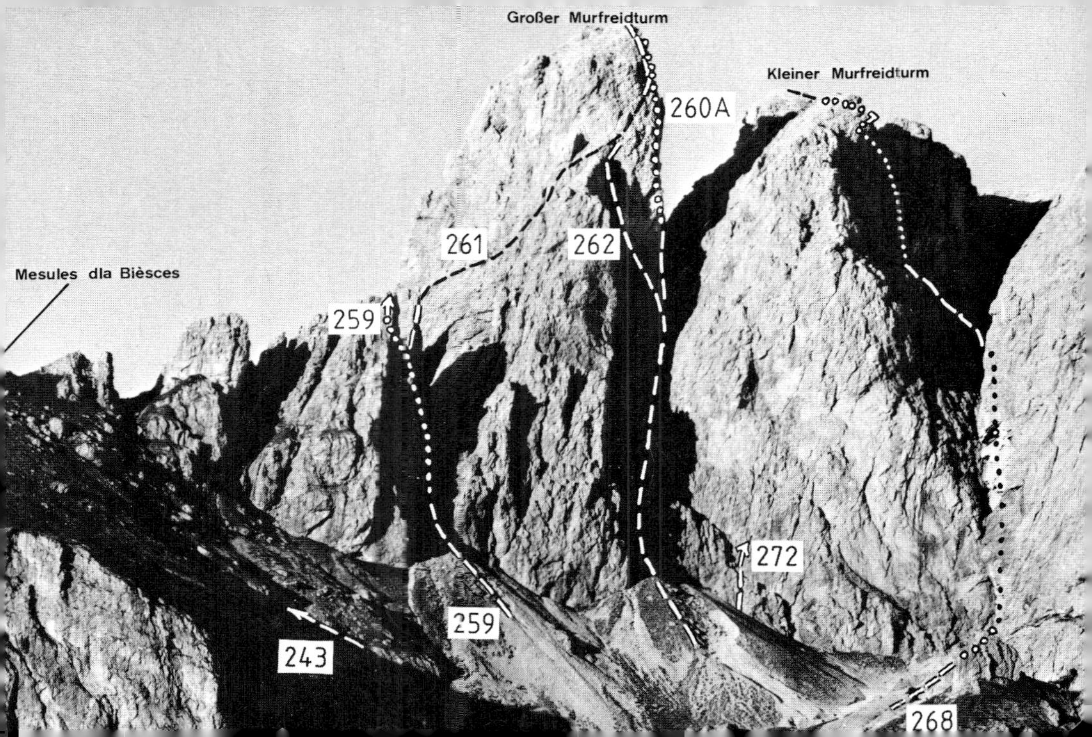
Großer Murfreidturm
Kleiner Murfreidturm
260A
261
262
Mesules dla Bièsces
259
272
259
243
268

● 259 A Abstieg über den Normalweg (R 259)

III, meist leichter. 1½ Std. bis in das Val Gralba.

Vom Gipfel in westl. Richtung in eine Scharte (20 m Abseilen möglich) und durch die dort beginnende Schlucht der NW-Wand bis oberhalb eines langen, überhängenden Kamins hinab. Nun exponierter Quergang nach links (W) zur Scharte zwischen der Zackenreihe und dem Turm. Durch die Schlucht nach S hinunter in die grasigen und schuttigen Hänge des Val Gralba und wie bei R 243 A zur Straße.

(Zt. 1904—395)

● 260 A Abstieg nach Süden

II, meist leichter. Überwiegend Abseilpiste (8 Abseilstellen, Doppelseil erforderlich, davon eine schwierig). 1½ Std. (Siehe Abb. Seite 213.)

Vom Gipfel in westl. Richtung in eine Scharte (20 m Abseilen möglich) und durch den sellaseitigen Kamin etwa 10 m hinab zu AH. 40 m abseilen zu AH an der linken Schluchtwand. 20 m abseilen zu weiterem AH. Etwa 20 m abseilen, und zwar entweder überhängend und gerade hinab, anschließend schräg rechts empor zu AH oder sofort schräg links (orogr.) schwierig abseilen zum selben AH. 30 m abseilen in die Scharte zwischen Großem und Kleinem Murfreidturm. Nun durch die Schlucht nach W hinab bis zu riesigem Klemmblock, zweimal abseilen und weiter unten ein letztes Mal abseilen. Schließlich über Schutt in das Val Gralba und wie bei R 243 A zur Straße. (Pracht)

● 261 Über die West- und Südwand

E. Clément und Ch. la Quiante am 11. Juli 1902 (Ö.A.Z. 1902—206).

III, oft leichter. Brüchig und schuttig, kaum begangen.
Höhendifferenz etwa 360 m. 2½—3 Std.
Siehe Abb. Seite 213

Übersicht: Die Führe verläuft wie bei R 259 durch die nach S offene Schlucht, zieht dann von der Scharte nach rechts oben durch die W-Wand bis in die S-Wand und schließlich gerade hinauf zum Gipfel.

Zugang: Von der Straße Wolkenstein — Sellajoch wie bei R 259 zum selben E. 1¾ Std.

Führe: Wie bei R 259 zur Scharte zwischen der Zackenreihe und dem Turm. Nun über eine sehr brüchige Wand erst gerade hinauf, dann schräg nach rechts auf ein Band in der S-Seite. Am Ende des Bandes ein kleines, brüchiges Wandl hinauf zu einem höheren Band, welches so weit nach links verfolgt wird, bis eine steile Schlucht nach rechts zu den auffallend gelben Gipfelwänden hinaufzieht. Durch diese brüchige Schlucht über Kamine und Wandln empor bis kurz vor eine rißartige, ungangbare Verengung und rechtshaltend über eine brüchige Wand hinauf. In derselben Richtung weiter bis unter die gelben Gipfelwände. Im Zickzack auf Bändern schräg rechts empor und in die Schlucht hinab, welche die dem Kleinen Murfreidturm zugekehrte SO-Seite durchzieht. Unschwierig in dieser weiter zur Scharte links unterhalb des Gipfels. Rechtshaltend zum höchsten Punkt. (Zt. 1904—394)

● **262** **Direkte Südwand**

P. Dallamano, G. Masé Dari, R. Ghirardini und P. Massaroli am 17. August 1933 (Riv. 1934—674).

III und leichter. Ansprechende Kletterei, doch selten ausgeführt. Wandhöhe etwa 380 m. 3 Std.

Siehe Abb. Seite 213

Übersicht: Die Führe verläuft anfangs durch die tiefe Schlucht, die zwischen Großem und Kleinem Murfreidturm herabkommt, um dann in ziemlich gerader Linie an der S-Wand nach oben zu ziehen. Mit einer Linksschleife wird schließlich R 261 gewonnen.

Zugang: Von der Straße Wolkenstein — Sellajoch wie bei R 243 in das Val Gralba und steil über Schutt zum E in der oben erwähnten Schlucht. 1¾ Std.

Führe: In der Schlucht hoch, einige große, die Schlucht verschließende Blöcke werden überklettert, bis man eine tiefe Rinne hinter sich gelassen hat, die links zwischen der S-Wand des Großen Murfreidturmes und einer abstehenden Felskulisse herabkommt. Im unteren Drittel der S-Wand findet sich ein kurzer gelber Kamin, von dem eine wenig ausgeprägte und unten überhängende Rißreihe bis zum Schutt herabzieht. Über ein schmales Gesims gewinnt man von rechts nach links die Rißreihe und durch sie den gelben Kamin. Nach dem Kamin rechtshaltend durch schon von unten sichtbare Risse (eine Unterbrechung wird rechts umgangen) zu einer weiten, schuttigen Terrasse an der Kante. Durch Verschneidungen und Risse, die von einem großen Pfeiler gebildet werden, linkshaltend auf diesen Pfeiler. Quergang nach links zum Beginn zweier Kamine und durch den linken zu einer großen Schulter am Fuße der gelben Schlußwände. Weiter auf R 261 zum Gipfel.

● **263** **Nordostwand**

H. Pescosta und Luis Trenker im September 1912 (Ö.A.Z. 1919—17).

IV—, aufgeteilt wie folgt: Zwei Stellen IV—, etwa 20 m III +, oft III und vor allem anfangs leichter. ♂ in der vorletzten SL. Überwiegend Wandkletterei mit einigen Kaminen und Rissen. Empfehlenswerte Führe in gutem Fels.

Verhältnismäßig oft begangen. Die meisten ZH und SH vorhanden, dazu häufig natürliche Sicherungsmöglichkeiten. Wandhöhe etwa 400 m, Kletterlänge etwa 600 m. 4—5 Std. Siehe Abb. Seite 219 und Skizze Seite 217

Übersicht: Die Führe verläuft anfangs links der N-Kante, nach etwa halber Wandhöhe kurz auf deren rechter Seite, um dann leicht steigend die gesamte NO-Wand zu durchqueren. Nach wenigen Metern jenseits der SO-Kante gewinnt sie durch Risse und Kamine der NO-Wand den Gipfel.

Zugang: Die Straße Wolkenstein — Grödnerjoch verläßt man bei Km 3 und steigt über Gras und Schutt in den Bereich der großen Einbuchtung unterhalb der beiden Murfreidtürme. Nun 2 Möglichkeiten: **Entweder** in Fallinie der Scharte zwischen den beiden Türmen über geneigten Fels gerade hoch (links von R 244) auf das breite Schuttband, welches in 2300 m Höhe den Sockel der Türme abschließt. **Oder** zunächst auf der Schutthalde nach links zum Beginn der großen Schlucht, die östl. des Kleinen Turmes herabkommt. Hier trifft man auf ein gut sichtbares Steiglein, das dann über das oben erwähnte Schuttband nach W führt. **Gemeinsam** weiter dem Steiglein folgend zur N-Kante des Großen Turmes. E unmittelbar westl. der Kante bei einer Gedenktafel. 1 Std.

Führe: 1. SL: Linkshaltend über eine graue Platte, dann über eine kurze Steilstufe in grasiges und schuttiges Gelände, schließlich rechtshaltend zu Köpflstand unter Überhängen (40 m, I und II). **2. SL:** Nach rechts um die Überhänge herum und durch eine Rinne jenseits der N-Kante zu Köpflstand auf einem nach links ziehenden Band (40 m, I). **3. SL:** Weiter auf dem Band zu einer Kante und gerade hoch zu Köpflstand (40 m, I). **4. SL:** In Richtung eines kurzen Kamins, links an ihm vorbei und über Stufen zu Köpflstand (35 m, I). **5. SL:** In einer großen Rechts-Links-Schleife und wieder links in einen kurzen Kamin zu Stand an einem Klemmblock (40 m, I und II). **6. SL:** Weiter durch den Kamin (II), nach rechts und durch einen von einer Schuppe gebildeten Kamin (III) zu Köpflstand auf einem Band (30 m). **7. SL:** Kurz absteigen und rechtshaltend zu einem Köpfl an der N-Kante, jenseits der Kante schräg rechts hinauf (III+ und III) zu Stand bei einem H (40 m). **8. SL:** Rechtshaltend in eine große Verschneidung und durch diese zu Stand in ihrem oberen Drittel (40 m, II und III). **9. SL:** Durch die restliche Verschneidung zu ihrem Ende (II), nach links zur N-Kante und schräg links durch schuttiges Gelände zu Stand (35 m). **10. SL:** Über ein kurzes, ansteigendes Band und grasiges Gelände waagrecht nach links zu Stand mit gelbem H (30 m, I und II). **11. SL:** Waagrecht nach links, bei einer SU schräg links hoch zu Stand (35 m, III und III+). **12. SL:** Noch

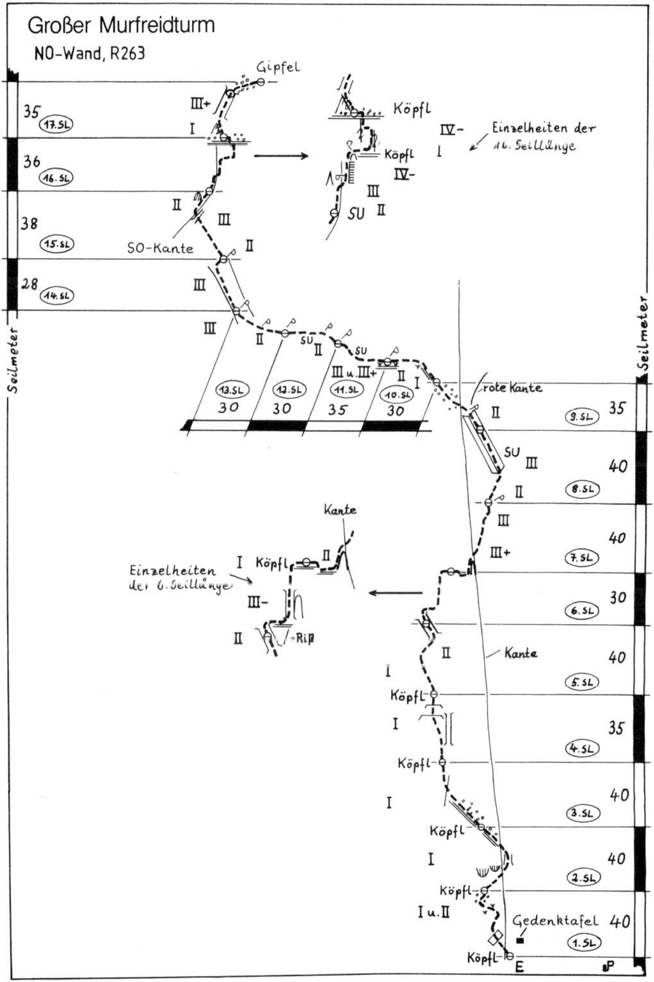

Großer Murfreidturm
NO-Wand, R263
Gipfel
Köpfl
Einzelheiten der 16. Seillänge
SO-Kante
rote Kante
Einzelheiten der 6. Seillänge
Kante
Riß
Gedenktafel
Seilmeter
E
P

etwas ansteigen und waagrecht weiter zu Stand auf grasigem Podest (30 m, II, 1 H). **13. SL:** Schräg links ansteigend zu Stand in einer Rinne (30 m, II und III, 1 H). **14. SL:** Durch die Rinne zu Stand an ihrem Ende (28 m, III). **15. SL:** Linkshaltend hinauf zur SO-Kante, jenseits an einer gelben Nische vorbei zu Stand bei eine SU (38 m, II und III). **16. SL:** In Richtung eines abstehenden Zackens (II), nach rechts um die SO-Kante (III), dann durch einen Rampenriß zu einem Köpfl (IV—, 2 H), weiter nach rechts zu einem Doppelriß und durch diesen (IV—) zu Stand auf einem schuttigen Band (36 m). **17. SL:** Durch den Riß und den anschließenden Kamin in den Gipfelschutt (35 m, III+).

(Pracht)

● **263a** **Variante zur Nordostwand (R 263)**

O. Tauber am 18. Juni 1918 (Tb Grödner-Joch).

V (eine Passage), sonst IV und leichter.

Wegen des teilweise brüchigen Gesteins und der größeren Schwierigkeiten (in Verbindung mit den leichten SL bis zum Beginn der Variante) nicht zu empfehlen, zumal auch der schönste Teil von R 263 umgangen wird. Nur selten wiederholt.

Siehe Abb. Seite 219

Variante: Vom Beginn des großen Linksquergangs durch die NO-Wand nun in gerader Linienführung weiter durch die gelbe und brüchige Wand (V) bis in Höhe zweier auffallender Zacken an der N-Kante. In den Einschnitt (IV) und dann durch den schon von unten sichtbaren Kamin, der die ganze senkrechte Schlußwand spaltet, direkt (IV) zum Gipfel.

● **264—266** frei für Nachträge

● **267** **Kleiner Murfreidturm,** 2712 m

Erste Ersteigung durch L. W. Brodie und G. Zecchini am 27. August 1898 (Ö.A.Z. 1902—206). Der Name wurde um 1900 von dem Erschließer und frühen Chronisten der Sellagruppe, K. Bindel (Bamberg) vorgeschlagen (Zt. 1900—351) und hat in **Pitl Ciampani de Murfreid** bzw.

Westliche Murfreidgruppe von Nordosten

Östlicher Mesulesturm
R 244 N-Kante
R 245 O-Kante

Westlicher Mesulesturm
R 246 O-Wandriß
R 247 NW-Riß

Mesules dla Bièsces ►
R 249 Sieglinde-Kante

Großer Murfreidturm
R 263 NO-Wand
R 263a Variante zur NO-Wand

Kleiner Murfreidturm
R 269 NO-Wand

turm
263a
263
Östl. Mesulesturm
Westl. Mesulesturm
Mesules dla Bièsces
269
263
263
263
244
245
246
247
249

Piccolo Campanile del Murfreid seine ladinische bzw. italienische Entsprechung. Fällt der Kleine Turm dem am Sellajoch stehenden Betrachter kaum auf, so erscheint er im Gegensatz dazu aus nordöstl. Richtung als der höhere und mächtigere der beiden Murfreidtürme. Er schiebt sich zwischen Sellahauptmassiv und Großen Turm, von denen er durch tief eingeschnittene Scharten getrennt ist; dunkle, aus den Scharten nach N hinabführende Schluchten verstärken auf jener Seite das turmhafte Aussehen dieses nur selten besuchten Berges.

● **268** **Normalweg**
L. W. Brodie und G. Zecchini am 27. August 1898 (Ö.A.Z. 1902—206).
I, vielfach Gehgelände. Die wenigen, leichten Kletterstellen sind häufig brüchig und schuttbedeckt; einige Schneehänge können bei hartem Firn den Weg erschweren. Als selbständige Bergfahrt kaum lohnend.
Höhendifferenz etwa 800 m (von der Straße). 3 Std., davon 1 Std. am eigentlichen Berg.
Siehe Abb. Seite 213

Übersicht: Der Anstieg verläuft durch das Val Gralba bis zum Fuß der dem Sellahauptmassiv zugekehrten S-Wand und anschließend in der tiefen Schlucht, welche die S-Wand spaltet.

Anstieg: Von der Straße Wolkenstein — Sellajoch wie bei R 243 in das Val Gralba. Dessen Schuttkar so weit hinauf, bis man bei zwei markanten, benachbarten Pfeilern das felsige Gelände zur Rechten betritt. Unterhalb eines Wasserfalles vorbei in östl. Richtung wenig steigend (Begehungsspuren) zu Wiesengelände im hinteren Val Gralba. Eine tiefe Schlucht spaltet den ganzen Berg derart, als ob zwei Gipfel vorhanden wären. Über das Wiesengelände und die oberhalb befindlichen Schrofen steigt man so an, daß sich von links her der Beginn der tiefen Schlucht erreichen läßt. Ihr unterster Steilabbruch wird rechts umgangen, dann durch die Schlucht selbst bis zu ihrem Ende an dem Sattel zwischen dem westl. vorgelagerten Nebengipfel und dem Hauptgipfel. Rechts am Gratrücken hoch, dann über Schutt und Gras rechtshaltend zu einem größeren Grashang, der in den Gipfel übergeht. (Pracht)

● **268 A** **Abstieg auf dem Normalweg (R 268)**
I, vielfach Gehgelände. In der Schlucht oberhalb des Val Gralba kann durch Nachkommenden Steinschlag ausgelöst werden. 1½ Std. bis in das Schuttkar des unteren Val Gralba.

Vom Gipfel über einen Grashang in Richtung Piz Miara (Gipfelkreuz gut zu sehen) so weit hinab, bis man unter einer Felswand auf Schutt und Gras nach rechts in Richtung Großer Turm queren kann. Am Gratrücken hinunter in den Sattel zwischen dem Hauptgipfel und dem westl. vorgelagerten Nebengipfel mit seinem auffallenden Steinmann. Durch die hier ansetzende Schlucht in Richtung Sellahauptmassiv hinunter, der unterste Steilabbruch wird links umgangen. Sodann nach rechts über ein grasiges und schuttiges Band hinab, bald steiler über schrofige Felsen zu Wiesengelände am Wandfuß. Über den Bach (meist nur Bachbett) hinüber, jenseits etwas absteigen und über einen zweiten Bach, um auf Steigspuren am Hauptmassiv weit links ausholend und nur wenig absteigend in felsiges Gelände zu queren. Dort den Begehungsspuren folgend und stets Höhe verlierend in westl. Richtung weiter, bald unter einem Wasserfall durch und jenseits vollends hinab in das große Schuttkar, wo man auf das Steiglein von R 243 A trifft.

(Pracht)

● 269 Nordostwand

O. Tauber im Juni 1918 (Jb. Sekt. Reichenstein 1914/18—81).

IV, aufgeteilt wie folgt: Wenige Meter IV mit einer Stelle A0, einige Meter IV—; sonst III, meist jedoch leichter. ⚲ in der drittletzten und letzten SL.

An sich abwechslungsreiche Kletterei, doch vielfach schuttbedecktes und unsicheres Gestein, im Ganzen wenig lohnend. Die meisten ZH und SH vorhanden, dazu häufig natürliche Sicherungsmöglichkeiten; Klemmkeile mittlerer Größe vorteilhaft.

Wandhöhe etwa 380 m, Kletterlänge etwa 500 m. 3—5 Std.

Siehe Abb. Seite 219 und Skizze Seite 222

Übersicht: Die Führe verläuft von dem breiten Schuttband, das auf 2300 m Höhe den Sockel der beiden Türme abschließt, im allgemeinen schwach linkshaltend zu einem unterhalb der Wandmitte liegenden, von der Straße nur schlecht erkennbaren Schuttplatz. Im Bereich einer schwach ausgeprägten Kante ansteigend erreicht sie dann den linken Rand einer Riesenhöhle und schließlich rechts einer großen Verschneidung den Grat.

Zugang: Die Straße Wolkenstein — Grödnerjoch verläßt man bei Km 3 und steigt gemäß der zweiten Möglichkeit von R 263 auf das oben erwähnte breite Schuttband, das man so weit nach Westen verfolgt, bis man auf einem schrägen Band unter einer schwarzgelben und senkrechten Wand bequem nach links queren kann. E am Fuße einer großen, plattigen Verschneidung. 1 Std.

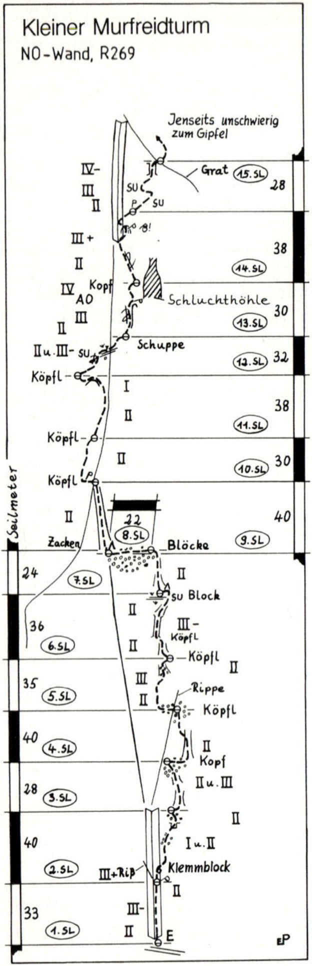

Führe: 1. SL: Durch die Verschneidung hoch bis zu Stand unter einem auffallenden Klemmblock (33 m, II und III). **2. SL:** Weiter zum Klemmblock, rechtshaltend aus der Verschneidung heraus (III+) und über teilweise schuttiges Gelände zu einem kleinen Schärtchen zwischen einem Kopf und der eigentlichen Wand; vom Pfeilerkopf gerade hoch (II+) und über Schutt zu Stand (40 m). **3. SL:** Kurz nach rechts und durch eine schwarzmoosige Rinne hoch, durch eine weitere Rinne schwach linkshaltend zu Stand an einem großen Köpfl knapp rechts der Kante (28 m, II und III). **4. SL:** Gut 10 m waagrecht auf Schutt nach rechts und durch eine breite Rinne links der Plattenwand hinauf; man verläßt sie bald nach links und steigt linkshaltend, zuletzt über Schutt, zu Köpflstand an der Kante (40 m, I und II). **5. SL:** Auf Schutt etwa 10 m nach links, dann schwach links hinauf und nach rechts in eine schuttige Rinne, wenige Meter später Stand an einem Köpfl rechts (35 m, II und III). **6. SL:** Nach links in eine andere Rinne, durch sie zu einem Köpfl, kurz nach links in einen auffallenden Rißkamin, den man an seiner linken Kante erklettert (III); rechtshaltend durch eine seichte Rinne hinauf und nach links zu Stand an einem Block auf einem teilweise grasigen Band (36 m). **7. SL:** Durch kurze Rinnen und über Rippen schräg links hinauf zu Stand am Rande eines großen Schuttplatzes (24 m, II). **8. SL:** Leicht fallend über den Schuttplatz zu Zackenstand am Beginn einer schräg nach links oben ziehenden Kaminrinne (22 m). **9. SL:** Durch diese Kaminrinne hinauf zu Stand an der Kante (40 m, II). **10. SL:** Einige Meter waagrecht nach links um die Kante (H), dann rechtshaltend hinauf zu Köpflstand nahe der Kante (30 m, II). **11. SL:** Schräg rechts empor zur Kante, dann wieder linkshaltend hinter einer großen Schuppe hindurch zu Köpflstand (38 m, II und I). **12. SL:** Schräg rechts hoch zu einem Riß (II), durch ihn (III) weiter auf ein Band und jenseits der Kante rechts aufwärts (III) zu Stand an einer guten Schuppe (32 m). **13. SL:** Zu einem Pfeiler, 5 m mittels des Risses zwischen dem Pfeiler und der Wand auf den Pfeilerkopf (III) und gerade empor (A0, IV, 1 H) zu Stand neben einer großen Höhle (30 m). **14. SL:** Durch einen Riß schräg links hoch an den Beginn der großen Verschneidung (II), nach rechts zu einem H (weiter rechts Verhauer-H mit Schlinge), zurück in die Verschneidung und wieder nach rechts (III+) zu Stand bei einem H (38 m). **15. SL:** Weiter schräg rechts hoch, kurz nach links zu einer SU (III), wieder nach rechts zu einem kurzen Kamin links einer gelben Platte und durch ihn (IV—) zum Grat (28 m). Jenseits des Grates über leichtes Gelände zur Gipfelhochfläche.

(Pracht)

● **269 a Variante zur Nordostwand (R 269)**

M. Castiglioni und A. Tomasi am 14. August 1946 (A.V. 1947—16).

V, vielfach IV. Wandhöhe 450 m, 8 Std.

Keine weiteren Informationen vorhanden.

● **270 Westwand**

R. und V. Balzarini sowie E. Stufleser im August 1962. (Lan. 74—55; als S-Wand in Lan. 69; Ö.A.Z. 1967—113).

Keine weiteren Informationen vorhanden.

● **271 Südschlucht**

P. Mazzorana und Thea Musso am 27. Juli 1944 (Boll. 1946—227).

IV (einige Stellen), sonst III und leichter.

Höhendifferenz etwa 250 m. 2 Std.

Übersicht: Die Führe hält sich an die tiefe Schlucht zwischen den beiden Murfreidtürmen und gewinnt schließlich rechtshaltend den Gipfel des Kleinen Turmes.

Zugang: Von der Straße Wolkenstein — Sellajoch wie bei R 243 in die Schlucht.

Führe: Rechts über den Aufschwung hinweg, dann auf Geröll zu einem zweiten, weniger schwierigen Aufschwung, der ebenfalls rechts überwunden wird. Nun 12 m über die Wand des Kleinen Murfreidturmes empor und danach wieder in die Tiefe der Schlucht zurück. Durch diese hoch, dabei erst an einer Eishöhle, dann einige Meter weiter oben außen an einem Klemmblock vorbei. Beim nächsten Klemmblock in der glatten Wand des Kleinen Turmes in Richtung des Schluchtabschlusses. Durch die jetzt leichte Rinne hinauf, bis man von einem Aufschwung nach rechts abgedrängt wird. Oberhalb davon über leichte Felsen zum Gipfel des Kleinen Turmes.

● **272** **Südwand**

A. Frattola und S. Dalla Porta Xidias am 16. August 1945 (Boll. 1946—227).
IV—. Stellenweise brüchig. Selten begangen.
Höhendifferenz etwa 250 m. 2½ Std.
Siehe Abb. Seite 213

Übersicht: Die Führe folgt dem westlichsten der drei parallelen Risse, die von links unten nach rechts oben die gelbe, gegen Plan de Gralba gerichtete Wand durchziehen.

Zugang: Von der Straße Wolkenstein — Sellajoch wie bei R 243 in das Val Gralba, dann über Schutt und Gras der weiten Mulde unterhalb der Wand zum E am Fuß des westlichsten der drei kleinen Kamine, die als Fortsetzung der oben erwähnten Risse den Sockel der Wand durchziehen. 1 Std.

Führe: Leicht auf den Sockel, der eine bequeme Terrasse bildet. Durch den darüber befindlichen, gelben Riß, der anfangs leicht, aber brüchig ist, bis unter einen gelben Überhang. Oberhalb dieses schwierigen Überhanges über den dunklen, kompakten Felsgürtel nach links in einen kurzen Kamin. Gutgriffig an den schon von unten sichtbaren Beginn einer nach links ziehenden, großen Verschneidung. Jedoch weiter in dem schrägen Riß oder leichter rechts davon bis unter einen großen gelbschwarzen Aufschwung. Nun nach rechts in eine leichte Rinne, die unter einen Aufschwung führt. Gerade empor (IV—) und rechtshaltend auf einen Absatz. Nochmals über einen gelben Aufschwung hinweg zum Schlußstück des Risses, der bis zu den leichten Gipfelfelsen verfolgt wird.

● **273—279** frei für Nachträge

● **275** **Torre dell'Indipendenza,** 2663 m

Dieser kaum auffallende Turm zu Füßen der Mesules befindet sich unmittelbar südwestl. der Murfreidspitze und ist von dieser durch eine wilde Felsschlucht getrennt. Er gehört der Felsmauer an, die zwischen den beiden Schutterrassen auf 2250 m bzw. 2650 m emporsteilt. In den siebziger Jahren zog diese Erhebung das Interesse der Kletterer auf sich, so daß heute mehrere (wenig besuchte) Routen von Norden zu ihrem Gipfel führen.

● **276 A Abstieg vom Vorgipfel**

Wird im Aufstieg nicht begangen. Teilweise Gehgelände, eine Abseilstelle. 45 Min. bis zur großen Schutterrasse auf 2650 m.

Vom Vorgipfel zu einem Kamin und 20 m abseilen. Sodann westwärts über Schrofengelände in einen tiefen Kamin, nach einigen Metern durch einen kurzen, brüchigen Riß auf einen Grat und über ihn zur Schutterrasse unterhalb der Mesules. Weiter in nordöstlicher Richtung zum Weg von R 53.

● **277 Nordostwand**

Vitty Steinkötter und Gef. (Inf. H. Steinkötter)

Keine weiteren Informationen vorhanden.

● **278 Nordwand (Linker Kamin)**

H. Holzer am 19. August 1972 (Inf. S. Walzl).

IV, aufgeteilt wie folgt: Unterer Teil III und II, oberer Tei IV und III. Schöne, alpine Tour.

Wandhöhe etwa 350 m. 3 Std.

Siehe Abb. Seite 229

Übersicht: Die Führe verläuft bis auf etwa vier Fünftel Wandhöhe durch den linken Kamin der N-Wand, um danach über die Wand links davon den Gipfel zu erreichen.

Keine weiteren Informationen vorhanden.

● **279 Nordwestkante**

A. Andreotti und H. Steinkötter am 14. Juli 1972 (Lan. 1974—57).

V + /A 2, aufgeteilt wie folgt: Einige Stellen V +, zwei Stellen A2; sonst IV und leichter. Die Erstbegeher beließen die Hälfte der 14 verwendeten Haken.

Wandhöhe etwa 350 m. 7 Std.

Siehe Abb. Seite 229

Übersicht: Die Führe verläuft stets im Bereich der von der Straße aus gut sichtbaren Kante.

Zugang: Vom Grödnerjoch wie bei R 46 in Richtung Murfreidspitze. Am Wandfuß quert man nach S, überschreitet ansteigend eine Rinne und gelangt durch eine weitere Rinne direkt zum E bei dem oberhalb befindlichen Kantenbeginn. 1 Std.

Führe: Leicht rechtshaltend in 3—4 SL über eine Steilstufe empor. An einigen Überhängen rechts vorbei zu einem Band unter gelben Überhängen (120 m, III und IV, Steinmann). Direkt an der Kante hinauf (4 H, 2 bel.) und frei durch einen Riß zu Stand auf einem überdachten Band. Nun rechts über einen Überhang (A2 und V+, 5 H, 4 bel.) zu Stand unter einer Nische. Rechts ansteigender Quergang über eine glatte Platte (V+) und schräg rechts an einer Schluchtwand hoch zu Stand auf einer Leiste. Etwa 4 m gerade empor, dann 3 m querend nach links (versteckter H) und wieder gerade hoch zu sehr gutem Stand an zwei Köpfln (IV). Schwach linkshaltend 4 SL hoch bis zu einer Schulter (III und IV—, eine Stelle V—). Vom Steinmann auf der Schulter in sehr schöner Kletterei über eine steile Wand auf den Vorgipfel (60 m, IV und II).

● **280—284** frei für Nachträge

● **285** **Murfreidspitze,** 2631 m

Erste Ersteigung durch O. Ampferer und K. Berger am 11. August 1899, wobei sie von dem breiten Schuttband, das in etwa 2650 m Höhe zu Füßen des Mesuleskammes vorbeizieht, die Scharte zwischen dem Hauptmassiv und der Spitze erreichten (Ö.A.Z. 1900—23). Dieser Berg, auch **Bindel-** oder **Murfreidturm** genannt, hat als ladinischen bzw. italienischen Namen **Piz Ciampani de Murfreid** bzw. **Torre del Murfreid.** Als mächtiger, westl. Eckpfeiler am unteren Ausgang des Val Culea gehört er zu den Schaustücken des Grödnerjoches; man gewahrt ihn von hier in südwestl. Richtung. Tiefe, oft nasse Schluchten setzen ihn von den benachbarten Erhebungen ab. Besonders fällt ein langer, schiefer Kamin auf, der die N-Wand von rechts unten nach links oben zerschneidet; er heißt „Schiefer Tod" („Camino obliquo della morte"). Die Führe durch diesen Kamin gehört zu den beliebten und lohnenden Unternehmungen des Grödnerjoches.

● **286** **Normalweg**

O. Ampferer und K. Berger am 11. August 1899 (Ö.A.Z. 1900—23).

III und oft leichter. Hübsche Kaminkletterei mit etwas Schutt, sodaß auf Steinschlag zu achten ist. Die meisten H sind vorhanden.

Wandhöhe etwa 120 m, Kletterlänge etwa 160 m. 1 Std.

Siehe Abb. Seite 229

Übersicht: Die Führe verläuft durch den mit Klemmblöcken besetzten schwarzen Kamin, der die linke (westl.) Hälfte der S-Wand spaltet.

Zugang: a) Vom Grödnerjoch wie bei R 46 zur Mündung des Val Culea und an dessen orogr. linker Seite so weit hoch, bis die steile, glatt gewaschene Schlucht zwischen Murfreidspitze und Hauptmassiv (Torrione Vitty, R 297) erstiegen werden kann. Der E befindet sich bei der Scharte am oberen Ende der Schlucht. 1 Std.

b) Von der Pisciaduhütte auf dem Weg von R 53 bis unterhalb der Gamsburg, dann in nordwestlicher Richtung an den Rand des Schuttbandes gegenüber der Murfreidspitze und über leichte Felsen hinab in die Scharte. 45 Min.

Führe: Von der Scharte mittels einer Linksquerung in den tiefen Kamin. Hinter einer Reihe von Klemmblöcken im Kamin zu einem Schuttplatz empor und stemmend durch das nächste, engere Kaminstück auf einen weiteren Schuttabsatz. Nach einigen Metern an der linken Schluchtwand mittels eines Spreizschrittes in einen etwa 5 m hohen Spalt, an dessen oberen Ende abermals Schutt und Blöcke angetroffen werden. Nun leichter durch den Kamin zu einer kleinen, luftigen Schulter und durch eine unschwierige Rinne linkshaltend zum rasenbewachsenen Gipfel.

● 286 A Abstieg auf dem Normalweg (R 286)

I, die schwierigen Stellen werden abgeseilt. Insegesamt 6 eingerichtete Abseilstellen zu je 20 m (für den Abstieg zum W-Fuß des Berges). Stellenweise steinschlaggefährdet durch Nachkommende. 1½ Std. bis auf die weiten Schutthalden nördl. der Spitze.

Vom Gipfel (d. h. vom Gipfelsteinmann) zum höchsten Punkt und in Richtung Hauptmassiv weiter zu zwei Steinmännern am oberen Ende einer Schlucht. Durch die Schlucht hinab, bis sie nach einem kleinen Rechtsknick abbricht. Nun 20 m abseilen, dann auf die orogr. linke Seite der Schlucht zu weiterer Abseilstelle queren und 2 x 20 m (oder 40 m) abseilen. Ohne die Schulter zwischen Spitze und Hauptmassiv zu betreten etwas absteigen und durch die Schlucht rechter Hand (W) 20 m abseilen. Nach einer weiteren Abseilstelle von 20 m gewinnt man in einer großen Linksschleife ein Geröllkar westl. des Berges. In nördl. Richtung hinab (eine letzte Steilstufe wird abgeseilt) und auf die weiten Schutthalden nördl. des Berges. Will man zur Pisciaduhütte, so quert man nach der zweiten Abseilstelle in die Scharte zwischen Spitze und Hauptmassiv und steigt jenseits unschwierig auf das breite Schuttband, über welches der Weg Pisciaduhütte — Val Ciadin (Nr. 677) führt.

(Pracht)

● 287 **Südwand**
R. und V. Balzarini und E. Stuflesser im Jahre 1962 (Lan. 1969—53).

Keine weiteren Informationen vorhanden.

● 288 **Südostwand**
B. Rossi und A. Tomasi am 12. September 1945 (Boll. 1946—227).
VI (2 Stellen), sonst V. Ernste Freikletterei.
Von den 14 H beließen die Erstbegeher 6. Bisher ist keine Wiederholung bekanntgeworden.
Wandhöhe etwa 330 m. 6—8 Std.

Übersicht: Die Führe verläuft größtenteils durch eine Verschneidung, die auf dem östl. Vorgipfel endet.

Zugang: Vom Grödnerjoch wie bei R 46 zur Mündung des Val Culea und auf dem Steiglein weiter zum E an der rechten Seite einer bogenförmigen Terrasse, die sich orogr. links der unter R 286 erwähnten, glattgewaschenen Schlucht befindet. 45 Min.

Führe: Über glatten, festen Fels etwa 60 m senkrecht empor in eine kleine Nische mit Steinmann (IV, H). Schräg links 6 m hinauf, über einen kleinen Überhang hinweg, dann sofort nach rechts und nach 25 m in eine Höhle (IV, 2 H). Von hier 8 m rechtshaltend weiter, nach einem 10 m-Quergang 3 m hoch und über einen Überhang (V, 3 H) empor. Nun 20 m weniger schwierig schräg nach links an den Beginn einer großen Verschneidung, die bis zum östl. Vorgipfel reicht. Nach 80—90 m mit einigen Aufsteilungen (III) an den Fuß einer gelben und brüchigen Wand, die links 6—7 m erstiegen wird. Nach einem 5 m langen Rechtsquergang über einen 3 m hohen Aufschwung (IV) empor zu Stand vor einem schwarzen und glatten Überhang. Direkt mittels eines

Blick vom Grödner Joch gegen Südsüdwesten ►

R 46 Weg durch das Val Culea
Gamsburg
R 222 N-Wand
Torre dell'Independenza
R 278 N-Wand (linker Kamin)
R 279 NW-Kante
Murfreidspitze
R 286 Normalweg
R 286 A Abstieg auf dem Normalweg
R 290 Schiefer Tod
R 291 W-Wand
Torrione Vitty
R 298 NO-Kante
R 299 O-Wand
R 300 N-Wand
Sass Val Culea
R 307 N-Wand
Kleine Rodelheilspitze
R 323 NW-Wand

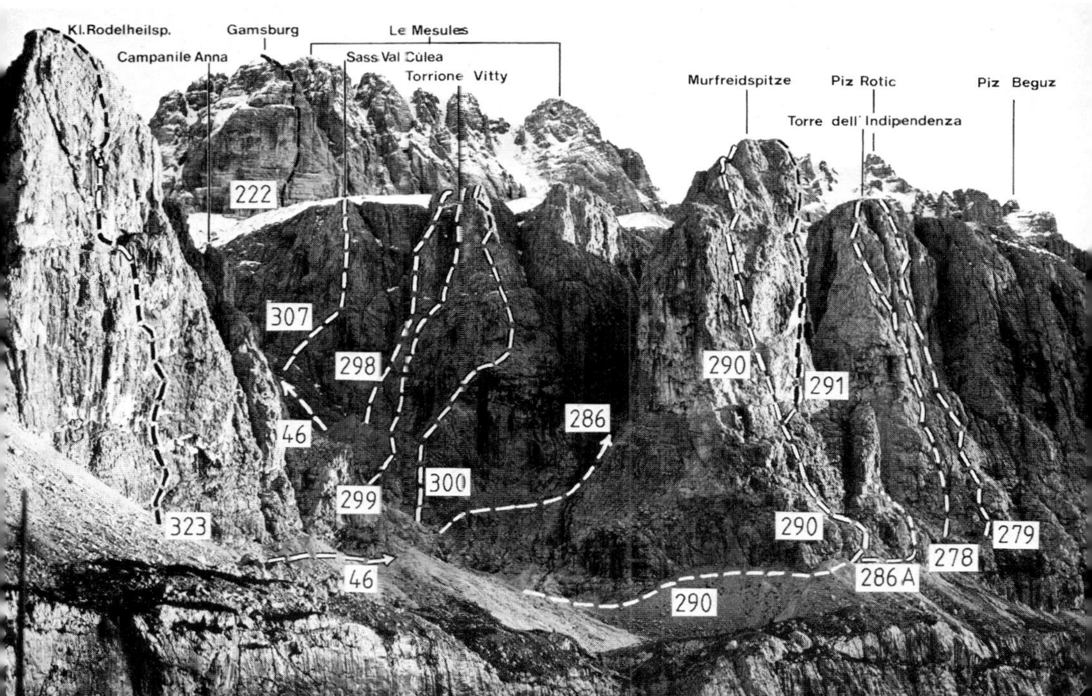
Kl. Rodelheilsp.
Campanile Anna
Gamsburg
Le Mesules
Sass Val Cùlea
Torrione Vitty
Murfreidspitze
Piz Rotic
Torre dell' Indipendenza
Piz Beguz
222
307
298
46
299
300
286
323
46
290
291
290
290
286 A
278
279

Risses über diesen hinweg (VI, 1 H) und nach 8 m zu einer Nische. Nun 30 m empor (V) in eine weitere Nische (Steinmann) vor einem großen, grauen und brüchigen Überhang. Etwa 8 m nach rechts (V, 2 H) und mittels eines feinen und brüchigen Risses (VI, 2 H) über den Überhang hinweg. Nach einer senkrechten Passage von 5 m (V, H) zu einer Nische, bei der ein 10 m hoher Kamin beginnt und auf leichte Felsen führt. Über diese nach 40 m zum östl. Vorgipfel und weiter zum höchsten Punkt.

● 289 Nordnordostwand
H. Steinkötter und Gefährte (Inf. H. Steinkötter)

Keine weiteren Informationen vorhanden.

● 290 Nordwand („Schiefer Tod")
C. Covi und J. Hruschka am 22. Juli 1928 (Tb Grödnerjoch).
V—, aufgeteilt wie folgt: Je eine Stelle V— (A0), IV+ und IV, sonst meist III und leichter. 🔑 am Ende des großen Kamins.
Eindrucksvolle Kletterei in gutem Gestein, recht häufig begangen. Auf trockene Verhältnisse (bei 🔑) sollte geachtet werden. Die meisten ZH und SH vorhanden, dazu häufig natürliche Sicherungsmöglichkeiten.
Wandhöhe etwa 330 m, Kletterlänge etwa 400 m. 4—6 Std.
Siehe Abb. Seite 229 und Skizze Seite 231

Übersicht: Die Führe gewinnt auf dem niederen Wandvorbau beginnend den auffallenden schiefen Kamin, hält sich an diesen bis zu dessen Ende und erreicht über meist geneigtes Gelände rechtshaltend den Gipfelsteinmann jenseits einer Scharte.

Zugang: Vom Grödnerjoch wie bei R 46 zur Mündung des Val Culea und auf einem Steiglein unter der ganzen N-Wand vorbei, bis ein kleiner Turm rechts der Wand erscheint. Nun auf ein Band hoch und schräg links ansteigend zum E am Beginn eines Rißkamins in Verlängerung des „Schiefen Tods". ¾ Std.

Führe: 1. SL: Durch den schwarzen Rißkamin mit zwei Überhängen zu Köpflstand auf einem Schuttplatz (40 m, II, IV, III, 2 H). **2. SL:** Gerade weiter und in einer kleinen Rechtsschleife über eine schwarze Wandstufe zu Stand am Beginn des Risses, der in den „Schiefen Tod" führt (38 m, III und II). **3. SL:** Durch diesen Riß und den anschließenden Kamin zu Stand in einer gelben Nische unter großen Überhängen (34 m, III). **4. SL:** Im Zickzack, doch linkshaltend, über gelbbrüchigen Fels zu Stand auf einem kleinem Bändchen (22 m, II und

III+, 1 H). **5. SL:** Nun 5 m nach links, über festen Fels gerade hoch (III, 1 H), dann rechtshaltend (III, 1 H) zurück in die Verschneidung und nach wenigen Metern (IV+ und III, 1 H) zu Stand an drei H (35 m). **6. SL:** In dem tiefen Schluchtkamin über einen Klemmblock (III+, 1 H), dann durch einen Stemmkamin (III), etwas nach links (2 H) zu einem Riß (III+) und schließlich Quergang nach links zu gutem Stand unter Überhängen (40 m). **7. SL:** Nach links (III) und über den Überhang (V—, 3 H, 1 HK) zu einer Rampe, die nach links (IV—, 1 H) bis zu einem kurzen Kamin verfolgt wird; durch den Kamin (III) zu Stand (15 m). **8. SL:** Den hier ansetzenden Riß nach rechts hoch (II und III) auf ein Schotterband und gerade aufwärts zu Köpflstand am Beginn eines markanten Risses (24 m). **9. SL:** Den Riß bis zur Gabelung empor (III+), dann im rechten Zweig weiter und gerade hoch zu Köpflstand unter einer Lücke am oberen Horizont (30 m). **10. SL:** Durch die Lücke zu Blockstand auf dem Grat rechter Hand (45 m, I). **11. SL:** Über den Grat zu einem Wandl, danach auf dem Grat weiter zu Blockstand (40 m, I). **12. SL:** Hinunter zur Scharte mit Klemmblock und hoch zum Gipfel (40 m, I). (Pracht)

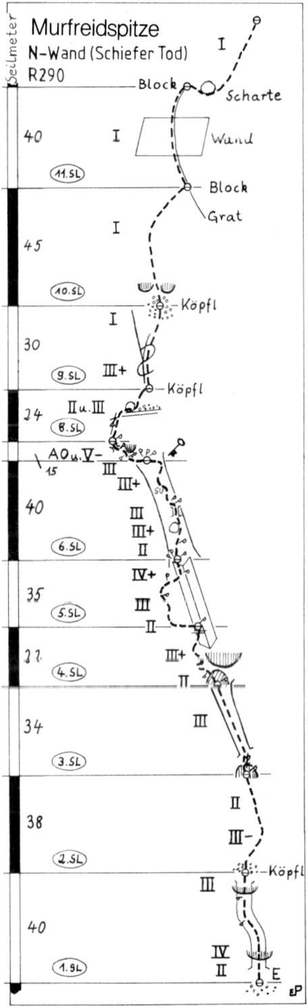

● 291 Westwand

M. Noggler und F. Peroso am 11./12. August 1934 (Riv. 1935—91).
VI (einige Stellen); sonst V, selten leichter.
Steile und ernste Kletterei in großer Ausgesetztheit. Verhältnismäßig selten begangen.
Wandhöhe etwa 330 m, Kletterlänge etwa 400 m. 6—7 Std.
Siehe Abb. Seite 229

Übersicht: Die größtenteils gelbe und vielfach überhängende W-Wand wird von einem langen, wenig tiefen Riß durchzogen, der mehrere Unterbrechungen aufweist. Die Führe verläuft im untersten Teil gemeinsam mit R 290 und zieht dann weit nach rechts, um anschließend längs jenes Risses den Gipfel zu erreichen.

Zugang: Vom Grödnerjoch wie bei R 290 zum gleichen E. ¾ Std.

Führe: Die ersten beiden Seillängen sind gemeinsam mit dem „Schiefen Tod“ (R 290). Dann etwa 80 m nach rechts bis unter eine rote Wand, die in ihrer Mitte von einem Riß durchzogen wird. Man klettert 25 m über diese Wand empor (VI), überwindet einen Überhang und steigt anschließend nach links zu einem Band, das die Wand durchquert. Auf ihm kriechend nach rechts bis zu einem H, um danach über eine 10 m hohe, überhängende Passage (VI) einen Zacken zu gewinnen. Von der Einschartung hinter dem Zacken senkrecht hoch über einen weiteren Überhang bis unter ein Dach. Dieses in einer Rechtsschleife umgehend, nach links zu einem Riß, den man sehr schwierig durchsteigt. Anschließend 3 m nach rechts in eine Rinne, welche vom Gipfel herabkommt, und durch sie etwa 40 m hoch bis unter einen Überhang. Er wird links umgangen, und über leichte Felsen bald zum Gipfel.

● 292 Südwestwand

R. und T. Buchini am 2. September 1935 (Scp. 1.11.1935).
IV und leichter. Vielfach Rißkletterei, selten begangen.
Wandhöhe etwa 280 m, Kletterlänge etwa 350 m. 4—6 Std.

Übersicht: Die Führe verläuft in der Wand wenig links des Kamins, durch den der Normalweg geht, und gewinnt über die oberhalb befindliche Kante den Gipfelbereich.

Zugang: Vom Grödnerjoch wie bei R 290 an der ganzen N-Wand vorbei zur W-Wand. Durch eine unschwierige Rinne in der Nähe eines Baches noch zu einer schuttbedeckten Terrasse am Fuße der SW-Wand. E unterhalb einer Verschneidung. 1 Std.

Führe: Über steilen Fels erreicht man eine auffallende, 7 m lange Verschneidung, die von einem abstehenden Block gebildet wird. Schwierig durch diese Verschneidung empor, dann in einer unschwierigen Rinne schräg nach rechts bis unter gelben Fels. Weiter durch einen erst jetzt sichtbaren Riß nach links (IV) zu einem Zacken, 2 m linkshaltend absteigen und durch einen gelben, schräg nach rechts ziehenden Riß auf ein annähernd horizontales Band. Von seinem Ende weiterhin nach rechts queren und 20 m hinauf (IV) zu einem Sicherungszacken. Nun weniger schwierig 20 m gerade über grauen Fels weiter zu einem Einschnitt, sodann 4 m auf einem breiten Band nach links. Durch einen senkrechten, 15 m hohen Riß (IV) gewinnt man eine breite Schulter, die nach links überquert wird. Durch den Riß der folgenden Wand 8 m linkshaltend empor (IV), dann 10 m schräg rechts weiter und gerade hoch zur Kante, die zwei Überhänge aufweist. Über den ersten hinweg, unter dem zweiten etwa 10 m nach rechts zu einem Band, auf dem man wieder etwas nach links gelangt. Schließlich erreicht man nach 20 m Wandkletterei den Normalweg etwa 30 m unterhalb des Gipfels.

● **293—296** frei für Nachträge

● **297** **Torrione Vitty,** 2640 m

Vermutlich zuerst von Jägern betreten, da diese Erhebung lediglich einen turmartigen Steilabfall des breiten Schuttbandes darstellt, das in etwa 2650 m Höhe zu Füßen des Mesuleskammes vorbeizieht. Daher kann er von Süden mühelos betreten werden. Der Torrione Vitty wird durch eine steile, glatt gewaschene Schlucht von der Murfreidspitze getrennt und begrenzt mit ihr zusammen das Val Culea im W.

● **298** **Nordostkante**

C. Barbier und H. Steinkötter am 13. September 1969 (Bk. 1970/5).

Siehe Abb. Seite 229

Keine weiteren Informationen vorhanden.

● **299** **Ostwand**

H. Holzer und Sieglinde Walzl am 22. August 1971 (Jb. HGB 1970/73—104).

V/A2, aufgeteilt wie folgt: Eine Stelle V/A2, sonst IV+ und häufig leichter. ☍ in der oberen Wandhälfte.

Abwechslungsreiche Kletterei in gutem Fels. H nur teilweise vorhanden.

Wandhöhe etwa 300 m. 2—4 Std.

Siehe Abb. Seite 229

Übersicht: Die O-Wand zeigt in ihrem oberen Teil zwei gelbe Pfeiler, dazwischen einen schwarz-gelben Streifen. Die Führe verläuft links einer schwarz gebänderten Wandeinbuchtung bis zu dem Band, das den Turm in etwa ¾ Wandhöhe umgürtet und auf dem die beiden Pfeiler fußen, um dann über den schwarz-gelben Streifen den Gipfel zu gewinnen.

Zugang: Von Grödnerjoch wie bei R 46 in das Val Cuela und rechtshaltend zum E in Fallinie der Gipfeleinschartung, am Beginn eines schwarzen Wasserstreifens. 1 Std.

Führe: 1. SL: Durch ein Kaminsystem ein Stück hinauf, dann nach rechts an die Begrenzungskante und an ihr weiter empor, bis man rechtshaltend zu Stand an einem Köpfl gelangt (III und III+). **2. SL:** Nun links im Wasserstreifen einige Meter hoch bis unter ein schwarzes Dach, 2 m nach rechts und wieder nach links frei über das Dach in das Kaminrinnensystem, welches bis zu Stand auf einer Terrasse verfolgt wird (III und IV). **3. SL:** Weiter mittels eines Rißkamins über kleine Überhänge zu Stand auf einem Band (III und IV). **4. SL:** Gerade hoch zu Stand auf der großen Terrasse (II und III). **5. SL:** Über leichtes Gelände bis unter den linken gelben Begrenzungspfeiler (Steinmann). **6. SL:** Schräg rechts über eine gutgriffige, grauschwarze Wand hinauf in ein Rißsystem und zu Stand in einer Nische (III und IV, 1 H). **7. SL:** Weiter gerade empor unter einen Überhang, den man gutgriffig, doch steil rechts umgeht und durch einen Riß hinter einer gelben Schuppe zu Stand auf einem Pfeilerkopf unter einem Überhang (III und IV+, 1 H). **8. SL:** Über den Überhang schwierig hinweg in einen engen Riß, den man so weit verfolgt, bis er sich schließt; mittels Haken über mehrere kleine Überhänge, dann ein Stück frei, anschließend nochmals mittels H und vom letzten unter einem Überhang 2 m nach rechts zu Stand (V, A2, 7 H). **9. SL:** Gerade über eine gelbe gutgriffige Wand bis unter einen Überhang, sodann einige Meter nach links und gerade durch eine Rinne empor zu Stand (IV+, dann II). **10. SL:** Direkt hinauf zum Grat und über diesen zum Gipfel (I). (Lan. 1974—60)

● 300 Nordwand

A. Dorigati und H. Steinkötter am 23. Juli 1972 (Lan. 1974—58).

VI—, aufgeteilt wie folgt: Je eine Passage VI— und V, einige Stellen V—; sonst IV, häufig leichter. ♂ etwa in Wandmitte. Eleganter, teilweise sehr ausgesetzter Anstieg in gutem Fels. Die Erstbegeher benutzten 4 H. An der ♂ ist auf trockenen Fels zu achten.

Wandhöhe etwa 350 m. 4 Std.

Siehe Abb. Seite 229

Zugang: Vom Grödnerjoch wie bei R 46 in das Val Culea und rechtshaltend zum E bei einem großen Felsblock. 1 Std.

Führe: Über gestuften Fels 3 SL zuerst linkshaltend, dann gerade hoch zu Stand (H) in einer Rinne links eines Überhanges (IV und leichter). Nun fallender Rechtsquergang über gelben, brüchigen Fels (III) zu Stand hinter einem Köpfl (H). Rechts über eine steile Wand (H) und nach einem kleinen Überhang zu Stand an zwei SU (20 m, V). Es folgt die ♂-SL. Gerade hoch zu einem H und über eine kleingriffige Wand mit minimalen H-Möglichkeiten rechtshaltend zu Köpflstand auf einem Band (35 m, V— und VI—, 2 H). Etwas nach links und im Bogen nach rechts zu Stand unter einem Überhang (35 m, III und IV). Rechts über einen kleinen Überhang auf ein Band und weiter auf ein weiteres Band mit Steinmann. Über eine graue Wandstelle, dann nach links in eine schwach ausgeprägte Verschneidung und zu Stand unter einer glatten Platte (II und III). Über die Platte (V—) zu H und rechtshaltend in brüchigem Fels hoch. Über eine Kante (III) 1 SL weiter und längs des Grates zum höchsten Punkt.

● **301—305** frei für Nachträge

● **306** **Sass Val Culea**

Vermutlich zuerst von Jägern betreten, da dieser wenig auffallende Turm am orogr. linken Rand des Val Culea lediglich eine Ausbuchtung des breiten Schuttbandes darstellt, das in etwa 2650 m Höhe zu Füßen des Mesuleskammes vorbeizieht.

● **307** **Nordwand**
H. Steinkötter und Gef. (Inf. H. Steinkötter).
Siehe Abb. Seite 229

Keine weiteren Informationen vorhanden.

● **308—311** frei für Nachträge.

● **312** **Campanile Anna**

Ein schlanker Turm am orogr. rechten Rand des Val Culea. (Siehe Abb. Seite 229.)

● **313** **Südwand**
H. Steinkötter und Gef. (Inf. H. Steinkötter).

Keine weiteren Informationen vorhanden.

● 314 Ostkante
H. Steinkötter und Gef. (Inf. H. Steinkötter).

Keine weiteren Informationen vorhanden.

● 315 frei für Nachträge.

● 316 Rodelheilspitze, 2615 m

Erste Ersteigung vermutlich durch Jäger. Dieser nördlichste Vorsprung der gesamten Sellagruppe heißt im Ladinischen **Sass da la Lúesa** (Lúesa = Rodel), manchmal auch **Col de Masores.** Er stürzt gegen N und NO mit senkrechten, gelb und schwarz gestreiften, etwa 300 m hohen Wänden ab, von S her stellt er lediglich eine unwesentliche Ausbuchtung des großen Schuttbandes dar, das vom Piz de Ciavazes bis zur Pisciaduhütte zieht. Unmittelbar westl. der Rodelheilspitze, abgesetzt durch eine Scharte etwa in Verlängerung des Grasrückens, der vom benachbarten Grödnerjoch direkt hochzieht, findet sich eine weitere Erhebung, nämlich die **Kleine Rodelheilspitze,** 2603 m, als östl. Eckpfeiler des Val Culea; im O schließt der kleine Campanile della Lúesa an. Der Hochpunkt des Grasrückens heißt **Col de Frea,** 2234 m. Trotz guten Gesteins und logischer Linienführung haben die Kletterrouten bergsteigerisch gesehen den Schönheitsfehler, auf einem breiten Schuttband zu enden. Die Aussicht von der Rodelheilspitze ist sehr schön und lohnt allemal einen Spaziergang von der Pisciaduhütte: Neben Wolkenstein und Colfuschg fallen insbesondere im ONO die Kreuzkofelgruppe, diesseits des Abteitales die Puezgruppe und hinter den Cirspitzen die Geislergruppe auf. In entgegengesetzter Richtung erblicken wir die unmittelbar benachbarten Gipfel der Sellagruppe.

● 317 Normalweg
Seit alter Zeit von Jägern begangen. Gehgelände. ½ Std.

Zugang: Von der Pisciaduhütte auf dem Weg zum Val Ciadin (R 53) am oberen Ausgang des Val Setus vorbei und über Schutt in nördl. Richtung zum höchsten Punkt.

● 318 Nordostwand (Linker Kamin)
J. Hruschka, S. Moser, K. Oberhammer und J. Schalon am 5. August 1921 (Apf. 1921—153).
IV (3 Passagen). Sehr schöne Kaminkletterei in gutem Fels. Zur Schneeschmelze und nach Regenfällen ist die Führe außergewöhnlich naß. Höhendifferenz etwa 300 m. 3 Std.
Siehe Abb. Seite 239

Übersicht: Die Führe beginnt auf dem Wandvorbau, erreicht dann den tiefen Kamin, der von einer kleinen Scharte am Grat herabkommt, und gewinnt, meist in diesem Kamin verlaufend, das Gipfelschuttfeld.

Zugang: Vom Grödnerjoch wie bei R 46 zum Col de Frea und weiter linkshaltend über steilen Schutt an den Wandfuß im östl. Teil der NO-Wand. Unschwierig zum E auf einer Felskulisse, die mit der eigentlichen Wand eine tiefe Rinne bildet. 40 Min.

Führe: Zum Beginn des senkrechen Risses, der unmittelbar rechts jener Kante herabzieht, welche die NO-Wand begrenzt. Weiter durch einen Riß in rötlichem, brüchigem Gestein auf eine Kanzel an der Kante und über ein Band nach rechts zu dem schwarzen Kamin, der von einer Scharte am Grat herabkommt. Etwa 15—20 m senkrecht empor (IV) zu einem Standplatz, dann nochmals 15 m durch den glatten Kamin und nach einem kleinen Gesims zu Stand. Man quert nun 3 m nach rechts und klettert (IV) über eine meist nasse Platte inmitten des Kamins schräg links in Richtung eines großen Überhanges. Rechts darüber hinweg (IV) und nach 10 m zu Stand. Hier legt sich die Wand ein wenig zurück. Schräg rechts 15 m hinauf, dann wieder, indem man den Kamin überquert, nach links und über die Wand links des Kamins zu einer kleinen Schutterrasse. Rechtshaltend durch eine glatte Rinne zur Fortsetzung des Kamins, die zu einem Schuttkessel führt. Anfangs direkt weiter, dann etwas nach rechts und zum Gipfelschuttfeld.

● 319 Nordostwand (Rechter Kamin)

M. und M. Demetz am 1. Oktober 1933 (Cas. 1937—414).
IV (einige Stellen). Sehr schöne Kaminkletterei in gutem Fels. Zur Schneeschmelze und nach Regenfällen ist die Führe außergewöhnlich naß.
Höhendifferenz etwa 300 m. 2 Std.
Siehe Abb. Seite 239

Übersicht: Die Führe entwickelt sich im Bereich des schwarzen Streifens, der links die gelbe Wand begrenzt.

Zugang: Vom Grödnerjoch wie bei R 318 an den Fuß der NO-Wand (etwa in Gipfelfallinie) und durch eine unschwierige Rinne von rechts nach links zum E auf dem Wandvorbau, in der Nähe des schwarzen Streifens. 40 Min.

Führe: Zuerst über eine senkrechte Wand, dann durch einen feinen Riß an der Grenze zwischen dem gelben und schwarzen Gestein. Von dort, wo der Riß überhängend wird, quert man 3 m nach links und gewinnt über festen, schwarzen Fels einen Standplatz. Weiter durch einen tiefen Kamin mit einem außen zu überspreizenden Überhang auf das Gipfelschuttfeld.

● 319 a Nordwandriß

Keine Informationen vorhanden.

Blick vom Grödner Joch gegen Süden ►

R 45 zur Pisciaduhütte
R 46 zum Val Culea

Rodelheilspitze
R 318 NO-Wand (linker Kamin)
R 319 NO-Wand (rechter Kamin)
R 320 Neue N-Wand
R 321 N-Wand (Vinatzerführe)

Kleine Rodelheilspitze
R 323 NW-Wand

Campanile della Luesa
R 328 NW-Wand

Campidellturm
R 332 Normalweg
R 335 N-Wand (Rossiführe)
R 336 NW-Kante

Rodelheilspitze
Kl. Rodelheilsp.
Le Mesules
Campanile Anna
Val Culea
Campidellturm
Campanile della Luèsa
319
319 a
321
320
3‑8
328
336
332
335
45
46
Col de Frea
45
323
45

● 320 Nordwand (Neue Führe)

R. Bernardi und L. Moroder im Jahre 1962 (Lan. 1969—54).
VI—. Guter und griffiger Fels.
Siehe Abb. Seite 239

Übersicht: Die Führe verläuft anfangs über die stumpfe Kante in Gipfelfallinie, um dann den Kamin, der vom Gipfel herabkommt, zu benützen.

● 321 Nordwand

G. B. Vinatzer, G. Riefesser, am 21. August 1933 (Scp. 15.11.33).
V+, meist IV und V, selten leichter. Fast ausschließlich Riß- und Kaminkletterei in meist festem Fels. Sehr empfehlenswerte, ernste Freikletterei; verhältnismäßig selten begangen. Die wenigen vorhandenen ZH und SH sind oft schlecht, so daß ein Sortiment Klemmkeile bzw. H notwendig ist.
Wandhöhe etwa 250 m, Kletterstrecke etwa 300 m. 3½—4 Std.
Siehe Abb. Seite 239 und Skizze Seite 241

Übersicht: Die Führe hält sich an den auffallenden, schwarzen Wasserstreifen, der rechts des Vorbaues durch die N-Wand zieht und oben in einen markanten Kamin übergeht.

Zugang: Vom Grödnerjoch wie bei R 46 auf den Col de Frea und über Gras und Geröll hinauf zum E in Fallinie des oben erwähnten Wasserstreifens, wo sich das Geröll in die N-Wand zuspitzt. 40 Min.

Führe: 1. SL: Gerade empor zu einem Absatz, schräg links hinauf und nach rechts zurück in die Verschneidung, in ihr unter ein Dach, darunter rechts hinaus zu Stand auf einem Band (35 m, V+, 2 H). **2. SL:** Durch die Rißverschneidung etwa 12 m empor unter einen Überhang und nach links hinaus zu Stand auf einem weiteren Band, keine SH (25 m, V+). **3. SL:** Etwa 4 m gerade empor und Quergang nach rechts zu 2 H, unter einem Dach weiter nach rechts, dann gerade empor und nach links in einen Riß, der zu Stand führt (40 m, V+, 5 H). **4. SL:** Rechts hinauf, dann nach links unter einen Rißüberhang, darüber hinweg und im Riß weiter zu einem Block, an ihm nach rechts hangelnd zu Stand auf einem Band (35 m, V+, V—, 3 H). **5. SL:** Nun 3 m nach rechts, und in herrlicher Rißkletterei durch schwarzen Schulterriß zu Stand an einem Klemmblock (40 m, V, 1 H). **6. SL:** Im Riß hinauf unter einen brüchigen Überhang, unter ihm nach links und an seiner schwächsten Stelle darüber hinweg in einen Kamin (eine Engstelle), darin zu Stand in einer Schuttrinne (40 m, V+, V, 3 H). **7. SL:** Im

Kamin empor unter einen riesigen Überhang, den man rechts (brüchig) überklettert, durch eine Schuttrinne zu Stand (40 m, IV, V+, II, 1 H). **8. SL:** Durch die Schuttrinne weiter, oben über Stufen nach rechts hinaus zum Gipfelgrat (30 m, III und II).

(A. Kubin)

● 322 Kleine Rodelheilspitze, 2603 m

Erste Ersteigung vermutlich durch Jäger. Diese Erhebung steht für den Betrachter auf der Paßstraße — die Mündung des Val Culea links flankierend — unmittelbar rechts (W) der Rodelheilspitze. Sie bricht nach NW mit einer steilen Wand ab, eine deutlich ausgeprägte Scharte, von der ein tiefer schluchtartiger Kamin in Richtung Grödnerjoch hinabführt, trennt sie von der Rodelheilspitze. Nach S geht dieser selten besuchte Gipfel in das große Schuttband über, welches beim Piz de Ciavazes beginnend das ganze Massiv bis zur Pisciaduhütte umgürtet.

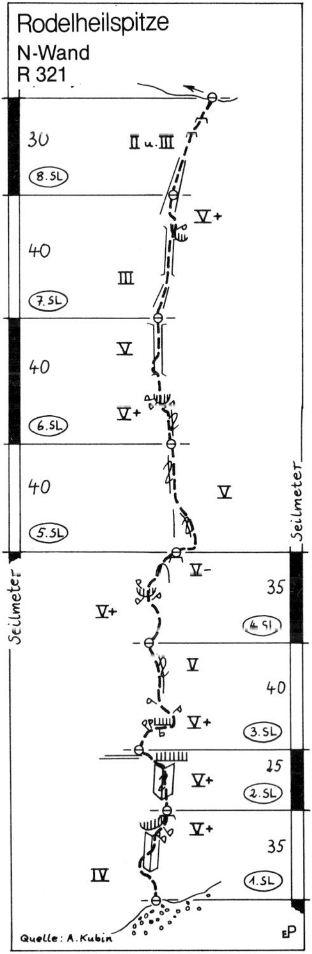

● 323 **Nordwestwand**
J. Mayr und R. Messner am 9. Juli 1971 (Inf. S. Walzl).
V+. Lohnende Tour in schönem, griffigem Fels; sehr ausgesetzt. Die allermeisten Haken fehlen; eine Reepschnur sowie 1—2 H kennzeichnen die Führe.
Wandhöhe etwa 280 m.
Siehe Abb. Seite 229 und 239

Übersicht: Die Führe verläuft nach einem kurzen Rechtsquergang am Beginn ziemlich gerade durch die Wand und erreicht schließlich von rechts (W) her den Gipfel.
Keine weiteren Informationen vorhanden.

● **324—325** frei für Nachträge

● **326** **Campanile della Lúesa,** etwa 2500 m

Erste Ersteigung durch J. Hruschka, S. Moser, K. Oberhauser und J. Schalon am 5. August 1921 (Apf. 1921—153). Ein unbedeutender und kaum auffallender Turm unmittelbar östl. der Rodelheilspitze, welcher über einen schmalen und gezackten Grat von dem breiten Schuttband der Westlichen Masores zugänglich ist.

● 327 **Ostwand**
H. und Vitty Steinkötter am 26. Oktober 1969 (Ö.A.Z. 1972—79).

Zugang: E im Val Setus.
Keine weiteren Informationen vorhanden.

● 328 **Von Nordwesten**
J. Hruschka, S. Moser, K. Obermann und J. Schalon am 5. August 1921 (Apf. 1921—153).
III (eine Stelle), sonst II und leichter. Unterhaltende, nicht zu schwierige Kletterei.
Höhendifferenz etwa 220 m. 2 Std. vom Grödnerjoch.
Siehe Abb. Seite 239 und 247

Anstieg: Vom Grödnerjoch wie bei R 318 auf die Felskulisse am Fuße der NO-Wand der Rodelheilspitze und weiter ostwärts bis zu ihrem Ende. Nun auf bequeme Bänder hinab, welche zu der Rinne zwischen der Rodelheilspitze und einem Zacken im NO führen. Hinter dem Rücken dieses Zackens gelangt man in eine Rinne und zum Fuß der NW-Wand des Campanile della Lúesa. Man steigt direkt durch eine Kaminrinne in der NW-Wand empor und erreicht, nachdem man unter einem Klemmblock hindurchgeklettert ist, einen Schuttabsatz. Nun

25 m schräg links über eine Platte hoch bis zu einer überhängenden Stufe, welche eine Querung nach rechts in eine Kaminrinne nötig macht, die durch zwei Überhänge abgeschlossen wird. Man klettert durch den schmalen Kamin in der Tiefe der Rinne, der durch einige unsichere Blöcke versperrt wird, oder (schwieriger) über die ziemlich glatte Wand zur Rechten, nahe eines schmalen, schrägen Risses, in leichteres Gelände. Linkshaltend nach 50 m zu einem senkrechten Aufschwung des N-Grates, den man leicht links umgeht. Dann auf den Grat und über ihn zum Gipfel.

● **329—330** frei für Nachträge

● **331** **Campidellturm**, 2529 m

Erste Ersteigung durch J. Campidell kurz nach dem 20. August 1913. „Er erstieg allein jenen auffallenden Turm rechts (westl.) vom Eingang in das Setustal in der Sellagruppe, errichtete einen mächtigen Steinmann auf dessen Spitze und wurde ungefähr eine Woche später, nachdem dieser Steinmann auf dem bisher unbetreten gewesenen Gipfel die Aufmerksamkeit mehrerer Leute auf sich gelenkt hatte, mit zerschmetterten Gliedern am Fuße des Turmes aufgefunden." (Zt. 1914—326). So weit H. P. Kiene, der frühe Chronist der nördl. benachbarten Puezgruppe; er war es auch, der den Namen Campidellturm vorschlug **(Campanile Campidél).** Dieser imposante, gegen N und O mit glatten Wänden abfallende Turm, der besonders während eines Abstieges durch das Val Setus stets von neuem die Blicke auf sich zieht, wird durch eine tiefe und ausgeprägte Scharte von der Hochfläche der **Westlichen Masores** getrennt. Auf ihn führen mehrere schöne, doch selten begangene Anstiege.

● **332** **Normalweg**
Wahrscheinlich J. Campidell kurz nach dem 20. August 1913 (Zt. 1914—326).
III (einige Stellen), meist leichter.
Siehe Abb. Seite 239 und 247

Anstieg: Vom Grödnerjoch wie bei R 45 zur Schlucht zwischen Campanile della Lúesa und Campidellturm und durch diese zum Einschnitt zwischen Turm und Hauptmassiv. Mittels eines feinen Risses über steile Wändchen in die leichten Gipfelfelsen.

● **332 A** **Abstieg über den Normalweg** (R 332)
Die schwierigen Stellen werden abgeseilt, sämtliche AH sind vorhanden. 2 Std.

Vom Gipfel südwestl. mittels dreimaligen Abseilens (10 m — 35 m — 25 m) in die Scharte zwischen Turm und Hauptmassiv. Nun mehrmals abseilend durch eine der beiden Schluchten, welche gegen das Grödnerjoch bzw. gegen das Val Setus abfallen, hinunter. (Lan. 1974—61)

● 333 Nordostwand

R. Comper und H. Steinkötter am 14. August 1967. (Bk. 1967/1).

VI, aufgeteilt wie folgt: Je vier Passagen VI und V, sonst IV und oft leichter. Abwechslungsreiche Freikletterei in gutem Fels; selten begangen.

Fast das gesamte verwendete Material (15 H und 6 HK) blieb in der Wand. Wandhöhe etwa 300 m. 5—7 Std.

Übersicht: Die Führe zieht anfangs stark nach rechts, um dann, beständig links ausweichend, den Gipfel zu erreichen.

Zugang: Vom Grödnerjoch bzw. der Sella-Ringstraße wie bei R 45 an den Beginn der steilen Serpentinen im Val Setus und nach rechts zum E bei einem Kamin. 20 Min.

Führe: Durch den Kamin 2 SL hoch und rechtshaltend auf ein breites Band, das nach rechts begangen wird bis zu Stand bei einem Zacken unter einem Aufschwung (II, III und III+; Steinmann). Rechts über ein Wandl (H) auf ein schmales Band (IV) und weiter zuerst rechts-, dann schräg linkshaltend ohne besondere Schwierigkeiten 5 SL bis zu Stand unter einem Wandl unterhalb eines auffallenden gelben Risses. Über das Wandl (V, 1 H) zu Stand (H) unterhalb einer gelben Wand. Nach links in eine kurze Verschneidung (H), über ein kleingriffiges Wandl (VI) und rechtshaltend zu Stand auf einem Klemmblock in dem oben erwähnten Riß. Durch den Riß (VI und V) zu Stand unter einem Überhang. Quergang nach links um ein Eck in einen Riß (VI) und linkshaltend zu U-Haken oberhalb einer Platte; ein 4 m langer Linksquergang führt schließlich zu Stand (30 m, VI und V). Etwa 20 m schwach linkshaltend hoch und 5 m nach links zu gutem Stand (IV und V). Weiter nach links in einen Riß und durch diesen in leichtes Gelände, das rechtshaltend in 1 SL zum Gipfel führt.

● 334 Nordkante

B. Cappelletto und F. Piovan am 19. August 1963 (A.V. 1965—71).

V (im Verlauf einer SL), sonst IV und III. ♂ am Ende der Schwierigkeiten. Abwechslungsreiche Kletterei in gutem Fels. Außer einem AH, den die Erstbegeher 80 m über dem E vorfanden, entfernten sie die von ihnen benützten 4 H wieder. Kantenhöhe etwa 250 m, Kletterlänge etwa 300 m. 4½ Std.

Übersicht: Die Führe beginnt rechts der N-Kante, erreicht dann ein auffallendes Dach an der Kante und verläuft anschließend schwach rechtshaltend zum Gipfel.

Zugang: Vom Grödnerjoch bzw. der Sella-Ringstraße wie bei R 45 bis kurz vor die Mündung des Val Setus und nach rechts zum E etwa 20 m rechts der Kante, gegenüber dem Campanile della Lúesa. 20 Min.

Führe: Von rechts nach links über einen kleinen Überhang, dann einige Meter nach rechts und längs eines Risses schräg nach links. Nun direkt empor über Platten mit Rissen (III) bis unter ein Dach, das man schon von unten sieht. Man umgeht dieses Dach links mittels eines 10 m langen Risses (IV) und erreicht einen AH unmittelbar oberhalb des Daches, etwa 80 m über dem E. Weiter direkt 6 m hoch, dann hangelnd diagonal längs eines feinen Risses nach rechts und schließlich direkt nach wenigen Metern auf ein Band unter der gelben Wand (40 m, III und IV). Auf dem Band 10 m nach rechts bis an sein Ende. Nun zuerst durch einen schrägen Kamin nach rechts, dann durch einen Kamin nach links (III und II) auf ein weiteres, 8 m langes Band (40 m) (hierher auch direkter in Wandkletterei, IV). Von der Mitte des Bandes über eine etwa 6 m hohe, graue und glatte Platte, die links einen Riß mit guten Griffen aufweist. In halber Plattenhöhe spreizt man nach rechts und klettert längs eines Risses leicht rechtshaltend bis zu einer Terrasse (40 m, V und IV). Noch 15 m links empor (IV), dann leichter zu einem großen Band unmittelbar rechts von gelben Überhängen. Auf dem Band, das durch eine Rinne unterbrochen wird, 25 m nach rechts, dann rechtshaltend durch einen Kamin (II und III) zu einem weiteren Band und schließlich direkt zum Gipfel. (C. Cima)

● 335 Nordwand

B. Rossi und A. Tomasi am 14. September 1945 (Boll. 1946—228).

VI (eine Stelle), sonst V.

Außergewöhnlich schöne und elegante, doch ernste Kletterei in festem Fels; lediglich die letzten, allerdings weniger schwierigen 80 m sind brüchig. Selten begangen.

Von den 17 H beließen die Erstbegeher 12, wobei sie im unteren Wandteil 9 H von früheren Versuchen vorfanden.

Wandhöhe etwa 300 m, Kletterlänge etwa 330 m. 8 Std.

Siehe Abb. Seite 239 und 247

Übersicht: Die Führe verläuft im Bereich eines schwarzen Kamins, der die ganze gelbe Wand durchzieht.

Zugang: Vom Grödnerjoch bzw. der Sella-Ringstraße wie bei R 45 bis kurz vor die Mündung des Val Setus und nach rechts zum E am Beginn des schwarzen Kamins, der die ganze gelbe Wand durchzieht. 20 Min.

Führe: Etwa 20 m hoch in eine Nische. Durch einen Kamin rechts dieser Nische 25 m empor auf eine Terrasse (H). Nach 12 m über einen Überhang (IV) hinweg und 15 m empor auf ein schmales Band, das 6—7 m nach links bis zu einem H verfolgt wird. Nun 7 m hoch zu einer zweiten Nische mit RH. Etwa 12 m schräg linkshaltend in eine Verschneidung, die nach 8 m (V) ausgesetzt auf ein großes Band leitet. Dieses wird 10 m nach rechts verfolgt, um dann durch einen nach links führenden Riß in eine dritte, 20 m oberhalb befindliche große Nische zu gelangen. Rechtshaltend über den Höhlenüberhang hinweg (V, 4 H) und noch 20 m in einem feinen Riß, der eine schwarze Platte durchreißt, empor bis unter den großen, schon von unten sichtbaren Überhang, der die 🔑 darstellt (Rückzugsmöglichkeit, 2 H). Über den Überhang hinweg (VI, 2 H) und nach 6—7 m (V) zu einem Klemmblock, der einen weiteren Überhang bildet. Direkt darüber hinweg (V, 1 H) und durch den Kamin weiter, der mehrere kleine Überhänge aufweist (V, 1 H). Nach 25 m erreicht man so eine Terrasse am Ende des Kamins. Mittels eines gelben, brüchigen Risses mit einem Klemmblock (V, 2 H) etwa 20 m empor. Nun 4 m nach rechts, dann 6 m hoch und schließlich 6 m nach links zurück in den gelben Riß (sehr ausgesetzt und brüchig, 1 H). Weitere 12 m im Riß (IV, 1 H) bringen auf ein breites Band. Über leichten Fels gewinnt man nach 70—80 m den Gipfel.

Blick vom Grödner Joch gegen Südosten ►

R 45 zur Pisciaduhütte
R 45a zur Pisciaduhütte

Rodelheilspitze
R 319 NO-Wand (rechter Kamin)

Campanile della Luesa
R 328 NW-Wand

Campidellturm
R 332 Normalweg
R 335 N-Wand (Rossiführe)
R 336 NW-Kante

Mur de Pisciadu Occidentale
R 348 N-Wand (Schwarze Wand)
R 350 N-Kante

Brunecker Turm
R 353 von Nordwesten

Campidelturm
della Luesa
Mur de Pisciadu Occidentale
Brunecker Turm
319
328
332
336
335
45
45
348
350
353
45a

● **336** **Nordwestkante**

E. Abram und S. Schrott am 8. September 1971 (Lan. 1974—60).

VI/A2, aufgeteilt wie folgt: Zwei Passagen VI und A2, etwa 60 m V; sonst IV und leichter. ⚷ in der 6. SL, danach Schlingenstand. Sowohl schwierige Hakenarbeit als auch heikle Freikletterei. Von den verwendeten 50 H und 10 HK blieben etwa die Hälfte im Fels.

Wandhöhe etwa 300 m. 8 Std.

Siehe Abb. Seite 239 und 247

Übersicht: Die Führe gewinnt von rechts die Kante, welche auf halber Höhe durch ein Dach unterbrochen wird, und verläuft dann über diese zum Gipfel.

Zugang: Vom Grödnerjoch bzw. der Sella-Ringstraße wie bei R 45 bis zur Mündung der Schlucht, die zwischen dem Turm und dem Campanile della Lúesa herabkommt. Über Schutt zum E etwas rechts der Kante. 20 Min.

Führe: Durch einen kurzen Riß, sodann über schönen Fels 2 SL hoch zu Stand unter einem sperrenden Überhang (III). Nach links auf die Kante und über diese zu Stand auf einem Absatz (IV). Rechts der Kante weiter (H) und nach 20 m linkshaltend zu Stand an der Kante (IV). Nun 10 m empor (2 H), nach links auf die Kante (V) und über diese nach rechts zu Stand auf einem großen Absatz. Durch eine graue Verschneidung hoch und über ein Dach zu Schlingenstand in einem überhängenden Riß (35 m, VI und A2, einige H und HK). Über einen weiteren Überhang (VI) und nach rechts (IV) zu Stand an der Kante. In grauem Fels rechts der Kante (V, 2 H) zu Stand auf einem Band. Gerade weiter über eine steile, kleingriffige Wand (V, keine H-Möglichkeit) und nach 20 m (IV) zu Stand. Über die nun sich zurücklegende Kante in 3 SL zum höchsten Punkt (II und III).

● **337** **Nordwestwand**

B. Rossi und A. Tomasi am 10. September 1945 (Boll. 1946—228).

IV. Sehr schöne und unterhaltende Kletterei in bestem Fels. Von den 3 H beließen die Erstbegeher 1 H.

Wandhöhe etwa 200 m. 3 Std.

Übersicht: Die Führe verläuft durch die orogr. rechte Begrenzungswand der Schlucht des Normalweges.

Zugang: Vom Grödnerjoch bzw. der Sella-Ringstraße wie bei R 45 bis zur Mündung der Schlucht, die zwischen dem Turm und dem Campanile della Lúesa herabkommt. Durch diese hoch unter den Klemmblock und nach links zum E. 30 Min.

Führe: Durch den auffallenden Kamin (IV, 1 H) etwa 60—70 m empor zu einer Terrasse (Steinmann). Erst 4 m nach rechts (H), dann schräg rechts über eine 10 m hohe Wand (IV, 1 H) ansteigend in einen feinen Riß, der die Fortsetzung des Einstiegskamins darstellt. In ihm 25 m hinauf zu einer Nische (Steinman). Etwa 12 m nach rechts in die schon von unten gut erkennbare Verschneidung und durch diese, den Riß benützend (IV), 15 m hoch. Weitere 20 m in der Verschneidung führen auf eine Terrasse (Steinmann). Nun 8 m nach links und durch den linken zweier Risse 20 m empor zum Grat. Über dessen leichten, aber brüchigen Fels nach 50 m auf den Gipfel.

● **338** **Westwand**
H. Steinkötter und Gef. (Inf. H. Steinkötter)
Keine weiteren Informationen vorhanden.

● **339** frei für Nachträge

● **340** **Torre Val Setus,** etwa 2600 m

Dieser Turm schließt das Val Setus gegen das große Schuttgelände der Westlichen Masores ab.

● **341** **Nordostkante**
C. Barbier und H. Steinkötter am 12. September 1969 (Bk. 1970/4).
IV+. Die Erstbegeher benötigten keine Haken.
Kantenhöhe etwa 220 m. 1¼ Std.
Keine weiteren Informationen vorhanden.

● **342** **Nordwand**
C. Barbier und H. Steinkötter am 11. September 1969 (Bk. 1970/4).
V. Die Erstbegeher schlugen 2 H.
Wandhöhe etwa 250 m. 2 Std.
Keine weiteren Informationen vorhanden.

● **343** **Nordwestkante**
H. Steinkötter und C. Zeni am 20. September 1969 (Bk. 1970/4).
V+. Kantenhöhe etwa 250 m. 4½ Std.

Keine weiteren Informationen vorhanden.

● 344 **Mur de Pisciadu Occidentale,** etwa 2560 m

Hier handelt es sich lediglich um die Nord- und Ostabstürze der großen Schuttebene unmittelbar östl. des Val Setus bis hin zu dem engen Felstal gleich östl. des Exnerturmes, durch das ein Wasserfall herabstürzt. Den nordöstl. Vorsprung dieser durch Verschneidungen, Kanten und Wasserstreifen reich gegliederten, etwa 1,5 km langen Wandflucht bildet der in seinem obersten Teil etwas abgesetzte **Brunecker Turm.** Vielfach wird dieses Massiv auch **Sass Masores** genannt, doch können sich dadurch Verwechslungen mit dem mächtigen Felsvorsprung ergeben, der östl. des oben erwähnten, engen Felstales beginnt und die Mündung des Mittagstales flankiert. In früheren Zeiten wurde diesen Wänden nur geringe Bedeutung zugemessen, da sie auf keinen eigentlichen Gipfel führen.

● 345 **Via ferrata Brigata Tridentina al Pisciadu**

Gesicherter Klettersteig (auch **Pisciadu-Klettersteig** genannt) mit nahezu durchgehendem, dünnen Stahlseil, welches das Einhängen eines Sicherungskarabiners gestattet. Diese Steiganlage mit ihren Stiften, Leitern und einer luftigen Hängebrücke wird nach der Brigata Tridentina benannt, aus deren Reihen die Erbauer kommen.
Modetour allerersten Ranges, die stets mit einem Besuch der Pisciaduhütte verbunden wird. Abwechslungsreiche und eindrucksvolle Eisenkletterei in großartiger Landschaft, deren oberster, doch besonders interessanter Teil auf einem Weg umgangen werden kann. Für Ungeübte empfiehlt sich die Mitnahme eines Seiles.
Höhendifferenz etwa 400 m vom Beginn der Versicherungen. 1½ Std.
Siehe Abb. Seite 259

Übersicht: Der Steig windet sich in einer großen Schleife von rechts unten nahe des Wasserfalles nach links oben um den Exnerturm und gewinnt über eine Hängebrücke, welche die tiefe Schlucht zwischen dem Turm und dem Hauptmassiv übersetzt, die Schrofenebene.

Zugang: a) Vom Grödnerjoch wie bei R 45 auf dem Wege zur Pisciaduhütte bis zur Mündung des Val Setus. Weiter dem Steige nach anfangs leicht fallend zu einem zuckerhutförmigen 20 m hohen Kopf unter dem Brunecker Turm und bei einer Wegteilung hinab.

b) Von der Schottergrube an der Straße Colfuschg — Grödnerjoch nahe der elften Kehre (Parkplatz, Wegtafel) auf einem Steig nach links und unter stark überhängenden Wänden hindurch zu einer geneigten

Felswand. Längs der Sicherungen über sie hinweg und dem Steig folgend nach links.

Nun gemeinsam weiter zum E rechts des Wasserfalles am Beginn der Sicherungen. 1 Std.

Anstieg: Stets den Sicherungen folgend in flaches Gelände, wo man linkshaltend den obersten Teil umgehen kann. Weiter längs der Sicherungen zu einer beidseitig mit einem Geländer versehenen Hängebrücke und jenseits am Hauptmassiv ohne Schwierigkeiten in das flache Schrofengelände und zur nahen Hütte. (Pracht)

● **346** **Via Fornasaro Lucio**

C. Malfatti und G. Vaccari am 1./2. September 1979 (Bs. 1980/8).

VI (eine Stelle), sonst V+ und vielfach leichter. ☍ im oberen Wandteil.

Abwechslungsreiche Kletterei in festem Fels. Einige H beließen die Erstbegeher. Wandhöhe etwa 430 m.

Keine Zeitangabe.

Übersicht: Die Führe verläuft durch die Wand links des Brunecker Turmes, und zwar hält sie sich an eine Reihe von Verschneidungen und schwach ausgeprägten Rissen, die im mittleren Teil zu einem schwarzen Streifen führen. Oberhalb davon überwindet sie eine auffallende Plattenzone und gewinnt durch eine Verschneidung die Schutterrasse.

Zugang: Vom Grödner Joch bzw. von der Schottergrube an der Straße Colfuschg — Grödner Joch auf dem Zugang des Pisciadu-Klettersteiges (R 345) bis unter den Brunecker Turm und über Schutt empor zum E in Höhe zerborstener Felsen, etwa 20 m links des deutlichen Rißkamins am Brunecker Turm. ¾ Std.

Führe: 1. SL: Über etwas brüchige Felsen empor zu Stand (II und III, 1 H). **2. SL:** Etwa 10 m schräg links hoch, dann direkt empor zu Stand unter einer Zone gelblicher, überhängender Felsen (II und III, 1 H). **3. SL:** In Richtung einer sehr ausgesetzten Verschneidung weiter (H), durch diese und den anschließenden Riß zu Stand (IV und V+). **4. SL:** Nach links zu Stand bei einem überhängenden Riß (III und IV). **5. SL:** Durch den Riß auf eine große Terrasse und weiter zu Stand am Beginn einer auffallenden Verschneidung (V). **6. SL:** Durch die Verschneidung empor zu Stand (III und IV). **7. SL:** Etwa 10 m in einem Riß hoch und über Platten schräg rechtshaltend zu Stand (IV und V, H). **8. SL:** Über schwach geneigte Platten zu Stand (IV, H). **9. SL:** Im Zickzack etwa 20 m hoch und nach rechts zu Stand bei einem Haken (V und V+). **10. SL:** Zu dem schon von unten erkennbaren Dach, dann nach links zu Stand bei einem Haken (V und V+). **11. SL:** Über schwarze, sehr ausgesetzte Platten zu Stand am Beginn einer großen Kaminverschneidung (V und VI). **12. SL:** Durch diese und über einen kleinen Überhang zu Stand in ihrer kaminartigen Erweiterung (IV+ und V). **13. SL:** Durch den Kamin zum Schuttfeld.

● 347 Nordverschneidung

V. Malsiner, F. Rungaldier und E. Stufflesser, Ende Juli 1959 (Bk. 1959/22).

VI. Die Erstbegeher beließen etwa die Hälfte der 50 H; mehrere große HK nötig.

Wandhöhe etwa 400 m. 13½ Std. (Zeit der Erstbegeher).

Übersicht: Die Führe hält sich an die Verschneidung im Steilabsturz zwischen dem Hauptmassiv und dem Brunecker Turm.

Keine weiteren Informationen vorhanden.

● 348 Nordwand („Schwarze Wand")

H. und Vitty Steinkötter am 24./25. Juli 1967 (Bk. 1967/1).

VI/A2, aufgeteilt wie folgt: Zwei Seillängen VI/A2 und V/A1, A3; sonst V und IV, selten leichter. Vorwiegend Wand- und Verschneidungskletterei mit einigen hakentechnischen Passagen. Sehr selten begangen.

Die Erstbegeher schlugen 47 H, 11 HK sowie 3 BH und beließen das meiste Material. Für die 2. SL benötigt man kleine Holzklötzchen als Dübel. Während der Schneeschmelze und nach Regenfällen ist die Wand außerordentlich naß.

Wandhöhe etwa 320 m, Kletterlänge etwa 390 m. 4—7 Std.

Siehe Abb. Seite 247

Übersicht: Die Führe verläuft rechts der riesigen NW-Verschneidung, in deren Bereich der Schutt am höchsten hinaufreicht.

Zugang: Vom Grödnerjoch bzw. der Sella-Ringstraße wie bei R 45 bis zur Mündung des Val Setus und weiter in östl. Richtung anfangs auf dem oberen Zugang zum Pisciadu-Klettersteig (R 345). Bald rechtshaltend über steilen Schutt empor zum E etwa 80 m rechts der riesigen NW-Verschneidung bei einem kleinen Sockel. 1¼ Std. vom Grödnerjoch bzw. ¾ Std. von der Straße.

Führe: 1. SL: Auf den Sockel zu Stand (15 m, III). **2. SL:** Gerade empor über die schwarze Wand, zuerst etwas linkshaltend, dann nach rechts, anschließend Quergang nach rechts zu Stand auf einer Leiste (40 m, VI/A2). **3. SL:** Links des Standes senkrecht hinauf und durch eine Verschneidung zu gutem Stand (35 m, V). **4. SL:** Leicht rechtshaltend über einen Überhang zu Stand auf einem breitem Band (20 m, V/A2 und A3) (Biwakplatz der Erstbegeher). **5. SL:** Links in eine feine Verschneidung, über eine graue Wand und durch eine schöne Rißverschneidung zu Stand bei einem Block (30 m; V/A1). **6. SL:** Rechts in eine Einbuchtung und durch eine gelbe Verschneidung zu Stand auf einer geneigten Rampe (35 m, V—). **7. SL:** Quergang nach links und über eine schwarze Wand zu Stand in einer großen Nische (15 m, IV). **8. SL:** Links eine Steilrampe verfolgend zu Stand (35 m, V und III). **9. SL:** Weiter linkshaltend in eine weiße Verschneidung, die man nach 20 m über ein Band nach rechts verläßt, und den senkrechten, gutgriffigen Riß hinauf zu Stand (40 m, III und V). **10. SL:** Durch eine Rinne zuerst gerade empor, dann nach links zu Stand (30 m, III). **11. SL:** Nach rechts den H folgend zu einem versteckten Riß (HK), der bis zu Stand bei einem Block verfolgt wird (37 m, VI/A2). **12. SL:** Quergang nach rechts zu Stand (15 m, III). **13. SL:** Mittels eines Risses in einen versteckten Kamin, der nach 40 m zum Ausstieg führt (45 m, VI, V und I).

● **349** **Neuer Weg**

G. Costa und G. Frigerio im Sommer 1942 (Riv. 1944—38). Keine weiteren Informationen vorhanden.

● **350** **Nordkante**

Gebr. Balzarini und E. Stuflesser am 22. August 1963 (Alp. 1967/7).
IV, oft III und II.
Siehe Abb. Seite 247

Übersicht: Die Führe verläuft über die Kante östl. der Mündung des Val Setus.
Keine weiteren Informationen vorhanden.

● 351 **Brunecker Turm,** 2523 m

Dieser am weitesten nach NO vorgeschobene Eckpfeiler der Westlichen Masores erscheint einem Betrachter auf dem Grödnerjoch kaum als selbständige Erhebung, da er nach W nicht vom Hauptmassiv abgesetzt ist, sondern nur eine riesige Verschneidung bildet. Auf seiner Ostseite dagegen hebt ihn ein nach oben hin allmählich weiter werdender Kamin vom übrigen Massiv ab und verleiht ihm so gegen N ein turmartiges und kantiges Aussehen. Der Gipfel des Brunecker Turmes, den die Erstbegeher der Führe von NW (R 353) nach ihrer Geburtsstadt benannten, ist ein wenig höher als der Rand der benachbarten Schrofenebene und wird von ihm durch eine unbedeutende Einsattlung getrennt.

● 352 **Normalweg**
Wahrscheinlich von Jägern zum ersten Male begangen. Unschwieriges Schrofengelände. ½ Std.

Zugang: Von der Pisciaduhütte in nordnordöstl. Richtung über schrofiges Gelände im ganzen leicht fallend an den Rand der Westlichen Masores und durch die unbedeutende Einsattelung zum Gipfel des Turmes.

● 353 **Von Nordwesten**
F. Winter und W. v. Zieglauer am 6. August 1933 (Tb Grödnerjoch).
IV. Durchgehend schwierige und ausgesetzte, sehr schöne Kletterei in gutem Fels. Verhältnismäßig selten begangen.
Wandhöhe etwa 300 m. 5 Std.
Siehe Abb. Seite 247

Übersicht: Die Führe verläuft zunächst rechts der dem Grödnerjoch zugewandten Kante, sodann knapp links derselben in der N-Wand, um anschließend den auffallenden, waagrechten Spalt unter der gelben Schlußwand zu erreichen. Nach einer kurzen Rechtsquerung gewinnt man durch die Schlußwand den Gipfel.

Zugang: Vom Grödnerjoch bzw. der Sella-Ringstraße wie bei R 45 bis zur Mündung des Val Setus und weiter in östl. Richtung anfangs auf dem oberen Zugang zum Pisciadu-Klettersteig (R 345). Bald rechtshaltend kurz über steilen Schutt in Richtung der NW-Wand und zum E bei einem auffallenden schwarzen Streifen östl. des Punktes, wo die Felsen am tiefsten herabreichen. 1¼ Std. vom Grödnerjoch bzw. ¾ Std. von der Straße.

Führe: Etwa 15 m schräg rechtshaltend durch einen Riß und nochmals 15 m rechtshaltend über eine Wand empor zu einer Terrasse. Über steilen Fels 25 m etwas nach rechts zu einer weiteren Terrasse. Nun direkt 30 m, einen Überhang überwindend, bis unter ein gelbes Dach. Dieses wird links mittels eines Risses umgangen, und bald danach gelangt man linkshaltend um die Kante in die N-Wand. Unmittelbar links der Kante etwa 50 m empor auf ein Band. Über eine Rampe schräg nach rechts und von neuem um die Kante, dann durch ein Rißsystem (mehrere H) 30 m schwach rechtshaltend hinauf. Über steile Wändchen stets leicht rechtshaltend zu dem schon von unten gut sichtbaren, waagrechten Spalt unter der Schlußwand. Etwa 15 m nach rechts und gerade zu einer gelben Wand empor, die schwierig schwach linkshaltend (30 m) bis zu einem H durchstiegen wird. Über gutgestuften Fels vollends zum Gipfel.

● **354—357** frei für Nachträge

● **358** **Exnerturm,** 2496 m

Erste Ersteigung durch D. Exner mit einem Führer. Dieser Turm, dessen Sockel von Colfuschg aus breit und massig erscheint, zeigt einen schlanken Gipfelaufbau, der sich leicht gegen jenes steile Felstal neigt, durch das der vom Pisciadusee gespeiste Bach in mehreren Wasserfällen herabstürzt. Ein tiefer, dunkler Schluchtkamin trennt den Turm im W von den Westlichen Masores. Diesen Kamin übersetzt die Hängebrücke des Pisciadu-Klettersteiges (R 345), der in der NO- und O-Flanke des Turmes verläuft.

● **359** **Normalweg**

D. Exner mit einem Führer (Cas. 1937—417).

II und leichter (für den ursprünglichen Normalweg). Seit Errichtung des Pisciadu-Klettersteiges auch als Abstieg ohne jede Bedeutung. Lediglich der oberste, am Klettersteig beginnende, unschwierige Teil dient heute als Zustieg bzw. Abstieg. Verhältnismäßig selten begangen, da dieser Unternehmung an sich keine Bedeutung zukommt. Empfehlenswert ist allerdings eine Besteigung des Turmes über den Normalweg in Verbindung mit einer Begehung des Klettersteiges.

10 Min. vom Steig.

Anstieg: Entweder vom Tal über den Klettersteig bis dorthin, wo der Steig unter gelben Überhängen zur Hängebrücke quert, oder von der Pisciaduhütte über die Hängebrücke bis kurz jenseits gelber Überhänge. Nun den Steigspuren folgend gerade empor zum Gipfel.

● **359 A** **Abstieg auf dem Normalweg (R 359)**
Gehgelände. 20 Min. bis zur Hütte.

Vom Gipfel auf Steigspuren in Richtung der Pisciaduhütte, links an einem vorspringenden Gratstück hinab zum Klettersteig und auf ihm rechtshaltend (orogr.) unter gelben Überhängen hindurch auf die Hängebrücke. Jenseits über einen ausgetretenen Weg ansteigen und nach links zur nahen Hütte.

● **360** **Nordostwand**
F. Kostner und K. Röchling am 23. August 1930 (Shl. Sept. 1931).
IV (3—4 Stellen), zwei Stellen IV—; sonst III+ und leichter. Unterhaltende Kamin- und Wandkletterei in meist gutem Fels. Verhältnismäßig selten begangen. Seit Errichtung des Pisciadu-Klettersteiges empfiehlt es sich, diesen im untersten Teil zu benützen.
Ausreichende natürliche Sicherungsmöglichkeiten.
Wandhöhe etwa 400 m (vom Wandfuß), Kletterlänge etwa 370 m (vom Verlassen des Klettersteiges). 3—4 Std.
Siehe Abb. Seite 259 und Skizze Seite 257

Übersicht: Die Führe beginnt gemeinsam mit dem Pisciadu-Klettersteig im linken Teil der NO-Wand, zieht dann durch Kamine und Rinnen sowie über Schrofengelände nach rechts oben in das rechte Drittel des schmalen Gipfelaufbaues und gewinnt ziemlich direkt den Gipfel.

Zugang: Vom Grödnerjoch oder von der elften Kehre der Straße Colfuschg — Grödnerjoch wie bei R 345 zum Beginn der Sicherungen am Turm und auf dem Klettersteig so weit hoch, bis man den moosigen Wasserfall sieht. Nun noch über die folgenden Eisenklammern und längs des Drahtseiles bis kurz unterhalb der Höhe, auf welcher der Wasserfall austritt. E bei einer markanten angelehnten Riesenschuppe (oder etwas weiter oben direkt in den großen, schrägen Kamin). 2 Std.

Führe: 1. SL: Gerade hoch (II und III), an einem Blocküberhang links vorbei (IV) und weiter (III) zu Köpflstand unmittelbar rechts eines langen, von unten schlecht sichtbaren Kamins (35 m). **2. SL:** Durch den Kamin hinauf (II und III), ein Überhang wird links bewältigt (IV—), danach zu Stand an einem Zacken unter einem großen Überhang (40 m). **3. SL:** Links am Überhang vorbei (IV) und durch den Kamin weiter (III), nach einem Fenster zu Köpflstand (25 m). **4. SL:** Waagrecht in die grasige Wand hinaus und in eine mächtige Nische hoch, die rechts durch ein Fenster verlassen wird, zu Köpflstand rechts oben (32 m, I und II). **5. SL:** Gerade durch die flache, breite Rinne hinauf zu

Stand an einer Schuppe (40 m, IV—, IV, III+). **6. SL:** Kurz nach rechts und durch flaches, schrofiges Gelände hoch zu Köpflstand unterhalb eines spitzigen Daches (40 m, I und II). **7. SL:** Flach nach rechts ansteigen, um eine Kante in eine Rinne und in ihr 20 m hinauf zu Köpflstand (40 m, I und II). **8. SL:** Schräg rechts hoch (I und III+) und nach etwa 20 m in einen überhängenden Kamin (H); durch ihn (III+) zu Köpflstand an seinem Ende (32 m). **9. SL:** In seiner rinnenartigen Fortsetzung gerade hoch (II und IV) und nach links zu Köpflstand am Beginn der großen gelb-grauen Verschneidung (35 m). **10. SL:** Durch die Verschneidung in herrlicher Kletterei zu Stand unter einem mächtigen Block (25 m, II und III+). **11. SL:** Etwa 8 m nach rechts zur Kante und über diese zum Gipfel (25 m, I und II).
(Pracht)

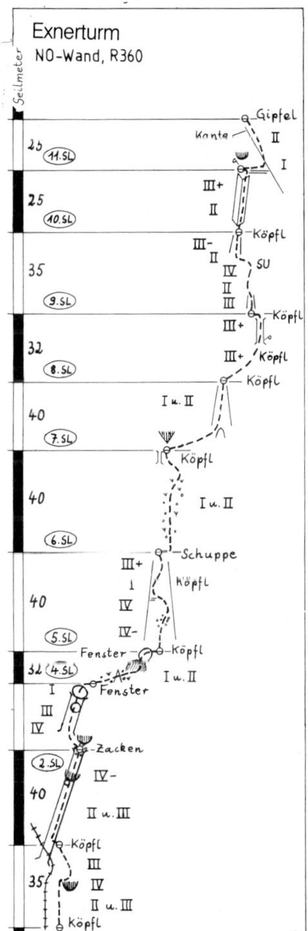

● 361 Mur de Pisciadu Orientale, 2530 m

Hier handelt es sich um den gewaltigen Vorsprung des Schrofengeländes nordöstl. des Pisciadusees, der oberhalb der Waldgrenze das Mittagstal in seinem unteren Teil westl. flankiert und gegen Colfuschg mit einer mächtigen, gut 400 m hohen Wand abstürzt. Diese Wand, die in einem großen Bogen in das Mittagstal einschwenkt, stellt die unmittelbare östl. Fortsetzung des Mur de Pisciadu Occidentale dar und wird von diesem durch das enge Felstal mit dem Wasserfall links des Exnerturmes getrennt. Bisweilen nennt man dieses Massiv auch **Sass Masores,** doch können sich durch diese Bezeichnung Verwechslungen mit dem Mur de Pisciadu Occidentale ergeben.

● 362 Nordostwand

M. Hruschka, E. Lunz und R. v. Zieglauer am 28. September 1933 (Tb Grödnerjoch).

IV, selten leichter. Überaus schöne und abwechslungsreiche Kletterei in eindrucksvoller Umgebung. Verhältnismäßig selten begangen.

Einige H vorhanden. Während der Schneeschmelze und nach Regenfällen sollte die Tour nicht angegangen werden.

Wandhöhe etwa 400 m. 4 Std.

Siehe Abb. Seite 259

Übersicht: Die Führe verläuft längs des auffallenden Kamins, der mitten durch die gegen Colfuschg gerichtete Wand zieht.

Zugang: Von Colfuschg wie bei R 40 auf dem Wege zur Bamberger Hütte die erste Steilstufe des Mittagstales empor und gleich nach rechts über eine begrünte Geländewelle hinweg zum E in Fallinie des großen Kamins. 1 Std.

Blick von Colfuschg gegen Südwesten

R 40 zur Bamberger Hütte
R 45a zur Pisciaduhütte
R 47 zur Pisciaduhütte
R 345 Pisciadu-Klettersteig

Exnerturm

R 360 NO-Wand

Mur de Pisciadu Orientale

R 362 NO-Wand
R 363 NW-Wand

Pisciaduturm ►

R 370 O-Wand
R 371 NO-Wand
R 372 von Nordwesten

Pisciaduspitze

R 382 N-Wand

Bec de Mesdi

R 402 Normalweg

Campanile Basso de Mesdi

R 437 Normalweg
R 441 N-Wand

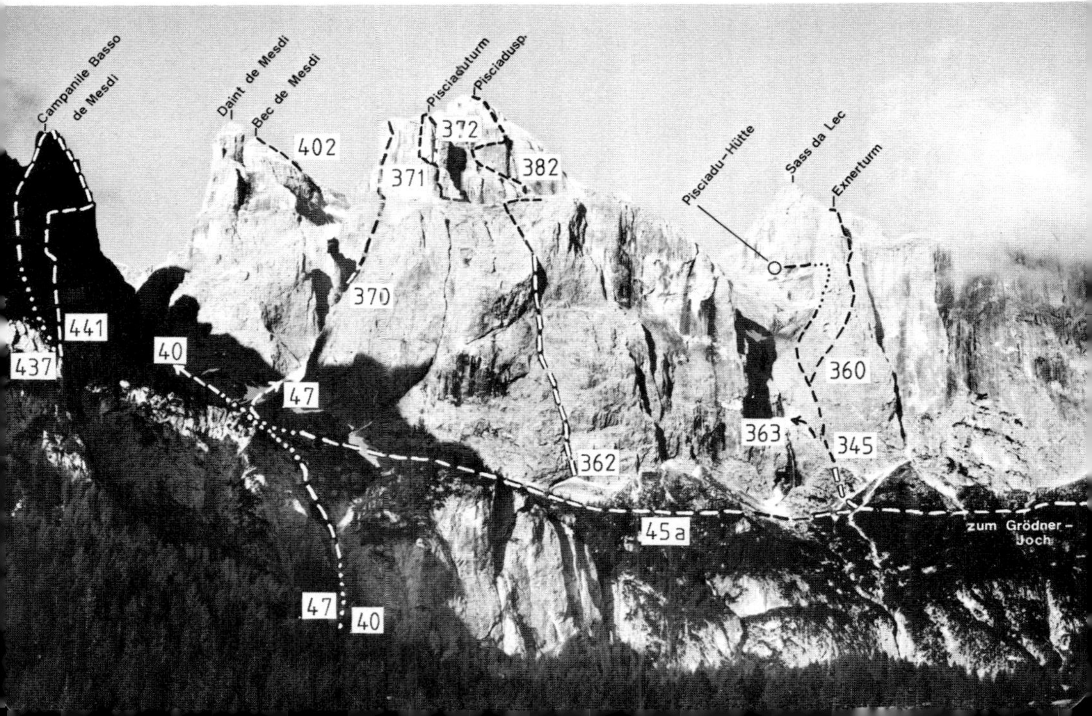

Campanile Basso
de Mesdi
Daint de Mesdi
Bec de Mesdi
402
Pisciaduturm
Pisciadusp.
372
371
382
Pisciadu-Hütte
Sass da Lec
Exnerturm
370
441
437
40
47
360
363
345
362
45a
zum Grödner-
Joch
47
40

Führe: Längs des linken Randes einer glatten Rinne zum überhängenden Beginn des großen Kamins. Direkt in ihm empor und nach 40 m unter ein Dach. Dieses wird an der rechten Wand überwunden (IV) und weiter, sich rechts haltend und damit eine wasserführende Stelle umgehend, über eine steile, 25 m hohe Platte (IV, einige H) empor. Zurück in den Kamin, der anstrengend bis zu einer tiefen Höhle durchstiegen wird. Man verläßt sie hinten bei einem großen Klemmblock, dann einige Meter über die rechte Wand und wieder in den Kamin. In herrlicher Kletterei durch den Kamin bis unter sperrende Überhänge empor. Rechts auf einem schmalen Band in eine von großen Blöcken verschlossene Höhle und 20 m in einer Verschneidung hoch. Unter einem gelben, brüchigen Riß 15 m nach links und nun leichter über eine sehr ausgesetzte Wand 30 m hinauf zu einem kleinen Absatz unmittelbar rechts des großen Kamins. Etwa 5 m über die gelbe Wand empor und, den Schlußüberhang überkletternd (IV), zurück in den Kamin. Ohne größere Schwierigkeiten, doch in eindrucksvoller Szenerie zum Rand der Hochfläche.

● **363** **Nordwestwand („Via della Cascata")**
C. Barbier und H. Steinkötter am 12. September 1969 (Bk. 1970/5.)
V (einige Stellen), meist IV und III. Wandhöhe etwa 450 m. 4 Std.
Siehe Abb. Seite 259

Keine weiteren Informationen vorhanden.

● **364—367** frei für Nachträge

3. Pisciadugruppe

● 368 **Pisciaduturm,** 2882 m

Erste Ersteigung durch L. Heis am 28. Juni 1903 im Alleingang, nachdem G. Leuchs wegen Indisposition am Beginn der eigentlichen Kletterei zurückgeblieben war (Zt. 1904—398). Dieser kantige und mit senkrechten Wänden abbrechende Turm (ital. **Torre del Pisciadu)** unmittelbar südöstl. der Pisciaduhütte erscheint dem Betrachter im Bereich von Colfuschg oder auf dem jenseits des Mittagstales gelegenen Boèseekofel eher als ein Trabant der um 103 m höheren Pisciaduspitze denn als eine selbständige Erhebung, während er sich zur Hütte hin als eine mächtige und eigenständige Turmgestalt zeigt. Diesen Eindruck unterstreicht die tiefe Scharte **(Forcella del Pisciadu)** zwischen ihm und der unmittelbar benachbarten Pisciaduspitze; eine schneeige, steile Rinne verbindet diese Scharte mit dem Geröllfeld am Wandfuß. Zum Mittagstal fällt der Pisciaduturm mit einer durch mehrere Absätze unterbrochenen und allmählich in einen mit dem Daint de Mesdi gemeinsamen Sockel übergehenden, etwa 650 m hohen Wand ab. Sowohl die Nähe zur Pisciaduhütte als auch die schöne NO-Wand sorgen für einen verhältnismäßig regen Besuch.

● 369 **Normalweg**

L. Heis am 28. Juni 1903 (Zt. 1904—398).
IV. Verhältnismäßig kurze, oft durch Kamine führende Kletterei. Im Frühsommer sind die Kamine vielfach vereist; im Herbst trifft man in der Schlucht, die von der Forcella del Pisciadu herabkommt, häufig recht ungünstige Schnee- bzw. Eisverhältnisse an.
Wandhohe etwa 120 m. 1½ Std.
Siehe Abb. Seite 271

Übersicht: Die Führe verläuft ziemlich gerade durch die Wand oberhalb der Forcella del Pisciadu.

Zugang: Von der Pisciaduhütte auf dem Steig zum Mittagstal (Nr. 664) über den Bach und bald rechtshaltend leicht bergab über Schutt zur Mündung der Schlucht, die von der Forcella del Pisciadu herabkommt. Mühsam durch sie hinauf zum E in der Scharte bzw. 30 m vor Erreichen derselben. 1—1½ Std.

Führe: Entweder direkt über die senkrechte Wand oberhalb der Scharte empor oder besser 30 m vor Erreichen der Scharte durch eine Reihe von kurzen Kaminen zu einem Schuttband. Schwach rechtshaltend hinauf und jenseits eines Risses über ein Band nach links zu einem Rißkamin. Durch ihn weiter, dann schräg rechts einen Kamin zu einem kleinen Geröllplatz. Schwach links auf einen Absatz oberhalb davon und schließlich über eine senkrechte und sehr ausgesetzte Wand zu den leichten Gipfelfelsen. Über diese zum höchsten Punkt.

● 369a Zustiegsvariante zum Normalweg (R 369)

Vermutlich W. Hegemann und E. Schulze am 31. Juli 1911 anläßlich ihrer Erstersteigung des unscheinbaren Vorturmes an der NW-Kante (Cas. 1937—422).
III (3 Stellen), sonst II und leichter.
Diese Variante empfiehlt sich vor allem bei schlechten Verhältnissen in der Schlucht, die von der Forcella del Pisciadu herabkommt.
1 Std. vom Beginn der Variante bis zur Forcella.

Variante: Wie bei R 369 zur Mündung der Schlucht, die von der Forcella herabkommt, und nun gemäß R 371 nach 4 SL auf den Vorturm-Gipfel. Über ein Schuttband und anschließend mittels leichter Felsen am linken Rand der Schlucht zum E des Normalweges.

● 369A Abstieg auf dem Normalweg (R 369 bzw. R 369a)

II und leichter, die schwierigen Stellen werden abgeseilt (insgesamt 5×); alle AH vorhanden. Im Spätsommer kann die von der Forcella del Pisciadu hinabführende Schlucht sehr festen Schnee bzw. Eis aufweisen; dann empfiehlt es sich, für den unteren Teil des Abstieges R 369a zu wählen.
1½ Std. bis zum Bergfuß.

Vom Gipfel über leichte Felsen in südwestl. Richtung hinab auf ein kleines Band am Oberrand der Schlucht. Etwa 3 m unterhalb eines Steinmannes befindet sich eine Abseilvorrichtung. 20 m senkrecht abseilen zu dem „Absatz oberhalb davon". 20 m rechtshaltend (orogr.) abseilen zu dem „kleinen Geröllplatz" und nach rechts zum Beginn eines Kamins. 15 m und nochmals 20 m jeweils im Kamin abseilen, an dessen Ende nach links (orogr.) halten. Kurze Querung weiter nach links zur letzten Abseilstelle an der Kante. 25 m abseilen in die Forcella del Pisciadu. Nun entweder ganz durch die nördl. Schlucht hinab oder nur so weit, bis man orogr. rechts über leichte Felsen bzw. auf einem schuttigen Band zum Vorturm-Gipfel von R 371 queren kann. Längs R 371 (4.—1. SL) zum Wandfuß. (Pracht)

● 370 Ostwand

C. Barbier und R. Comploi am 14. September 1968 (Jb. HGB 1965/69—98).

V, aufgeteilt wie folgt: Etwa 220 m IV und V, etwa 300 m II und III. Abwechslungsreiche Kletterei, doch verhältnismäßig wenig begangen. Die Erstbegeher verwendeten 4 H.
Wandhöhe etwa 480 m, Kletterlänge etwa 520 m. 5 Std.
Siehe Abb. Seite 259 und 271

Übersicht: Die Führe gewinnt anfangs linkshaltend das große Band und führt danach im linken Teil der Wand durch Verschneidungen und Kamine zum Gipfel.

Zugang: Vom Weg Nr. 676 (R 47) — etwa in Höhe des unteren Beginnes der Drahtseilsicherungen auf einer grünen Terrasse — quert man zum E bei zwei kleinen Nischen, etwa 10 m rechts einer Schneerinne. 10 Min. vom Weg.

Führe: Schräg links hoch zu geneigtem Gelände und weiter zum großen Band. Durch eine Verschneidung empor und schräg links zu Stand auf Platten (IV, 1 H). Weiter linkshaltend hoch zu Stand (35 m, III). Gerade hinauf zu einer Leiste und auf ihr nach rechts zu Stand unter einem gelben Kamin (IV und III). Über eine kurze Wandstelle (V, 2 H), dann im Kamin hoch (IV—) und durch einen Riß schräg rechts (V—) zu Stand in einer Schuttrinne (IV +, SU). Durch die Rinne bis zu ihrem Ende, einige Meter zu einem H, 10 m nach links und über eine nach rechts ziehende Rampe zu Stand in einer Nische. Nun 20 m in einem Kamin hoch zu Stand mit Wandbuch (V— und III). Weiter zu Stand in einer darüber befindlichen Höhle. Im Kamin hoch (IV) und mittels eines Risses (V), rechts an einem Überhang vorbei, zu Stand. Linkshaltend vollends zum Gipfel.

● **371 Nordostwand**

E. Castiglioni und B. Detassis am 3. Juli 1935 (Cas. 1937—422).
V, aufgeteilt wie folgt: Je eine Stelle V, V— und A0, zwei Stellen IV +, oft IV; das erste Drittel der Führe bietet, abgesehen von drei Stellen III, nur leichte Kletterei. 🔑 kurz vor dem Gipfel. Abwechslungsreiche und ausgesetzte Kletterei in meist sehr gutem Fels, jedoch mit wenig direkter Linienführung; häufig begangen.
Nach drei Viertel Wandhöhe kann man zum Normalweg hinausqueren.
Die meisten ZH und SH vorhanden, dazu häufig natürliche Sicherungsmöglichkeiten.
Wandhöhe etwa 380 m plus etwa 140 m leichten Querens. 4—5 Std.
Siehe Abb. Seite 259 und Skizze Seite 265

Übersicht: Die Führe gewinnt zunächst den höchsten Punkt des gut 100 m hohen Turmes, welcher sich an die NW-Kante lehnt und die Schlucht orogr. rechts flankiert. Etwa 80 m weiter östl. zieht danach die Führe direkt durch den Kamin, der die ganze obere Wand spaltet, auf das Band in 2/3 Wandhöhe und nach einem nochmaligen Linksquergang von 60 m gerade zum Gipfel.
Zugang: Von der Pisciaduhütte wie bei R 369 zur Mündung der Schlucht, die von der Forcella del Pisciadu herabkommt. Links dieser Schlucht gewahrt man eine Kante, hinter der sich eine Kaminrinne befindet; E am Beginn dieser Rinne. 15 Min.
Führe: 1. SL: Links der Rinne hoch, bis man oberhalb einer überhängenden Stelle in die Rinne queren kann; durch ihre schluchtartige Fortsetzung zu Köpflstand im Schutt am Ende der Schlucht (40 m, I).**2. SL:** Gerade hoch, dann in eine Rinne und weiter (III und II) bis zu Köpflstand rechts einer schwarzen Höhle (36 m). **3. SL:** Über moosigen Fels linkshaltend, dann gerade hinauf (III), etwa 3 m rechts an einer Nase vorbei auf eine Terrasse und weiter zu Stand an einer SU (35 m). **4. SL:** Linkshaltend durch eine Kaminrinne in schöneren Fels und rechtshaltend (III) zu Köpflstand knapp unterhalb des Vorturm-Gipfels (40 m). **5. SL:** Links am Vorturm-Gipfel vorbei über ein Band, das nach 20 m zu einem schmalen Grat wird; am Ende des Grates 2 m hinab und zu Stand am Hauptmassiv (35 m, I). **6. SL:** Durch eine schräge Rinne auf ein breites Band in Höhe des Vorturm-Gipfels; Stand links bei einem Block (35 m, I). **7. SL:** Auf diesem breiten und ebenen Band 60 m nach links (bei Blockwerk um eine Kante) zu Stand an einem schrägen Riß, der sich 2 m rechts eines schwarzen Wasserstreifens befindet (Steinmann und H). **8. SL:** Durch den Riß (III+), dann (IV+) in den Kamin oberhalb des Wasserstreifens, an seinem Ende über eine Wandstelle zu Stand am Beginn der Fortsetzung des Kamins (38 m, 1 H). **9. SL:** Durch den Kamin zu SU-Stand auf einem weiteren großen Band (40 m, IV). Hier Fluchtmöglichkeit nach rechts zum Normalweg. **10. SL:** Etwa 60 m auf dem Band erst waagrecht, dann ansteigend nach links zu Stand bei gestuftem Gelände. **11. SL:** Über dieses gestufte Gelände schräg rechts hoch zu H, dann schwach linkshaltend (III) zu einer gelben Schuppe, mit deren Hilfe (IV+, 2 H) zu einer schmalen Leiste, die 3 m nach rechts zu SU-Stand in einer Nische verfolgt wird (40 m). **12. SL:** Durch den darüber ansetzenden Handriß einige Meter hoch (IV) zu zwei H, nach rechts (A0) und gerade weiter (IV) in einen langen Kamin; durch ihn (V und IV, 2 H) zu Stand auf einem Geröllplatz unter einem Überhang (40 m). **13. SL:** Linkshaltend hoch (III) zur Kante, bei einem RH kurz nach links (V—) und weiter in die Gipfelfelsen und zum höchsten Punkt (35 m). (Pracht).

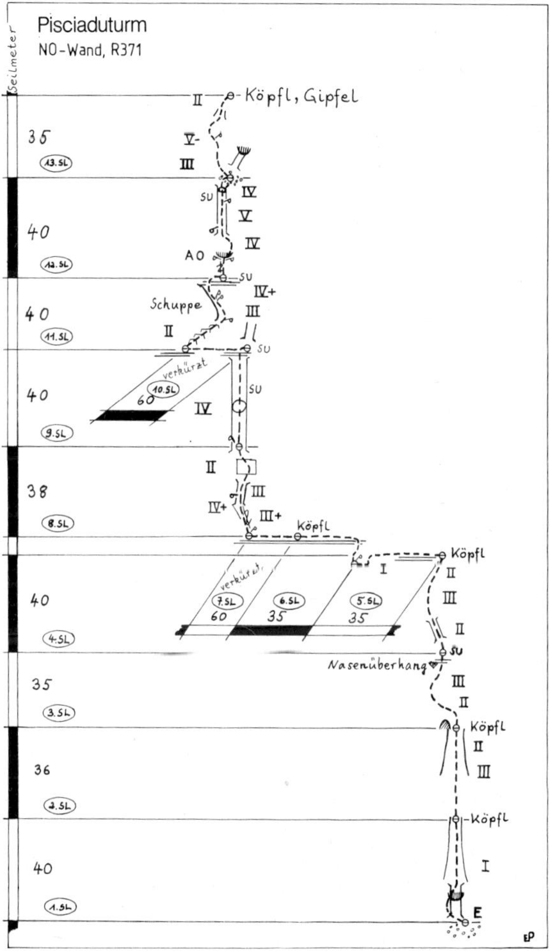
Pisciaduturm
NO-Wand, R371
Seilmeter
Köpfl, Gipfel
35
13. SL
V-
III
II
40
12. SL
SU
IV
V
IV
A0
40
11. SL
Schuppe
IV+
III
II
SU
40
10. SL
9. SL
verkürzt
60
IV
SU
38
8. SL
II
III
IV+
III+
Köpfl
40
4. SL
7. SL
6. SL
5. SL
verkürzt
60
35
35
Köpfl
I
II
III
II
SU
Nasenüberhang
35
3. SL
III
II
36
2. SL
Köpfl
II
III
Köpfl
40
1. SL
I
E
EP

● 372 Von Nordwesten

R. Schade und W. Thiel am 30. Juli 1905 (Ö.A.Z. 1906—163).

IV (eine Stelle), sonst III.

Im ganzen etwas leichter als R 369, aber weniger direkt, jedoch öfters begangen. In der Schlucht, die von der Forcella del Pisciadu herabkommt, trifft man im Herbst häufig recht ungünstige Schnee- bzw. Eisverhältnisse an.

Wandhöhe etwa 120 m. 1½ Std.

Siehe Abb. Seite 259

Übersicht: Dem eigentlichen Gipfelaufbau ist nordwestlich ein riesiger, fast gleiche Höhe erreichender Zacken vorgelagert, der auf einem Band fußt, das die ganze der Pisciaduhütte zugekehrte Seite des Turmes durchläuft. Die Führe gewinnt, zunächst gemeinsam mit dem Normalweg, dieses Band und quert auf ihm zum Einschnitt zwischen dem Zacken und dem eigentlichen Turm, um dann gerade den Gipfel zu erreichen.

Zugang: Von der Pisciaduhütte wie bei R 369 zum gleichen E. 1—1½ Std.

Führe: Auf dem Nomalweg (R 369) bis nach dem Rißkamin, nun aber statt „schräg rechts durch einen Kamin" nach links zu dem oben erwähnten Band. Auf ihm um die W-Kante und durch enge Löcher zum Einschnitt zwischen dem riesigen Zacken und dem eigentlichen Turm. Aus ihm über die senkrechte Wand (IV), dann durch einen kleinen Riß rechts, der das oberste, überhängende Gesims durchzieht, zu den unschwierigen Gipfelfelsen und schließlich zum höchsten Punkt.

● 373—375 frei für Nachträge

● 376 Kleiner Pisciaduturm

Erste Ersteigung durch K. Ibscher und M. Lang am 5. Juli 1911 (Mt. 1912—85). Dieser unbedeutende Turm steht in der Forcella del Pisciadu und läßt sich vom oberen Val de Tita gut ausmachen. Er ist in den offiziellen Karten nicht eingetragen; in der Literatur stößt man auch auf den Namen **Südlicher Pisciaduturm,** weil manchmal der an die NW-Kante des Pisciaduturmes angelehnte, gut 100 m hohe Turm (siehe R 371) ebenfalls Kleiner Pisciaduturm genannt wird. Die entsprechenden italienischen Namen lauten **Piccola Torre del Pisciadu** bzw. **Torre Sud del Pisciadu.**

● 377 Normalweg

K. Ibscher und M. Lang am 5. Juli 1911 (Mt. 1912—85).

II (einige Stellen), sonst vielfach Gehgelände.
Kaum lohnend, sehr selten begangen. 1 Std. von der Hütte.

Anstieg: Von der Pisciaduhütte entweder wie bei R 52 auf dem Weg zur Bamberger Hütte bis zur Sella di Val de Tita, sodann ostwärts auf guten Bändern um die Pisciaduspitze und durch eine leichte Rinne zur Scharte zwischen zwischen dem Kleinen Pisciaduturm und der Pisciaduspitze **oder** direkt durch die nördl. von der Forcella del Pisciadu herabkommende Schlucht bis zur Gabelung hoch und durch den rechten Ast in die oben erwähnte Scharte. Nun gemeinsam über eine gutgestufte Wand zum Gipfel. Wählt man die letztere Möglichkeit des Zustieges, so kann man auch schon unterhalb der Scharte am Turm selbst durch Rinnen und über schlechten Fels zu dessen Gipfel aufsteigen.

● 378 **Pisciaduspitze,** 2985 m

Erste Ersteigung durch Joh. und Jos. Alton im Jahre 1872 (E.O.A. III—369). Diese mächtige und vor allem aus nordöstl. Richtung schon von weitem sichtbare Erhebung bildet zusammen mit dem unmittelbar benachbarten zweigspaltenen Pisciaduturm ein völlig isoliert stehendes Massiv, denn im NW sorgt das Vallon del Pisciadu für Distanz zur Gamsburg und ihren nahen Nachbarn, während wir im SW auf das Val de Tita und gegen S hin auf eine große, nach N in eine schmale Rinne übergehende Mulde treffen. Nördl. fußt das Gipfelpaar auf der weiten Fläche der **Östlichen Masores.** Im Italienischen lautet der Name dieser Spitze **Cima del Pisciadu,** oft sagt man auch kurz **Pisciadu.** Während sie von S mühelos zu ersteigen ist, weisen die nördl. bis westl. Routen teilweise bemerkenswerte Schwierigkeiten auf. Der Gipfel wird wegen der schönen Aussicht häufig besucht. Neben den Tiefblicken besonders zum Pisciadukessel und in das Mittagstal beeindrucken die Ampezzaner Berge, die Tofanen, die Kreuzkofel-, Puez- und Geislergruppe; am Horizont erblicken wir die Hohen Tauern, Zillertaler-, Stubaier und Ötztaler Alpen. Südwärts fallen vor allem die benachbarten Erhebungen der Sellagruppe auf.

● 379 **Normalweg**

Joh. und Jos. Alton im Jahre 1872 (E.O.A. III—369).
Gehgelände. Wegen der vielen Ersteigungen starke Begehungsspuren.
Höhendifferenz etwa 170 m von der Sella di Val de Tita.
1¼ Std. von den Hütten.
Siehe Abb. Seite 201 und 285

Anstieg: Von der Pisciaduhütte bzw. der Bamberger Hütte wie bei R 52 zur Sella di Val de Tita, 2815 m; ¾ Std. Nun über die breite, mäßig steile S-Flanke zum Gipfelsteinmann.

● 380 Südschlucht

H. Hanzal, H. Harmer und F. Steirl am 25. Juni 1953 (Ö.A.Z. 1954—160).

IV, vielfach III und leichter. Schöne Kletterei in festem Fels; selten begangen.

Wandhöhe etwa 280 m. 2—3 Std.

Übersicht: Die S-Wand der Pisciaduspitze durchziehen V-förmig zwei Schluchten, die sich wenig oberhalb des Schuttes vereinigen. Die rechte (östl.) Schlucht beginnt auf einer kleinen Schuttstufe unter dem gelben Gipfelaufbau und durchreißt die gesamte Wand. Die Führe verläuft in dieser Schlucht.

Zugang: Von der Sella di Tita (hierher gemäß R 52) nach O in die schneebedeckte, weite Mulde hinab und nordwärts zum E am Beginn einer kleinen Felsrippe, die wenig westl. des Vereinigungspunktes der beiden Schluchten ihren Anfang nimmt. 1 Std. von den Hütten.

Führe: Über die Rippe hinauf, dann nach rechts in die Hauptschlucht und in dieser zu einer nassen Höhle. Nach rechts auf die begrenzende Rippe, über die man in einen Schuttkessel gelangt. (Hier teilen sich die beiden oben genannten Schluchten.) In der rechten Schlucht hoch bis in eine Eisgrotte, die von der Sella di Val de Tita aus gut zu sehen ist. In einer Schleife links über den nassen Überhang und in die Schluchtfortsetzung. Nun durch Kamine und über sperrende Überhänge gerade aufwärts auf die Schuttstufe unter dem gelben Gipfelaufbau. Nun nach links queren (in einer kleinen Höhle ein Steinmann und eine Karte) und etwa 10 m vor dem westl. Ende dieser Schuttstufe durch eine schräg rechts hochziehende Verschneidung auf eine wenig ausgeprägte Kante unter einem auffallenden, bauchförmigen Überhang. Jenseits nach links in einen tiefen Kamin, der auf einen Grat führt, über den man rasch den Gipfel erreicht.

● 381 Von Norden

W. Junghanns am 1. August 1900 (Zt. 1904—396).

II, meist leichter. Wenig steiler und an vielen Stellen schuttbedeckter, doch nicht uninteressanter Anstieg. Vor dem Gipfelaufbau, in etwa 2800 m Höhe, kann man den Aufstieg abbrechen und über Schutt und Schrofen nach S zum Normalweg (R 379) queren.

Höhendifferenz etwa 400 m. 1½ Std.
Siehe Abb. Seite 271

Anstieg: Von der Pisciaduhütte wie bei R 369 zur Mündung der Schlucht, die von der Forcella del Pisciadu herabkommt. E am Beginn der ersten steilen Rinne rechts dieser Schlucht. ¼ Std. Etwa 30 m hinauf zu Felsstufen, die man schräg rechts aufwärts, immer den geringsten Schwierigkeiten folgend, bis zu einer langen Geröllterrasse ersteigt, welche die ganze N-Wand in deren unteren Drittel durchzieht. Auf ihr so weit nach rechts, bis sich der sie links begleitende steile Felsgürtel erniedrigt und gut zu übersteigen ist. Oberhalb linkshaltend zu einem Absatz, von dem über gutgestuften Fels schräg rechts aufwärts die große NW-Schulter erreicht wird. Schließlich linkshaltend über Geröll und Schrofen beliebig zum Gipfel.

● 382 Nordwand

K. Domenigg, Mary und W. v. Glanvell und G. v. Saar am 10. August 1902 (Ö.A.Z. 1902—233).
III, oft leichter (vor allem im unteren Teil).
Interessante und schöne Kletterei mit recht gewundener Linienführung. Verhältnismäßig selten begangen. Wegen dem vielen Wasser bzw. Schnee kann die Tour erst ab Spätsommer empfohlen werden; sie läßt sich über R 381 kurz vor Beginn der Schwierigkeiten abbrechen.
Wandhöhe etwa 400 m, Kletterlänge wegen der Querungen erheblich länger. 3 Std.
Siehe Abb. Seite 259 und 271

Übersicht: Die Führe gewinnt, links unten beginnend, wie bei R 381 diagonal nach rechts oben das Zentrum der Wand, um dann auf einem Band nach links zu queren und nach einem geraden Anstieg nahe der linken Begrenzungskante der N-Wand rechtsquerend eine Schlucht zu erreichen. Im Bereich dieser Schlucht und deren Fortsetzung gelangt man in mehr oder weniger gerader Linie zum Gipfel.

Zugang: Von der Pisciaduhütte wie bei R 369 zur Mündung der Schlucht, die von der Forcella del Pisciadu herabkommt. Nun rechtshaltend zum E am Beginn der ersten steilen Rinne rechts dieser Schlucht. 15 Min.

Führe: Wie bei R 381 zu dem Absatz oberhalb des steilen Felsgürtels. Nun über Bänder und Schrofen unterhalb des senkrechten Aufschwunges der Wand nach links bis zu einem großen Block. Ein schiefes Band führt nach links zu einem meist nassen Kamin, durch den man ein höher gelegenes, teilweise überdachtes Band gewinnt. Auf diesem, teils kriechend, etwa 80 m nach rechts zu einer Schlucht. Durch einen Sprung auf einen etwa 3 m tiefer liegenden Block faßt man in der Schlucht Fuß und steigt in ihr etwa 30 m hoch. Wo die Schlucht sich zu einem nassen und überhängenden Kamin verengt, quert man 5 m nach links und erklettert direkt die steile, nasse Wand, bis man wieder in den Kamin zurückspreizen kann. Gleich darüber verläßt man ihn wieder (lose Steine) und steigt 4 m zu einem Geröllplatz hinauf. Nun etwa 60 m im Zickzack über weniger steile Felsen zu einem breiten Schuttband unter dem Gipfelaufbau. Von den vier Schluchten, die das Band durchschneiden, hängt die zweite (von links gezählt) unten über. Durch einen kurzen Kamin links der Mündung dieser Schlucht auf einen Vorsprung und dann 15 m schräg rechts aufwärts in diese Schlucht, welche ohne weitere Schwierigkeiten auf den Gipfel führt. (Zt. 1904—396/398)

● 383 Direkte Nordwand

V. Nocker und N. Prinoth im Jahre 1959 (Lan. 1969—60).
VI, häufig V.

Übersicht: Über die zuerst überhängende, gelbe und dann schwarze, senkrechte Verschneidung zum Gipfel.
Keine weiteren Informationen vorhanden.

● 384 Nordwestschulter

H. Dillmaier und K. Heim am 9. August 1927 (Tb Bamberger Hütte).
IV, aufgeteilt wie folgt: Eine Stelle IV, vier Stellen IV—, sonst III und leichter. Steile Kletterei in bestem Fels; häufig begangen.
Die meisten ZH und SH vorhanden, dazu häufig natürliche Sicherungsmöglichkeiten.
Wandhöhe etwa 200 m, Kletterlänge etwa 230 m (jeweils bis zur Schulter). 1½—2 Std.
Siehe Abb. Seite 271 und Skizze Seite 272

Übersicht: Nordwestl. des Gipfels schiebt sich eine Schulter gegen die Pisciaduhütte vor und bildet mit dem Kernmassiv eine tiefe, meist nasse Schlucht. Diese Schulter besitzt eine unten stumpfe, oberhalb des in etwa 60 m Höhe durchziehenden Schuttbandes eine ziemlich scharf ausgeprägte Kante. Die Führe verläuft teils links dieser Kante, teils an ihr selbst und gewinnt dann linkshaltend auf R 381 den Gipfel.

Zugang: Von der Pisciaduhütte in wenigen Min. über den Bach und erst über Schutt, dann auf gutgestuftem Fels zum E an der stumpfen Kante.

Pisciaduspitze von der Pisciaduhütte aus

Pisciaduturm

R 369 Normalweg

Pisciaduspitze

R 381 Von Norden
R 382 N-Wand
R 384 NW-Schulter
R 385 NW-Wand
R 386 NW-Kante

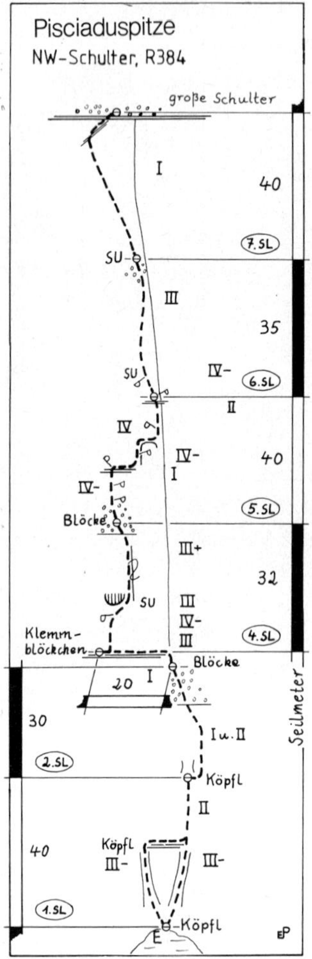

Führe: 1. SL: Durch eine Rinne hoch, dann gerade weiter zu Köpflstand in einer großen Gufel unterhalb einer schwarzen breiten Rinne (40 m, III und II; mehrere Möglichkeiten). **2. SL:** Nach rechts um die Kante und linkshaltend zu Stand auf dem großen Schuttband (30 m, I und II). **3. SL:** Links hoch auf ein schmales Band und nach links (III) zu Stand unter einer schwarzen Wand (20 m). **4. SL:** In Fallinie eines 15 m oberhalb befindlichen, gelben Überhanges mittels eines Risses durch die schwarze Wand (III und IV—, 1 H), unter dem Überhang nach rechts (III) und durch einen Riß (III+) zu Stand bei großen Blöcken auf einem Schuttband (32 m). **5. SL:** Schwach linkshaltend zu einer steilen schwarzen Wand, gerade hoch auf ein schmales Band, kurz nach rechts und von links auf eine abstehende Schuppe (Zwischenstand möglich); nach rechts hinaus zur Kante und über einen schwarzen Rücken empor zu Stand auf einem Absatz an der Kante (40 m, IV— und IV, 5 H). **6. SL:** Nach links (IV—, 1 H) und links der Kante über grauen Fels (III) gerade hoch zu SU-Stand in leichtem Gelände (35 m). **7. SL:** Ohne weitere Schwierigkeiten gerade auf das große Schuttplateau der Schulter. Nun linkshaltend gemeinsam mit R 381 zum Gipfel. (Pracht)

● 385 **Nordwestwand**

R. Goedeke, K. v. Gramatzki, M. Lutterjohann und W. Rien am 8. August 1968 (Ö.A.Z. 1971—92).

V/A0, aufgeteilt wie folgt: V im Verlauf von 4 SL, 4 Stellen A0; sonst überwiegend III. Gesuchte Linienführung, aber mit interessanten Klettcrstellen in gutem Fels.

Von den 12 H beließen die Erstbegeher 2.

Wandhöhe etwa 250 m, Kletterlänge etwa 290 m. 3—5 Std.

Siehe Abb. Seite 271

Übersicht: Die gelben W-Wände werden links von einer grauen Plattenwand flankiert. Die Führe verläuft nach Überwindung des Sockels an der Wandkulisse links davon und oben über die Plattenwand.

Zugang: Von der Pisciaduhütte über den Bach und erst auf dem Weg zur Bamberger Hütte, dann über Schutt bzw. Schnee zum E, der sich 20 m rechts der Stelle befindet, wo der Schutt bzw. Schnee am höchsten reicht. 10 Min.

Führe: 1. SL: Hoch zu Stand bei einem nassen Kamin (30 m, III). **2. SL:** Schräg rechts empor zu Stand in einer weiter rechts befindlichen Kaminreihe (35 m, III). **3. SL:** In dieser Rinne hoch zu Stand am Rande der Terrasse (35 m, III+ und II). **4. SL:** Vollends zur Terrasse (20 m, I). **5. SL:** Vom Wasserstreifen an der linken Begrenzung der gelben Wände links über eine schöne scharze Wand zuerst linkshaltend (V, 1 H), dann rechtshaltend (A0, 1 H) zu Stand auf einem Band (35 m). **6. SL:** Unschwieriger Quergang nach links um ein Eck zu Stand in einem Kamin (20 m). **7. SL:** Im Kamin über einen nassen Überhang (V/A0, 3 H), dann rechts auf die Kante (V) und daran hoch (III) zu Stand (25 m). **8. SL:** An der Kante luftig empor zu Stand auf einem Absatz (20 m, V und A0, 5 H). **9. SL:** Rechts an der linken Begrenzungskante der grauen Plattenwand und durch einen Riß zu Stand auf einem Band unter einem Überhang (35 m, II und III+). **10. SL:** Über den Überhang (V— und A0, 1 H) und geradeaus weiter über die Plattenwand (V und IV—, 1 H) zum Ausstieg auf die große Terrassenschulter (35 m). (R. Goedeke)

● 386 **Nordwestkante**

H. Holzer und Sieglinde Walzl am 5. September 1971 (Tb Pisciaduhütte). Von den Erstbegehern als „W. H. Kante“ bezeichnet.

V+, aufgeteilt wie folgt: Zwei Passagen V+, häufig V, selten leichter (mit Ausnahme des Sockels). Außergewöhnlich luftige Freikletterei in eisenhartem Fels.

Von den 9 ZH beließen die Erstbegeher 6.
Wandhöhe etwa 200 m, Kletterlänge etwa 230 m. 3—5 Std. bis zur großen Schulter.
Siehe Abb. Seite 271

Übersicht: Die gelben W-Wände oberhalb des Sockels werden links von einer grauen Plattenwand flankiert; dazwischen zieht die NW-Kante empor. Die Führe gewinnt bei einem riesigen Block die Schutterrasse oberhalb des Sockels, verläuft dann stets knapp links der Kante, und zwar zunächst in einer dunklen Verschneidung, anschließend durch die Plattenwand zur großen Schulter.

Zugang: Von der Pisciaduhütte wie bei R 384 an den Fuß des Sockels und zum E in Fallinie des großen Blockes. 10 Min.

Führe: 1. SL: Rechts eines Kaminsystems gerade hoch und in einer kleinen Links-Rechts-Schleife zu Stand (40 m, II, III und III+). **2. SL:** Durch Risse empor zu Stand hinter dem großen Block auf der Terrasse (35 m, III). **3. SL:** Jenseits der Terrasse 5 m links der dunklen Verschneidung und neben einem Rißsystem über eine Art Rampe hinauf, weiter sehr steil über Platten und dann über einen Überhang schräg nach rechts zu Stand auf einem Band (35 m, IV und IV+). **4. SL:** Links durch die Verschneidung einige Meter hinauf (IV), danach waagrecht nach rechts in die Wand (V und V+), kurz gerade hinauf (V) zu einer überdachten Leiste, auf dieser an die Kante (III) und links derselben empor (V) zu Stand auf einer überdachten Kanzel an der Kante (30 m). **5. SL:** Links des Überhanges gerade hinauf (V) zu einer abschüssigen Leiste (hier nicht nach links zu einer Reepschnur!), auf ihr nach rechts bis nahe der Kante (IV—) und über eine Platte (IV und V—, 2 H) aufwärts zu Stand an zwei Sanduhren (30 m). **6. SL:** Etwa 15 m gerade hinauf zu einem Band (V+), dann links in die Verschneidung und durch diese bis unter ein Dach, das rechts umgangen wird (V); Stand auf dem Pfeilerkopf oberhalb des Daches (38 m). **7. SL:** Waagrecht nach rechts an die Kante (II) und über diese (III, II) zum Ausstieg auf der großen Schulter (20 m). Nun weiter wie bei R 381 zum Gipfel.

● 387 Westwand

Durch die meist gelbe Wandflucht rechts von R 386 führt eine Route der Catores.
Nähere Angaben nicht bekannt.

● 388 frei für Nachträge

● 389 Sigarro del Pisciadu

Erste Ersteigung durch M. Noggler und F. Peroso am 1. August 1933 (Riv. 1934—617), welche dieses kleine und unbedeutende Türmchen benannten. Es befindet sich an der SO-Flanke der Pisciaduspitze und wird von ihr durch eine schmale und steile Rinne getrennt. Die „Zigarre“ läßt sich gut vom Weg zur Bamberger Hütte (R 52) ausmachen.

● 390 Normalweg
M. Noggler und F. Peroso am 1. August 1933 (Riv. 1934—617).
IV (vermutlich). Sehr ausgesetzte Kletterei.
Als selbständige Bergfahrt bedeutungslos und kaum begangen.
Turmhöhe etwa 60 m. ¾ Std.

Übersicht: Die Führe gewinnt rechtshaltend durch einen brüchigen Kamin die SO-Schulter und nach 40—50 m den kaum Platz bietenden Gipfel. (Anstiegskizze Riv. 1934—618).

Zugang: Von der Pisciaduhütte wie bei R 52 zur Sella di Val de Tita und durch die o.e. „schmale und steile Rinne“ zum E am Fuß des Türmchens. 1 Std.

● 391 Daint de Mesdi, 2888 m

Erste Ersteigung durch F. Benesch, W. Merz und F. Schmitt am 15. August 1894 (Mt. 1895—159), während der Feierlichkeiten zur Einweihung der Bamberger Hütte. „Heitere Tischreden würzten bereits das Mahl drunten in der festlich geschmückten Glashalle des Gasthauses »Kapelle« in Colfosco, als ein rother Wimpel den Fall der luftigen Zinne meldete.“ (Zt. 1900—354). Dieser kühne Turm weist wie ein erhobener Zeigefinger zum Himmel, vor allem für den Betrachter in Colfuschg oder im südl. Mittagstal. Das Turmhafte wird noch durch Kamine, Risse und kleine, angelehnte Nebentürmchen unterstrichen; kurz unter dem Gipfel umgürtet ein teilweise schmales Ringband die markante Erhebung. Von Westen wirkt das einistige „Problem der Sella“ etwas massiger und gestattet einen überraschend leichten Aufstieg (Siehe R 392). Die fast 600 m hohe O-Wand fällt direkt in das Mittagstal ab, nach N schiebt sich ein mächtiger Sockel gegen jenes kleine Felstal vor, durch das der versicherte Steig Nr. 676 (R47) heraufkommt. Eine tiefe, scharf gezeichnete Scharte, 2712 m, hebt den „Mittagszahn“ deutlich vom Bec de Mesdi ab und wurde von A. Hofbauer **Zahnscharte** (Forcella del Daint) getauft (Zt. 1904—400). Der Anblick dieses Gipfelpaares, von den Schutthalden östl. der Bamberger Hütte aus, gehört zu den schönsten der Ostalpen. Besonders lohnend und beliebt sind die S-Wand (R 393) sowie die O-Wand (R 394), aber auch der Normalweg durch die ebenfalls eindruckvolle W-Wand (R 392).

• 392 Normalweg

K. Bindel und G. Kostner am 21. August 1897 (Zt. 1900—357).

II, vielfach leichter. Abwechslungsreiche, teilweise ausgesetzte Kletterei in meist gutem Fels; häufig begangen. Sicherung meist an Köpfln u. ä. möglich.

Wandhöhe etwa 180 m. 1½ Std. vom Wandfuß.

Siehe Abb. Seite 277

Übersicht: Der untere Teil der W-Wand ist ziemlich geneigt, während oben steile Wände zum dreigespaltenen Gipfel emporführen. Die mittlere Kuppe bildet den Haupt—, die rechte (südl.) den Vorgipfel. Von der Scharte zwischen beiden reicht ein schwarzer Kamin bis etwa auf Höhe einer dunklen, torförmigen Wandeinbuchtung herab. Die Führe überwindet den unteren Teil der W-Wand in deren linker Hälfte, zieht dann vom „Frühstücksplatz" unterhalb der überhängenden NW-Kante stufenförmig rechtshaltend aufwärts zum Beginn des oben erwähnten, schwarzen Kamins und quert wenig oberhalb der torförmigen Wandeinbuchtung nach rechts zu einem Rißkamin, der zu einer Schuttschulter des Gipfelringbandes führt.

Zugang: Von der Bamberger oder Pisciaduhütte auf dem Weg Nr. 666 (R 52) zur Sella di Val de Tita und nach O so weit in die schneebedeckte, weite Mulde gegenüber der W-Wand des Daint de Mesdi hinab, bis man nach rechts unter den Felsen des Bec de Mesdi zur Zahnscharte queren kann (hierher auch durch die Rinne direkt aus dem Mittagtal (Ö.A.Z. 1901—74)). Linkshaltend am oberen Rand einer Schuttterrasse weiter; E dort, wo die Felsen der W-Wand ein gutes Höhersteigen zum „Frühstücksplatz" gestatten. 1 Std.

Führe: Unschwierig leicht linkshaltend hinauf zum Frühstücksplatz. Über das dort ansetzende, die ganze W-Wand waagrecht durchlaufende Schuttband kurz nach rechts (S), sodann durch einen stark geneigten Riß rechts aufwärts zu einem Felsloch und links einer wenig vorstehenden Platte über eine 8 m hohe, steile Wand zu einer 6 m langen Schuttrinne, die hinter einer parallel mit der Wand des Massivs verlaufenden, abstehenden Platte hinaufzieht und oben von einem Überhang abgeschlossen wird. Rechts über ihn hinweg und zu einem etwas tiefer liegenden, kleinen Band, das sich bald in der Wand verliert. Nun über eine Wandstelle zu einem 2 m höherliegendem Band und auf diesem in den schwarzen Kamin. Etwa 12 m im Kamin empor zu einer

Daint de Mesdi von Westen
R 392 Normalweg
R 392 aa–ac Varianten zum Normalweg

Nische, die man auf einem guten Band ausgesetzt nach rechts verläßt, um einen Block herum und in den 20 m oberhalb auf einer Geröllschulter endenden Rißkamin. Von der Schulter links über leichten Fels auf den Vorgipfel, von dem aus man mühelos den Hauptgipfel jenseits der Einschartung erreicht.

● **392 A Abstieg auf dem Normalweg (R 392)**

II, doch größtenteils leichter; insgesamt wird dreimal abgeseilt. 1 Std. bis in den Schutt auf Höhe der Zahnscharte.

Vom Gipfel in südl. Richtung über die Scharte zum Vorgipfel, dann zunächst in gleicher Richtung absteigen und bald rechtshaltend hinab auf das schuttige Ringband, Steinmann. Auf dem Band nach links zur Scharte, über sie hinweg und durch einen schräg nach rechts (W) hinabziehenden Rißkamin zu einem schmalen Band. Ausgesetzt auf ihm nach links (N) um die Kante (labiler Block, dann SU) in den schwarzen Kamin, der von der Scharte zwischen Gipfel und Vorgipfel herabkommt. Erst 12 m, dann 18 m abseilen und nach rechts (N) etwas absteigen zur letzten Abseilstelle. 20 m abseilen, sodann über Schuttbänder gerade hinunter zum Zustieg. (Pracht)

● **392a** Mehrere Varianten (ohne weiterführende Angaben) wurden zum Normalweg (R 392) eröffnet, so zum Beispiel:

a) Vom Frühstücksplatz waagrecht durch die ganze W-Wand zu einem kurzen Kamin an deren rechter Seite und danach auf R 393 zum Gipfel (Riv. 1916—58);

b) direkt durch den dunklen Kamin zur Scharte zwischen Vor- und Hauptgipfel (Weg der Erstersteiger, Mt. 1895—159 und Zt. 1900—356);

c) vom Frühstücksplatz nach links und durch die N-Wand linkshaltend empor (Mt. 1911—274);

d) von der Zahnscharte etwa 25 m in Richtung Mittagstal hinab, dann 20 m querend durch die S-Wand und schräg rechts durch eine Reihe von Kaminen und Rissen empor zu R 393 (XI.Jb.A.A.V.M. 1902/03—64).

Siehe Abb. Seite 277

● **393 Südwand**

L. Rizzi und Beatrice Tomasson, Juli 1900 (Cas. 1937-428).

IV+, aufgeteilt wie folgt: Je eine Stelle IV+ und IV, zwei Stellen IV—; sonst III und leichter.

Sehr schöne und ausgesetzte Kletterei, vielfach durch Kamine und Rinnen in meist gutem Fels; einige Schuttpassagen. Häufig begangen.

Die meisten ZH und SH vorhanden, dazu häufig natürliche Sicherungsmöglichkeiten.
Wandhöhe etwa 230 m (vom Einstiegsband), Kletterlänge etwa 260 m (bis zum Gipfelringband). 3 Std.
Siehe Abb. Seite 285 und Skizze Seite 279

Übersicht: Die Führe verläuft durch das Kamin- und Rinnensystem links der SO-Kante zum Gipfelringband und von dort über den Normalweg (R 392) zum höchsten Punkt.

Zugang: Vom Mittagstal durch die schuttige, oft schneebedeckte Rinne zwischen Bec de Mesdi und Daint de Mesdi mühsam so weit hoch (hierher auch durch Absteigen aus der Zahnscharte (Ö.A.Z. 1901—74), bis man auf etwa 2630 m Höhe nach rechts (O) über ein zweigestuftes Schuttband zur SO-Kante queren kann. E genau an der Kante auf Höhe des oberen Bandes bei einem Steinmann. 1 Std. vom Weg Nr. 651 (R 40).

Führe: 1. SL: Etwa 2 m über die Kante hinauf, dann leicht fallender Quergang nach links in die Verschneidung und durch diese (III und II) zu H, sofort nach links aufwärts (III +) und etwa in Höhe des nächsten H über grauen Fels 12 m nach links (II und III) in eine gelbe, rinnenartige Verschneidung; durch diese (III und

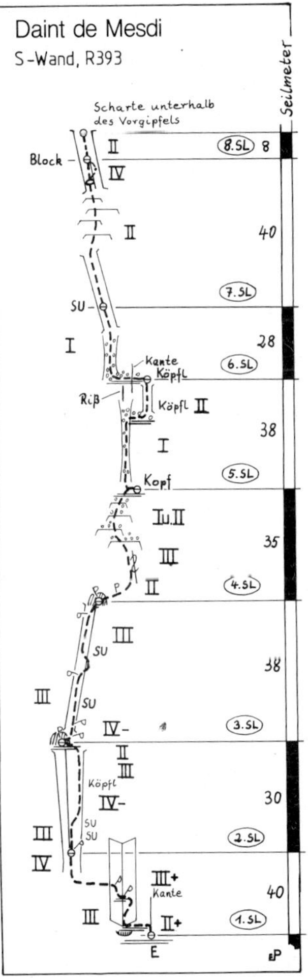

IV+) zu Stand (40 m). **2. SL:** Im folgenden Kaminsystem zu Stand in einer moosigen Gufel links (30 m, III und IV—).**3. SL:** Nach rechts aus der Gufel heraus (IV—, 1 H) und durch einen langen Kamin (III, 3 H) zu Stand rechts in einer großen Nische (38 m). **4. SL:** Rechtshaltend die Nische verlassen (H) zu einem markanten Riß, durch ihn (III) in gestuftes Gelände und nach rechts zu Stand an einem großen Köpfl (35 m). **5. SL:** Durch die schuttige Rinne links hinauf bis zu einem Band, auf diesem nach rechts und durch einen Kamin zu Köpflstand an dessen Ende (38 m, I und II). **6. SL:** Auf Steigspuren waagrecht nach links, bis man durch eine Rinne ansteigen kann und anschließend in einem Kamin zu Stand an einer SU (28 m, I). **7. SL:** Im Kamin weiter zu Stufen, nach diesen durch einen Kamin mit Klemmblock (IV) zu Stand an einem weiteren Klemmblock (40 m). **8. SL:** Zur Scharte vor dem Vorgipfel (8 m, II). Von der Scharte auf einem bequemen Band in der jenseitigen Wand nach rechts (N), bis man über gestuftes Gelände von rechts nach links den Vorgipfel ersteigen kann. Vom Vorgipfel durch die Scharte zum Hauptgipfel. (Pracht)

● 393a Variante zur Südwand (R 393)

K. Berger und E. Franzelin am 27. August 1900 (Ö.A.Z. 1900—298).

IV und III. Quert nicht in der 1. SL nach links, sondern führt auf der rechten Seite der SO-Kante in sehr schöner und ausgesetzter Kletterei durch eine Reihe von Kaminen zum letzten Steilaufschwung. Von hier wieder gemeinsam mit R 393 zum Gipfelringband und auf den höchsten Punkt.

Siehe Abb. Seite 285

● 394 Ostwand

A. Dibona, G. und M. Mayer sowie L. Rizzi am 1. August 1910 (F. Ba. 1912).

IV+, aufgeteilt wie folgt: Je eine Passage IV+, IV und III+; sonst III, größtenteils leichter.

Im oberen Teil der Route sehr schöne Kletterei, doch langer und brüchiger Schrofenvorbau. Häufig begangen.

Die meisten ZH und SH vorhanden, dazu natürliche Sicherungsmöglichkeiten.

Wandhöhe etwa 380 m, Kletterlänge etwa 600 m (jeweils einschließlich Schrofenvorbau). 3—4 Std.

Siehe Abb. Seite 285

Übersicht: Die Führe gewinnt nach dem schrofigen Sockel jenen auffallenden Riß, der von links unten nach rechts oben in die Scharte zwischen dem Hauptmassiv und einem spitzen Zacken an der NO-Kante des Daint de Mesdi hochzieht, um danach schwach linkshaltend das Gipfelringband und schließlich den höchsten Punkt zu erreichen.

Zugang: Vom Mittagstal über Schrofen und Geröll bis kurz vor den Beginn der Schlucht, die zwischen dem Bec de Mesdi und dem Daint de Mesdi herabkommt, sodann schräg rechtshaltend (N) über Grasschrofen hinauf zum E, der sich 10 m rechts einer markanten, gelben Höhle befindet. ¾ Std. vom Weg Nr. 651 (R 40).

Führe: 1. SL: In dem hier ansetzenden Kamin 8 m hoch (III—), dann mittels einer Rechts-Links-Schleife auf einen Schuttabsatz, weiter linkshaltend zu einer steilen Rinne und durch diese (III—) zu Köpflstand (40 m). **2.—5. SL:** Durch oder neben brüchigen Rinnen in Schrofenkletterei, zuletzt durch eine deutlich ausgeprägte, 30 m lange Rinne (II) zu Köpflstand neben einem auffallenden Felsturm (3 x 40 m, Köpflstände). (Hierher mehrere Möglichkeiten). **6./7. SL:** Etwa 70 m auf guten Bändern unschwierig nach rechts queren, bis ein auffallender, schräg nach rechts oben verlaufender Kamin erreicht wird. **8. SL:** Den Beginn dieses Kamins umgeht man links (III), dann durch ihn zu Köpflstand an seinem Ende (40 m). **9. SL:** Ohne jede Schwierigkeit auf einem grasigen Band etwa 60 m nach rechts zu Köpflstand am Beginn des Kamins, der von der Scharte zwischen Hauptmassiv und Zacken herabkommt. **10. SL:** Den untersten Teil des Kamins links umgehend (III+) erreicht man einen guten Stand (III) im Kamin (40 m). **11. SL:** Im Kamin weiter (III—) bis unter einen Überhang, dann nach rechts zu einem markanten Felsenfenster, anschließend durch einen Riß 10 m empor (IV+) und im nun flacheren Kamin zu Stand (40 m). **12. SL:** Durch den Kamin vollends zu Stand an einer guten SU in der Scharte zwischen Hauptmassiv und Zacken (40 m, II und I). **13. SL:** Über die anfangs gutgestufte Wand etwas nach links hoch (III) zum Beginn eines überhängenden, etwa 8 m langen Risses, durch ihn (IV, 1 H) zu Stand unterhalb seiner kaminartigen Erweiterung (40 m). **14. SL:** Noch 3 m in diesem Kamin empor, dann auf schmalem Band links hinaus und nach 30 m zu Stand auf dem schuttigen Gipfelringband (40 m, II und I). **15. SL:** Schräg links zum Grat und über ihn zum höchsten Punkt (40 m, mehrere Möglichkeiten, II). (K.-L. Gerecke)

● 394a Direkte Einstiegsvariante zur Ostwand (R 394)
H. Steinkötter und Gef. (Inf. H. Steinkötter).

Keine weiteren Informationen vorhanden.

● 395 Ostpfeiler
M. Rossi und H. Steinkötter am 7. August 1970 (A.V. 1971—75).
V (2 Stellen), sonst III und IV. Die Erstbegeher beließen 2 H und eine Schlinge. Wandhöhe etwa 600 m. 7 Std.
Siehe Abb. Seite 285

Übersicht: Die Führe verläuft rechts von R 394.

Keine weiteren Informationen vorhanden.

● 396 Nordgrat
F. J. Gaßner und Frhr. v. Saar am 22. Juli 1903 (XI. Jb. A.A.V.M. 1902/03—64).
III, oft leichter. Häufig Kamin-, Rinnen- und Rißkletterei in nicht immer zuverlässigem Fels. Sehr selten begangen. Da der Anstieg zum Frühstücksplatz des Normalweges (R 392) führt (und somit eher eine Zustiegsvariante jenes Weges darstellt), kann dort mühelos ausgequert werden.
Kantenhöhe etwa 600 m (bis zum Gipfel). 3—4 Std.

Übersicht: Die Führe verläuft im wesentlichen längs des N-Grates bis zum Frühstücksplatz des Normalweges (R 392) und über letzteren zum Gipfel.

Zugang: Vom Weg Nr. 676 (R 47) — etwa in Höhe des unteren Beginnes der Drahtseilsicherungen auf einer grünen Terrasse — quert man nur wenig absteigend die Rinne, welche zwischen dem Pisciaduturm und dem Daint de Mesdi herabkommt **(Rissa del Daint),** gegen den N-Grat; E bei einer schrofigen Steilrinne, die nach links zu einem tiefen, senkrechten Kamin führt. 10 Min.

Führe: Zum Kamin, durch diesen anfangs ohne Schwierigkeiten hoch, danach einige sperrende Blöcke rechts umklettern und schwieriger im nun tiefen Kamin empor, hinter einem Klemmblock hindurch und auf ihn zu Stand. Die nächsten Blöcke außen überspreizend gelangt man zum Ende des 80 m hohen Kamins bei einem grasigen Band. Rechts 20 m über eine steile Wand gerade empor zu einer Nische, weiter durch einen schrägen Riß nach links auf Rasenschrofen. Quergang nach links und durch kurze Schuttrinnen und Kamine auf die gut gangbare O-Flanke des Grates. Rechtshaltend zur Gratkante bei einer Scharte. Nach einer kurzen Linksschleife über Gras und Geröll rechtshaltend zu einem steileren Grataufschwung, indem man durch eine Rinne zu einem 3 m hohen, gelben Zacken ansteigt und nach links in einen Kamin quert, dessen oberster Überhang überspreizt wird; so gelangt man auf eine kleine Terrasse. Schließlich weiter durch eine Rinne schwach rechts empor und unter gelben Flecken nach rechts zur Gratkante. Durch einen sehr brüchigen Riß links hinauf und längs des breiten Grates empor zum Frühstückplatz. Weiter auf R 392 zum Gipfel.

● **397—399** frei für Nachträge

● 400 **Sasso Aguzzo,** 2730 m

Erste Ersteigung durch W. Hegemann und E. Schulze am 1. August 1911 (Mt. 1911—274). Kleiner, spitzer Zahn in der Zahnscharte, ohne jede bergsteigerische Bedeutung.

Anstieg: a) Aus der Scharte zwischen Sasso Aguzzo und Bec de Mesdi über leichte Stufen, durch einen schiefen Kamin und über eine westseitig exponierte Wand zum Gipfel (1 Std., III).

b) Etwas leichter und schneller aus der Scharte zwischen Sasso Aguzzo und Daint de Mesdi.

● 401 **Bec de Mesdi,** 2964 m

Erste Ersteigung durch K. Bindel und P. Pescosta am 6. August 1894 (Zt. 1900—359). „Fröhliche Jauchzer wurden gewechselt zur Taufe der Bamberger Spitze. Denn das soll fortan der Name sein, dieses, zur Zeit der Erbauung der Hütte (Bamberger Hütte; Anm. Pracht) zuerst erstiegenen, stummen, aber um so gewaltigeren Zeugen der Thätigkeit einer jungen Sektion, die sich gerade anschickte, ihren Baustein zum großen Werke des Deutschen und Österreichischen Alpenvereins beizutragen." (Zt. 1900—359). Dieser unmittelbare, südwestl. Nachbar des Daint de Mesdi bricht mit einer imposanten, gelben und von mehreren schwarzen Kaminen durchfurchten Wand zum Mittagstal ab; weniger auffallend stellt sich der das Val de Tita flankierende Berg dem Betrachter aus westl. Richtung dar. Tiefe, doch mäßig steile Schutt- bzw. Schneerinnen fallen aus den Scharten nordöstl. und südwestl. des Bec de Mesdi gegen das Mittagstal ab, die entsprechenden Rinnen in Richtung Val de Tita sind wesentlich schwächer ausgeprägt. Aus den zahlreichen Führen möge vor allem die Castiglioniführe durch die SO-Wand (R 405) als sehr schöne Tour hervorgehoben werden. Bei der ebenfalls bekannten und durchaus lohnenden S-Wand (R 403) muß man trockene Verhältnisse abwarten.

● 402 Normalweg

K. Bindel und P. Pescosta am 6. August 1894 (Zt. 1900—359).

I, oft Gehgelände. Wegen der vielen Schutt- und Schrofenpassagen als selbständige Bergfahrt ohne Bedeutung, allerdings hübsche landschaftliche Eindrücke.

Höhendifferenz etwa 100 m. ½ Std.

Siehe Abb. Seite 259

Zugang: Von der Bamberger oder Pisciaduhütte auf dem Weg Nr. 666 (R 52) zur Sella di Val de Tita und in südl. Richtung über Schrofen und Geröll rechts der Rinne, die von der Einschartung zwischen Bec de Mesdi und Sass de Mesdi herabkommt, zu ebendieser hoch. 1 Std.

Anstieg: Von der Scharte über brüchige, doch gutgestufte Bänder und über Geröll nordwestl. des Grates — einige kleine Einschnitte überschreitend — zur breiten Gipfelhaube, über die man rasch den höchsten Punkt erreicht. (Mehrere unbedeutende Varianten)

● 402 A Abstieg auf dem Normalweg (R 402)

I, oft Gehgelände. ½ Std. bis in die Scharte zwischen Bec de Mesdi und Sass de Mesdi.

Vom Gipfel in Richtung Pisciaduhütte (NW) über Schutt in eine Scharte hinab, nordwestseitig um einen Gendarm herum in eine weitere Scharte und auf der Nordwestseite über einen massigen Turm zur Scharte zwischen Bec de Mesdi und Sass de Mesdi.

● 403 Südwand

A. Dibona, G. und M. Mayer sowie L. Rizzi am 3. August 1910 (Mt. 1911—215).

V +, aufgeteilt wie folgt: Je eine Stelle V + und V, 2 Stellen IV +; sonst IV und vielfach leichter.

Überwiegend Kaminkletterei in bisweilen splittrigem Fels, einige Wasserstellen. Die Tour kann erst für den Herbst empfohlen werden, da sich vorher die Schwierigkeiten wegen Nässe und Wasser erheblich erhöhen. Die meisten ZH vorhanden, doch einige SH fehlen; Standplatzsicherung oft an Köpfln bzw. Klemmblöcken.

Wandhöhe etwa 300 m, Kletterlänge etwa 470 m (einschließlich der unschwierigen Gipfelhaube). 4—6 Std.

Siehe Abb. Seite 285 und Skizze Seite 289

Bec de Mesdi und Daint de Mesdi vom Lichtenfelser Weg

Pisciaduturm

R 370 O-Wand

Pisciaduspitze

R 379 Normalweg

Daint de Mesdi

R 393 S-Wand

R 393a Variante zur S-Wand

R 394 O-Wand

R 395 O-Pfeiler

Bec de Mesdi

R 403 S-Wand, mit den beiden Zustiegsmöglichkeiten

R 404 SO-Wand (Breitenberger/Glatz-Führe)

R 405 SO-Wand (Castiglioniführe)

R 406 von Osten

R 407 O-Wand (Arnost-Cernik-Gedächtnisführe)

R 408 O-Wand (RHM-Führe)

Übersicht: Unmittelbar links der Kante, die S- und SO-Wand gemeinsam haben, durchreißt ein Kaminsystem die der Schlucht zwischen Bec de Mesdi und Sass de Mesdi zugekehrte S-Wand. Die Führe verläuft zunächst durch den von rechts unten nach links oben ziehenden schmalen Kamin, erreicht dann mittels eines luftigen Rechtsquerganges den Beginn eines tiefschwarzen Doppelkamins und durch diesen einen Trichter knapp unterhalb der Gipfelhaube, über die man linkshaltend zum höchsten Punkt gelangt.

Zugang: Von der Bamberger oder Pisciaduhütte wie bei R 402 in die Einschartung zwischen Bec de Mesdi und Sass de Mesdi, sodann durch die Schutt- bzw. Schneerinne in Richtung Mittagstal hinab bis auf Höhe des Schrofen- und Schuttbandes, das den Sockel des Bec de Mesdi abschließt (hierher auch direkt aus dem Mittagstal). Der E befindet sich am Beginn des Bandes, unterhalb des linken zweier 30 m nach links hochziehender Rißkamine. 1½ Std.

Führe: 1. SL: Über Stufen und einen Überhang (IV—) in den Rißkamin, der einen weiteren Überhang (IV) aufweist; Stand (Sicherungszacken) auf einem Schuttband rechts am Beginn eines überhängenden, schwarzen Kamins (34 m, 2 H). **2. SL:** Durch diesen Kamin (IV+), kurz linkshaltend (V+), dann (H) über eine gestufte Rampe zu einem Geröllplatz (2 H) (hierher auch durch eine splittrige Verschneidung mit anschließendem Rechtsquergang; nicht leichter) und in dem nachfolgenden Kamin (III+) zu Köpflstand auf einem Klemmblock (40 m). **3. SL:** Im Kamin weiter, dann in dessen linken Ast zu Stand an einem Klemmblock (35 m). **4. SL:** Durch den linken Ast bis an sein Ende unter einer gelben Wand (26 m, III und II). **5. SL:** Zunächst waagrecht auf einem Band nach rechts (III, 1 H), dann an einer Schuppe hoch und weiter (H) nach rechts um die stumpfe Kante, schließlich etwas absteigend (IV+) auf das große Band; Stand unmittelbar rechts des linken Kaminsystems (25 m). **6. SL:** Durch das System empor zu Stand an Blöcken (38 m, IV, V und III, 1 H). **7. SL:** Weiter im Kamin und jenseits des markanten Überhanges zu Stand unter einer moosigen Stufe (30 m, III). **8. SL:** Durch den Kamin (III und IV, 1 H) und mittels einer Rechts-Links-Schleife zu Köpflstand in gestuftem Gelände (38 m). **9. SL:** Über Bänder und Stufen schräg rechts hinauf, durch einen Riß (III) zu Zackenstand auf einem breiten Band (35 m). **10. SL:** Das Band so weit nach rechts verfolgen, bis man über eine kurze Steilstufe (III) auf ein breiteres, schuttbedecktes Band gelangt; Stand an der Kante bei einem Block (30 m). Über das Band etwa 60 m nach links in den ursprünglichen Kamin zurück. Durch diesen ein Stück hoch, dann linkshaltend über moosiges Gelände auf den Grat und zum Gipfel. (Pracht)

● 404 Südostwand (Breitenberger/Glatz-Führe)

L. Breitenberger und K. Glatz am 29.9.1969 (Bk. 1970/5).
VI+/A3 mit Stellen VI (nach Angaben der Erstbegeher).
Selten begangen. Von den 35 verwendeten Haken blieben etwa 30 im Fels.
Wandhöhe etwa 300 m. 4—5 Std.
Siehe Abb. Seite 285

Übersicht: Die Führe verläuft im ersten Kaminsystem rechts der Kante, die S- und SO-Wand gemeinsam haben.

Keine weiteren Informationen vorhanden.

● 405 Südostwand (Castiglioniführe)

V. Bramani und E. Castiglioni am 23. August 1935 (Cas. 1937—435).
V, aufgeteilt wie folgt: Eine kurze Stelle V, 2 Stellen IV+, je eine Passage IV und IV—, sonst meist III. ☍ in der 6. SL, am Ende der Hauptschwierigkeiten.
Außergewöhnlich schöne Wand- und Kaminkletterei in bestem Fels (lediglich im Bereich der ☍ etwas brüchig), die auch bei nicht ganz trockenen Verhältnissen noch gut begehbar ist.
Nicht allzu häufig begangen.
Die meisten ZH vorhanden; SH fehlen zum Teil.
Wandhöhe etwa 300 m, Kletterlänge etwa 300 m (bis zum unschwierigen Gratrücken der Gipfelhaube). 3—4 Std.
Siehe Abb. Seite 285 und Skizze Seite 289

Übersicht: Die Führe verläuft durch das zweite Kaminsystem rechts der Kante, die S- und SO-Wand gemeinsam haben.

Zugang: Von der Bamberger oder Pisciaduhütte wie bei R 402 in die Einschartung zwischen Bec de Mesdi und Sass de Mesdi, sodann durch die Schutt- bzw. Schneerinne in Richtung Mittagstal hinab bis auf Höhe des Schrofen- und Schuttbandes, das den Sockel des Bec de Mesdi abschließt (hierher auch direkt aus dem Mittagstal). Über das Band in die SO-Wand (vorbei an den E von R 403 und R 404) und in Fallinie des oben erwähnten Kaminsystems unschwierig empor zum E auf dem etwa 40 m hohen Vorbau. 1¾ Std..

Führe: 1. SL: Linkshaltend (III) zu einer Schuppe, an ihr hinauf (IV+) zu einem Bändchen, einige Meter nach rechts (III), über einen schwach ausgeprägten Überhang (IV+) zu einer Nische unter einem Rißüberhang (2 H), dann mittels eines ausgesetzten, doch gut griffigen Querganges nach rechts (IV+) zu einer Rampe (H), die bis zu ihrem Ende in gelbem Fels verfolgt wird (III und IV); Stand schräg links oberhalb

(35 m). **2. SL:** Linkshaltend über eine kurze Wandstufe (III+) auf ein bequemes Band, dieses nach links verfolgend zu einem Riß, an dessen Kante rechtshaltend empor (III) und links über einen kleinen Überhang (III+) zu SU-Stand in einer Nische (30 m). **3. SL:** Rechts durch eine ausgeprägte Rinne zu einem senkrechten Kamin und durch ihn (III+ und III) zu SU-Stand rechts auf einem Absatz (35 m). **4. SL:** Zurück in den Kamin, darin 2 m hoch und linkshaltend über eine gelbgraue Wand ansteigend in den schwarzen Hauptkamin; Stand nach einem kleinen Überhang (36 m, III). **5. SL:** Im Kamin weiter zu SU-Stand links auf Bändern, 10 m unterhalb eines großen Überhanges (40 m, I, II und III). Es folgt die ♂SL. **6. SL:** An der linken Kaminwand zu einem gelbbrüchigen Zapfen, an ihm empor unter den Überhang, durch einen schmalen Riß waagrecht 3 m hinaus und an einem guten Griff auf den Überhang; schließlich nach rechts um ein Eck und im Kamin zu Stand an einem großen Köpfl (30 m, V, A0 und III, 5 H). **7. SL:** An der rechten Kaminwand den nächsten Überhang umgehend (IV—) im nun engen Kamin hinauf (III) zu Blockstand in leichtem Gelände (38 m). **8. SL:** Über schuttbedecktes Gelände hoch und oberhalb eines großen Klemmblockes zurück zu Stand im ursprünglichen Kamin (30 m, I). **9. SL:** Durch den nun geneigten Kamin vollends zum Gratrücken (30 m, I und II). Über den Grat linkshaltend auf den höchsten Punkt. (Pracht)

● 406 Von Osten

K. Dörfler, Marie Faber und H. Rädler am 7. August 1910 (XI Jb. A. Kr. Bgg. 15).
III. Selten begangen.
Wandhöhe etwa 300 m. 2 Std.
Siehe Abb. Seite 285

Übersicht: Die Führe beginnt bei einem kleinen Pfeiler am rechten Rand der SO-Wand und verläuft — sich meist rechts haltend — zum NO-Grat und über diesen zum Gipfel.

Zugang: Von der Bamberger oder Pisciaduhütte wie bei R 405 zu dem Schrofen- und Schuttband, das den Sockel des Bec de Mesdi abschließt und auf diesem (vorbei an den E von R 403 — 405) zum E an der Mündung der östl. Schlucht. 1¾ Std.

Führe: Durch Kamine zu einem dreieckigen Geröllplatz, dann linkshaltend in einen 50 m hohen Kamin und durch diesen auf ein breites Band. Durch eine steile Rinne in schwarzem Gestein schräg rechts aufwärts zu einer ausgesetzten Wand und über diese in eine Nische. Einige Meter an einem charakteristischen Felszacken empor und zur NO-Kante, die bis zum Gipfel verfolgt wird.

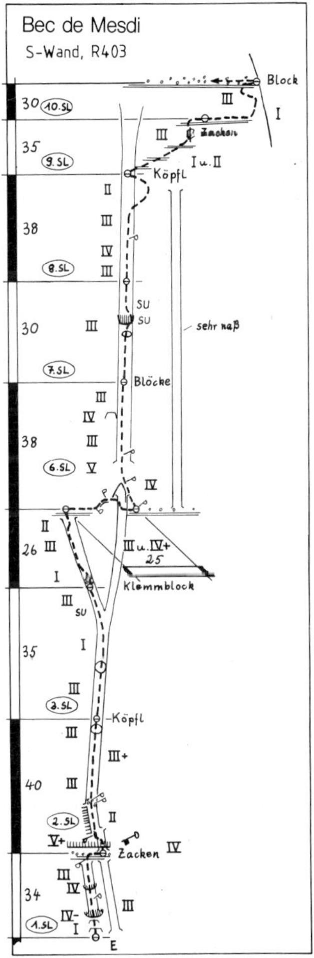
Bec de Mesdi
S-Wand, R403
Block
Zacken
Köpfl
sehr naß
Blöcke
Klemmblock
Köpfl
Zacken
E
10.SL
9.SL
8.SL
7.SL
6.SL
3.SL
2.SL
1.SL
30
35
38
30
38
26
35
40
34

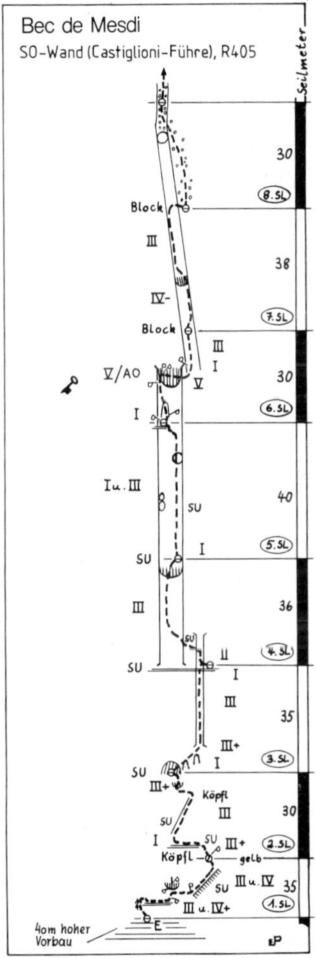
Bec de Mesdi
SO-Wand (Castiglioni-Führe), R405
Seilmeter
Block
Block
V/AO
Köpfl
Köpfl
gelb
4om hoher Vorbau
E
8.SL
7.SL
6.SL
5.SL
4.SL
3.SL
2.SL
1.SL
30
38
30
40
36
35
30
35

● 407 Ostwand („Arnost-Cernik-Gedächtnisführe“)
H. und Vitty Steinkötter am 27. August 1970 (Bk. 1970/11).
V +, eine Stelle **A2.**
Das gesamte Material wurde belassen.
Wandhöhe etwa 500 m. 7—9 Std.
Siehe Abb. Seite 285

Übersicht: Die Führe beginnt im Mittagstal, gewinnt dann die Fortsetzung des Schrofen- und Schuttbandes, das den Sockel des Bec de Mesdi abschließt, und erreicht durch ein dunkles Kaminsystem den Gipfelbereich.

Keine weiteren Informationen vorhanden.

● 408 Ostwand („RHM-Führe“)
H. und Vitty Steinkötter am 8. Oktober 1969. (Ö.A.Z. 1972—79).
V, oft IV
Siehe Abb. Seite 285

Übersicht: Die Führe verläuft rechts von R 407.

Keine weiteren Informationen vorhanden.

● 409 Nordostwand
Röttgen und Rudifera am 28. Augsut 1902 (Ö.A.Z. 1904—250).
III (eine Stelle), sonst leichter.
Vor allem für die Überschreitung Daint de Mesdi — Bec de Mesdi von Bedeutung, doch wenig begangen. Wandhöhe etwa 250 m. 1—1½ Std.

Übersicht: Die Führe verläuft zunächst längs des N-Grates, danach rechts der Kante O-Wand — NO-Wand und gewinnt schließlich unschwierig den Gipfel.

Zugang: Von der Bamberger oder Pisciaduhütte wie bei R 392 zur Zahnscharte. Der E befindet sich am Beginn der steilen Felsen des Bec de Mesdi. 1½ Std.

Führe: Über die steilen Felsen nach links, dann nach rechts hoch und längs des kurzen N-Grates weiter, bis er sich in der Nähe eines Schneefleckes in der NO-Wand verliert. Unmittelbar rechts der Kante, welche die gelbe O-Wand und die graue NO-Wand gemeinsam haben, etwa 40 m in einer flachen und sehr steilen, schwarzen Rinne empor (III). Nun über flacheres Gelände im Zickzack schwach rechtshaltend zum Schuttband unter der Gipfelhaube. Auf diesem Band nach links ansteigen und kurz vor seinem Ende durch eine brüchige Rinne zum Gipfel.

● **410—413** frei für Nachträge

● **414** **Sass de Mesdi,** 2978 m

Dieser Ausläufer der Sellahochfläche flankiert als südl. Nachbar des Bec de Mesdi mit seiner gegliederten und etwa 400 m hohen O-Wand das Mittagstal, nach N schließt er das Val de Tita in Form einer unwesentlichen Aufsteilung ab und erscheint von dort eher als ein langgezogener Grat am südl. Horizont. Zu Recht genießt dieser durch einen Steinmann markierte Gipfel den Ruf eines blendenden und leicht erreichbaren Aussichtsberges, gehört er doch zu den höchsten Erhebungen der Sellagruppe: Neben der gesamten Sellahochfläche fällt vor allem im SSO der Piz Boè mit seinem Gipfelhüttchen (und dem Telephonreflektor) auf, genau gegenüber im O sehen wir die W-Wand des Zehners, rechts davon den langgezogenen Gipfelrücken des Neuners und links des Zehners nacheinander Boèseekofel, Pizkofel und Crep de Boè. Unmittelbar nördl. unseres Aussichtspunktes beeindruckt die Pisciadugruppe. Von der weiteren Umgebung mögen die Ampezzaner Dolomiten im O, die Kreuzkofelgruppe im NO, Puez- und Geislergruppe im N sowie die Langkofelgruppe im W und der Rosengarten im SW erwähnt werden. Den Horizont im N beschließen die Hohen Tauern, die Zillertaler, Stubaier und Ötztaler Alpen, im W Ortler-, sowie die Presanellagruppe.

● **415** **Normalweg**
Unschwierige Wanderung über Schutt, die wegen der Aussicht sehr lohnend ist. Besondes in Verbindung mit dem Hüttenübergang Bamberger Hütte — Pisciaduhütte auf R 52 zu empfehlen. 15 Min. vom Weg.

Anstieg: Von der Bamberger oder Pisciaduhütte wie bei R 52 an den Rand der Sellahochfläche oberhalb des Val de Tita, 2959 m. Nun in östl. Richtung fast eben über den breiten Schuttrücken zum höchsten Punkt.

● **416** **Südostwand**
B. Pellegrinon am 15. September 1966 (Alp. 1967/3).
IV (einige Stellen), überwiegend II. Wandhöhe etwa 380 m. 1¾ Std.

Keine weiteren Informationen vorhanden.

● **417** **Ostwand**
J. Baumgärtner und K. Vltavsky am 17. August 1910 (Mt. 1911—64).

III. Mehrmals schuttbedeckt oder brüchig. Wandhöhe etwa 380 m. 3 Std.
Siehe Abb. Seite 293

Zugang: Von der Bamberger Hütte wie bei R 40 über die oberste Steilstufe in das Mittagstal hinab und auf Schutt linkshaltend zur Mündung der Geröllschlucht, die von der Scharte zwischen Sass de Mesdi und Bec de Mesdi herabkommt. In dieser Schlucht mühsam so weit hoch, bis man auf einem breiten, geneigten Band nach links zum E auf den Felssporn queren kann, der die Schlucht orogr. rechts flankiert. Hierher auch (bequemer) von der Bamberger oder Pisciaduhütte, indem man wie bei R 403 zur oben genannten Scharte geht und durch die Geröllschlucht absteigend den E erreicht. 1½ Std.

Führe: Über gutgriffige Platten zu einem Kamin, durch den man linkshaltend einen Seitengrat gewinnt; dieser führt zu einem Schneefleck. Auf einem guten Band nach rechts in eine Schlucht, die man gleich oberhalb einer wasserüberronnen Steilstufe erreicht. An ihrer rechten Begrenzungsrippe hoch und über eine steile brüchige Wand zum Gipfel.

● **418—419** frei für Nachträge

● **420** **Bergerturm,** 2861 m

Erste Ersteigung durch K. Berger und E. Franzelin am 1. August 1900. „Der Anstieg vollzog sich an der Nordwand des Zackens und gehört wohl zum Allerschwierigsten, was durchführbar ist." (Ö.A.Z. 1900—297). Ein kantiger, mit steilen und gelben Wänden abfallender Turm, der südl. des Sass de Mesdi im Schutt des Mittagstales fußt. Sein Gipfel ragt nur wenig über den ihm gegenüberliegenden Rand der Sellahochfläche heraus. Die Touren an diesem auffallenden Zacken sind bergsteigerisch von untergeordneter Bedeutung. (Siehe Abb. Seite 293)

● **421** **Normalweg**

K. Berger und E. Franzelin am 1. August 1900 (Ö.A.Z. 1900—297).
III und leichter. Kurze Kletterei. 1 Std.

Zugang: Von der Bamberger Hütte gemäß R 52 zur Forcella d'Antersass und wenig nördl. von ihr durch eine trümmerreiche Rinne hinab zum E am Sockel, der den Turm mit dem Massiv verbindet. ½ Std.

Das obere Mittagstal ►

Sass de Mesdi
R 417 O-Wand

Zwischenkofel
R 428 NO-Wand

Sass de Mesdi
Bamberger Hütte
Zwischenkofel
Bergerturm
428
417
Mittagstal

Führe: Etwa 8 m über den NW-Grat, bis die Wand senkrecht wird. Nun nach links auf die NO-Seite zu einem engen Riß, der von einer kleinen, gegen das Mittagstal gerichteten Schulter herabkommt. Über kleine Überhänge in diesem Riß auf die Schulter und durch einen Kamin auf der dem Mittagstal zugekehrten Seite zur Spitze.

● **421 A Abstieg auf dem Normalweg (R 421)**
II und leichter, der schwierige Riß wird abgeseilt. 1 Std. bis zur Hochfläche.

Vom Gipfel ostwärts durch einen Kamin hinab zu einer Abseilstelle auf der Schulter. Nun seilt man einmal über die NO-Wand ab und steigt vollends zum E hinunter.

● **422 Nordwestriß**
W. Kästner, H. Rolleder und S. Rungger im Jahre 1930 (Cas. 1937—438).
V—. Kurze, doch abwechslungsreiche Kletterei. 2 Std.

Zugang: Von der Bamberger Hütte wie bei R 421 zum gleichen E. ½ Std.

Führe: Gemeinsam mit R 421 etwa 8 m über den NW-Grat empor, doch nun direkt durch den senkrechten Riß, der die NW-Wand in deren Mitte durchreißt. Zunächst ist dieser Riß schmal, seicht und überhängend (♂), dann erweitert er sich etwas und führt zu Stand in einer Nische. Weiter im Riß bis zu einem keilförmigen Klemmblock, den man rechts in der Wand umgeht und zurück in den jetzt breiteren Kamin. Spreizend durch ihn empor unter einen zweiten Klemmblock. Rechts in Wandkletterei an ihm vorbei und bald zur Spitze.

● **423—425** frei für Nachträge

● **426** **Zwischenkofel,** 2908 m

Die Erhebung trennt einerseits das Val Lasties vom Mittagstal, verbindet aber auch andererseits die nordwestl. mit der südöstl. Hochfläche. Gegen das Mittagstal fällt der Zwischenkofel **(L'Antersass)** mit einer steilen und ausgeprägten, gut 300 m hohen Wand ab, nach SW — dem Val Lasties zugewandt — hat man lediglich eine mäßig geneigte Flanke, durch die der Coburger Weg (R 52) führt. Einer der am häufigsten erwanderten Gipfel der Sellagruppe, da er vom Weg Nr. 666 berührt wird.

● **427 Normalweg**
Unschwieriger, markierter Wanderweg (Nr. 666). 20 Min.

Anstieg: Von der Bamberger Hütte gemäß R 52 sanft ansteigend in nördl. Richtung zum höchsten Punkt.

● **428** **Nordostwand**
A. Dibona, G. und M. Mayer sowie L. Rizzi am 2. August 1911 (F.S.B. 1912—86).
II. Wandhöhe etwa 300 m. 2 Std.
Siehe Abb. Seite 293

Zugang: Von der Bamberger Hütte gemäß R 40 über die oberste Steilstufe in das Mittagstal hinab, dann auf Schutt linkshaltend an den Fuß der NO-Wand und weiter zur Schlucht zwischen dem Bergerturm und dem Zwischenkofel. ½ Std.

Anstieg: Durch die Schlucht hoch, bis ein breites Schuttband nach links zu einem steilen Riß führt. Am Ende dieses Risses erneut nach links zu einem Riß, auf den eine Reihe von Kaminen folgt, die in Richtung Neuner (R 504) geöffnet sind. Durch diese so weit empor, bis man nach links zu einer weiteren Kaminreihe queren kann. Nun linkshaltend zu einem schwarzen Kamin, durch den man den Gipfel gewinnt.

● **429—435** frei für Nachträge

4. Boè-Gruppe

● 436 **Campanile Basso de Mesdi,** 2276 m
Campanile di Mezzo de Mesdi, 2293 m
Campanile Alto de Mesdi, 2408 m

Erste Ersteigung des Campanile Basso durch C. Kostner und O. Tazel (Cas. 1937—440), des Campanile di Mezzo durch A. Agostini und C. Kostner am 14. August 1928 (Cas. 1937—442); die Erstersteiger des Campanile Alto sind unbekannt (Cas. 1937—443). Am unteren Ausgang des Mittagstales, wenig oberhalb der Steilstufe, findet sich auf der orogr. rechten Seite eine Gruppe von Türmen und Zacken, welche durch die Doppelscharte der **Forcella Kostner** (2286 m und etwa 2250 m) und durch die von dieser Scharte nach beiden Seiten abfallenden engen Schluchten vom erheblich höheren Hauptkamm getrennt wird. Ein oben lärchenbestandener, felsiger Abbruch stellt die Verbindung zwischen der Gruppe und dem Waldsaum der südlichen Talseite von Colfuschg her. Der nördlichste dieser drei Türme, nämlich der Campanile Basso de Mesdi, ist von Colfuschg aus links des Mittagstales gut auszumachen. Ein langer und sehr schmaler Grat mit zahlreichen Türmchen führt zum südlich benachbarten Campanile di Mezzo de Mesdi, einer außergewöhnlich dünnen Nadel. Die tiefe Rinne, welche zwischen den beiden Satteln der Forcella Kostner ihren Anfang nimmt und nach NW in das Mittagstal hinabstürzt, trennt den Doppelgipfel des Campanile Alto de Mesdi als südlichsten der drei Türme vom Campanile di Mezzo. Auf beiden Seiten begleiten sehr steile, von Gendarmen besetzte Sekundärgrate die Schlucht. Die Klettereien an diesen Türmen lassen sich schnell von Colfuschg erreichen, werden aber nur verhältnismäßig selten ausgeführt.

● 437 **Campanile Basso, Normalweg**
C. Kostner und O. Tazel (Cas. 1937—440).
III, vielfach leichter. Häufig Kaminkletterei. Selten begangen.
Wandhöhe etwa 300 m. 1½ Std.
Siehe Abb. Seite 259

Übersicht: Die Führe gewinnt quer durch die W-Wand von links unten nach rechts oben den S-Grat und über die O-Wand den südl. Vorgipfel, danach den höchsten Punkt.

Zugang: Von Colfuschg wie bei R 40 über die unterste Steilstufe des Mittagstales empor und sobald als möglich über begrüntes Gelände scharf links hinauf zum Baumbestand nördl. des Campanile Basso, dann rechtshaltend zum E im linken Teil der W-Wand. 1¼ Std.

Führe: Durch einen Kamin auf ein Schuttband und mittels eines schiefen, etwa 30 m langen Risses unter einen schwarzen Überhang, den man links (nördl.) umgeht. Ein weiterer Kamin führt zu einer Schuttterrasse, dann nochmals durch einen leichten Kamin in den Einschnitt zwischen einer abstehenden Felspartie und dem Campanile, etwa in Höhe des S-Grates. Nach kurzer Querung zu einer Scharte im Hauptgrat, dann weiter in die O-Flanke, wo ein enger Kamin zum südl. Vorgipfel führt. Einige Meter hinab in den Einschnitt und über steilen Fels zum höchsten Punkt.

● 438 Campanile Basso, von Osten

Erstbegeher in der Literatur nicht genannt.

III, meist leichter. Selten begangen, kaum lohnend. Wandhöhe etwa 120 m. 1 Std.

Übersicht: Die Führe verläuft durch eine Reihe von Kaminen inmitten der Wand, die am Grat südl. des höchsten Punktes ihren Anfang nimmt.

Zugang: Von Colfuschg wie bei R 437 zu dem Baumbestand nördl. des Campanile Basso und jenseits zwischen Turm und Hauptkamm durch die Schuttschlucht, die von der Forcella Kostner herabkommt, zum E etwa 100 m unterhalb der Scharte empor. 2 Std.

Führe: In einem Kamin über einen Überhang, dann weiter durch den nun engen und ziemlich glatten Kamin, der oben in eine breite und weniger steile, doch brüchige Rinne übergeht. Durch diese Rinne zum Grat und weiter wie bei R 437.

● 439 A Abstieg I vom Campanile Basso nach Osten

II und leichter, schwierigere Stellen werden abgeseilt, und zwar 3 x an Köpfln, 1 x an einem vorhandenen Haken. 45 Min. bis zum Wandfuß.

Vom Gipfel nach Osten wenige Meter hinab zu einem Abseilköpfl und 20 m abseilen auf einen geneigten Schuttplatz mit einer SU. In nördl. Richtung auf Schutt etwa 10 m schräg abwärts zu einem AH. 20 m abseilen und zu einem Sicherungszacken 3 m orogr. rechts. Über Schrofen etwa 10 m zu einem Abseilköpfl absteigen und 20 m abseilen. Nun ohne Höhenverlust 40 m nach rechts (S) (Sicherungszacken), dann 20 m schräg rechts über Schrofen abwärts, weitere 20 m links abwärts, nochmals 20 m schräg rechts hinab und schließlich 40 m durch eine Rinne linkshaltend tiefer zu einem auffallenden Köpfl. Weiter links abwärts zu einem Abseilköpfl und 20 m abseilen auf ein Bändchen. Nun ohne besondere Schwierigkeiten in die Schutt- bzw. Schneerinne, die zu dem oben erwähnten Lärchenbestand hinabführt. (Pracht)

● 440 A Abstieg II vom Campanile Basso nach Osten

II und leichter, die schwierigen Stellen werden abgeseilt (insgesamt 6 ×) (Riv. 1977—279). 45 Min.

Vom Gipfel über den leichten Grat nach S bis zu einer Unterbrechung, bei der eine Kaminschlucht durch die O-Wand ihren Anfang nimmt. Durch diese Schlucht 6x abseilen in die Schutt- bzw. Schneerinne, die zu dem oben erwähnten Lärchenbestand hinabführt.

● 441 Campanile Basso, Nordwand

E. Castiglioni und B. Detassis am 27. Juni 1935 (Cas. 1937—441).

IV + (zwei Stellen), sonst je zwei Stellen IV und IV— sowie leichter. ✓ am Beginn der ersten SL. Hübsche und vielseitige Kletterei in gutem Fels; durchaus lohnend. Selten begangen. Die meisten ZH vorhanden, Stände sind an natürlichen Sicherungen möglich.

Wandhöhe etwa 270 m, Kletterlänge etwa 330 m. 2 ½ Std.

Siehe Abb. Seite 299 und Skizze Seite 259

Übersicht: Die Führe hält sich — hinter einem Wandvorbau beginnend — schwach links in Richtung eines Kamin- und Verschneidungssystems, das sie nach etwa 40 m mittels eines langen Rechtsquergangs zur rechten Begrenzungskante der N-Wand verläßt, und gewinnt über diese Kante den Gipfel.

Zugang: Von Colfuschg wie bei R 437 zu dem Baumbestand nördl. des Campanile Basso und von Westen her zum E in der Scharte zwischen der N-Wand und einem etwa 12 m hohen, vorgelagerten Turm. 1½ Std.

Führe: 1. SL: Mittels einer Schuppe zwischen Turm und Wand hinauf (IV + , 1 H, ✓) und in einer kurzen Rechts-Links-Schleife zu einer Verschneidung, durch die (IV) man einen Köpflstand erreicht (25 m). **2. SL:** Schräg links hoch über grasigen Fels zu Stand bei einem auffallenden Zacken (25 m, II und III). **3. SL:** Gerade weiter über grasigen zu plattigem Fels und auf einem Band nach links zu Köpflstand am Beginn eines schwarzen Kamins (40 m, II und III). **4. SL:** Im Kamin über die rechts überhängende Stelle empor (III +), dann nach rechts (IV) zur Kante und auf grasigem Fels in einer Rechts-Links-Schleife hinauf zu Köpflstand unter einer schwarzen, von einem Überhang abgeschlossenen Verschneidung (36 m). **5. SL:** Kurz nach rechts, einen Meter hinauf zu einem Bändchen, dann nach rechts zur Kante, die ausgesetzt umklettert wird (II), und durch eine kurze Verschneidung (IV—) zu Köpflstand am Beginn einer die ganze Wand waagrecht durchziehenden, grasigen Zone (20 m). **6. SL:** Mehr oder weniger waagrecht, im ganzen etwas ansteigend, zu SU-Stand an der NW-Kante (38 m, I und II). **7. SL:** Kurz nach rechts um die Kante, einige Meter hinauf, dann wieder zurück um die Kante und schräg links empor zu Klemmblockstand in einer Verschneidung, die parallel zur Kante verläuft (36 m, II und III). **8. SL:** In der Verschneidung etwa 30 m hoch; dann nach rechts um die Kante und wenig oberhalb zu Köpflstand (40 m, III+ und IV—). **9. SL:** Über eine kurze Wandstelle (IV+, 1 H) zu einem Absatz, auf einem schuttigen Bändchen nach rechts um die Kante, wieder zurück zur Kante und über diese zu Köpflstand (35 m). **10. SL:** Knapp links des Grates über schrofigen Fels zu Köpflstand (32 m, I und II). Unschwierig vollends zum Gipfel.

(Pracht)

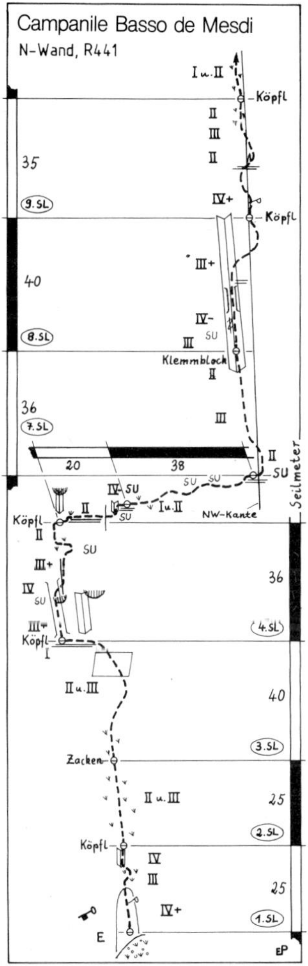

● 442 **Campanile Basso, Nordnordwestkante**
R. Borsaro, B. Magrin und E. Menardi am 12. Juni 1976 (Riv. 1977—279). Von den Erstbegehern auch „Via Clara" genannt.
VI, nach Angaben der Erstbegeher aufgeteilt wie folgt: Während der ersten beiden SL einige Stellen VI, während der folgenden 4 SL mehrfach V; sonst IV, überwiegend III. Interessante Kletterei in gutem Fels. Die Erstbegeher beließen 10 H im Fels.
Kantenhöhe etwa 320 m, Kletterlänge etwa 380 m. Keine Zeitangabe.

Übersicht: Die Führe verläuft mit kleinen Abweichungen längs der ausgeprägten Kante.

Zugang: Von Colfuschg wie bei R 437 zu dem Baumbestand nördl. des Campanile Basso und nach rechts zum E knapp links der Kante. 1½ Std.

Führe: Über eine glatte Platte mit einem spärlichen H-Riß an kleinen Griffen empor zu gutem Stand (Steinmann) in einer Höhle an der Kante (V und VI). Überhängend aus der Höhle heraus (VI, H) und direkt 5 m weiter (VI, mehrere H), kurz schräg nach rechts, zurück auf die Kantenschneide und etwas ausweichend (V) zu schlechtem Stand. Nach weiteren 20 m an der Kante zu einem guten Stand (V). Anfangs 10 m nach rechts, dann zurück zur Kante (IV) und über mehrere Aufschwünge nach 45 m zu Stand unter einem kleinen Dach. Etwa 5 m nach rechts zu einem H-Riß, an ihm unter einen zweiten, kleinen Überhang empor, diesen rechts umgehend (H) schräg links weiter zu einer schwarzen, glatten Platte (V, 2 H) und schließlich durch eine 5 m lange Verschneidung links der Kante zu Stand auf einer geräumigen Terrasse. Man klettert nun (vermutlich ab hier gemeinsam mit R 439) 2 SL weiter, indem man auf der Kante mehrere leichte Aufschwünge und danach eine Verschneidung (III) ersteigt, bis zu Stand auf einem Band (Steinmann), das links durch eine zweite, dort beginnende Kante begrenzt wird. Nach weiteren 50 m über die scharfe, doch gutgriffige rechte Kante (III) wird ein Standplatz unter einem gelben Gendarm erreicht. Rechts an ihm vorbei und nach 50 m rechts der Gratkante (III) zum Gipfelgrat.

● 443 frei für Nachträge

● 444 **Campanile di Mezzo, Weg der Erstersteiger**
A. Agostini und C. Kostner am 14. August 1928 (laut Gipfelkarte; Cas. 1937-442).

V (eine Stelle), sonst IV und leichter. Kurze und sehr ausgesetzte Kletterei. Selten begangen. 1 Std.

Zugang: Von Colfuschg wie bei R 437 zu dem Baumbestand nördl. des Campanile Basso und jenseits zwischen ihm und dem Hauptkamm durch die Schutt- bzw. Schneeschlucht, die von der Forcella Kostner herabkommt, bis wenige Meter unterhalb der Scharte zum E empor. 2 Std.

Führe: Durch eine kurze Rinne zum Einschnitt zwischen dem Campanile di Mezzo und dem S-Grat des Campanile Basso. Linkshaltend (südl.) über einen leichten Grat, dann rechtshaltend auf einem kleinen Band zu einem Sättelchen im W-Grat des Campanile di Mezzo. Nun durch leichte Kamine längs des Grates hoch in den Einschnitt zwischen dem Hauptturm und einem südl. angelehnten Pfeiler (hierher auch direkt aus der Forcella Kostner über einen kurzen Grat und durch den engen Spalt). Das letzte, etwa 30—35 m hohe Stück wird längs der W-Kante erstiegen, indem man zunächst einen Überhang überklettert (♂), dann einen kurzen, senkrechten Riß verfolgt und schließlich über leichteren Fels den schmalen Gipfel erreicht.

● **445 A Abstieg vom Campanile di Mezzo**

Durch zweimaliges Abseilen in leichtes Gelände.

Keine weiteren Informationen vorhanden.

● **446 Campanile Alto, Normalweg**

Erstbegeher unbekannt; G. Adang, G. Bingera und Wanda Bönsgen im Jahre 1913 zum südl. Vorgipfel (Cas. 1937—443).

III. Kurze Kletterei mit verhältnismäßig langem Zustieg. Wandhöhe etwa 130 m. 1 Std.

Zugang: Von Colfuschg wie bei R 40 über die unterste Steilstufe des Mittagstales empor und nun flacher so weit taleinwärts, bis man linkshaltend über Schutt in die Rinne einschwenken kann, die von der Forcella Kostner in südl. Richtung zwischen dem Campanile Alto und dem Hauptkamm herabkommt. Durch diese Rinne hinauf zum E knapp unterhalb der Scharte bzw. in der Scharte. 2 Std.

Führe: Durch einen unten überhängenden Kamin und eine Reihe weiterer Kamine erreicht man den Einschnitt nördl. von Vorgipfel und Hauptgipfel bzw. von der Forcella Kostner direkt und schwieriger in den Einschnitt. Von hier mit wenigen Schritten auf den Hauptgipfel oder, die W-Wand umgehend, zum SW-Grat und über diesen zum südl. Vorgipfel.

● **446 A** **Abstieg auf den Normalweg** (R 446)
III und leichter. 1 Std.

Vom Gipfel mit wenigen Schritten in den Einschnitt zwischen Vorgipfel und Gipfel hinab. Nun durch eine Reihe von Kaminen, deren unterster überhängt, zu der Rinne, die in südlicher Richtung zwischen dem Campanile Alto und dem Hauptkamm in das Mittagstal führt.

● **447** **Campanile Alto, Nordwestgrat**
De Ferrari und C. Kostner im Jahre 1931 (Cas. 1937—443).
Unterhaltende, teils ausgesetzte Kletterei. Schwierigkeitsgrad nicht bekannt, vermutlich IV.
Kantenhöhe etwa 350 m. 3 Std.

Zugang: Von Colfuschg wie bei R 40 über die unterste Steilstufe des Mittagstales empor und linkshaltend über Schutt in Richtung der Schlucht weiter, die zwischen dem Campanile di Mezzo und dem Campanile Alto in nordwestl. Richtung herabkommt. E am Beginn des Kamins, der den W-Grat des Campanile Alto von der Odla de Mesdi (siehe R 451) trennt. 1 Std.

Führe: Durch den Kamin hoch und vor Erreichen des Einschnittes nach links in die Wand. Über steilen Fels dort auf den Gratrücken, wo er in seinem Mittelteil weniger steil ist, und in hübscher Gratkletterei zum Gipfel.

● **448** **Campanile Alto, Südkamin**
A. Agostini und C. Kostner im Jahre 1932 im Abstieg, C. Kostner und Helene Röchling im Jahre 1933 im Aufstieg (Cas. 1937—443).
IV (einige Stellen), sonst III und leichter. Schöne und interessante Kletterei in gutem Fels.
Wandhöhe etwa 200 m. 2 Std.

Zugang: Von Colfuschg wie bei R 446 an den Beginn der Rinne, die von der Forcella Kostner in südl. Richtung herabkommt. E am Fuß der S-Wand. 1½ Std.

Führe: Über festen Fels zu dem großen, sehr tiefen Kamin, der den Turm spaltet. Weit spreizend empor unter den großen Überhang, der den Kamin in seinem oberen Teil abschließt. Nun entweder durch den Spalt auf die andere Seite des Turmes (N-Seite) und über den Normalweg (R 446) weiter oder direkt über den großen Überhang außen hinwegspreizen und im Kamin hoch zum Einschnitt zwischen den beiden Spitzen und schließlich zum Gipfel.

● **449—450** frei für Nachträge

● 451 Odla de Mesdi

Erste Ersteigung durch P. Dallamano und R. Ghirardini am 8. August 1929 (Riv. 1929—373; dort **Torre Acuta** genannt). Diese schlanke, alleinstehende Nadel findet sich im NW-Grat des Campanile Alto, der die Schlucht zwischen dem Campanile di Mezzo und dem Campanile Alto südl. begleitet.

● 452 Normalweg

P. Dallamano und R. Ghirardini am 8. August 1929 (Riv. 1929—373).

III. Sehr ausgesetzte, aber kurze Kletterei in zuverlässigem Fels. 1 Std.

Zugang: Von Colfuschg wie bei R 447 zur Schlucht, die zwischen dem Campanile Alto und dem Campanile di Mezzo herabkommt und nach rechts zum E am Beginn einer nach O gerichteten Rinne. 1 Std.

Führe: Durch die Rinne empor zur Scharte zwischen der Nadel und dem Massiv. Bevor man sie erreicht, schräg nach links über eine Wand zur W-Kante, die man bis zu einem Band unter rötlichen Überhängen verfolgt. Diese rechts übersteigend zu einer Nische und schräg links hoch zum schmalen und grasigen Gipfel.

● 452a Variante zum Normalweg (R 452)

E. Cordet und S. Rungger im Jahre 1932 (Cas. 1937—443). Keine Schwierigkeitsangaben bekannt; vermutlich nicht schwieriger als IV.

Variante: Von der Scharte zwischen der Nadel und dem Massiv direkt durch einen Riß zu einer Schulter. Weiter 2 m über eine gelbe Wand (H), dann 1—2 m nach rechts in einen schmalen Riß mit einem Grasfleck an seinem Beginn. Durch ihn, an mehreren kleinen Klemmblöcken vorbei und zweimal auf die linke Kante ausweichend, zu einer 4 m hohen Wand und über diese zum Gipfel.

● 453 A Abstieg von der Odla de Mesdi

Vermutlich durch (mehrmaliges) Abseilen in die Nähe der Scharte zwischen der Odla de Mesdi und dem Campanile Alto. Von dort durch die nach O gerichtete Rinne in eine weitere Rinne und hinab in das Mittagstal.

● 454 Rungaldierturm, 2362 m

Erste Ersteigung durch Kostner, Pretorius und Rungaldier im Jahre 1912 (Cas. 1937—445). Diese massige Erhebung steht auf der orogr. rechten Seite des Mittagstales, wenig südl. der Gruppe der Mesditürme.

Eine nach beiden Seiten abfallende Rinne trennt ihn vom Hauptkamm. Bergsteigerisch ohne Bedeutung.

● **455** **Normalweg**
Kostner, Pretorius und Rungaldier im Jahre 1912 (Cas. 1937—445).
III. Sehr kurze Kletterei in gutem Fels. Wandhöhe etwa 100 m. ¾ Std.

Zugang: Von Colfuschg wie bei R 40 über die unterste Steilstufe des Mittagstales empor und südl. der Gruppe der Mesditürme linkshaltend über Schutt von N her zum E in der Scharte zwischen dem Turm und dem Hauptmassiv. 2 Std.

Führe: Durch die steile O-Wand direkt zum Gipfel.
Keine weiteren Informationen vorhanden.

● **456** **Nordwand**
De Ferrari und F. Kostner im Jahre 1932 (Cas. 1937—445).
Keine Schwierigkeitsangaben.

Zugang: Von Colfuschg wie bei R 455 zum gleichen E.

Führe: Auf einem Band rechtshaltend in die N-Wand und durch einen sehr glatten Riß direkt zum Gipfel.

● **457—458** frei für Nachträge

● **459** **Crep de Boè,** 2467 m

Das Mittagstal wird östl. von einem gipfelreichen Kamm flankiert, der sich im N aus den Lärchenbeständen bei Colfuschg erhebt und in der Crep de Boè (auch **Il Piz** genannt) seinen nördlichsten, allerdings unbedeutenden Gipfel besitzt. Es handel sich dabei lediglich um einen Vorsprung der großen, nach O allmählich steiler abfallenden und teils begrünten, hügeligen Hochfläche, die nördl. der Crep de Mont in den Waldgürtel oberhalb Corvara übergeht. Nach W, gegen das Mittagstal, bricht das Gelände felsig ab; vor diesem Abbruch findet sich die Gruppe der Mesditürme (R 436).

● **460** **Normalweg**
Seit alter Zeit durch Jäger oft begangen. Unschwierige, im oberen Teil weglose Wanderung in größtenteils herrlicher Landschaft, lediglich im Bereich der Crep de Mont werden häßliche Pistentrassen gestreift. Höhenunterschied etwa 900 m. 4 Std.

Anstieg: Von Corvara oder Colfuschg wie bei R 13 zur Bergstation der Kabinenbahn auf der Crep de Mont. Nun längs eines gut markierten

Steiges (Nr. 646) rechts (nördl.) an dem Rücken vorbei, der vom Boèseekofel herabzieht. Bald verläßt man diesen Steig (der zum Boèseekofel führt) nach rechts und steigt weglos in nordwestlicher Richtung leicht bergan zum nördlichsten Vorsprung der Hochfläche.

● **461** **Von Westen**

H. Hoek und G. Kostner am 2. September 1911 (Ö.A.Z. 1917—40).

III. Von nur geringem bergsteigerischen Interesse, selten begangen.

Wandhöhe etwa 270 m. 3 Std.

Zugang: Von Colfuschg wie bei R 446 zum E in der Forcella Kostner. 2 Std.

Führe: Etwa 5 m langer, leicht fallender Quergang nach links (N) zu einem Riß, der nach rechts hochzieht und sich oben zu einem Kamin erweitert. Nach 70 m erreicht man eine Einschartung zwischen der Wand und einem Zapfen. Nun 20 m über eine steile Wand empor zu einem schräg nach rechts, parallel zum ersten verlaufenden Riß, der nach 40 m in eine kleine Scharte mündet. Etwa 10 m nach rechts in eine große Schlucht, die sich weiter oben zu einem von Felsmassen abgeschlossenen Kamin verengt. Unter dem mächtigen Überhang quert man nach links in die Wand und erreicht über leichteren Fels den Rand der Hochfläche.

● **462—463** frei für Nachträge

● **464** **Pizkofel,** 2827 m

Erste Ersteigung durch P. Pescosta und C. Schmolz im Jahre 1897 (Mt. 1898—175). Dieser zuoberst aus fünf Türmchen zusammengesetzte Berg (ital. **Torre del Boè)** ist die erste wohlausgeprägte Erhebung im nördl. Kamm der Boè-Gruppe. Gegen W, zum Mittagstal, weist eine steile, doch vielfach schuttige und brüchige Wand, welcher der Rungaldierturm (R 454) vorgelagert ist. Südl. schließt sich der Boèseekofel an, durch die **Forcella Rizzi** vom Pizkofel abgesetzt. Nach O fällt der Sockel der fünf Gipfeltürmchen mit einer gegliederten Schrofen- und Schuttflanke wechselnder Steilheit auf die südl. Ausläufer der Hochfläche der Crep de Boè ab. Touristisch kommt diesem Berg keine besondere Bedeutung zu, da einerseits die Kletterrouten aus dem Mittagstal brüchig und an vielen Stellen schuttbedeckt sind, andererseits - eine Besteigung der Aussicht wegen besser zum südl. benachbarten und wesentlich angenehmer erreichbaren Boèseekofel unternommen werden sollte.

● 465 Normalweg

P. Pescosta und C. Schmolz im Jahre 1897 (Mt. 1898—175).
I. Unbedeutende, leichte Kurzkletterei mit sehr langem Zustieg. 15 Min.

Zugang: Von Corvara oder Colfuschg wie bei R 13 zur Bergstation der Kaminenbahn auf der Crep de Mont. Nun längs eines gut markierten Steiges (Nr. 646) nach rechts (N) um den Rücken herum, der vom Boèseekofel herabzieht. Diesem zum Boèseekofel führenden Steig folgt man so weit in westlicher Richtung, bis er nach links auf den Rücken leitet. Man hält die bisher eingeschlagene Richtung in etwa bei und steigt über Gras, Steine und Felsbrocken gegen das Schuttal an, das von der Forcella Rizzi herabkommt; rechts eine große Höhle. Von der Forcella Rizzi auf einem großen, schuttigen Band nach rechts unter die Gipfeltürmchen. 3½ Std.

Anstieg: Aus der Scharte vor dem dritten Türmchen (von links nach rechts gezählt) durch einen kurzen Kamin auf den Grat und zum nahen Gipfel. (Pracht).

● 466 Nordwestwand

E. Castiglioni und B. Detassis am 12. Juli 1935 (Cas. 1937—447).
V (zwei Stellen), weiterhin zwei Stellen V—, eine Stelle IV+ und vier Stellen IV; sonst vielfach II und leichter. ☍ in der 18. SL, kurz vor dem Ausstieg.
Überwiegend abwechslungsreiche Kamin-, Rinnen- und Schluchtkletterei mit vielen Schuttpassagen, aber auch einigen interessanten Kletterstellen, von denen mehrere brüchig und schwierig zugleich sind. Im ganzen wenig empfehlenswerte, sehr selten begangene Führe. Da mehrere Wasserstellen vorhanden sind, empfiehlt sich die Tour allenfalls für den Herbst. Nach 13 SL kann man die Führe mühelos nach links (N) auf einem Schuttband verlassen.
1 ZH im Fels, keine SH vorhanden; Stand meist an natürlichen Sicherungsmöglichkeiten; mittlere Klemmkeile sowie Haken sollten mitgenommen werden.
Wandhöhe etwa 500 m, Kletterlänge etwa 700 m. 5—6 Std.
Siehe Abb. Seite 313

Übersicht: In etwa ¾ Wandhöhe durchquert die W-Wand ein breites Schuttband, das nördl. in einer ausladenden Schulter seine Fortsetzung findet. In Fallinie der N-Kante des Gipfelaufbaues oberhalb der Schulter durchreißt eine Kaminschlucht die W-Wand. Die Führe verläuft durch diese Kaminschlucht bis auf wenige Umgehungen zur Linken, quert dann auf dem breiten Band weit nach rechts und gewinnt in einer Rechts-Links-Schleife ein Kaminsystem und danach eine Gratscharte rechts des Gipfels.

Zugang: Von Colfuschg wie bei R 40 über die unterste Steilstufe des Mittagstales empor und, südl. des Rungaldierturmes einschwenkend, über Schutt bzw. Schnee durch die Rinne zwischen Turm und Massiv hoch. Nun durch die Eisrinne zur Rechten, die knapp unterhalb der Scharte beginnt (und von der Forcella Rizzi herabkommt), etwa 100 m (bis auf halbe Höhe des Rungaldierturmes) hinauf zum E, der sich etwa 10 m rechts einer graugelben Verschneidung befindet (je nach Schneelage). 2½ Std.

Führe: 1. SL: Durch einen kurzen Kamin hinter einem Wandvorbau der linken Schluchtwand hoch und rechtshaltend zu Stand unter dem flachen Beginn eines (von hier noch nicht erkennbaren) langen Kaminsystems (25 m, III— und I). **2. SL:** In dem schwarzen Kamin unter einen brüchigen Übergang hoch, links über ihn (V) und den nachfolgenden Überhang (V—) hinweg und gerade weiter zu Stand an zwei Köpfln (27 m). **3. SL:** Durch den Kamin weiter (IV—), nach einem Überhang (IV+) und einem Schuttfleck linkshaltend (III+) zu einer kleinen Scharte in der Begrenzungsrippe; über diese Rippe zu Stand (32 m). **4. SL:** Linkshaltend in einen versteckten Kamin, den man bald nach rechts verläßt, um schräg rechts ansteigend wieder in den ursprünglichen Kamin zu Stand an einem Klemmblock oberhalb eines Überhanges zurückzukehren (40 m, III und II). **5. SL:** Durch den Kamin hoch bis zu Köpflstand unter einem neuerlichen Steilaufschwung (30 m, I). **6. SL:** Links durch einen kurzen Nebenkamin hinaus und oberhalb des Steilaufschwunges wieder zurück (III+); weiter bis zu einem Klemmblock, waagrechter Quergang nach links zur Kante und gutgriffig um sie herum (III+); jenseits durch eine Rinne schräg ansteigen und zurück in den Kamin zu Köpflstand unter einer moosigen Stelle (44 m, ohne entsprechende Zwischensicherung mit 40 m-Seil möglich). **7. SL:** Gerade weiter zu einem riesigen Klemmblock, der links umgangen wird, und über Schutt zu Stand unter dem nächsten Steilaufschwung (40 m, III— und II). **8. SL:** Zunächst an der linken Kaminwand, dann beliebig hoch zu Stand auf einem Klemmblock (34 m, III). **9. SL:** Kurz oberhalb des Standes linkshaltend an einem Doppelüberhang vorbei (III) in eine Parallelrinne und durch sie (IV) zu Stand im ursprünglichen Kamin (36 m). **10. SL:** Unschwierig weiter zu Sicherungszacken unter einem schwarzen Riß (38 m). **11. SL:** Wiederum linkshaltend in einen großen Geröllkessel; Köpflstand hinter einem großen Block (38 m, III und I). **12. SL:** In den Kamin zurück und jenseits nach einer

Schuttpassage zu Stand (40 m, II und I). **13. SL:** Nach etwa 15 m erreicht man das große Schuttband in ¾ Wandhöhe und quert nach rechts zu Stand an Blöcken (20 m, I). (Hier Fluchtmöglichkeit über das Band nach links zur Schulter und in die O-Flanke). Auf dem überdachten Band nach rechts bis kurz vor sein Ende; etwa 8 m auf ein tieferliegendes, breites Schuttband absteigen (IV). Dieses Band wird nach rechts verfolgt bis knapp vor sein Ende; Stand in Fallinie einer Felsnase, die aus schwarzem, senkrechtem Fels herausragt. **14. SL:** Gerade hoch und links an der Nase vorbei (V—, 1 H) in eine kurze Verschneidung; nach deren Durchkletterung (IV und II) schräg rechts hoch zu einem Band, dann zu Stand an einer guten, aber schlecht erkennbaren SU auf einem etwas höher gelegenen, schuttfreien Band (34 m). **15. SL:** Wieder gerade hoch über den schwarzen Überhang (IV) und anfangs noch etwas ansteigen, dann weit nach rechts ausholend zu gelbem Fels, schräg rechts über ihn hoch, bis man nach links zurückqueren kann; Köpflstand am rechten Rand eines Schuttplatzes (40 m, II und I). **16. SL:** Am Oberrand des Schuttplatzes etwa 15 m nach links und durch den darüber ansetzenden Kamin noch 25 m hoch zu Stand (40 m, II und III). **17. SL:** Weiter im teilweise engen Kamin, schließlich hinter einem von unten schlecht sichtbaren Klemmblock hindurch zu Stand auf diesem Block (30 m, III). **18. SL:** Außen an den beiden folgenden, mächtigen Klemmblöcken vorbei (III + und V, 🔑) in die schuttige Fortsetzung des Kamins; Stand am letzten Steilaufschwung (32 m). **19. SL:** Nach rechts in eine kurze Verschneidung (III), dann über ein schmales Band etwa 5 m nach rechts und hoch (III) zu einem sichtbegrenzenden Rücken; jenseits nach rechts ansteigen zu Stand (35 m). **20. SL:** Über Schutt im Bogen nach rechts zu einer Scharte im Gipfelgrat (35 m). Jenseits nach links und wie bei R 465 zum Gipfel. (Pracht)

● 467 Von Westen

G. Kostner, E. Kraupa, E. Nohel und L. Rizzi am 7. September 1910 (Mt. 1911—215).

IV (eine Stelle), 2—3 Stellen IV—, oftmals III und ausgedehnte Schutt- bzw. Schrofenpassagen. 🔑 in der 18. SL, kurz vor dem Ausstieg.

Wenig lohnende Kletterei, vor allem wegen der vielen unschwierigen Seillängen und des Schuttes in der Ausstiegsschlucht. Die klettertechnischen Anforderungen in der Ausstiegschlucht hängen stark von den Eisverhältnissen ab, unter Umständen entsprechende Ausrüstung nötig; manchmal Steinschlag.

Keine H vorhanden. Sicherung meist an natürlichen Siche-

rungsmöglichkeiten. Wandhöhe etwa 550 m, Kletterlänge etwa 740 m. 4—6 Std.
Siehe Abb. Seite 313

Übersicht: Die Führe verläuft bis etwa in Höhe der Schuttstufe, welche die W-Wände von Pizkofel und Boèseekofel waagrecht durchziehen, rechts (südl.) der Schlucht, die von der Forcella Rizzi herabzieht, und dann durch diese Schlucht zur Scharte. (Die Führe entwickelt sich also am Boèseekofel!)

Zugang: Von Colfuschg wie bei R 40 über die unterste Steilstufe des Mittagstales empor und etwa bei der Abzweigung des Weges zur Pisciaduhütte schräg links über Schutt weiter zum E unmittelbar links der Schlucht, die von einer mächtigen, etwa 180 m über den Wandfuß befindlichen Höhle herabzieht. 2½ Std.

Führe: 1. SL: Über einen schmalen Rücken hinauf (III), unter einem großen Block nach links queren (III+) und durch eine Rinne (II) zu Stand an einem Klemmblock (40 m). **2. SL:** Rechts der Rinne weiter, in die Rinne zurück (II) und wenig oberhalb auf einem Band 20 m nach rechts zu Stand (36 m). **3. SL:** Über eine schöne Plattenwand hinauf (III+) und auf Schutt rechtshaltend zu Köpflstand (35 m). **4. SL:** Steil linkshaltend hinauf (IV—) (oder in einer großen Links-Rechts-Schleife, III) zu Stand an einer SU (36 m oder 50 m). **5. SL:** Zuerst kurz nach rechts, dann linkshaltend über eine plattige Stelle (III+) und gerade weiter (II) zu Stand an einem markanten Köpfl (38 m). **6. SL:** Links des Standes kurz absteigen, dann empor (III) zu einem Band und rechtsquerend auf dem Band zu Köpflstand in Höhe des Höhlendaches (34 m). **7. SL:** Nach links (IV—), dann durch eine Rinne hoch (III—) zu einem schmalen Band und auf ihm rechtshaltend zu Stand (IV—) im Kamin, der von der Höhle hochzieht (38 m). **8. SL:** Kurz im Kamin weiter (IV—), nach links hinaus in einen Geröllkessel und durch eine teils moosige Rinne (III) zu Köpflstand (38 m). **9./10./11. SL:** Nach rechts in die (Schnee-)Rinne und durch diese weiter zu Köpflstand links außerhalb (40 m, 30 m, 30 m, I, jeweils Köpflstand). **12. SL:** Links der Rinne weiter zu Zackenstand (40 m, I). **13. SL:** Über Stufen und Schutt zu Köpflstand am Rand der Schneerinne (35 m, I). **14. SL:** In der Rinne hoch zu Stand bei einem Block auf der Schulter des großen Schuttbandes (40 m). (Von hier auch auf R 475 weiter; empfehlenswerter). **15. SL:** Etwa 50 m (nachkommen lassen!) schräg ansteigen in die Eisschlucht (unschwierig). **16. SL:** Über Schutt in der Schlucht weiter, bis man rechts eine Rampe zu Köpflstand ersteigen kann (40 m, I). **17. SL:** Auf der Rampe weiter (II), zwischen einem auffallenden Zacken und der Wand durch in einen kleinen Geröllkessel, dann durch einen Kamin

(III) zu Stand (38 m). **18. SL:** Auf Schutt (Schnee) in die Tiefe der Schlucht und dort über einen Blocküberhang (IV, ♂) zu Stand am Beginn einer Sekundärrinne links (20 m). **19./20./21. SL:** In der Schlucht zur Scharte (38 m, 28 m, 20 m, II und III). **22. SL:** Links kurz hoch und in die Schrofen wenig unterhalb der Gipfeltürme (20 m). Weiter wie bei R 465. (Pracht)

● **468—470** frei für Nachträge

● **471** **Boèseekofel,** 2913 m

„Dass einheimische Gemsjäger den Berg hie und da abstreiften, kommt für die Touristik nicht in Betracht." (Zt. 1900—336). Es konnte jedoch nicht abgeklärt werden, welcher Tourist als erster seinen Fuß auf den Gipfel setzte. Diese mächtige und am weitesten nach O mit einem sanft geneigten Rücken ausgreifende Erhebung jener Gipfelkette, die das Mittagstal orogr. rechts flankiert, fällt gegen letzteres Tal mit einer imposanten, knapp 600 m hohen Wand ab — ein Schaustück der jenseitigen Pisciaduhütte. Auch gegen SO steilt der Boèseekofel aus dem Schutt des Vallon etwa 200 m hoch auf. Der südl. benachbarte Zehner setzt sich mittels eines tiefen und schmalen Einschnittes, der **Moserscharte** (2765 m; siehe auch R 490), vom Boèseekofel ab. Auf der gegenüberliegenden Seite des Berges, nämlich zum Pizkofel hin, findet man eine von vielen Kaminen und Schluchten gegliederte, graue Wand oberhalb der wesentlich weniger ausgeprägten Forcella Rizzi. Die Gipfelregion dieses beliebten Wanderzieles (auch **Piz da Lec de Boè** oder nur **Piz da Lec** genannt; beachte R 230) bildet eine geräumige Schuttfläche, die sich östl. an den etwa 200 m langen, horizontal verlaufenden Gipfelgrat anlehnt. Die allesamt sehr schönen (jene durch die W-Wand auch sehr langen) Führen werden im Vergleich zu anderen Sellatouren nur wenig durchstiegen. Als besonders eindrucksvoll und alpinistisch durchaus lohnend muß eine Durchsteigung der W-Wand mit Start und Ziel in Colfuschg angesprochen werden. Zudem bietet der Gipfel eine schöne Aussicht vor allem nach O hin: Neben den Gipfeln der unmittelbaren Umgebung — sehr eindrucksvoll zum Beispiel die Pisciadugruppe im W — erblicken wir im N Geisler- und Puezgruppe, auf der anderen Seite des Abteitales die Kreuzkofelgruppe und südl. davon die Fanisgruppe. Dahinter fallen die Tofanen und der Monte Cristallo auf, etwas rechts der Sorapiss und Monte Antelao. Im SO schließen sich der Monte Pelmo sowie das Massiv der Civetta mit seiner großartigen NW-Wandflucht an, im Hintergrund tauchen die Berge von Agordo auf, und gegenüber von uns im S schieben sich die blendend weiße Marmolada und unser großer Nachbar Piz Boè ins Bild.

● 472 Normalweg

Seit alter Zeit durch Jäger begangen. Markierter Weg mit einer kurzen, drahtseilgesicherten und durch Eisensprossen erleichterten Steilstufe. Landschaftlich (außerhalb des Liftbereiches) sehr lohnende Gipfelbesteigung. 2 Std. ab der Crep de Mont.

Siehe Abb. Seite 321

Anstieg: Von der Crep de Mont (R 13) entweder

a) auf dem Weg Nr. 638 links am Ostrücken des Boèseekofels vorbei zum nahen Boèsee und weiter in südwestl. Richtung den Serpentinen nach, um sich bald nach rechts zu wenden und den hier flachen Ostrücken zu ersteigen, oder

b) auf dem Weg Nr. 646 rechts am Ostrücken vorbei und in westlicher Richtung weiter, um schließlich linkshaltend ebenfalls auf den flachen Teil des Ostrückens anzusteigen. Nun gemeinsam über den Rücken in bequemer Wanderung bis zu einer versicherten, niederen Steilstufe weiter. Oberhalb derselben über Schutt und Blockwerk den deutlichen Steigspuren und Markierungen nach zum höchsten Punkt. (Pracht)

● 473 Von der Forcella Rizzi

C. Schmolz im Jahre 1897 (Mt. 1898—175). Schmolz war Apotheker zu Bamberg und beschrieb als erster die Flora der Sellagruppe (Zt. 1899—366ff.).

I. Lediglich im Zuge einer Überschreitung Pizkofel— Boèseekofel von Bedeutung. Höhendifferenz etwa 120 m. 1 Std.

Zugang: Von Colfuschg oder Corvara wie bei R 465 zur Forcella Rizzi. 3½ Std.

Anstieg: Von der Forcella Rizzi zu dem Schuttband, das unter der NO-Wand durchläuft, und längs dieses allmählich schmäler werdenden Bandes bis zu einer steilen Rinne, die in eine Scharte des O-Grates führt. Von dort über Schutt und Blockwerk zum höchsten Punkt.

● 474 Nordwestwand

H. Hoek und O. Schuster am 4. September 1911 (Ö.A.Z. 1912—40).

II. Etwas direkter, aber auch schwieriger als R 473. Ebenfalls nur im Zuge einer Überschreitung Pizkofel—Boèseekofel von Bedeutung.

Höhendifferenz etwa 120 m. 1 Std.

Zugang: Von Colfuschg oder Corvara wie bei R 465 zur Forcella Rizzi, 3½ Std.

Anstieg: Von der Forcella Rizzi gemeinsam mit R 473 zu dem Schuttband, das unter der NO-Wand durchläuft, und etwa 80 m links der N-Kante über schwarzen und meist nassen Fels empor. Nach einer gutgriffigen Steilstelle zu einem Felstor und dort 12 m nach links auf einen kurzen, brüchigen Grat. Dann über Bänder und leichte Felsen zur geneigten Gipfelhochfläche und zum höchsten Punkt.

● 475 **Westwand (Dibonaführe)**

A. Dibona, G. und M. Mayer sowie L. Rizzi am 1. August 1911 (F.S.B. 1912—65).

IV—, aufgeteilt wie folgt: In der oberen Hälfte je zwei Stellen IV—, stellenweise III und vielfach leichter; in der unteren Hälfte eine Stelle III, sonst II und leichter. ✓SL gleich oberhalb des breiten Bandes in Wandmitte.

Lange und abwechslungsreiche Kletterei in teils außergewöhnlich rauhem Fels, der die untere, leichte und stellenweise schrofige Hälfte keinen Abbruch tut. Verhältnismäßig selten begangen.

Je ein ZH und SH vorhanden, Standplatzsicherung meist an Köpfln u. ä. möglich. Mittlere Klemmkeile sowie einige Haken sollten mitgeführt werden.

Wandhöhe etwa 550 m, Kletterlänge etwa 680 m (ohne den leichten Quergang auf dem Band in Wandmitte). 3—5 Std., je nachdem, ob die leichten Passagen der unteren Wandhälfte seilfrei gegangen werden.

Siehe Abb. Seite 313 und Skizze Seite 315

Übersicht: Die Mündung der Schneerinne, die aus der Moserscharte herabkommt, wird orogr. rechts von einem langgezogenen Wandvorbau der W-Wand flankiert. Die Führe gewinnt über den Rücken dieses Vorbaues das eigentliche Massiv, sodann das breite Band in der Wandmitte und quert auf diesem ganz nach links, um dort durch ein Kaminsystem rechts der Kante eine große Schulter und mittels weiterer kurzer, nach rechts gestaffelter Kamine die Gipfelschrofen zu erreichen.

Pizkofel und Boèseekofel von Westen ►

R 478 zur Moserscharte

Pizkofel

R 466 NW-Wand

R 467 von Westen

Boèseekofel

R 475 W-Wand

R 476 W-Wand (Via dell'Orecchio)

R 477 Rechte W-Wand

Boéseekofel
Forc. Rizzi
Pizkofel
466
476
475
477
467
475
zur Moserscharte
478

Zugang: Von Colfuschg wie bei R 40 über die unterste Steilstufe des Mittagstales empor und wenig oberhalb der Abzweigung des Weges zur Pisciaduhütte schräg links über Schutt in Richtung Moserscharte zum E unmittelbar rechts eines rinnenartigen Kamins, etwa 50 m oberhalb der Kante des Wandvorbaues. 2 Std.
Führe: 1. SL: Von rechts her nach etwa 18 m in die Kaminrinne, die man wenig später nach links verläßt, und aufwärts zu Stand links des Beginnes eines kurzen Kamines (38 m, II). **2. SL:** Durch diesen Kamin (II) und schwach links aufwärts zu Köpflstand (36 m). **3. SL:** Stark linksquerend zur sichtbegrenzenden Kante, jenseits rechts einbiegen und auf einer Rippe, die rechts eine Schlucht begleitet, weiter zu Köpflstand (38 m, I). **4. SL:** Weiter unschwierig auf der Rippe zu Köpflstand (40 m). **5. SL:** Man verfolgt die Rippe bis zu ihrem Ende bei einer gelben Nische; rechts dieser Nische durch einen kurzen Rißkamin (II), dann waagrechte Querung auf einem Band zu Stand bei einem Klemmblock am Beginn eines Kamins (35 m). **6. SL:** Durch den Kamin (III—), jenseits in eine Schlucht absteigen und durch diese zu Köpflstand in einer Scharte (38 m). **7. SL:** An der bergseits liegenden Wand hinauf zu einer Rinne (III), kurz vor ihrem Ende nach links hinaus und durch eine weitere Rinne zu Stand unterhalb ihres moosigen Abschlusses (35 m). **8. SL:** Nach links die Rinne verlassen und durch ein Rinnensystem zu Köpflstand auf einem schartenartigen Absatz (40 m, I und II). **9. SL:** Bergseits schwach rechtshaltend über eine dunkle Wandstufe zum großen Band (38 m, I). Auf dem Band unschwierig nach links bis knapp vor die sichtbegrenzende Kante. Stand bei einer Schuppe schräg rechts unterhalb einer braunen Wandstelle. **10. SL:** Schräg links über grauen Fels hoch (II) und Quergang auf schmalem Band unschwierig nach links zu Stand (20 m). Es folgt die ↗SL. **11. SL:** Links hoch zu Rißüberhang (IV—, 1 H), darüber auf einem ausgeprägten Band Quergang nach links und über weiteren Rißüberhang (III+) in leichteres Gelände links einer auffallenden Verschneidung; links von ihr hoch zu Stand auf einem Band (28 m). **12. SL:** Auf dem Band kurz nach links und über abwärts geschichteten Fels (III und IV—) zu einem überdachten Band; nach kurzer Linksschleife durch einen Kamin (III—) zu SU-Stand (34 m). **13. SL:** Linkshaltend auf einen Absatz, dann nach rechts in ein Kaminsystem, durch das (III und III+) man nach links einen Blockstand auf einem Band erreicht (35 m). **14. SL:** Eine Rinne führt leicht rechtshaltend zu einem Kamin, an dessen Ende man einen Stand auf einem Absatz mit auffallenden Blöcken erreicht (35 m, II und III—). **15. SL:** Über die oberhalb ansetzende Kante und nach links zu Köpflstand (38 m, I und II). **16. SL:** Zuerst links, dann rechtshaltend in den oberen Teil eines Kamins und

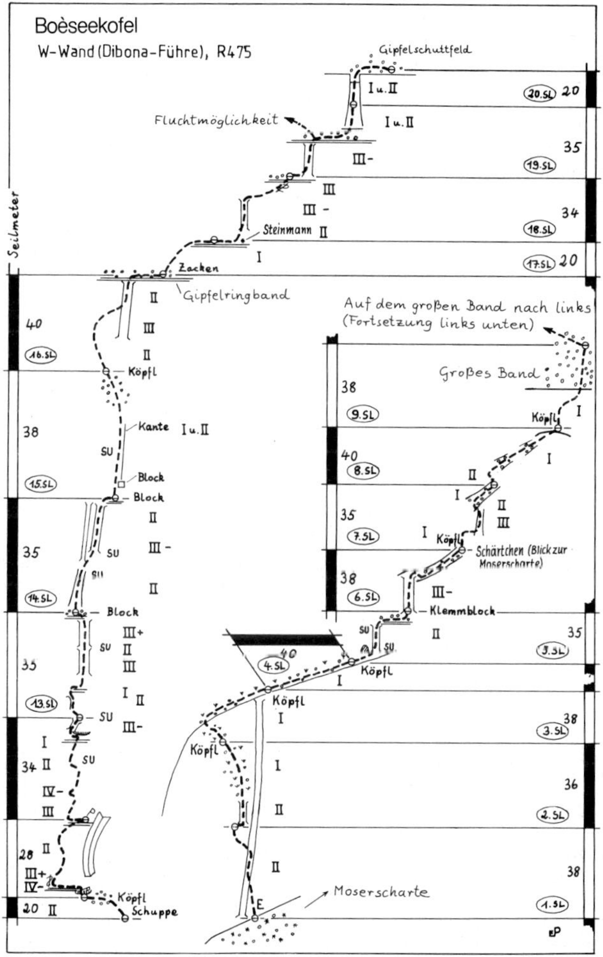
Boèseekofel
W-Wand (Dibona-Führe), R475
Seilmeter
Gipfelschuttfeld
I u. II
20.SL
20
Fluchtmöglichkeit
I u. II
35
III-
19.SL
III
III -
34
Steinmann
II
18.SL
I
17.SL
20
Zacken
Gipfelringband
II
40
III
16.SL
II
Köpfl
Auf dem großen Band nach links
(Fortsetzung links unten)
Großes Band
38
9.SL
Köpfl
I
38
Kante
I u. II
SU
Block
15.SL
Block
40
8.SL
I
II
I
II
III
II
35
7.SL
I
Köpfl
Schärtchen (Blick zur Moserscharte)
35
III -
SU
SU
II
14.SL
38
6.SL
III-
Block
Klemmblock
III+
SU
II
III
35
SU
SU
II
35
3.SL
40
4.SL
Köpfl
I
Köpfl
I
II
13.SL
SU
III-
I
38
3.SL
I
SU
34
II
Köpfl
I
36
IV-
III
II
2.SL
II
28
II
III+
IV-
38
Köpfl
Moserscharte
20
II
Schuppe
E
1.SL
EP

durch ihn zu Zackenstand auf dem Schuttgelände vor dem letzten Steilaufschwung (40 m, II und III). **17. SL:** Schräg rechts hinauf zu Stand auf einem weiteren Band (20 m, I). **18. SL:** Auf dem Band nach rechts in die Fallinie eines kurzen Kamins (Steinmann), durch ihn (III—) und rechtshaltend (III) durch einen Riß zu Stand auf einem Band knapp links eines weiteren Kamins (34 m). **19. SL:** Durch diesen Kamin hinauf (III—), Quergang auf ausgeprägtem Band nach rechts zu einem schluchtartigen Kamin und nach weiteren 10 m (II) zu Stand (35 m). **20. SL:** Nach 15 m im Kamin erreicht man die Gipfelschrofen nördl. des Gipfels in der Nähe des markierten Normalweges (20 m, I und II). (Pracht)

● 476 Westwand (Via dell'Orecchio)

A. Aranzolini, M. Cuppini, B. Modoni, S. Trebbi und C. Zanatoni am 13. August 1972 (Riv. 1975—558).

V+/A2, aufgeteilt wie folgt: Eine Seillänge V+/A2, Rest V+ und IV—, sowie III und leichter. ☍SL am „Ohr", auf halber Höhe des oberen Wandteiles.

Von den verwendeten 11 H und 3 HK beließen die Erstbegeher 2 H.

Wandhöhe etwa 300 m (ab dem großen Band), 500 m einschließlich des unteren Teiles, Kletterlänge etwa 380 m (für den oberen Teil). 6 Std. vom Wandfuß.

Siehe Abb. Seite 313

Übersicht: Die Führe überwindet weit rechts den in R 475 erwähnten Wandvorbau und gewinnt nach einer Wandstufe am eigentlichen Massiv das große Band in der Wandmitte. Im Zentrum des oberen Wandteiles hebt sich eine große Schuppe („Ohr") vor einem dunklen Wasserstreifen gut ab. Die Führe zieht schwach linkshaltend zu diesem Ohr, danach an dessen linker Seite vorbei und gewinnt erst nach links, dann nach rechts hin die Gipfelhochfläche.

Zugang: Von Colfuschg wie bei R 475 in Richtung Moserscharte, bis sich die Rinne teilt. Nun nach links zum E bei einem auffallenden-Kamin. 2¼ Std.

Führe: Durch den Kamin etwa 80 m empor auf ein erstes Band, das man bis zu einem kleinen Sattel nach links verfolgt. Sodann über leichte Felsen schwach rechtshaltend auf das große Band und an den Fuß der steilen Wand, etwa in Fallinie des Ohres, unmittelbar rechts einer Rißverschneidung (II mit einzelnen Stellen III; 1 Std.). Über die Wand rechts dieser Verschneidung empor (III) und 40 m schräg linkshaltend zu Stand am Beginn eines Kamins. Durch den Kamin, dann

20 m schräg nach rechts zu Stand auf einer kleinen Terrasse (III). Nun über eine graue, vom großen Band aus gut wahrnehmbare Rampe schwach rechts ansteigend in Richtung des Ohres zu Stand auf einem Absatz (35 m, V+, 3 H). Mittels eines Risses nach 40 m zu Stand auf einem Band unterhalb des Ohres (IV—). Es folgt die ↗SL. Durch den anfangs überhängenden und nassen Riß mit mehreren Verengungen zu Stand oberhalb des Ohres (40 m, V+/A2, 8 H, 3 HK). Rechtshaltend etwa 100 m durch Risse und Kamine (III—) auf ein bequemes Band bei einer kleinen Höhle. Über das Band 20 m nach links, dann durch einen Kamin und über leichte Felsen (60 m, II) zur Hochfläche.

● 477 **Rechte Westwand**

A. Avanzolini, M. Cuppini und C. Zanantoni am 18. August 1971 (Riv. 1975—557).

V (2 Stellen), sonst IV und leichter. Überwiegend Kaminkletterei in gutem Fels. Von den 10 H beließen die Erstbegeher 5. Wandhöhe etwa 300 m (ab dem großen Band), 500 m einschließlich des unteren Teiles, Kletterlänge etwa 360 m (für den oberen Teil). 6 Std. vom Wandfuß.

Siehe Abb. Seite 313

Übersicht: Am rechten Rand des oberen Teiles der W-Wand bemerkt man einen dunklen Wasserstreifen wechselnder Breite. Zwischen diesem Wasserstreifen und einer großen Verschneidung links davon zieht schwach rechtshaltend eine Reihe von Verschneidungen, Rissen und Kaminen empor, der die Führe folgt, um dann nach links den Gipfelgrat zu erreichen.

Zugang: Von Colfuschg wie bei R 475 in Richtung Moserscharte, bis sich die Rinne teilt. Nun links zum E bei einem auffallenden Kamin. 2¼ Std.

Führe: Durch den Kamin etwa 80 m empor auf ein erstes Band, das man bis zu einem kleinen Sattel nach links verfolgt. Sodann über leichte Felsen schwach rechthaltend auf das Band und zu einem weißen Fleck am Fuß der steilen Wand etwa in Fallinie der großen Verschneidung (II mit Stellen III; 1 Std.). Etwa 40 m hoch (IV) auf ein schmales Band und über dieses 30 m nach rechts zu Stand am Beginn des oben erwähnten Kaminsystems (Steinmann). Durch dieses System (IV) nach 80 m in einen schon von unten sichtbaren Kamin, der (IV, Stellen V) zu einer grauen Rampe führt. Über diese Rampe (III—) schräg nach rechts und durch zwei kurze Kamine in eine kleine Scharte. Einige Meter hoch, unschwierig etwa 30 m nach rechts und durch eine Schlucht zur Gipfelhochfläche.

● 478 **Südwestwand**

Erstbegeher waren nicht zu ermitteln.

II. Kaum lohnend, allenfalls im Zuge einer Überschreitung Boèseekofel — Zehner von Bedeutung. Selten begangen. Wandhöhe etwa 150 m. ½ Std.

Zugang: a) Von der Crep de Mont (R 13) auf dem Weg Nr. 638 in allgemein südwestl. Richtung (der Boèsee bleibt rechts) über Pistentrassen hoch und südl. an der Liftbergstation vorbei zu der flachen Wiese im Vallon. Nun rechtshaltend über Schutt zur Mündung der Schlucht, die von der Moserscharte herabzieht, und durch diese stets rechtshaltend mühsam über Schutt und Schnee zur Scharte empor. 2 Std.

b) Vom Mittagstal über Schutt in die Eisschlucht zwischen Boèseekofel links und Zehner rechts. Bei ungünstigen Eisverhältnissen zuerst über die linken, dann über die rechten Felsen; letztere sind nicht ganz leicht (vermutlich II). Wo die Schlucht enger wird, kehrt man in sie zurück (steil und steinschlaggefährlich). Zunächst längs der rechten Wand, dann gegenüber bis unter einen schlüpfrigen und nassen, 12 m langen Kamin in der linken Schluchtwand. Nach diesem durch eine Schuttrinne zu einem Band, das in Richtung Scharte verfolgt wird. Durch einen 15 m hohen Kamin und schließlich über ein bequemes Band zur Scharte. 2 Std. (Erste Begehung R 490).

Anstieg: Von der Scharte einige Meter gegen das Mittagstal hinab und über steile Felsen zu einer schwarzen Wand hinauf. Links an ihr vorbei und durch schräge Kamine und Rinnen in geneigteren Fels, über den die Gipfelhochfläche erreicht wird. Längs des Kammes nach N zum höchsten Punkt.

● 479 **Südostwand (Linke Kante)**

A. Dorigatti und A. Giambisi am 19. August 1973 (Riv. 1974—325).

V+, aufgeteilt wie folgt: Eine Stelle V+ und drei Stellen V; häufig IV+, kaum leichter als III. Schöne Freikletterei in gutem Fels.

Von den 6 H beließen die Erstbegeher 5. Die Führe sollte erst ab Spätsommer begangen werden.

Wandhöhe etwa 200 m, Kletterlänge etwa 230 m. 4—5 Std.

Siehe Abb. Seite 321 und 329

Übersicht: Die Führe verläuft rechts der markanten gelbgrauen Kante, an der die S-Wand in die Schlucht umbiegt.

Zugang: Von der Crep de Mont wie bei R 478 zur Mündung der Schlucht, die von der Moserscharte herabzieht, und nach rechts zu zwei

Schuttstreifen unter einem gelben Vorsprung. Durch die linke Rinne hoch und nach rechts über leichte Stufen zum E auf einem Band (Steinmann). 1½ Std.

Führe: 1. SL: Durch einen schwarzen Riß rechtshaltend empor und über Stufen mit Blöcken zu Stand (H) bei einer Sanduhr (35 m, IV, IV+ und III). **2. SL:** Nach rechts in einen Kamin und durch ihn zu Stand auf einem Band (20 m, III). **3. SL:** Weiter in dem sich verengenden Kamin zu Stand auf einem Band bei mehreren SU (35 m, IV+ und III). **4. SL:** Vollends durch den Kamin hoch und unter einem gelben Wulst leicht ansteigend auf grau-rotem Fels nach links zu Stand in einer kleinen Nische (35 m, III und IV, 1 H). **5. SL:** Über eine gelbe Platte 4 m nach links und direkt hinauf zu einem Absatz an der Kante (H); nach rechts auf einen markanten Vorsprung und weiter 10 m rechtshaltend zu Stand bei mehreren SU (30 m, IV+ und V). **6. SL:** Gerade über die graue Wand empor auf ein schmales Band unter einem schwarzen Überhang (III und V, 2 H), über ihn hinweg (V+, ♂) und nach links zu Stand (H) an der Kante (30 m). **7. SL:** Durch einen gelblichen Riß empor und, wo die Wand gelb wird, nach links über einen Überhang zu Stand an SU auf einem Band (30 m, IV+). **8. SL:** Durch eine Rinne zur Gipfelhochfläche (15 m, III). (A. Giambisi)

● 480 Direkte Südostkante

J. Mayr, W. Steinhauser und L. Vonmetz am 10. Oktober 1971 (Lan. 1974—62 unter Sass da Lec). Die in Riv. 1976—315 veröffentlichte O-Wand von M. Cuppini und C. Zanantoni dürfte vor allem im oberen Teil denselben Verlauf nehmen.

V+/A2, aufgeteilt wie folgt. Drei Passagen V+, 10 m A2; sonst IV und III. Ausgesetzte Kletterei in gutem Fels, selten gegangen. Eine Begehung sollte wegen der Wasserstellen erst im Herbst erfolgen.

Von den 11 H und 1 HK (ohne SH) beließen die Erstbegeher 7 H und 1 HK; Sicherungen vielfach an SU möglich.

Wandhöhe etwa 200 m. 6 Std.

Siehe Abb. Seite 321 und 329

Übersicht: Inmitten der Wand steilt eine stumpfe Kante auf, die durch einen tiefschwarzen Wasserstreifen, beginnend bei einer Nische in halber Kantenhöhe, gekennzeichnet ist. Die Führe verläuft im unteren Teil meist links dieser Kante und benützt im oberen Teil den Rißkamin, der dort diese Kante spaltet.

Zugang: Von der Crep de Mont wie bei R 478 zur flachen Wiese im Vallon und über Schutt bzw. Schrofen auf das grasige Band am Fuße der eigentlichen Wand. Unschwierig nach links zum E am Ende des Bandes. 1½ Std.

Führe: Vom Standhaken rechts der Kante durch einen überhängenden Riß (V+, H) gerade hinauf und an dessen Ende nach links zu gutem Stand. Weiter durch einen Riß links der Kante und nach etwa 30 m rechts auf ein Köpfl (IV und III). Ein 8 m langer Rechtsquergang führt zu Stand in einer großen Nische unter einem überhängenden Kamin. Durch den Kamin und den darüber befindlichen gelben Riß etwa 20 m weiter (V+) zu schlechtem Stand wenige Meter unterhalb der Stelle, an welcher der Riß stark überzuhängen beginnt. Nun 3 m nach rechts um die Kante (H), dann 10 m gerade empor (A2) und nochmals 10 m nach rechts in Höhe eines Bändchens mit guten Griffen zu Stand (V+, H). Über grauen Fels schräg nach links und zurück zu Stand an der Kante oberhalb des überhängenden Teiles des Risses (30 m, IV). Durch den Rißkamin (IV) zu Stand unter dem letzten großen Überhang. Links an diesem vorbei zur Gipfelschlucht (III).

● 481 Südostwand (Castiglioni/Detassis-Führe)

E. Castiglioni und B. Detassis am 11. Juli 1935 (Cas. 1937—449).

IV+ (eine Stelle), sonst 3 Stellen IV und leichter. ☍ etwa 40 m vor dem Ausstieg.

Herrliche Kaminkletterei in verschwenderisch griffigem Fels. Verhältnismäßig selten begangen. Eine Begehung sollte erst ab dem Spätsommer erfolgen.

Die meisten ZH und SH vorhanden, dazu häufig natürliche Sicherungsmöglichkeiten.

Wandhöhe etwa 200 m, Kletterlänge etwa 250 m. 2½ Std.

Siehe Abb. Seite 321 und Skizze Seite 322

Übersicht: Inmitten der Wand findet sich eine riesige Kaminverschneidung, die auf einem quergebänderten Felssockel fußt. Die Führe gewinnt am rechten Rand des Sockels das von ihm gebildete Band und verläuft anschließend durch den Verschneidungskamin zur Gipfelhochfläche.

Zugang: Von der Crep de Mont wie bei R 478 zur flachen Wiese im Vallon und über Schutt bzw. Schrofen auf das grasige Band am Fuß der eigentlichen Wand. Unschwierig nach links zum E am rechten Rand des oben erwähnten Felssockels. 1½ Std.

Boèseekofel von Südosten

R 472 Normalweg
R 479 SO-Wand (linke Kante)
R 480 Direkte SO-Kante
R 481 SO-Wand (Castiglioni/Detassis-Führe)

Führe: 1. SL: Zunächst durch den schluchtartigen Kamin, dann knapp rechts davon zu Köpflstand auf einem Absatz (33 m, II und III). **2. SL:** Links ein wenig aufwärts (III) zu einem ausgeprägten Band und sofort durch einen Kamin mit abschließendem Klemmblock nach 18 m zu gestuftem Fels und über ihn zu Stand bei einem Klemmblock auf dem mächtigen Band (25 m). **3. SL:** Unschwierig auf dem Band etwa 25 m

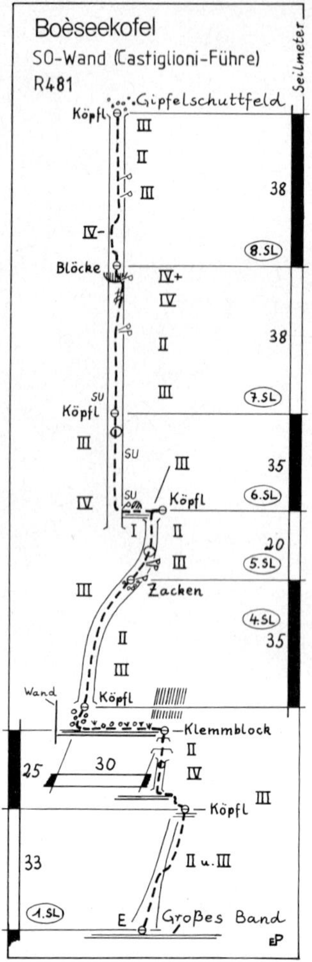

nach links und über Blockwerk zu Köpflstand am Beginn des großen Kamins (30 m). **4. SL:** Durch den Kamin, der nach etwa 25 m abknickt, zu Stand an einem Zacken auf Geröll (35 m, III und II). **5. SL:** Weiter im engen, leicht bemoosten Kamin zu Köpflstand an der rechten Kaminseite (20 m, III und II, 2 H). **6. SL:** Über den Kamin auf seine linke Seite (III), waagrechter Quergang nach links an einer gelben Nische vorbei (H), um die Kante in den anderen Kamin und durch ihn (IV und III) — ein Klemmblock wird hinterklettert — zu Köpflstand (35 m). **7. SL:** Weiter im Kamin bis unter einen Überhang (III, 2 H), der zuletzt rechts durch einen Riß erreicht wird (IV), und an guten Griffen über ihn hinweg (IV+, 1 H) zu Stand bei Blöcken unmittelbar darüber (38 m). **8. SL:** An die linke Kaminwand (IV—), dann im Kamin gerade weiter (III, 2 H) zum Ausstieg (38 m). Rechts über Schrofen zum nahen Gipfel. (Pracht)

● 482 Neue Südostwand
R. Bragantini und F. Guerrieri am 8. September 1966 (Alp. 1967/7).
IV, häufig III. Wandhöhe 230 m. 3 Std.

Die Route verläuft auf einer kurzen Strecke gemeinsam mit R 481.

Keine weiteren Informationen vorhanden.

● 483—485 frei für Nachträge

● 486 Torre Fulvio

Dieser bauchige und unbekannte Turm flankiert östl. die SO-Wand des Boèseekofels; dahinter gewahrt man eine große Schutthalde.

● 487 Normalweg
II, oft I. Lediglich als Abstieg von Bedeutung. 30 Min. vom oberen Rand des Vallons.

Anstieg: Von der Crep de Mont wie bei R 478 zur flachen Wiese im Vallon und in nördlicher Richtung über Schutt zu einer Rinne rechts des Turmes. Durch diese hoch zu der Schutthalde hinter dem Turm und über dessen O-Wand zum höchsten Punkt.

● 487 A Abstieg auf den Normalweg (R 487)
II, oft I. 20 Min.

Vom Gipfel über die O-Wand zum Schuttfeld hinter dem Turm und durch eine Schuttrinne orogr. links des Turmes in das Vallon hinab.

● 488 Sudwestwand
P. Maglione und P. Magrin am 19. August 1978 (Riv. 1979—219).
V, meist leichter.
Wandhöhe etwa 180 m.

Keine weiteren Informationen vorhanden.

● 489 Südwand
L. Boy und P. Sferco am 9. September 1974 (Riv. 1975—557).
VI/A 1 (eine Stelle), sonst eine Stelle V +, zwei Stellen V und leichter. Schöne Trainingskletterei. Alle ZH (4 H und 1 HK) vorhanden, SH fehlen meist.
Kletterlänge etwa 165 m. 2 Std.

Zugang: Von der Crep de Mont wie bei R 487 zum E am Fuße der S-Wand. 1¼ Std.

Führe: 1. SL: Durch einen Riß in eine Verschneidung und danach mittels einer Links-Rechts-Schleife zu Stand in einer Nische auf einem Band (40 m, IV, 1 H). **2. SL:** Linkshaltend aus der Nische (V+) in einen Kamin, der unter einen Überhang führt (IV und V, 1 H und HK), rechts an dem Überhang vorbei (IV/A 1, 2 H) zu Stand am Beginn eines Kamins (30 m). **3. SL:** Kurz in dem Kamin hoch (IV) und dann nach links (III) zu Stand am Beginn einer Kaminschlucht (25 m). **4. SL:** In der Schlucht hoch zu Stand an deren Ende (40 m, III+ und II). **5. SL:** Linkshaltend zum Gipfel (30 m, III und IV).

● 490 **Zehner,** 2915 m

Erste Ersteigung durch W. Merz, H. Moser, O. Schuster und M. v. Smoluchowski am 27. Juli 1894, indem sie die zu Ehren von H. Moser benannte Scharte aus dem Mittagstale (R 478) erstiegen (Mt. 1894—288). Sowohl nach SO als auch nach NW fällt der Zehner mit steilen, durch Kamine gegliederten Wänden ab, insbesondere zeigt er gegen das Mittagstal eine gut 500 m hohe Felsmauer. Sein länglicher und schuttbedeckter Gipfelrücken trägt am nördl. Rande eine kleine, leicht ersteigbare Pyramide als höchsten Punkt. Gegen seine Nachbarn, den Boèseekofel im NO bzw. den Neuner im SW ist diese höchste Erhebung im nördl. Kamm der Boèguppe (ital. **Sasso delle Dieci,** lad. **Sass da les Diesc)** durch tiefe Scharten abgesetzt, und zwar heißt die durch einen gebrechlichen Felszacken markierte, nördl. Einkerbung **Moserscharte,** 2765 m, die südl. **Vallonscharte,** 2749 m; letztere (manchmal auch **Kostnerscharte** zu Ehren von G. Kostner genannt (Ö.A.Z. 1912—38)) eignet sich als Übergang aus dem Vallon in das Mittagstal (R 55). Die Touren des Zehners sind alle außergewöhnlich interessant und abwechslungsreich, sollten aber — vornehmlich jene durch die SO-Wand — erst gegen Ende des Sommer angegangen werden. Der Zehner bietet natürlich im wesentlichen dieselbe und damit gleichschöne Aussicht wie der Boèseekofel.

● 491 Normalweg

W. Merz, H. Moser, O. Schuster und M. v. Smoluchowski am 27. Juli 1894 aus dem Mittagstale (Mt. 1894—288); K. Bindel und Kostner am 31. Juli 1898 aus dem Vallon, nachdem Jos. Alton wegen fehlender Kletterschuhe (!) an der Moserscharte zurückgeblieben war (Zt. 1900—337).

Zehner (Abstieg zur Moserscharte) ►
R 491 Normalweg

Zehner
491
491

II und leichter. Abwechslungsreicher und recht interessanter Anstieg in meist gutem Fels. Vor allem im Aufstieg selten begangen. Keine H vorhanden. Die Route selbst weist ab dem Spätsommer gute Verhältnisse auf, doch trifft man dann in der Rinne zur Moserscharte oft auf ungünstige Bedingungen (Eis). Der lange Quergang unterhalb der Gipfelschrofen läßt sich nur schlecht sichern.
Höhendifferenz etwa 150 m (ab Scharte). 1 Std.
Siehe Abb. Seite 325 und 329

Zugang: Aus dem Vallon bzw. Mittagstal siehe R 478.

Führe: Auf der W-Seite der Scharte über Stufen den geringsten Schwierigkeiten folgend nach rechts hoch zu Stand bei großen Blöcken in einer Einsattelung (40 m, I und II). Durch eine schuttige Rinne zu einer Felswand, nach ihrer Überwindung (II) zu Stand auf einer Felsrippe, deren Verlängerung in Richtung Mittagstal zu einer Schuttrinne weist, die von einer kleinen Sekundärscharte herabzieht. Durch diese Rinne zu Stand in der Sekundärscharte. Der steile Riß, welcher vallonseitig einige Meter von der Scharte entfernt ansetzt, wird bis zu einem Köpflstand in unmittelbarer Nähe einer Riesennische durchstiegen. Nun zur Nische, jenseits in schwarzem Fels einige Meter hoch (II) zu einem ausgesetzten Band, das mindestens 30 m waagrecht nach links (Vallon) bis jenseits der Kante verfolgt wird (schlechte Sicherungsmöglichkeit). Über den gestuften Gipfelbereich gerade hoch und von links auf die Gipfelpyramide. (Pracht)

● **491 A Abstieg auf dem Normalweg** (R 491)
II und leichter. Der Beginn des langen Querganges ist nicht ganz leicht zu finden. 1 Std. bis in die Moserscharte.

Vom Gipfel südseitig hinab zur schrofigen Hochfläche und schwach linkshaltend (in Richtung Vallon) über Stufen so weit hinunter, bis die Hochfläche steil abbricht. Links an der Kante oberhalb der Schlucht, die aus dem Vallon heraufführt, beginnt ein waagrechtes Band, das an der Schluchtwand in Richtung Mittagstal zu einer Riesennische zieht. Auf diesem Band zur Nische und noch etwas weiter zu Köpflstand. Jenseits durch einen steilen Riß (II) hinab zu einem Schärtchen. Nun vallonseitig in einer Schuttrinne zu einer tieferliegenden Felsrippe und über eine steile Felswand (II) auf Schutt und zu Blöcken auf einem Grätchen. Westseitig hinunter zur Moserscharte unmittelbar am Boèseekofel. Weiter wie bei R 478.

● 492 A Abstieg durch die Südwand

E. Castiglioni und B. Detassis am 11. Juli 1935 (Cas. 1937—454).

III, die steileren Stellen werden abgeseilt (insgesamt 4 x). Landschaftlich eindrucksvoller Abstieg im Bereiche der äußerst schmalen Vallonscharte. 1 Std. bis in die Scharte.

Vom Gipfel südseitig hinab zur schrofigen Hochfläche, die bis an ihren Rand gegenüber dem Neuner verfolgt wird. Über leichte Stufen hinunter auf eine Kanzel genau oberhalb der Vallonscharte, von der zwei sehr steile Schluchten hinabführen. Durch die linke (östl.), welche die engere ist und fast senkrecht abfällt, zu einer gutgestuften, doch fast senkrechten Wand (eine Stelle kann abgeseilt werden). Über diese Wand — sich links der Schlucht haltend — bald zurück in diese Schlucht. Nun durch einen kurzen, schräg nach rechts führenden und unten offenen Kamin auf eine weitere kleine Kanzel genau oberhalb der Scharte. 20 m teils frei abseilen zu einem winzigen Stand und nochmals abseilen (7—8 m) auf einen die Scharte überbrückenden Block. Von diesem durch einen kurzen Riß in der Wand des Neuners vollends zur Scharte. Weiter wie bei R 55.

● 493 Westwand

R. Fehrmann am 9. September 1905 (Ö.A.Z. 1909—153).

IV, oft leichter. Schöne und abwechslungsreiche Kletterei mit herrlichen landschaftlichen Eindrücken; verschiedentlich Schuttpassagen. Verhältnismäßig selten begangen. Wegen einiger nasser bzw. vereister Stellen erst ab dem Spätsommer zu empfehlen.

Wandhöhe etwa 500 m. 5 Std.

Übersicht: Die W-Wand wird von mehreren Schluchten durchrissen; die am weitesten rechts (südl.) verlaufende schließt sich in ihrem untersten Teil vollständig. Durch einen etwa 80 m links davon beginnenden Riß gewinnt die Führe nach etwa 100 m jene Schlucht und verläßt sie bis zur Gipfelhochfläche nicht mehr.

Zugang: Vom Mittagstal (R 40) über steilen Schutt zum E am Beginn des oben erwähnten Risses. 20 Min.

Führe: In gutem Fels durch den Riß — einige Überhänge links umgehend — unter den letzten dieser Überhänge, der zu einer ausgesetzten Umgehung über eine schwarze, kleingriffige Platte zwingt. Nach insgesamt 100 m über schlechten Fels nach rechts in die oben erwähnte, nun gangbare Schlucht. In dieser teils unschwierigen und schuttigen Schlucht, einen überhängenden Riß überwindend und schließlich durch einen Kamin, auf das große Band, welches die gesamte Wand auf etwa halber Höhe durchläuft. Gerade in der Schlucht weiter und links durch einen Kamin in schwarzem Fels um einen großen Überhang herum. Nach einer Schuttpassage folgen nasse Kamine, ein enger Riß sowie ein weiterer großer Überhang, der mittels eines Risses im Innern der Schlucht überwunden wird. Oberhalb eines letzten, kleinen Überhanges erweitert sich die Schlucht, und man klettert über die rechte Wand zu leichterem Fels, der bald auf die Hochfläche führt.

● 494 **Südostwand**

A. v. Martin und H. Rumpelt am 23. September 1908 (Ö.A.Z. 1909—94 und 163).

III (fünf Stellen), II und leichter. Sehr lohnende Kamin- und Schluchtkletterei mit einem exponierten Einstiegsquergang; im Kaminsystem der oberen Wandhälfte oft Schutt bzw. Eis. Die Tour empfiehlt sich erst für den Herbst, da vorher besonders das untere Kaminsystem viel Wasser führt. Im Einstiegsquergang nur schlechte Sicherungsmöglichkeiten, die notwendigen SH nach den ersten beiden SL fehlen (1978).

Weder ZH noch SH vorhanden, häufig natürliche Sicherungsmöglichkeiten. Es sollten mittlere Klemmkeile sowie einige H mitgeführt werden.

Wandhöhe etwa 200 m, Kletterlänge etwa 400 m. 2—3 Std.

Siehe Abb. Seite 329 und 337 und Skizze Seite 331

Übersicht: Der obere Teil der SO-Wand wird von drei Schluchten durchfurcht, die nach unten in dunklen Kaminen ihre Fortsetzung erfahren. Am Wandfuß unterhalb der am weitesten links (westl.) verlaufenden Schlucht gewahrt man eine riesige Höhle. Die Führe gewinnt durch einen horizontalen Rechtsquergang den Kamin oberhalb der Höhle und durch diesen ein Band, das etwa auf halber Wandhöhe in die mittlere Schlucht leitet. Das Kaminsystem im Innern der Schlucht vermittelt schließlich den Weg zur Gipfelhochfläche.

Zehner von Südosten ►

R 55 Übergang Mittagstal-Vallon durch die Vallonschlucht

Boèseekofel

R 479 SO-Wand (linke Kante)
R 480 Direkte SO-Wand

Zehner

491 Normalweg
R 494 SO-Wand
R 495 Zentralpfeiler (Dorigatti/Rava-Führe)
R 497 Direkte SO-Wand
R 498 Von Osten

55
Vallonscharte
494
495
497
497
498
491
491
Moserscharte
479
480
Boèseekofe

Zugang: Von der Crep de Mont wie bei R 478 zur flachen Wiese im Vallon und rechtshaltend über Schutt zu der Schlucht, die von der Valonscharte herabkommt. In dieser empor zum E (großer Zacken) am Beginn des Bandes, das knapp oberhalb der Höhe des Höhlendaches in die Wand hinauszieht. 2 Std.

Führe: 1. SL: Waagrecht auf einem schmalen Band nach rechts hinaus zu Stand auf einem Absatz einen Meter unterhalb des Bandes (27 m, I und II). **2. SL:** Weiter nach rechts (II und I) zu dem Riesenkamin oberhalb der Höhle und über schwarzen, gestuften Fels nach rechts oben (III—) zu Stand auf einem Schuttplätzchen im Kamin (30 m). **3. SL:** Durch den Kamin gerade empor zu Köpflstand (30 m, II und III). **4. SL:** Weiter im Kamin, hinter einem großen Klemmblock hindurch und bald nach rechts, den eigentlichen Kamin verlassend, zu Köpflstand auf einem Schuttplatz (35 m, II und III—). **5. SL:** Rechts des eigentlichen Kamins über Stufen zu einem kleinen Überhang (III), darüber, den geringsten Schwierigkeiten folgend (II), auf ein Band und über Schutt auf ein großes Band; Stand an einem Zacken auf dem unteren Teil des zweistufigen großen Bandes, das waagrecht nach rechts um die Kante zieht (30 m). **6. SL:** Auf dem Doppelband nach rechts, unmittelbar vor der Kante auf dem unteren weiter, dann wieder auf die alte Höhe (II) und um die Kante; wenige Meter jenseits zum tieferliegenden Standplatz (SU) unmittelbar links eines Grasfleckes (30 m). **7. SL:** Bequem auf dem nun sehr breiten Band weiter, an der Kante etwas ansteigen (II) zu Köpflstand auf einem Felsriff am linken Rande des großen Schluchtkamins (30 m). **8. SL:** An der linken Schluchtwand waagrecht in die Tiefe der Schlucht (II), bis man über eine kleine Rampe (II) zu Stand hochsteigen kann (35 m). **9. SL:** Durch die unmittelbar über dem Stand ansetzende Kaminrinne (II), dann auf Schutt oder Schnee linkshaltend hoch zu Stand an einer großen Schuppe der linken Schluchtwand (35 m). **10. SL:** Oberhalb des Standes fächert sich die Schlucht in drei Kamine auf; man wählt den mittleren und gelangt so zu einem Stand auf der Rippe links (38 m, I). **11. SL:** Rechtshaltend in den rechten Kamin und durch ihn hinauf, bis man ihn wieder nach links verlassen kann; Köpflstand auf der ihn links begleitenden Rippe (40 m, I und II). **12. SL:** Zunächst gerade hoch, dann schräg nach links zum linken Kamin und bald zu Stand an einem großen Klemmblock (38 m, I). Unschwierig über Schutt und Schrofen rechtshaltend zum Gipfel. (Pracht)

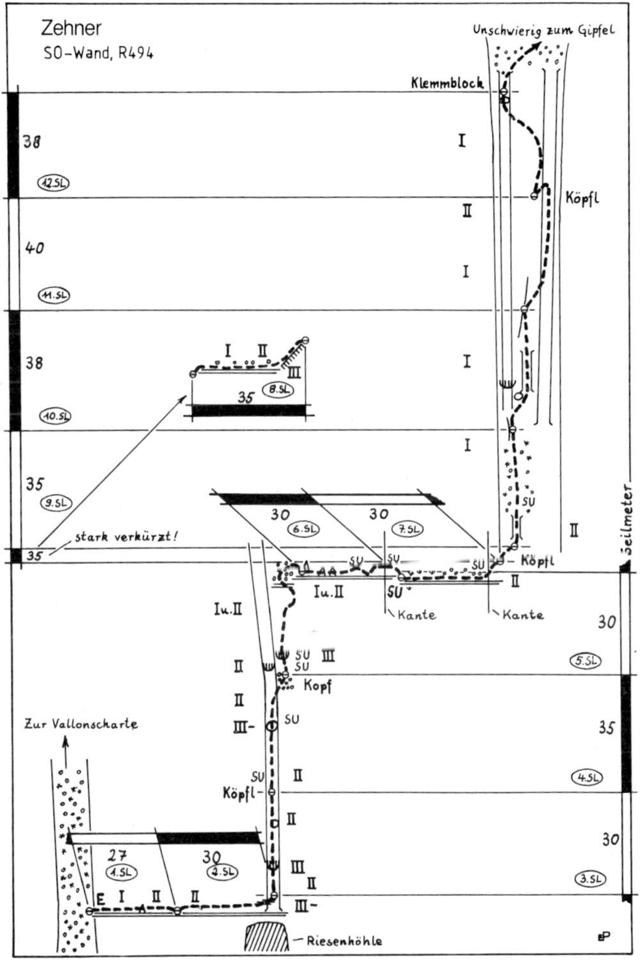
Zehner
SO-Wand, R494
Unschwierig zum Gipfel
Klemmblock
38
12.SL
I
Köpfl
II
40
I
11.SL
38
I
II
III
8.SL
35
I
10.SL
I
35
9.SL
30
6.SL
30
7.SL
SU
II
Seilmeter
stark verkürzt!
35
SU
SU
SU
Köpfl
Iu.II
SU
II
Kante
Kante
Iu.II
30
SU
III
SU
II
5.SL
Kopf
II
SU
Zur Vallonscharte
III-
35
SU
II
4.SL
Köpfl
II
30
27
30
1.SL
2.SL
III
II
3.SL
E
I
II
II
III-
Riesenhöhle

● 495 **Zentralpfeiler (Dorigatti/Rava)**
A. Dorigatti und P. Rava am 21. August 1973 (Riv. 1974—325).
V+, aufgeteilt wie folgt: Eine Stelle V+, sechs Stellen V bzw. V—, sonst meist IV. ☍ in Wandmitte.
Ernste, empfehlenswerte Freikletterei in bestem Fels. Von den 4 ZH blieb einer im Fels. Selten begangen. Wegen Wasser sollte die Führe erst ab dem Spätsommer begangen werden. Nach der 8. SL kann man rechtshaltend zu R 497 überwechseln.
Wandhöhe etwa 300 m, Kletterlänge etwa 280 m (ohne die leichten Gipfelfelsen). Keine Zeitangabe.
Siehe Abb. Seite 329

Übersicht: Der obere Teil der SO-Wand wird von drei Schluchten durchfurcht, die nach unten in dunklen Kaminen ihre Fortsetzung erfahren. Die Führe verläuft anfangs in Fallinie der rechten Schlucht bis knapp oberhalb eines schwarzen Überhanges etwa 100 m über dem Wandfuß (bis hierher gemeinsam mit R 497) und gewinnt dann auf dem Rücken des Pfeilers links der Schlucht die Gipfelhochfläche (teilweise gemeinsam mit R 496).

Zugang: Von der Crep de Mont wie bei R 478 zur flachen Wiese im Vallon und rechtshaltend über Schutt zum E unmittelbar links des Kamins in Fallinie der rechten Schlucht. 1½ Std.

Führe: 1./2. SL: Links des Kamins (oder in ihm) stets dem geringsten Widerstand folgend zu Köpflstand am unteren Rande eines geneigten Bandes; links oberhalb eine gelbe, rechts eine grauschwarze Wand (30 m/38 m; III+, meist leichter). **3. SL:** Von links nach rechts in die grauschwarze Wand (je nach Wasser) und linkshaltend (IV—) zu Stand auf einem Band unter einem Überhang (35 m). **4. SL:** Auf dem Band nach rechts bis jenseits des Wasserstreifens, knapp rechts davon zu einem Rißüberhang (III und IV+, 1 H), über ihn hinweg (V, 1 H) und sofort (R 497 verlassend) nach links, um einen weiteren, grauen Überhang (V) in bestem Fels zu überklettern; durch eine Verschneidung (V—) links zu einem schmalen Band und weiter über eine Wand (V, 1 H) zu Stand auf einem bequemen Band mit Steinmann (40 m). **5. SL:** Linkshaltend über eine schwarze Platte (V—, 1 H), dann einige Meter nach rechts und schließlich gerade hoch (V+, 2 H, ☍) zu Stand bei einer Nische (30 m). **6. SL:** Nach links zu Stand am Beginn eines grauen Risses (7 m, IV—). **7. SL:** Durch den Riß empor (V) und gerade weiter (III+) zu Stand auf einem Absatz unter einem Rißkamin (25 m). **8. SL:** Direkt durch den Riß zu Stand auf einem Band (25 m, IV und

III). (Ausweichmöglichkeit nach rechts zu R 497). **9. SL:** Kurz nach links über weißen und brüchigen Fels zu Stand im Ausstiegskamin (25 m, IV+ und IV). **10. SL:** Im Kamin zu Stand am Beginn des leichten Geländes oberhalb eines großen Klemmblockes (20 m, III und IV).

● 496 Zentralpfeiler (Baleotti/Righi/Zanantoni)

B. Baleotti, A. Righi und C. Zanantoni am 11. August 1973 (Riv. 1976—315).

V, oft IV, nur selten leichter.

Schöne Kletterei in gutem Fels. Von den 10 H (einschließlich der SH) blieben 4 im Fels. Wegen Wasser sollte die Führe erst ab dem Spätsommer begangen werden. Vor den letzten beiden SL kann man rechtshaltend zu R 497 überwechseln. Wandhöhe etwa 300 m. 8 Std.

Übersicht: Der obere Teil der SO-Wand wird von drei Schluchten durchfurcht, die nach unten in dunklen Kaminen ihre Fortsetzung erfahren. Die Führe verläuft anfangs in Fallinie der rechten Schlucht bis zu einer Flachstufe des Kamins etwa 160 m über dem Wandfuß (bis hierher gemeinsam mit R 497) und gewinnt dann auf dem Rücken des Pfeilers links der Schlucht die Gipfelhochfläche (teilweise gemeinsam mit R 495, sonst zwischen R 495 und R 497).

Zugang: Von der Crep de Mont wie bei R 478 zur flachen Wiese im Vallon und rechtshaltend über Schutt zum E unmittelbar links des Kamins in Fallinie der rechten Schlucht. 1½ Std.

Führe: 1.—5. SL gemeinsam mit R 497. Nun auf einem Band etwa 20 m nach links bis hinter eine runde Kante und in leichter Kletterei wenige Meter hoch zu Stand in einer gelben Nische. In 2 SL erst rechtshaltend, dann gerade empor (IV und V). Noch etwas hoch, dann in leichter Kletterei 1 SL nach links zu Stand unter weißlichem Fels. Kurz nach links über den weißen und brüchigen Fels zu Stand im Ausstiegskamin (25 m, IV+ und IV). Im Kamin weiter zu Stand am Beginn des leichten Geländes oberhalb eines großen Klemmblockes (20 m, III und IV).

● 497 Direkte Südostwand

E. Castiglioni und B. Detassis am 13. Juli 1935 (Cas. 1937—452).

V (eine Stelle), wenige Meter IV+, sonst IV— und vielfach leichter. ♂ am Überhang der 4. SL.

Überwiegend Kaminkletterei von verschwenderischer Griffigkeit in allerbestem Fels. Wegen Wasser empfiehlt es sich, die Führe erst ab Spätsommer zu begehen.

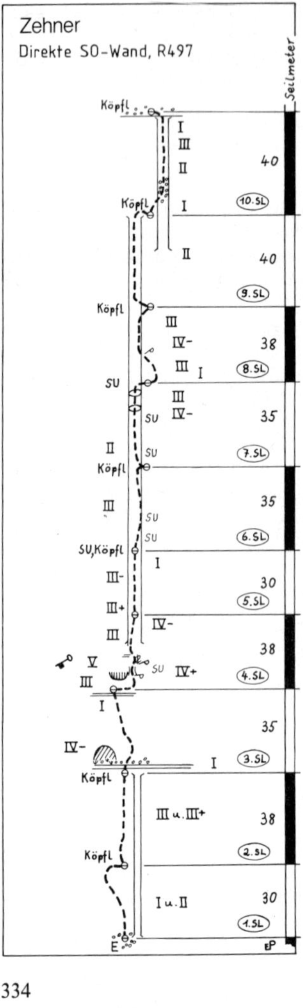

Die meisten ZH, doch keine SH vorhanden; Standplatzsicherung meist an Köpfln u. ä. Einige H sollten mitgeführt werden.
Wandhöhe etwa 300 m, Kletterlänge etwa 360 m. 3 Std.
Siehe Abb. Seite 329 und Skizze Seite 334

Übersicht: Der obere Teil der SO-Wand wird von drei Schluchten durchfurcht, die nach unten in dunklen Kaminen ihre Fortsetzung finden. Die Führe verläuft durch das rechte Kamin-Schlucht-System.

Zugang: Von der Crep de Mont wie bei R 478 zur flachen Wiese im Vallon und rechtshaltend über Schutt zum E unmittelbar links des Kamins in Fallinie der rechten Schlucht. 1½ Std.

Führe: 1./2. SL: Links des Kamins (oder in ihm), stets dem geringsten Widerstand folgend, zu Köpflstand am unteren Rande eines geneigten Bandes; links oberhalb befindet sich eine gelbe, rechts eine grauschwarze Wand (30 m/38 m; III+, meist leichter). **3. SL:** Von links nach rechts in die grauschwarze Wand (je nach Wasser) und linkshaltend (IV—) zu Stand auf einem Band unter einem Überhang (35 m). **4. SL:** Auf dem Band nach rechts bis jenseits des Wasserstreifens, knapp rechts davon zu einem Rißüberhang (III und IV+, 1 H), über ihn hinweg (V, 1 H, ✓) und in herrlicher Kaminkletterei (III und IV) über schwarzen Fels zu Stand (38 m). **5. SL:** Im Kamin weiter zu Köpflstand oberhalb einer flachen Passage (30 m, III—, III und I). **6. SL:** An der rechten Kaminwand hoch, zurück in den Kamin und nach rechts zu Köpflstand (35 m, III). **7. SL:** Im Kamin weiter und knapp oberhalb des zweiten Klemmblockes nach rechts zu Stand an SU (35 m, II, IV— und III). **8. SL:** Einige Meter nach rechts und anschließend schräg links hinauf (III), nach etwa 18 m ein H am Kaminrand; an guten Griffen in den Kamin (IV—) und etwa 10 m weiter oben rechtshaltend (III) zu Köpflstand (38 m). **9. SL:** Im Kamin vollends hinauf und rechts zu Stand bei einem labilen Zacken (40 m, II). **10. SL:** Nun im rechten, anfangs schuttigen Kamin weiter und oben nach links zu Köpflstand in den Gipfelschrofen (40 m, 1 Stelle III). (Pracht)

● **498** **Von Osten**

G. Kostner und Schneider am 2. September 1905 (Ö.A.Z. 1909—153).

II, vielfach leichter. Vor allem als Ersatz für den Normalweg (R 491), wenn der obere Teil der Schlucht vereist ist.

Wandhöhe etwa 230 m. 1½ Std.

Siehe Abb. Seite 329

Übersicht: Die Führe verläuft über die gestufte und gegliederte Felspartie, welche auf halber Höhe der Schlucht, die von der Moserscharte herabkommt, ihren Anfang nimmt.

Zugang: Von der Crep de Mont wie bei R 478 zur Schlucht, die von der Moserscharte herabkommt. Mühsam empor zum E auf halber Höhe. 1¾ Std.

Führe: Über gutgestuften Fels zu einer ersten Terrasse und weiter durch einen leichten Kamin rechtshaltend in ein Schärtchen. Leichte Stufen einer Rinne führen zum Ende des langen und exponierten Querganges des Normalweges R 491. Über den gestuften Gipfelbereich gerade hoch und von links auf die Gipfelpyramide.

● **499—503** frei für Nachträge

● **504** **Neuner,** 2904 m

Erste touristische Ersteigung durch Jos. Alton, A. Gstirner und P. Pescosta am 10. August 1889 (Mt. 1890—204). Dieser auffallend geformte Berg stürzt nördl. mit einer senkrechten und glatten Wand zur äußerst schmalen Vallonscharte ab, nach S hin charakterisiert ihn ein langgezogener und sanft geneigter Grat, der allmählich in dem muldigen

Gelände zwischen Vallonspitze und Pizza Longata ausläuft. Sowohl nach W als auch nach O weisen gegliederte Wände, die sich senkrecht aus dem Mittagstale bzw. dem Vallon erheben. Der Neuner (lad. **Sass dals Nü,** ital. **Sasso delle Nove)** ist nicht nur ein lohnender Skigipfel, sondern besitzt auch einige sehr empfehlenswerte Kletterführen. Zehner und Neuner werden deshalb so genannt, weil ihr Schatten zur betreffenden Stunde im Mittagstal von Colfuschg aus gesehen werden kann.

★● 505 Normalweg

Jos. Alton, A. Gstirner und P. Pescosta am 10. August 1889 (Mt. 1890—204). Unschwierige Gratwanderung mit herrlichen Ausblicken. Höhendifferenz etwa 60 m aus der Senke zwischen Pizza Longata und Vallonspitze. 2 Std. von der Hütte. Siehe Abb. Seite 337

Anstieg: Von der Vallonruine bzw. der Bamberger Hütte wie bei R 551 bzw. R 56 und R 551 zum wenig geneigten Gelände in 2820 m Höhe südl. der Vallonspitze. Nun möglichst diese Höhe beibehaltend westl. an der Vallonspitze vorbei und etwas abwärts zum Beginn des langen und nur mäßig steigenden Rückens, über den man bequem den Gipfel erreicht.

● 505 A Abstieg nach Süden über den Normalweg (R 505)

Unschwieriges Gehgelände. 1½ Std. bis zur Bamberger Hütte.

Vom Gipfel nach Süden über den weniger geneigten Rücken hinab zur Scharte zwischen Piz Longata und Vallonspitze. An der Vallonspitze zuerst westl. dann südl. vorbei zur Hütte.

● 506 Von Südosten

K. Bindel, Junghanns, O. und C. Schmolz am 22. Juli 1898 (Zt. 1900—332).

II, vielfach leichter.

Teilweise schuttbedeckt und von Wasser überronnen. Die Führe sollte erst zu fortgeschrittener Jahreszeit begangen werden. Höhendifferenz etwa 150 m. 1 Std.

Siehe Abb. Seite 337

Zugang: Von der Crep de Mont wie bei R 478 zur flachen Wiese im Vallon und südwestl. weiter in den Talschluß, zum E am Beginn der zweiten Schlucht (von S nach N gezählt), welche die SO-Wand durchzieht. 2 Std.

Neuner und Zehner von Südosten

R 494 SO-Wand

R 505 Normalweg

R 506 Zustieg von Südosten

R 507 O-Wand

Zehner
Neuner
Vallonscharte
505
506
507
494

Führe: Durch den linken Ast dieser unten zweigeteilten und von links nach rechts ansteigenden Schlucht zur Hauptschlucht oberhalb des ersten Aufschwunges. In der Hauptschlucht oder über die gutgestuften Felsen rechts davon bis zu einem schmalen Grat, wo nördl. eine weitere Schlucht ihren Anfang nimmt. Zunächst noch in der linken Schlucht weiter und bald in die rechte, die auf die große Gipfelschulter führt. In wenigen Schritten rechtshin zum höchsten Punkt.

● 507 Ostwand

E. Castiglioni und B. Detassis am 10. Juli 1935 (Cas. 1937—457).

IV+ (eine Stelle), sonst III und IV, kaum leichter.

Großartige Kaminkletterei in bestem Fels, mit langen Freikletterpassagen; wird leicht unterschätzt. Verhältnismäßig selten begangen. Erst ab Herbst werden gute Verhältnisse angetroffen.

Die meisten ZH vorhanden; Stand vielfach an Köpfln möglich. Einige Klemmkeile und Schlingen sind mitzuführen.

Wandhöhe etwa 200 m, Kletterlänge etwa 240 m. 3 Std.

Siehe Abb. Seite 337 und Skizze Seite 339

Übersicht: Die Führe verläuft bis auf kleine Abweichungen durch den am weitesten rechts hochziehenden schwarzen Kamin.

Zugang: Von der Crep de Mont wie bei R 478 zur flachen Wiese im Vallon und rechtshaltend über Schutt zum E am Fuße des Kamins. 1¼ Std.

Führe: 1. SL: Durch den schwarzen Kamin hoch (III und IV, 1 H) unter einen Überhang und nach rechts (IV+, 1 H) in seine enge Fortsetzung, die (III) bis zu Köpflstand verfolgt wird (28 m). **2. SL:** Gerade im Kamin weiter (III), über zwei Überhänge (IV), nach rechts an die Kante (1 H) und zurück in den Kamin zu Köpflstand (IV—) am Beginn eines Flachstückes (38 m). **3. SL:** Durch den Kamin bis unter einen Überhang (oben eine Schlinge mit rostigem Karabiner; Verhauer!), der an der linken Kaminwand umgangen wird; zurück in den Kamin (1 H), weiter zu einem moosigen Überhang, der ebenfalls an der linken Wand zu Stand überstiegen wird (38 m, III und III+). **4. SL:** Noch etwas im Kamin weiter (III), dann nach rechts über gestuftes Gelände (I) zu Köpflstand (35 m). **5. SL:** In den Kamin zurück (III+), bald wieder nach rechts hinaus und soweit empor (III und II), bis man nach links in den Kamin zurückqueren kann; Stand bei Blöcken vor der großen Kaminhöhle (30 m). **6. SL:** Nach links in einen Sekundärkamin, dann in den Hauptkamin (1 H) zurück, den man ein Stück verfolgt, um nach einer sehr ausgesetzten Passage an seiner linken Wand (2 SU) zu Stand auf einem Absatz am Beginn der letzten Flachpassage zu gelangen (32 m, III und IV). **7. SL:** Alle Klemmblöcke überspreizend nach 28 m links in eine Scharte und gerade weiter zu Köpflstand im Schutt der Gipfelhochfläche (40 m, III und II).

(Pracht)

● 508 Nordwestwand

E. Castiglioni und E. Fasana am 17. August 1935 (Cas. 1937—458). **V** (2 Stellen), sonst IV und leichter.

Sehr schöne und interessante Kletterei, die nur selten begangen wird. Einige H befinden sich im Fels.

Wandhöhe etwa 420 m. 6 Std.

Übersicht: Die W-Wand biegt mit einer stumpfen Kante in die Schlucht ein, welche von der Valonscharte herabkommt. Die Führe gewinnt — anfangs rechtshaltend, dann gerade ansteigend — das Schuttband in ein Drittel Wandhöhe, quert auf diesem um die stumpfe Kante und erreicht durch eine Reihe von Rissen und Kaminen den Gipfel.

Zugang: Vom Mittagstal (R 40) in östl. Richtung über Schutt zum E unmittelbar rechts der Kante, bei einer ausgewaschenen Rinne unterhalb einer schwarzen Höhle. ½ Std.

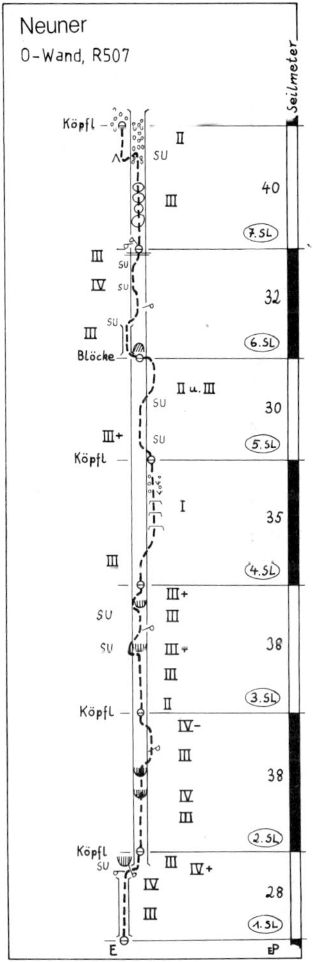

Führe: Zunächst rechts der Rinne empor, dann durch diese zur oben erwähnten Höhle. Nun schräg rechtshaltend über steilen, gestuften Fels so weit hoch, bis die Wand steil und gelb wird. Ohne den hier ansetzenden schmalen Riß zu benützen, quert man unter der gelben Wand leicht überhängend (V, 1 H) nach rechts um die Kante. Durch einen Riß in gutem Fels zu einem Schuttband unter einem kurzen überhängenden Aufschwung. So weit nach rechts, bis es möglich wird, über leichten Fels das große, schuttbedeckte Band in ein Drittel Wandhöhe zu erreichen. Nach links um die große stumpfe Kante und über ein höher gelegenes Band zu einem langen senkrechten Rißkamin. Mehrere schwierige Stellen überwindend durch diesen Rißkamin empor bis an sein Ende bei einem weiteren Schuttband. Wenig rechts durch einen engen Kamin, der von rechts nach links hochzieht und von einem Überhang (V, mehrere H) versperrt wird, zu einem senkrechten Kamin, der die gesamte obere Wand durchreißt. Vom letzten der Überhänge dieses Kamins durch ein Loch zu einer Art Balkon am Ende der Kante. Über leichte Felsen und Schutt in wenigen Schritten zum Gipfel.

● **509—515** frei für Nachträge

● **516** **Vallonspitze,** 2901 m

Erste touristische Ersteigung durch Jos. Alton, A. Gstirner und P. Pescosta am 10. August 1889 (Mt. 1890—204). Diese doppelgipfelige Erhebung fällt gegen N mit einer steilen, gegliederten und von einer Schlucht durchrissenen Wand ab, nach S geht der Gipfelaufbau mäßig steil in das etwa 100 m tiefer liegende, schuttige Gelände über. Gegen die Vallonruine weist ein schmaler Ausläufer mit einer Höhe von 2715 m und begrenzt so einen in die Hochfläche hineingreifenden, von steilen Flanken umgebenen Schuttkessel. Der Vallonspitze kommt keine sonderliche touristische Bedeutung zu.

● **517** **Normalweg**

Jos. Alton, A. Gstirner und P. Pescosta am 10. August 1889 (Mt. 1890—204). Unschwierige, landschaftlich schöne Wanderung. Höhendifferenz etwa 370 m, 1½ Std. (jeweils von der Vallonruine).

Anstieg: Von der Vallonruine wie bei R 551 zum wenig geneigten Gelände in 2820 m Höhe südl. der Vallonspitze. Nun nach N zwischen die Pizza Longata und die Vallonspitze, dann rechts (O) über den breiten Rücken zum höheren W-Gipfel oder, unter der S-Flanke des W-Gipfels hindurch, zum niedrigeren O-Gipfel.

● **518** **Nordostwand**

A. und C. Levis am 25. August 1976 (Riv. 1977—356). Im folgenden stets nach den Angaben der Erstbegeher:
VI (6 m), sonst 1 SL V+, sowie IV und leichter.
Von den 10 H blieben 3 im Fels.
Wandhöhe etwa 300 m (einschließlich Vorbau). 3 Std.

Übersicht: Die Führe verläuft bis auf wenige Abweichungen durch den Riß, der die gelbe und schwarze Wand in ihrer Mitte spaltet.

Zugang: Vom Campolongopaß in westl. Richtung empor zum Bec de Roces (R 536) und etwas oberhalb auf den Weg Nr. 637, den man (R 49) bis zum Weg Nr. 638 beibehält. Nach weiteren 100 m gelangt man unter die gelbe und schwarze Wand. Über felsige Stufen zum E auf einem überdachten Band, am Beginn des oben erwähnten Risses. 2½ Std.

Führe: Mittels Steigbaum (H) in die Verschneidung, 2—3 m nach rechts, dann etwa 6 m empor (VI) und weiter (IV) zu gutem Stand. Zurück in die Rißverschneidung, über ein kleines Dach mittels Piaztechnik und zu bequemen Stand in der Rißverschneidung (V+). Nach einem schwierigen Aufschwung (V) in einem Riß empor (H) zu gutem Stand. Weiter im Riß, sodann mehrere Meter an einer brüchigen und überhängenden Kante zu gutem Stand in einer Höhle. Den Riß verlassend über leichteren Fels (IV und III) in mehreren SL zur Hochfläche.

● **519—524** frei für Nachträge

● **525** **Le Punte,** 2771 m und 2769 m

Südl. der Vallonspitze bildet die geneigte und schuttige Hochfläche zwei nebeneinanderliegende Vorsprünge (Le Punte), die mit steilen und zerfurchten Wänden auf die Terrasse niederstürzen, welche, bei der Pordoispitze beginnend, die gesamte O-Seite der Gruppe umgürtet. Am Fuße dieser Wände stößt der Wanderer auf mehrere Höhlen mit Quellwasser. Mühelos lassen sich die beiden „Gipfel" absteigend von R 551 oder R 552 aus über Schutt und Blockwerk erreichen. Schöne Aussicht zu den Ampezzaner Bergen, dem Gebiet um Agordo und zur Marmolada.

● **526** **Nordwestwand**

A. Levis und C. Sacco am 27. September 1976 (Riv. 1977—356). Im folgenden stets nach den Angaben der Erstbegeher:
V, oft IV und leichter. Von den 9 H verblieben 3 im Fels.
Wandhöhe etwa 300 m. 3½ Std.

Zugang: Vom Campolongopaß wie bei R 518 bis zum Weg Nr. 638 und auf diesem noch 200 m weiter vor die NW-Wand der Punte, die durch einen gewaltigen, angelehnten Wandvorbau gekennzeichnet sind. Der E befindet sich am Beginn des Rißkamins zwischen der Wand und dem Vorbau. 2½ Std.

Führe: Mittels Steigbaum in den Rißkamin (H) und zu sehr gutem Standplatz in seiner rißartigen Fortsetzung (IV und V). Durch den anfangs sehr schlüpfrigen und griffarmen Rißkamin empor, um mittels eines H nach 15 m rechtshaltend in leichte Felsen zu queren und über diese (II) etwa 12 m aufsteigen. Nach rechts unter die senkrechte Wand, die zunächst 20 m gerade (H), dann linkshaltend zum Beginn eines schon vom Wandfuß aus gut sichtbaren Risses erstiegen wird (V). Nach 30—40 m (IV und V) in eine kleine Höhle und, diese rechts verlassend, durch eine Rißverschneidung zum Gipfel (V, IV, III).

● **527—529** frei für Nachträge

● **530** **Col de Stagn,** 2519 m

Weniger ein Gipfel, als vielmehr die letzte, nördlichste Steilstufe des Fels- und Schrofengeländes, das bei der Geröllhalde unterhalb der Pordoischarte beginnend und immer mächtiger werdend in einem großen Bogen die gesamte südöstl. Sellagruppe umfaßt. Der Col de Stagn hebt sich wegen seiner ausgeprägten O-Wand und eines kleinen Tälchens im S, durch das der Weg Nr. 637 hochkommt, deutlich von seiner Umgebung ab. Ein Steinmann kennzeichnet diesen Geländepunkt, der von der etwas oberhalb stehenden Vallonrinne in wenigen Minuten erreichbar ist.

● **531—535** frei für Nachträge

● **536** **Bec de Roces,** um 2170 m

Es handelt sich hierbei um eine Ansammlung bizarr geformter Felsbrocken unterschiedlicher Größe genau auf der Wasserscheide zwischen Abteital und Buchenstein. Sie lassen sich über Wiesen bequem vom Campolongopaß in einer Stunde erreichen und gestatten kleine Übungsklettereien. F. Kostner, Elena und Carola Nani Mocenigo bestiegen am 5. August 1928 die beiden größten und nannten sie **Torre Elena** bzw. **Torre Carola** (Riv. 1928—376). Siehe auch R 249.

● **537—540** frei für Nachträge

● 541 La Colonna, 2557 m

Ein freistehender, hübscher Turm am rechten Rand der **Vallazza,** eines gut begehbaren Tales, welches gegen Arabba gerichtet ist und das unter R 530 erwähnte Fels- und Schrofengelände durchfurcht. Die beiden geneigten Stufen **Gran Dolada** sowie **Piccola Dolada** verbinden die Vallazza mit dem Col de Stagn. (Siehe Abb. Seite 349)

● 542 Normalweg

II. Kurze und unterhaltende Kletterei, die sich wegen des langen Zustieges als Einzelunternehmung nicht lohnt. 15 Min.

Anstieg: Von Arabba auf dem Weg Nr. 637 nach Pian Boè (1840 m) unterhalb der Stufen Gran und Piccola Dolada. Nun den Weg verlassend nach links (W) zu einem steinigen Tal (Vallazza), das die sperrende Felsstufe durchfurcht, und empor in das Schärtchen hinter der Colonna. 2½ Std. Mit wenigen Schritten kletternd auf den Gipfel. (Cas. 1937—461)

● 543 Ostwand

Erstbegeher werden nicht genannt (Cas. 1937—461).
Brüchiger Fels. Wandhöhe etwa 150 m. Keine weiteren Informationen vorhanden.

● 543 Pizza Longata, 2963 m

Westl. der Vallonspitze, nur durch eine weite Mulde von ihr getrennt, kulminiert der schmale und dort mit einigen Zacken besetzte N-Grat der Eisseespitze in der Pizza Longata. Während der Grat in das Mittagstal mit einer steilen, gut 300 m hohen Wand abstürzt, hügelt er mit einem Schutthang in die oben erwähnte, weite Mulde hinab. Dieser selten besuchte Gipfel läßt sich mühelos über den Grat von der Eisseespitze kommend oder aus der weiten Mulde gewinnen.

● 544 Vorgipfel-Nordwestgrat

L. Bianchi und E. Fogli am 8. August 1967 (A.V. 1969—179).
V+ (eine Stelle), sonst IV und V.
Selten begangen. Die Erstbegeher benützten 3 H.
Wandhöhe etwa 350 m. 5—6 Std.

Übersicht: Die Führe entwickelt sich im Bereich der deutlich ausgeprägten, in das Mittagstal hinabreichenden Kante.

Zugang: Vom Mittagstal (R 40) über steilen Schutt zum E links der eigentlichen Kante. 20 Min.

Führe: Nach 30 m zu einer bequemen Terrasse und nahe der Kante 1 SL weiter zu Stand. Nun linkshaltend einige SL empor an die ausgesetzte Kante. Über eine leichte, doch luftige Wand empor zu einem schwierigen Kamin mit Überhang. Wiederum linkshaltend erreicht man nach einigen SL ein brüchiges Band mit nur schlechten Sicherungsmöglichkeiten (2 H, belassen). Weiter durch einen sehr breiten, gelben Riß mit einem Klemmblock und nach 10 m zum Grat. Ende der Hauptschwierigkeiten.

Vom Grat (Steinmann) mit einer Art Nische, die von zwei mächtigen Felsplatten geformt wird, auf dessen gegenüberliegenden Seite über ein Wändchen etwa 25 m hinab (III—, sehr brüchig). Vom jenseitigen Grat linkshaltend (talseitig) etwa 20 m weiter und jenseits einer großen Kluft nach wenigen Metern in einen eisgefüllten Kamin, der eine SL lang verfolgt wird zu Stand in einer Nische rechter Hand. Teils im Kamin, teils in leichter Wandkletterei 40 m empor zum Gipfel.

• 545 Eisseespitze, 3011 m

Erste touristische Ersteigung durch Jos. Alton, A. Gstirner und P. Pescosta am 10. 8. 1889, am selben Tage zusammen mit dem Neuner und der Vallon-Spitze (Mt. 1890—204). Der vom Piz Boè zur Pizza Longata führende Grat biegt nach Überschreiten der **Eisseescharte** bei der kleinen Erhebung der Eisseespitze von NO auf N um. Ihren Namen hat sie von dem kleinen See **(Eissee),** der ihr im SSO zu Füßen liegt und auch im Sommer meist von einer Eisschicht bedeckt ist. Dieser an sich wenig bedeutende Gipfel (lad. **Piz dal Lec Dlacè,** ital. **Pizzo del Lago Gelato)** wird häufig betreten, da ihn der Lichtenfelser Weg (R 552) überquert.

• 546 Durch die Eisseerinne

Jos. Alton und K. Bindel am 19. August 1896 (Zt. 1900—331). Im Durchschnitt mäßig steile Eisrinne, deren Schwierigkeiten von den Verhältnissen abhängen.
Wandhöhe etwa 350 m. 1—2 Std.

Anstieg (der Erstbegeher): Vom Mittagstal (R 40) durch die Rinne empor bis auf etwa halbe Höhe und dann nach links zu einem Felsenfenster auf einem Vorsprung. Jenseits über Schrofen, anschließend über Felsstufen auf den Grat nördl. der Eisseespitze, der binnen kurzem zum höchsten Punkt führt. Bei entsprechenden Verhältnissen kann man auch die gesamte Rinne bis zur Eisseescharte durchsteigen.

• 547 Cresta Strenta, 3124 m

Der N-Grat des Piz Boè erfährt in der **Jägerscharte,** 3112 m, eine unscheinbare Einsattelung und führt dann zur nur wenige Meter höheren

Cresta Strenta. Sowohl gegen die Bamberger Hütte als auch zum Eissee zeigt diese Erhebung grau-braune und steile Wände, deren Name „Hahnenkamm“ bedeutet und von K. Bindel, dem früheren Chronisten und Erschließer der Sellagruppe, im Jahre 1898 wiederentdeckt wurde (Zt. 1900—329). Eigentlich steht die Cresta Strenta ganz im Schatten ihres höheren Nachbars Piz Boè (dem sie im übrigen bezüglich der Aussicht nur gegen S nachsteht), doch wird dieser Gipfel häufig betreten, da ihn der Lichtenfelser Weg (R 552) überquert.

● 548 **Piz Boè,** 3152 m

Erste touristische Ersteigung vermutlich durch P. Grohmann und G. Irschara am 30. Juli 1864; allenfalls könnte ihnen im selben Jahr der „berufsmäßige Erstersteiger“ J. J. Weilemann zuvorgekommen sein (Zt. 1900—324). Seit alter Zeit auch von Jägern besucht. Die weithin sichtbare Gipfelpyramide dieses Kulminationspunktes der Sellagruppe mit ihrem zunächst nur wenig an Höhe verlierenden N-Grat erhebt sich aus den Schutthalden, welche die südöstl. Sella in 2900 m bedecken. Auf ihrem Gipfel gewahrt man die kleine Capanna Fassa sowie seit einiger Zeit einen gespenstischen Telephonreflektor. Mehrere markierte und vielbegangene Wege führen zu dieser leicht erreichbaren Erhebung, die zu den bedeutendsten Aussichtsbergen gehört: Im S baut sich in unmittelbarer Nachbarschaft die weiße Marmolada auf, rechts davon die Felspyramide des Großen Vernèl, hinter der Scharte zwischen beiden gewahrt man den Sasso Vernale. Über die Costabella, das Monzonimassiv und die Vallacia schweift unser Blick jenseits des Fassatales weiter zur Latemargruppe und dem Rosengarten. Inzwischen genau nach W blickend sehen wir die Grohmannspitze, nördl. anschließend die Fünffingerspitze und den auffallenden Langkofel, am Horizont folgen von SW her die Adamello-, Presanella- und Ortlergruppe. Fast schon im N steilen hinter den Cirspitzen die schlanken Türme der Geislergruppe auf, wesentlich sanfter schieben sich die Erhebungen der Puezgruppe nördl. unseres Standpunktes in das Bild, jenseits des Abteitales die eigenartig geformte Kreuzkofelgruppe. Weit im N, von W nach O gezählt, bildet eine weiße Kette den Horizont, nämlich die Ötztaler mit der Weißkugel sowie dem Similaun und das Stubai mit dem Zuckerhütl, rechts des Brenners die Zillertaler Alpen mit dem Hochfeiler, anschließend die Venediger- und Großglocknergruppe der Hohen Tauern. Knapp rechts davon — sich wieder der näheren Umgebung zuwendend — ziehen die Fanisspitzen, die Tofanen, dahinter der Monte Cristallo und wenig südl. davon Sorapiss und Antelao unsere Aufmerksamkeit auf sich.

Im Mittelgrund, gleich südl. des Falzaregopasses folgen die Nuvolaugruppe mit den riesigen Felsbrocken der Cinque Torri und schließlich im SO der Monte Pelmo sowie die Civetta mit allen ihren Trabanten. Zwischen Marmolada und Civetta sehen wir etwas weiter weg die Berge um Agordo. Endlich soll natürlich nicht unerwähnt bleiben, daß die Sellagruppe selbst von keinem Punkt besser überblickt werden kann.

Besonders zu empfehlen ist ein Aufstieg von Arabba gemäß R 49 zur Vallon-Ruine und weiter auf dem Lichtenfelser Weg (R 552) zum Gipfel, dann Abstieg zur Bamberger Hütte (R 56) oder über den SW-Grat zur Pordoischarte (R 43).

★● 549 Aus der Pordoischarte

Bergwanderung mit einigen ganz leichten Kletterstellen; markierter, außergewöhnlich viel begangener Steig, welcher bei Benützung der Pordoibahn den kürzesten Anstieg vom Straßennetz vermittelt. Höhendifferenz etwa 300 m. 1 Std.

Anstieg: Siehe R 43.

● 550 Von der Bamberger Hütte

Unschwieriger, aber steiler Anstieg; außergewöhnlich häufig begangen. Eine drahtseilgesicherte Passage im Bereich des Felsriegels, die manchmal über einige vereiste Meter erreicht wird. Höhendifferenz etwa 270 m. ¾ Std.

Anstieg: Siehe R 56.

★● 551 Von der Vallonruine über die Ostflanke

Unschwieriger, landschaftlich herrlicher Wandersteig, der vor allem für einen Abstieg zu empfehlen ist. Viel begangen. Höhenunterschied etwa 650 m. 2½ Std.

Anstieg: Von der Ruine in westl. Richtung ein wenig hinab, sodann über Geröll hoch zu dem Weg Nr. 638, welcher von der Crep de Mont heraufkommt. Diesem Weg nach — einen großen Kessel, durch den der Lichtenfelser Weg emporführt (R 552), rechts lassend — im wesentlichen horizontal unter den Felswänden entlang zu einer schuttigen Schlucht oberhalb der Vallazza (rechts einige Höhlen mit Quellwasser) und mühsam hinauf zur Hochebene. Man schwenkt sofort in allgemein südwestl. Richtung ein und wandert am Eissee vorbei zur Gipfelpyramide des Piz Boè, die über ihre O-Flanke rasch erstiegen wird.

● 552 Von der Vallonruine auf dem Lichtenfelser Weg

Einer der schönsten (markierten) Wandersteige der Sellagruppe mit begeisternden Ausblicken; wenige drahtseilgesicherte Meter. Der Lichtenfelser Weg wurde im Jahre 1914 von der Sektion Lichtenfels des DuÖAV angelegt. (Mt. 1914—207) Höhendifferenz etwa 650 m. 3 Std.

Anstieg: Von der Ruine in westl. Richtung ein wenig hinab, sodann über Geröll hoch zu dem Weg Nr. 638, welcher von der Crep de Mont heraufkommt. Bald auf dem Weg Nr. 637 (Lichtenfelser Weg) in den großen Kessel und rechts über eine Geröllhalde bis an den Beginn der Felsen. Längs künstlicher Stufen (Drahtseile) leicht in eine große Mulde oberhalb der Steilstufe und diese hufeisenförmig ausgehend zur linken Schluchtseite. Auf einem schmalen Felsband aus der Schlucht und in südwestl. Richtung in das wenig geneigte Gelände in 2820 m Höhe südl. der Vallonspitze. (Hierher auch weglos von R 551, indem man nicht „in allgemein südwestl. Richtung" einschwenkt, sondern über Blockwerk und Schutt in nördl. Richtung weitergeht.). Nun steil auf den Rücken, der den westl. Horizont begrenzt (oben eine weithin sichtbare Markierung), und zum Gipfel der Eisseespitze. Bis auf wenige Ausnahmen stets dem Grat folgend über die Eisseescharte und die Cresta Strenta (R 547) hinweg zur Jägerscharte kurz unterhalb des Piz Boè-Gipfels. In der W-Flanke auf dem Weg Nr. 638 in wenigen Minuten vollends zum höchsten Punkt.

● **553—554** frei für Nachträge

● **555** **Gran Vallazza,** 2873 m

An sich trägt der Schutt- und Schrofenkessel oberhalb der Vallazza (R 541) durch den der Weg Nr. 638 (R 551) hochführt, diesen Namen, doch wird er auch für einen Ausläufer der Terrasse genau östl. des Piz Boè gebraucht. Diesem nordwestl. der Punta delle Fontane liegendem Geländepunkt (auch **Gran Vallacia** geschrieben) kommt touristisch keine Bedeutung zu, und er ist mit wenigen Schritten von R 551, bevor man die Gipfelpyramide des Piz Boè angeht, erreichbar.
Siehe Abb. Seite 349

● **556** **Ostnordostwand**

G. Salvatore vermutlich im Jahre 1976 (Riv. 1977—356). Vom Erstbegeher auch „Via Erny" genannt.
III. Von den 4 H blieben 2 im Fels.
Wandhöhe etwa 200 m. 1½ Std.

Zugang: Von Arabba wie bei R 542 in die Vallazza und weiter zum Kessel der Gran Vallazza. Durch den allmählich steiler werdenden Kessel empor zum E zwischen einer Tafel und einem Kamin. 3½ Std.

Führe: Längs einer Kante zu Stand in der Mitte des Wändchens (Nische). Zunächst ausgesetzt zu dem Kamin, durch ihn weiter und direkt über die gegenüberliegende Wand hoch. Erst schwach rechtshaltend, dann gerade empor zu einer Nische (H) und weiter in den Schutt der Hochfläche.

● 557 **Punta delle Fontane,** 2809 m

Ein Ausläufer der Hochfläche südöstl. des Piz Boè, der von der Punta di Larsei durch eine steile und tiefe Rinne getrennt wird, welche die obere Fortsetzung des **Val delle Fontane** ist. Das letztgenannte Tälchen durchfurcht das unter R 530 erwähnte Fels- und Schrofengelände. Der Gipfel selbst ist mit der Hochfläche durch einen schuttigen und mäßig geneigten Grat verbunden, er fällt dagegen auf die Terrasse von R 51 mit steilen Wänden ab.
Siehe Abb. Seite 349

● 558 **Südwand**
G. Salvatore am 15. November 1976 (Riv. 1977—356).
IV. Von den 13 H blieben 5 im Fels.
Wandhöhe etwa 150 m. 4 Std.

Zugang: Von Arabba bzw. vom Pordoijoch wie bei R 556 bzw. R 51 zum E am Fuße zweier Türme. 3½ Std. bzw. 2 Std.

Führe: Die wenigen Rauhigkeiten ausnützend anfangs durch einen etwa50 m hohen Kamin zwischen der Wand und einer angelehnten Felskulisse, dann über eine sehr glatte Platte unter einen vorstehenden Fels. In schöner, aber heikler Kletterei rechts vorbei zu einer Terrasse und längs eines Risses in gutem Fels 2 SL weiter. Über Schutt und Stufen zur Hochfläche, wo man auf den Weg Nr. 638 trifft.

● 559—563 frei für Nachträge.

● 564 **Punta di Larsei,** 2952 m

Die SO-Kante der Gipfelpyramide des Piz Boè läuft in diesem höchsten Randpunkt der südöstl. Hochfläche aus, welcher von der nordöstl. benachbarten Punta delle Fontane durch eine tiefe und steile Rinne getrennt wird und mit gelblichen, etwa 200 m hohen Wänden zur Terrasse von R 51 abfällt. Dieser Geländepunkt läßt sich ohne Schwierigkeiten von R 551 aus erreichen. Die Säule, welche die steile Rinne orogr. rechts flankiert, heißt **Bozner Turm.**

● 565 **Südwand**
A. Leviti und I. Nemela am 19. Juli 1973 (Alp. 1974/2).
VI/A2, häufig IV und V.
Wandhöhe etwa 300 m.
Keine weiteren Informationen vorhanden.

● 566 **Bozner Turm, direkte Ostwand**

H. Holzer, Sieglinde Walzl, E. und Erny Zobl am 7. Oktober 1973 (Inf. S. Walzl). Von den Erstbegehern „Ernaführe“ genannt.

V (zwei Stellen), sonst IV+, IV und oft leichter.

Sehr schöne Freikletterei in gutem Fels. Die Erstbegeher be nützten 3 ZH.

Wandhöhe etwa 200 m, 2—3 Std.

Siehe Abb. Seite 349

Übersicht: Die Führe verläuft mit nur geringen Abweichungen mitten durch die gebänderte O-Wand.

Zugang: Von Arabba bzw. vom Pordoijoch wie bei R 556 bzw. R 51 zum E bei einer kleinen Kante. 3½ bzw. 2 Std.

Das Südosteck der Sellagruppe
R 51 Steigspuren Pordoijoch — Vallonruine

Bozener Turm
R 566 Direkte O-Wand

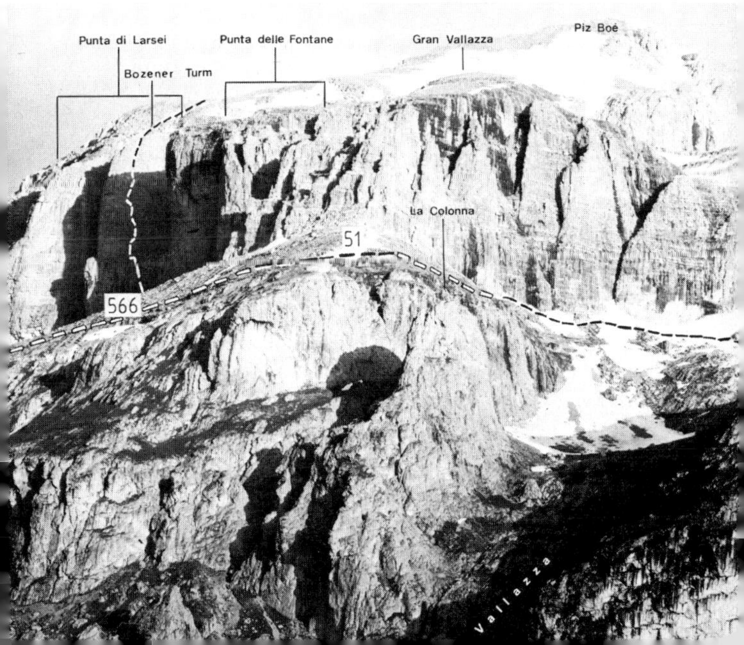

Führe: Über gestuften Fels 3 SL empor auf ein Band (I, II, III+). Etwa 8 m nach links zu einem Rißsystem und, den geringsten Schwierigkeiten folgend, im Zickzack auf ein weiteres Band (V, IV und III). In einer großen Rechts-Links-Schleife zum Gipfel (IV+, IV und III).

● **567A Abstieg vom Bozner Turm**
Unschwierig. 20 Min. bis zum Wandfuß.

Vom Gipfel über den Verbindungsgrat zum Hauptmassiv und durch die tiefe Rinne zwichen Punta delle Fontane und Punta di Larsei zurück zum Wandfuß.

● **568** frei für Nachträge

● **569** **Punta di Soèl,** 2948 m

Diese auch nach N abfallende Randerhebung der Hochfläche findet sich südwestl. des Piz Boè und eröffnet den Reigen mehrerer deutlich unterscheidbarer Gipfel bzw. Türme, welche die Steilstufe zwischen der Terrasse von R 51 und der Hochfläche aufgliedern. Sie sind alle gut vom Pordoijoch auszumachen. Östl. der Punta di Soèl durchreißt eine steile und enge Rinne den Felsabbruch und setzt sich im gut begehbaren **Val de Soèl** nach unten bis kurz vor das Kriegerdenkmal (R 51) fort. Der Gipfel ist ohne Schwierigkeiten in wenigen Minuten von R 43 über Schutt und Stufen zu erreichen. Siehe Abb. Seite 353

● **570** **Südostwand**
E. Bozzoli und G. Pisoni am 11. August 1946 (A.V. 1947—16).
IV. Wandhöhe etwa 300 m.

Keine weiteren Informationen vorhanden.

● **571** **Vierte Südkante**
G., H. und R. Messner am 7. Mai 1967 (Alp. 1967/7).
IV. A.a.O. wurde die Führe der Pordoispitze zugeordnet, doch nach Auskunft R. Messners hierher gehörig.

Keine weiteren Informationen vorhanden.

● **572—574** frei für Nachträge

● **575** **Sass de Forca Orientale,** etwa 2800 m
Sass de Forca di Mezzo, 2886 m
Sass de Forca Occidentale, 2919 m

Diese drei Erhebungen gliedern den südl. Steilabfall der Hochfläche zwischen dem die Pordoischarte östl. flankierenden Sass de Forcia und der Punta di Soèl im O. Der gelbliche Sass de Forca Orientale, bei Kletterern unter dem Namen **Torrione Roma** bekannt, steht unmittelbar östl. des letzten markanten Schuttkegels der Terrasse von R 51 und zeigt eine auffallende Verschneidung links der abgerundeten SO-Kante. Sein westl. Nachbar, der Sass de Forca di Mezzo, setzt sich aus mehreren Säulen und kleinen Massiven zusammen und wird beiderseitig durch je eine Schlucht isoliert. Unter Kletterern ist der Name **Punta Claudia** geläufig. Schließlich hat man im W noch den Sass de Fora Occidentale als höchste und größte Erhebung dieser drei, durch eine Schlucht von dem Sass de Forcia getrennt. Er besitzt eine durch Kanten, Verschneidungen und Rinnen reich gegliederte, breite S-Wand, sein Name bei Kletterern lautet **Punta Aurelia.** Die in Kletterkreisen üblichen und im folgenden ausschließlich benutzten Namen stammen von der Seilschaft Piaz/del Torso, die sie den Erhebungen anläßlich ihrer dortigen Erstbegehungen gab (Tb Pordoijoch). Sämtliche Abstiege sind problemlos, ihnen kommt als Gipfelanstieg jedoch keinerlei Bedeutung zu. Die durchaus lohnenden Klettereien bieten schöne Ausblicke besonders zur benachbarten Marmolada.

● 576 A Torrione Roma, Abstieg auf dem Normalweg

I, meist leichter. Vielfach schuttbedecktes Gelände, das aufsteigend zu überwinden ist. 15 Min. bis zur Hochfläche. Im Aufstieg nicht begangen.

Vom Gipfel rechts (östl.) in eine Scharte, die vom Gipfel und einem Felsriff gebildet wird. Durch den dort ansetzenden Spalt in Richtung der Schlucht, die vom E heraufkommt, zu einem bequemen Band hinab und auf diesem nach N. Schließlich schräg rechts aufwärts in die Schutthalden der Hochfläche. (Pracht)

● 577 Torrione Roma, Südwand

Q. Romanin und E. Wuerich am 13./14. September 1966 (Alp. 1967/8). Die Erstbegeher nannten die Führe „Via Fiamma d'Oro".

VI+/A2 (nach Angaben der Erstbegeher).

Sämtliche Haken wurden belassen. Vor allem hakentechnische Kletterei.

Wandhöhe etwa 200 m.

Siehe Abb. Seite 353

Übersicht: Die Führe verläuft oberhalb des Wandsockels ziemlich gerade durch die gelbe S-Wand.

Keine weiteren Informationen vorhanden.

Blick vom Bindelweg gegen die Sellagruppe
R 34 zur Pordoischarte
R 51 Steigspuren Pordoijoch — Vallonruine

Torrione Roma
R 577 S-Wand
R 578 S-Verschneidung

● 578 Torrione Roma, Südverschneidung

G. B. Piaz und S. del Torso am 8. September 1933 (Tb Pordoi-Joch).

VI—/A1, aufgeteilt wie folgt: Je eine Stelle VI—, V+ und A1, sonst V und häufig leichter.

Punta Claudia
R 581 SW-Wand
Punta Aurelia
R 583 S-Wand

Sass de Forcia
R 591 SW-Wand
R 592 S-Wand (Via degli Strambiombi)
R 593 S-Wand
R 594 SO-Sporn

Sehr schöne Riß- und Verschneidungskletterei in meist gutem Fels. Selten begangen.
Die meisten ZH und SH vorhanden, dazu häufig natürliche Sicherungsmöglichkeiten.
Wandhöhe etwa 200 m, Kletterlänge etwa 280 m. 3 Std.
Siehe Abb. Seite 353

Übersicht: Die Führe quert auf dem grauen Sockel nach rechts zu der auffallenden, gelben Verschneidung in der rechten Wandhälfte und gewinnt durch diese — oben kurz nach links querend — die leichten Gipfelfelsen.

Zugang: Vom Pordoijoch wie bei R 51 auf die Schutt- und Schrofenterrasse, dann, dem wenig begangen Weglein folgend, mehr oder weniger eben zu der Schuttschlucht, die links des Turmes herabkommt. Etwa 10 m empor zum E knapp rechts eines Risses am Sockel. 1½ Std.

Führe: 1. SL: An der rechten Wand 4 m hoch zu einem Schuttplätzchen und über Felsstufen rechtshaltend aufwärts zu Köpflstand auf einem breiten Band (35 m, III und II). **2. SL:** Über das Band 10 m nach rechts, durch eine kurze Verschneidung (IV—) auf ein höherliegendes Band und nach rechts zu Köpflstand auf einem Graspolster am Beginn der großen Verschneidung (38 m). **3. SL:** Durch die Verschneidung hinauf zu Stand in einer Nische (30 m, V— und IV, 2 H). **4. SL:** Weiter in der Verschneidung — ein labiler Block wird rechts umklettert — zu Stand unter einem Überhang (35 m, V, IV und III, 3 H). **5. SL:** Über den Überhang zu Stand (12 m, A1 und III, 4 H). **6.SL:** Mittels eines ausgesetzten Querganges in schlechtem Fels (IV und VI—) nach links (kurz absteigen) und aufwärts zu Köpflstand unter einem großen Dach (20 m). Man kann statt des Linksquerganges auch direkt durch den Kamin weitersteigen. **7. SL:** Links am Dach vorbei, oberhalb des Daches nach rechts in die schwarze Rißverschneidung (IV, 1 H) und durch diese (V—) in geneigtes Gelände, über das man, gerade ansteigend, einen Überhang gewinnt; über ihn hinweg (V +) und nach 6 m zu SU-Stand unter einem Überhang, der beiderseits von einem Riß begrenzt wird (25 m). **8. SL:** Durch den linken Riß (IV) und gerade weiter in geneigtes Gelände; Blockstand auf dem Vorgipfel (40 m). **9. SL:** Vom Vorgipfel weiter in Richtung Hauptmassiv, kurz absteigen und hinauf (III) zum Hauptgipfel (40 m). (Pracht)

● **579** frei für Nachträge

● **580 A Punta Claudia, Abstieg auf dem Normalweg**
Erstbegeher waren nicht zu ermitteln. Wird im Aufstieg nicht begangen.
I, meist leichter. Vielfach schuttbedecktes Gelände. 15 Min.

Vom Gipfel über einen Kaminspalt auf den langgezogenen Grat, der die Verbindung zur Hochfläche herstellt. Nach wenigen Metern auf diesem Grat rechts (O) 2—3 m hinab auf ein parallel verlaufendes Band, über das man an das Hochflächenmassiv gelangt. Einige Schuttstufen führen bald zur Hochfläche. (Pracht)

● 581 Punta Claudia, Südwestwand

G. B. Piaz und S. del Torso am 4. September 1933 (Tb Pordoi-Joch).

V— (eine Stelle), sonst eine Stelle IV+, mehrfach IV und IV—, nur im oberen Teil durchgehend leichter. ♂ kurz vor dem Ringband in Wandmitte.

Im unteren Teil abwechslungsreiche Kletterei in gutem Fels, der obere Teil weist einige schuttige Passagen auf. Selten begangen. Da die ♂ oft von Wasser überronnen ist, sollten trockene Verhältnisse herrschen.

Die meisten ZH und SH vorhanden, dazu häufig natürliche Sicherungsmöglichkeiten.

Wandhöhe etwa 200 m, Kletterlänge etwa 280 m. 3 Std.

Siehe Abb. Seite 353

Übersicht: Das Ringband in halber Wandhöhe bildet links eine auffallende Schulter, die einen auf dem Sockel fußenden Pfeiler oben abschließt. Links dieses Pfeilers gewahrt man zwei dunkle Risse. Die Führe verläuft im linken, durch ein schwarzes Loch gekennzeichneten Riß zum Ringband und von da durch die gestufte Wand, welche die Schlucht orogr. links begrenzt.

Zugang: Vom Pordoijoch wie bei R 51 auf die Schutt- und Schrofenterrasse, dann, dem wenig begangenen Weglein folgend, mehr oder weniger eben zum E unmittelbar links der SW-Kante. 1¼ Std.

Führe: 1. SL: Nach rechts zur schwach ausgeprägten Kante und gerade hoch, bis rechts eine plattige Wandstelle überstiegen werden kann (IV—); über Geröll zu einem kurzen Kamin und durch ihn zu Köpflstand auf der großen Geröllterrasse (35 m). **2. SL:** Über die Terrasse schwach rechts ansteigend zu Stand an einem Klemmblock am Beginn eines Rißkamins (20 m). **3. SL:** Durch den Rißkamin bis zu seinem Ende (III+ und IV), dann nach rechts (III+, 1 H) und durch einen weiteren Kamin (IV+ und IV—) zu Stand in einer schwarzen Nische (30 m). Es folgt die ♂SL. **4. SL:** Links in der Nische auf einen kleinen Zapfen (IV), dann zu einer Schlinge (A0) und an besten Griffen überhängend durch den Riß hinauf (V—) zu einem kleinen Bändchen; gerade weiter (IV) zu Stand an großen Blöcken auf dem Ringband (25 m). **5. SL:** Auf dem Ringband nach links bis etwa 15 m vor eine schwarze Nische; Stand an einem Klemmblock (30 m). **6. SL:** Entweder gerade hoch (V—) oder leichter etwa 8 m zurück und in großem Bogen oberhalb des Standes weiter; dann gerade empor und linkshaltend zu einem Schuttplätzchen; jenseits etwas hoch zu Stand auf einem weiteren großen Schuttband (Profilhakenmöglichkeit im Winkel eines kleinen Daches) (40 m, III und IV). **7. SL:** Etwa 8 m auf dem Band nach links, dann schräg links hoch auf ein kleines Band und mittels Orgelpfeifengriffen rechtshaltend zu Köpflstand im Schutt (36 m, II und III). **8. SL:** Auf einem hier ansetzenden Band etwa 20 m nach links in eine breite Rinne und hoch zu Stand hinter einem Felsriff (32 m, I). **9. SL:** Nach rechts in den Ausstiegskamin und durch ihn zum bizarr geformten Gipfel rechter Hand (30 m, Stelle III). (Pracht)

● 582 Punta Aurelia, Westwand

F. Feltrinelli, L. Giongo, B. Lorenzini und G. Sacchin am 18. Mai 1967 (A.V. 1968—77).
V. Die Erstbegeher benötigten 13 H.
Wandhöhe etwa 200 m. 3 Std.

Keine weiteren Informationen vorhanden.

● 583 Punta Aurelia, Südwand

G. B. Piaz und S. del Torso am 22. Juli 1933 (Scp. 15.8.1933).
V+, aufgeteilt wie folgt: Eine Seillänge V+ und V, je eine Stelle V— und IV+; sonst IV und meist leichter.
Anspruchsvolle Riß- und Kaminkletterei in bestem Fels. Selten begangen.
Die meisten ZH und SH vorhanden, dazu häufig natürliche Sicherungsmöglichkeiten.
Wandhöhe etwa 200 m, Kletterlänge etwa 230 m. 2½ Std.
Siehe Abb. Seite 353 und 361 und Skizze Seite 357

Übersicht: Den rechten Teil der breiten S-Wand, vor der sich zwei schöne Schuttkegel auftürmen, durchziehen zwei Riß- und Schluchtsysteme. Die Führe verläuft durch jenes System, das einen bis zur halben Wandhöhe reichenden Pfeiler abspaltet und gewinnt sodann über geneigtes Gelände die Hochfläche.

Zugang: Vom Pordoijoch wie bei R 51 auf die Schutt- und Schrofenterrasse, dann, dem wenig begangenen Weglein folgend, mehr oder weniger eben zum E unmittelbar rechts der Fallinie des großen Riß- und Verschneidungssystems nahe der SO-Kante. 1 Std.

Führe: 1. SL: Über grauen, gestuften Fels zu einem schmalen Bändchen, auf diesem nach links (III) und in Fallinie der großen, glatten Verschneidung gerade hoch zu Köpflstand (37 m). **2. SL:** Noch ein wenig hoch (H), dann Quergang nach links um eine stumpfe Kante zu SU-Stand am Fuße eines ausgeprägten Risses (10 m, II). **3. SL:** Durch den Riß hoch (IV— und V—, 2 H), oben leicht linkshaltend (IV+) und durch eine kurze Verschneidung zu Stand am Beginn der Riesenver-

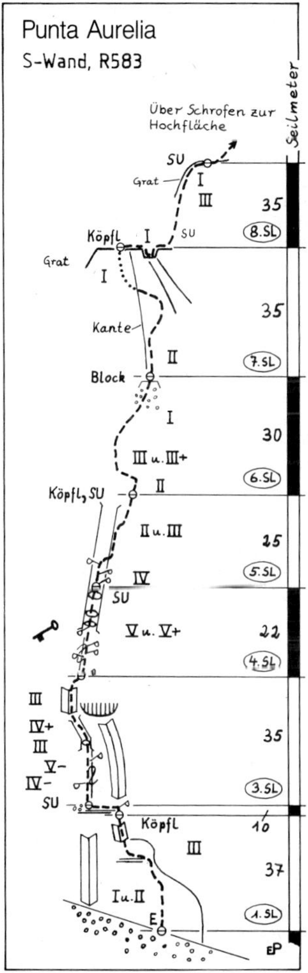
Punta Aurelia
S-Wand, R583
Über Schrofen zur Hochfläche
Seilmeter
SU
Grat
I
III
35
SU
8.SL
Köpfl
I
Grat
I
35
Kante
II
7.SL
Block
I
30
III u. III+
6.SL
Köpfl, SU
II
II u. III
25
5.SL
IV
SU
V u. V+
22
4.SL
III
IV+
III
V-
IV-
35
3.SL
SU
Köpfl
10
III
37
I u. II
E
1.SL
EP

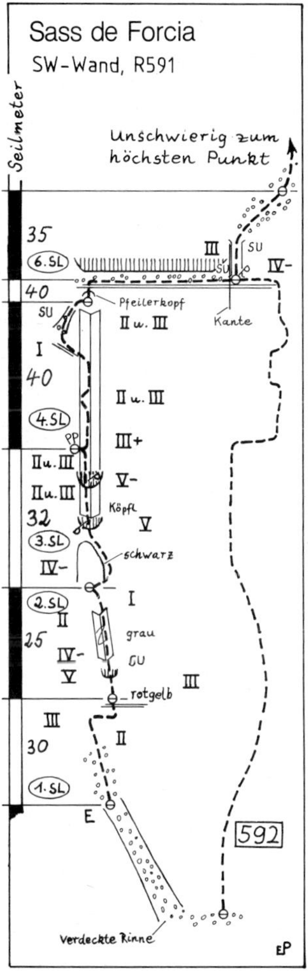
Sass de Forcia
SW-Wand, R591
Seilmeter
Unschwierig zum höchsten Punkt
35
6.SL
III
SU
SU
IV-
40
Pfeilerkopf
SU
II u. III
Kante
I
40
II u. III
4.SL
PP
III+
II u. III
V-
II u. III
Köpfl
32
V
3.SL
schwarz
IV-
I
2.SL
II
grau
25
IV-
SU
V
rotgelb
III
III
II
30
1.SL
E
592
Verdeckte Rinne
EP

schneidung (35 m). **4. SL:** Durch die Rißverschneidung empor zu Stand in einer tiefen Nische unter einem Kaminüberhang (22 m, V+ und V, 4 H). **5. SL:** Durch den Kamin so weit hoch (IV, 2 H), bis man nach rechts auf seine Kante hinausklettern kann; auf der Kante weiter und rechtshaltend zu Köpflstand (35 m). **6. SL:** Kurz gerade weiter, dann nach links in die Fortsetzung des Kamins und rechtshaltend zu Blockstand auf einem Absatz an der Kante (30 m, III und III+). **7. SL:** Über die Kante etwa 10 m hoch, dann nach rechts um die Kante und schräg empor auf den Grat zu Köpflstand (35 m, II und I). **8. SL:** Über den Grat (teilweise absteigen) an die gegenüberliegende, graugelbe, sehr steil erscheinende Wand und über sie zu Stand (35 m, Stelle III). Nun über Schrofen ohne besondere Schwierigkeiten auf die Hochfläche. (Pracht)

● 584 **Punta Aurelia, Südostwand („Via Asola")**
M. De Francescho und A. Romanin am 27./28. August 1967 (Ö.A.Z. 1971—51).

Keine weiteren Informationen vorhanden.

● 585 **Punta Aurelia, „Via della Bottington"**
C. Barbier am 12. September 1972 (Ö.A.Z. 1977—11).

Keine weiteren Informationen vorhanden.

● **586—587** frei für Nachträge

● 588 **Sass de Forcia**, 2923 m

Erste Ersteigung vermutlich durch Jäger. Diese Randerhebung der Hochfläche (auch **Cima Forca** genannt) flankiert im O die steile Schuttrinne, welche von der Pordoischarte herabkommt, eine tiefe und enge Schlucht trennt sie von der östl. benachbarten Punta Aurelia. Gegen das Pordoijoch weist eine gelbliche steile Wand, im N führt gestuftes Gelände zum Langen Graben hinab. Durchaus lohnende Touren erreichen den nur selten besuchten Gipfel.

● 589 **Normalweg**
Seit alter Zeit vermutlich durch Jäger begangen. Problemloser Anstieg, dem als selbständige Unternehmung keine Bedeutung zukommt. Höhendifferenz etwa 75 m (von der Pordoischarte). 15 Min.

Anstieg: Von der Pordoischarte in südöstl. Richtung über Felsstufen und Schutt zum höchsten Punkt.

● 590 A **Abstieg nach Norden**
Als Aufstieg ohne jede Bedeutung. Unschwierige Schuttgelände. 10 Min. bis zum Weg Nr. 627 (R 43).

Vom Gipfel in die Scharte zwischen Sass de Forcia und Punta Aurelia, sodann nördl. hinab zum Weg Nr. 627. (Pracht)

● 591 Südwestwand

G. Masé Dari und R. Ghirardini am 15. August 1931 (Riv. 1933—39).

V (eine Stelle); weiterhin zwei Stellen V—, sonst IV— und leichter.

Sehr schöne und interessante Kletterei in bestem Fels. Verhältnismäßig selten begangen.

Die meisten ZH vorhanden, SH fehlen teilweise.

Wandhöhe etwa 220 m, Kletterlänge etwa 200 m (ohne den seilfrei begehbaren Gipfelbereich). 2½—3 Std.

Siehe Abb. Seite 353 und 361 und Skizze Seite 357

Übersicht: Die Führe benützt von rechts her den Wandvorbau, um dann durch das schwarze Verschneidungssystem ein knapp unter dem flachen Gipfelgelände verlaufendes Schuttband zu erreichen. Auf diesem gewinnt sie schließlich rechtsquerend einen Kamin, der in leichtem Gelände endet.

Zugang: Vom Pordoijoch wie bei R 34 in die Schutthalde, welche von der Pordoischarte herabkommt. Man behält den zur Scharte führenden Steig so lange bei, bis man günstig nach rechts zu der Stelle ansteigen kann, wo das Geröll am weitesten in die SW-Wand hochreicht. Hier nun durch eine von unten nicht sichtbare Rinne nach links zum E bei einem Köpfl in Fallinie des schwarzen Rißsystems. 1 Std.

Führe: 1. SL: Über graue Stufen etwa 20 m schräg links hoch, Quergang wenige Meter nach rechts und gerade hoch (III) zu Stand auf einem schon vom E aus sichtbaren Band bei rotgelbem Fels (30 m). **2. SL:** Über den oberhalb des Stand befindlichen schwarzen Überhang (V) und gerade weiter durch die darüber ansetzende Rißverschneidung (IV—) zu Köpflstand links (25 m). **3. SL:** Waagrecht etwa 7 m nach rechts und an der Grenze zwischen dem schwarzen und gelben Fels schräg links hinauf (IV—) zu Fortsetzung des Verschneidungssystems; nach zwei Überhängen (V und V—, 2 H) erreicht man links einen Stand (32 m). **4. SL:** Weiter in der Verschneidung zu einem Absatz und links über ein Band, in eine Rinne, durch die man zu Stand auf einem Absatz an einem Türmchen gelangt (40 m, II und III). **5. SL:** Wenige Meter gerade hoch auf ein Band, das in seiner ganzen Länge von einem weißlichen Wulst überdacht ist; auf diesem Band etwa 30 m nach rechts und um die Kante zu Stand an einem Zacken unterhalb eines Kamins (40 m, I). **6. SL:** Durch den Kamin zu Stand in flachem, unschwierigem

Gelände (35 m, IV— und III). Rechtshaltend zum Grat und teils rechts von ihm zum höchsten Punkt (Pracht)

● 592 Südwand („Via degli Strabiombi")

C. Barbier, A. Giambisi und C. Platter am 18. und 21. September 1969 (Inf. A. Giambisi).

V/A2, aufgeteilt wie folgt: Eine Seillänge A2, sonst meist V bzw. A1.

Der Fels ist nicht immer ganz zuverlässig. Selten begangen. Es wurden etwa 40 H und 2 HK verwendet.

Wandhöhe etwa 220 m. 6—9 Std.

Siehe Abb. Seite 353 und 361

Übersicht: Die Führe erreicht mittels einer Rißreihe die gelbe, überhängende Wand rechts eines scharzen Verschneidungssystems und überwindet diese direkt. Dann gewinnt sie in einer Rechts-Links-Schleife den Ausstiegskamin von R 591.

Zugang: Vom Pordoijoch wie bei R 34 in die Schutthalde, welche von der Pordoischarte herabkommt. Man behält den zur Scharte führenden Steig so lange bei, bis man günstig nach rechts zu der Stelle ansteigen kann, wo das Geröll am weitesten in die SW-Wand hochreicht. Nun nach rechts zum E in Fallinie der gelben Überhänge. 1 Std.

Führe: Ohne Schwierigkeiten etwa 40 m hoch zu Stand unter der senkrechten Wand. Weiter durch einen 40 m langen Riß zu Stand (V, IV, 2 H). Schräg linkshaltend 20 m empor zu kleinem Stand (V, 2 H). Über eine überhängende Wand (A2, 20 H, 1 HK) zu Stand auf einem brüchigen Band. Nun auf einer Leiste nach rechts (V, 4 H) und auf ihrer schmalen Fortsetzung nochmals 15 m nach rechts, jedoch nicht bis zu dem grauen Kamin. Durch einen kurzen Kamin und über einen gelben Überhang (A1, 3 H). Durch einen engen, kurzen Riß in grauem Fels und nach links zu gutem Stand. Über eine senkrechte Platte gerade empor (A1, 3 H) und nach rechts zu einer Rißverschneidung, die zu einer bequemen Nische führt (A1, 3 H, 1 HK). Mittels eines kurzen Linksquerganges (V, 1 H) zu einer Verschneidung und durch diese zu einem breiten Schuttband. Längs der 6. SL von R 591 in unschwieriges Gelände. (A. Giambisi)

Sass de Forcia und Punta Aurelia
R 51 zur Vallonruine

Punta Aurelia
R 583 S-Wand

Sass de Forcia
R 591 SW-Wand ►
R 592 S-Wand (Via degli Strambiombi)
R 593 S-Wand
R 594 SO-Sporn

Sass de Forcia
Punta Aurelia
Pordoi-
scharte
591
592
593
594
583
51

● 593 Südwand

V. Dezulian mit einer Engländerin im August 1926 (Riv. 1927—320).

III, oft leichter. Interessante und abwechslungsreiche Kletterei in meist gutem Fels. Verhältnismäßig selten begangen. Wandhöhe etwa 220 m. 2 Std.

Siehe Abb. Seite 353 und 361

Übersicht: Die Führe verläuft bis auf einige geringe Abweichungen durch den unten breiten, nach oben hin immer enger werdenden Kamin zwischen der eigentlichen S-Wand und einem rechts angelehnten Pfeiler, sodann über den SO-Grat zum Gipfel.

Zugang: Vom Pordoijoch wie bei R 34 in die Schutthalde, welche von der Pordoischarte herabkommt. Man behält den zur Scharte führenden Steig so lange bei, bis man günstig nach rechts in die Fallinie des oben erwähnten Kamins queren kann. Über leichte Stufen zum E am Beginn des Kamins. 1 Std.

Führe: Ohne besondere Schwierigkeiten durch diesen Kamin etwa 140 m hoch bis zu einer Verengung. Man verläßt ihn nach links, übersteigt einen Überhang und erreicht so einen horizontalen Riß, über den man kriechend zu einer kleinen Kanzel gelangt. Weiter über einen zweiten Überhang zu einem Band, ähnlich dem ersten, doch ziemlich brüchig. Ein dritter Überhang und anschließende gute Felsen bringen zu einem großen Absatz. Durch einen engen, senkrechten Riß gelangt man nach 10 m auf den Grat, der ohne Schwierigkeiten zum höchsten Punkt führt.

● 594 Südostsporn

S. Barbacetto und Q. Romanin am 22. Oktober 1967 (Inf. A. Giambisi).

VI/A1, vielfach IV+ und leichter.

Schöne Kletterei, selten begangen. Es wurden 13 H verwendet. Wandhöhe etwa 220 m. 5 Std.

Siehe Abb. Seite 353 und 361

Übersicht: Die Führe verläuft am linken Rand der gelben W-Wand des südl. ausgreifenden Sporns.

Zugang: Vom Pordoijoch wie bei R 34 in die Schutthalde, welche von der Pordoischarte herabkommt. Man behält den zur Scharte führenden Steig so lange bei, bis man günstig nach rechts zum E unterhalb der gelben Wand queren kann. 1 Std.

Führe: Zunächst in schöner Kletterei insgesamt 80 m hoch über den leichten Sockel und einen senkrechten Riß in grauem Fels (IV und

IV+). Von einer kleinen Terrasse unter großen gelben und brüchigen Überhängen diagonal nach links und jenseits einer weißen und überhängenden Wand (VI/A1) zu einem auffallenden, schwarzen Riß, der (VI) zu leichterem Fels und einem guten Stand führt. Nun direkt hoch (IV) zum Grat und ohne besondere Schwierigkeiten über diesen zum Gipfel.

● **595** **Ostwandpfeiler**
R.Planckstainer, C. Platter und G. Suen am 8. Oktober 1967 (Ö.A.Z. 1971—50).

Keine weiteren Informationen vorhanden.

● **596** frei für Nachträge

● **597** **Col Alton,** 2881 m

Eine touristisch unbedeutende Erhebung zwischen Pordoispitze und Bamberger Hütte, den Langen Graben in dessen mittlerem Abschnitt mit einer steilen Wand orogr. rechts flankierend. L. Aegerter, der erste Kartograph der Sellagruppe, sowie K. Bindel, deren früher Chronist, benannten diesen Berg kurz nach der Jahrhundertwende zu Ehren von Joseph Alton, welcher sich um die Erforschung und Erschließung der Gruppe besonders verdient gemacht hatte (Zt. 1904—387). Der Gipfel ist ohne besondere Schwierigkeiten von der Bamberger Hütte erreichbar, man braucht nämlich nur gemäß R 39 etwa 500 m nach S zu wandern und dann westwärts — anfangs leicht absteigend — zu queren; sodann über Schutt in südwestl. Richtung zum höchsten Punkt (20 Min.).

● **598—599** frei für Nachträge

● **600** **Col Turond,** 2921 m

Der unmittelbare nördl. Nachbar des Col Alton, von diesem durch eine große Schuttmulde getrennt. Im O des Col Turond, nur 300 m Luftlinie entfernt, befindet sich die Bamberger Hütte; eine tiefe, eisbedeckte Schlucht macht einen direkten Zugang allerdings unmöglich. Nach W und NW fällt dieser das Val Lasties östl. abschließende, sich an die Hochfläche anlehnende Berg mit steilen gelb-schwarzen Wänden ab. Durch W-Wand verläuft eine recht lohnende Führe. (Siehe Titelbild)

● **601** **Normalweg**
Seit alter Zeit vermutlich durch Jäger begangen. Landschaftlich hübscher Spaziergang von der Bamberger Hütte. 20 Min.

Anstieg: Von der Bamberger Hütte gemäß R 39 etwa 150 m nach S und in westl. Richtung hinüber zum Steinmann.

● 602 Westwand

G. Alippi („Det"), A. Guffanti und L. Ploner am 30. Juni 1973 (Riv. 1975—118).

VI/A1, aufgeteilt wie folgt: Je einige Meter VI und A1, je eine Passage V+ und V sowie zwei Stellen V—; sonst IV— und leichter. ♂ in der 6. SL, deren freikletterischer Teil am Beginn etwas brüchig ist.

Schöne Kletterei in meist gutem Fels, bisher nur wenige Wiederholungen.

Die meisten ZH vorhanden, nahezu alle SH fehlen.

Wandhöhe etwa 220 m, Kletterlänge etwa 300 m. 4 Std.

Siehe Skizze Seite 365

Übersicht: Die W-Wand weist in ihrer Mitte große gelbe Stellen auf, rechts davon bemerkt man eine auffallend schwarze Passage, die unten und oben von einem Band begrenzt wird. Die Führe gewinnt über gutgestuften, grauen Fels das Band unterhalb der schwarzen Passage, quert auf diesem nach links, um dann rechtshaltend die schwarze Passage zu überwinden. Vom nächsten Band erreicht sie schwach linkshaltend die Schuttstufe unterhalb des Gipfels.

Zugang: Von Pian Schiavaneis bzw. von der Pordoischarte gemäß R 36 zu den Schutthängen oberhalb Pian de Roces und hoch zum E etwa 20 m rechts einer gut sichtbaren V-förmigen, überdachten Grotte; unmittelbar links des E eine Gufel. 1¾ bzw. ¾ Std.

Führe: 1. SL: Schräg rechts hoch, dann linkshaltend zu Köpflstand (34 m, II und III). **2. SL:** Wenige Meter waagrecht nach links, schräg hoch zu einem schiefen Riß, durch den (III—) man einen Köpflstand auf einem Band gewinnt (40 m). **3./4. SL:** Durch einen kurzen Kamin (III) erreicht man das erste große Band, das man unschwierig etwa 55 m nach links bis auf einen niederen Vorbau am Fuße einer schwarzen Wand verfolgt (15 m bzw. 40 m). **5. SL:** Über die schwarze Wand — zuerst nach rechts queren, dann über zwei Wülste (V+) in eine schräg rechts hochziehende Verschneidung (V—) — zu Stand auf einem schmalen Band (40 m). **6. SL:** Erst mittels eines Hakens (A1), dann die überhängende Wand empor unter ein Dach, nach rechts und überhängend auf ein schwarzes Gesimse (VI), das bis zu Stand in einem Kamin nach rechts verfolgt wird (25 m). **7. SL:** Durch den Kamin empor zu Stand rechts auf einem Podest (15 m, III+). **8. SL:** Quergang nach rechts, bis man bequem durch eine Rinne auf das zweite große Band steigen kann; Köpflstand am Fuße eines Kamins (30 m, I und II). **9. SL:** Durch den Kamin zu Stand am oberen Rand einer Schutterrasse, am Fuß eines weiteren Kamins (20 m, III und IV—, 1 H). **10. SL:** Auf einem gelbsplittrigen Bändchen nach links und sofort gerade empor, oberhalb eines H nach links in schuttbedecktes Gelände; Stand am Beginn der Schlußwand rechts eines Kamins (35 m, V—, III und V, 1 H). **11. SL:** Mehr oder weniger gerade durch diese Wand auf die Schuttstufe unterhalb des Gipfels (40 m, III und IV—).

(Pracht)

● **603—605** frei für Nachträge

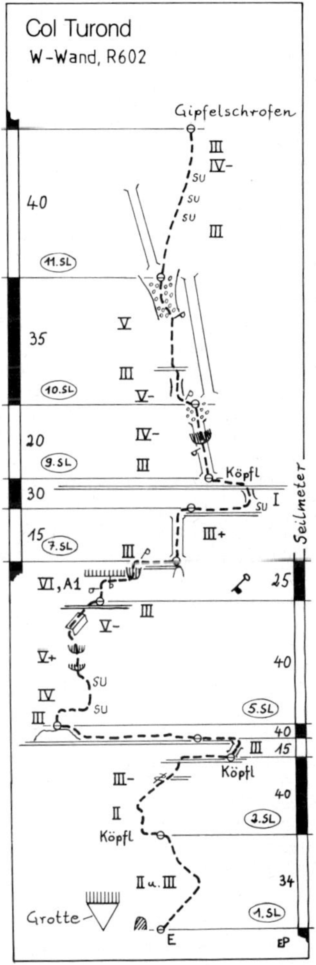

● 606 **Pordoispitze**, 2952 m

Seit alter Zeit von Jägern oft besucht. Jos. Alton fand zusammen mit einigen Gefährten mehrere Jahre vor 1894 ein hölzernes Kreuz als Zeichen früheren Besuches auf der höchsten Stelle des weiten Gipfelbereiches (E.O.A. III 1894—367). Einer der auffälligsten und mächtigsten Berge der gesamten Sellagruppe, gleichzeitig deren südwestl. Eckpfeiler bildend. Vom Pordoijoch sieht man unterhalb der Gipfelstation der Seilbahn nach rechts hin die etwa 250 m hohe SO-Wand, welche sich — von einer tiefen dunklen Schlucht unterbrochen — bis zur Pordoischarte hinzieht. Weniger deutlich streift der Blick die links davon befindliche SW-Wand, welche mit der vorigen die S-Kante bildet. Die Geröllhalde am Fuß der SO-Wand geht in einer Höhe von etwa 2650 m (ab der S-Kante) in ein breites Band über, das den gesamten Berg bis zur N-Kante oberhalb des Val Lasties horizontal umgürtet. Von diesem gut begehbaren Band stürzen die Wände bis zu 500 m tief in die Geröllhalden oberhalb Pian Schiavaneis ab. Die graue, knapp 800 m hohe W-Wand bildet zusammen mit der von tiefschwarzen Wasserstreifen durchzogenen NW-Wand für jeden aus westl. Richtung kommenden Betrachter ein besonderes Schaustück. Mehr als 30 Kletterführen wurden seit 1910 eröffnet, einige zählen zu den großen Genußklettereien der Dolomiten und stellen Modetouren allerersten Ranges dar. In diesem Zusammenhang mögen die NW-Wand (Via Fedele, R 617) und die Mariakante (632) genannt werden; ebenso schön, aber nur wenig bekannt sind die Via della Galeria (R 627) sowie die Rißführe durch die SO-Wand (R 642). Für extreme Ansprüche sei auf die fast das ganze Jahr über nasse und kaum wiederholte NW-Wand von Abram-Osio-Pertl (R 615) und auf die ihr benachbarte „Via Niagara" (R 616) hingewiesen. Das gegen N abfallende, riesige Gipfeldach läßt sich mit der Kabinenbahn vom gleichnamigen Joch, über das die Sella-Ringstraße führt, in wenigen Minuten erreichen. Da diese Möglichkeit unzählige Schaulustige das ganze Jahr über ausnützen, können wir dem ersten Teil der Bindelschen Anmerkung heute nicht mehr beipflichten: „Die Spitze wird von den Touristen leider viel zu wenig gewürdigt, denn sie bietet bei der nicht unbedeutenden Erhebung bis nahezu 3000 m und der isolierten Lage einen herrlichen Überblick, namentlich über das Fassathal mit seiner schönen Rosengartengruppe, über die gewaltigen Contrinberge, sowie die Marmolada und die Langkofelgruppe." (Zt. 1900—340).

● 607 **Normalweg**

Unschwieriger, markierter Weg. Außerordentlich viel begangen. Höhendifferenz etwa 100 m, 20 Min. (jeweils von der Pordoischarte).

Anstieg: Von der Pordoischarte (R 33) auf deutlichem Weg westwärts über eine Steilstufe auf das große Gipfeldach empor und an dessem südl. Rand leicht ansteigend weiter zur Bergstation Maria. Das Gipfelkreuz befindet sich etwas unterhalb des Hauses.

● 607 A Abstieg auf dem Normalweg (R 607)

Unschwieriger, markierter Weg. Außerordentlich viel begangen. Höhendifferenz etwa 100 m, 15 Min. (jeweils bis zur Pordoischarte). Begehern der Mariakante (R 632) oder S-Kante (R 633) wird eine kostenlose Talfahrt mit der Seilbahn gewährt (verkehrt bis etwa 17 Uhr).

Vom Gipfel bzw. der Bergstation (die man von den nördl. bis westl. Ausstiegen durch mäßiges Ansteigen in der Nähe des Hochflächenrandes erreicht) längs des südl. Hochflächenrandes leicht fallend ostwärts an den Steilabbruch oberhalb der Pordoischarte. Weiter auf dem deutlichen Steig in einigen Serpentinen hinab zum Hüttchen in der Scharte.

Weiter siehe R 33 (Sella-Ringstraße) oder R 39 (Bamberger Hütte).

● 608 Von Norden

Erstbegeher unbekannt (Cas. 1937—478).

II, vielfach leichter. Schutt- und Schrofenkletterei von nur geringem Interesse. Kaum begangen.

Höhendifferenz etwa 500 m. 3 Std.

Übersicht: Die Führe verläuft über die N-Flanke des nordöstl. Vorbaues, der den Langen Graben orogr. links begrenzt.

Anstieg: Von Pian Schiavaneis bzw. der Pordoischarte gemäß R 36 zum Wandfuß oberhalb Pian de Roces (1½ bzw. ½ Std.). Über leichte Schrofen rechtshaltend zu jener Rinne, welche die Wandmitte mit gestuftem Fels durchzieht. Teils im Grunde der Rinne, teils in gutem Fels daneben zu einem breiten Band unter dem steilen Gipfelaufschwung, der durch einen kurzen Kamin linker Hand überwunden wird. Schrofenstufen und Geröll führen zum höchsten Punkt des Vorbaues und weiter nach SW zum Gipfelkreuz.

● 609 Durch die Nordwestschlucht

A., R. und Carla Calegari sowie G. Scotti am 12. August 1920 (Riv. 1923—165).

II (einige Stellen). Vielfach eisignasse Kletterei in allerdings großartiger Umgebung. Kaum begangen (mit Ski bereits befahren). Als Sommertour nicht zu empfehlen, eher bei genügend Firn als „Eistour" anzuraten. Steinschlaggefährdet. Höhendifferenz etwa 500 m. 2—4 Std.

Übersicht: Die Führe hält sich an die tiefe Rinne, die oberhalb Pian del Siella den unter R 608 erwähnten nordöstl. Vorbau abspaltet.

Anstieg: Von Pian Schiavaneis wie bei R 36 auf die flache Stufe von Pian del Siella und über den Schuttkegel zum Beginn der Schlucht (1½ Std.). Zuerst am rechten Rand der Schlucht, dann am linken Rand bis zu einer Biegung. Weiter teils in der nun sehr steilen und eisigen Rinne, teils über deren linken Begrenzungsfelsen bis auf das Gipfeldach.

● 610 Nordkante

L. Bernard und T. Soraruf im Jahre 1932 (Cas. 1937—476). **IV**+ (eine Stelle), außerdem zwei Stellen IV—, drei Stellen III+; sonst III und überwiegend leichter. Wenig lohnende Kletterei in meist mittelmäßigem Gestein. Selten begangen. Nach 10 SL kann man auf dem breiten Band nach rechts zu den Geröllhalden oberhalb des Pordoijoches ausqueren. Kantenhöhe etwa 430 m, Kletterlänge etwa 660 m. Die meisten ZH vorhanden, Stände meist an natürlichen Sicherungsmöglichkeiten.4—5 Std.

Siehe Abb. Seite 370

Übersicht: Die Führe verläuft unterhalb des großen Bandes meist knapp links der Kante, im oberen Teil zieht sie in eine Schlucht links der Kante und erreicht schließlich jenseits dieser Schlucht das Gipfeldach.

Zugang: Von Pian Schiavaneis wie bei R 36 auf die falche Stufe von Pian del Siella und über den Schuttkegel der NW-Schlucht zum E unmittelbar rechts der Kante am Beginn eines gelbbrüchigen Kamins. 1½ Std.

Führe: 1. SL: Durch den Kamin 5 m hoch zur ersten Rampe, doch rechts im Kamin weiter bis zur zweiten Rampe, die man um ein Eck verfolgt; hangelnd nach links in eine Rinne und zu Stand in einer Geröllnische (40 m, III und II). **2. SL:** Aus der Nische kurz abdrängend, dann durch eine Rinne zu Köpflstand auf der Kante (30 m, III und II). **3. SL:** An der Kante über einen kleinen Überhang (III+), dann schwach links zu einem Zacken mit einem AH und wieder schwach rechts zu SU-Stand in geneigtem Gelände an der Kante (40 m). **4. SL:** Links der Kante zu Stand an einem großen Köpfl links eines auffallenden Zackens an der Kante (40 m, I und II). **5. SL:** Gerade hoch zu einem steileren Aufschwung, dann nach links zu Köpflstand bei einem

Kamin (40 m, I und III). **6. SL:** Mittels einer kleinen Rechtsschleife (III) in den Kamin und weiter durch diesen zu Stand unter einer schwarzen Vertiefung (28 m). **7. SL:** Stark rechtshaltend in Wandkletterei zu Stand oberhalb einer kurzen Rinne (30 m, II und I, 1 H). **8. SL:** Nach links in die rinnenartige Fortsetzung des Kamins und rechtshaltend zu Stand auf einem waagrechten Zackengrat (40 m, II und I). **9. SL:** Über den Zackengrat nach links zu SU-Stand am Beginn eines nach O geöffneten, 5 m hohen Kaminrisses (40 m, I). **10. SL:** Rechts dieses Kamins hoch zur Kante (die dort waagrecht ist) und weiter zu Blockstand auf dem großen Band (40 m, II und I). Hier kann man die Führe nach rechts verlassen. Über das Band zu Blockstand am Beginn eines ausgeprägten Kamins rechts der Kante. **11. SL:** Durch den Kamin zu Stand auf einem Podest oberhalb eines Kaminüberhanges (35 m, III+, III und IV—). **12. SL:** Über eine gestufte, graue Rampe zu einem abgespaltenen Block, auf diesen und linkshaltend, dann gerade hoch zu Stand unterhalb eines Daches am Beginn von gelbschwarzem Gestein (40 m, II, III und IV—, 2 H). **13. SL:** Linkshaltend hoch auf ein gutes Podest und gerade empor zu Köpflstand (38 m, III, IV+, II, 3 H). **14. SL:** In einer Links-Rechts-Schleife zu Köpflstand (40 m, I). **15./16./17. SL:** Unschwierig an der orogr. linken Schluchtseite in die Scharte zwischen Turm und Massiv, die man, am Schluß absteigend (III), erreicht (40 m, 30 m, 35 m). **18. SL:** Quergang nach links in einen Kamin und durch ihn linkshaltend zu Stand an einer Riesen-SU in leichtem Gelände (36 m, III+ und I). Nach weiteren 30 m erreicht man das Gipfeldach. (Pracht)

● 611 Nordnordwestwand („Via Flavia")

V. Montagna und F. Zorzi am 5. August 1964 (A.V. 1965—72).

V. Überwiegend Riß- und Kaminkletterei. Selten begangen. Nach 2/3 Wandhöhe kann man nach rechts hinausqueren. Wandhöhe etwa 470 m. 5—6 Std.

Übersicht: Die Führe verläuft im Bereich des linken dreier Risse, welche die NNW-Wand (rechts der N-Kante) durchreißen. Oberhalb des großen Bandes setzt sie rechts der N-Kante an und gewinnt schließlich gemeinsam mit der Kantenführe das Gipfeldach.

Zugang: Von Pian Schiavaneis wie bei R 36 auf die flache Stufe von Pian del Siella und rechtshaltend zum E am Beginn des linken Risses (tiefste Stelle der Wand). 1¼ Std.

Führe: Durch den Riß (nach 80 m H), der teils zu einer Verschneidung ausgewaschen ist, sich teils zu einem Kamin mit Klemmblöcken erweitert, hoch bis zu einer gelbroten Wand, die linkshaltend (3 H) über-

Pordoispitze von Westen

R 610 N-Kante
R 612 NW-Wand (Soldàführe)
R 615 NW-Wand (Abramführe)
R 616 NW-Wand (Via Niagara)
R 616a NW-Wand (Variante zu R 616)
R 617 NW-Wand (Fedeleführe)
R 618 W-Wand (Rizzi/Canepa-Führe)
R 619 W-Wand (Dibonaführe)
R 619a Variante zu R 619
R 620 Direkte SW-Wand (unterer Teil)
R 621 Obere W-Wand
R 622 Obere W-Wand (Franceschi/De Francesco-Führe)

Pordoi-
spitze
621
619
616
621
622
620
619a
616
616a
619a
15
617
620
619
618
um Val Lastes
von Pian Schiavaneis

wunden wird. Nach rechts zurück und durch die Kaminverschneidung in 4 SL an den Fuß einiger Überhänge. Linkshaltend durch eine schräge Verschneidung zu bequemem Standplatz. Nach 40 m steiler Wandkletterei wird das große Band erreicht. Hier kann man die Führe nach rechts verlassen. Nun über das Band in Richtung Kante. Durch eine ausgewaschene Verschneidung mit übereinander gelagerten, hellen Felsstufen. Nahe der Kante über eine schwarzgelbe, überhängende Wand (2 H) und links der Kante in brüchigem Fels empor, schließlich linkshaltend in das Schärtchen zwischen Turm und Massiv. Quergang nach links in einen Kamin und durch ihn linkshaltend zu Stand in leichterem Gelände. Nach 30 m erreicht man das Gipfeldach.

● 612 Nordwestwand (Soldàführe)

G. Soldà und F. Falconi am 3. September 1953 (Lan. 1969—39).

VI (eine Stelle), sonst V und IV. ♂ im oberen Wanddrittel. Abwechslungsreiche Kletterei in meist gutem Fels. Sehr selten begangen. Einige H befinden sich im Fels. In zwei Drittel Wandhöhe kann die Führe nach rechts verlassen werden. Siehe Abb. Seite 370

Übersicht: Die Führe gewinnt über die graue Wand zwischen der N-Kante links und einem Wasserfall rechts das große Band, um dann einem nach links oben ziehenden Kamin zu folgen, der von einem roten, abgespaltenen Turm und der Wand selbst gebildet wird.

Zugang: Von Pian Schiavaneis wie bei R 36 zum Beginn der flachen Stufe von Pian del Siella und rechtshaltend zum E wenige Meter links eines auffallenden Felsloches, das von einer schrägen Felsrippe gebildet wird. 1 Std.

Führe: Über hübsche Wändchen und Felsrampen in bestem Fels zu einer Nische in zwei Drittel Höhe des unteren Wandteiles (IV). Aus der Nische (V) zu einer Reihe kleiner, gelber Wandstellen, die teilweise überhängen und rechts umgangen werden. Gerade empor (IV) auf das große Band. Hier kann man die Führe nach rechts verlassen. Über steile Platten mit kleinen Griffen in Richtung des Kaminbeginnes, den man nach einigen Wändchen und glatten Stufen erreicht (V). Durch den Kamin — einige Klemmblöcke übersteigend — bis zum letzten, eine Scharte formenden Klemmblock. Diesen über eine Reihe von weißen, durch dauernden Steinschlag glattgeschliffenen Platten umgehend (VI, 2 H), erreicht man die Scharte. Nun nach rechts und einige Meter absteigend zu brüchigem Fels, der auf das Gipfeldach führt.

● 613—614 frei für Nachträge

● 615 Nordwestwand (Abramführe)

E. Abram, R. Osio und E. Pertl im Sommer 1953 (Lan.1969—40).

VI (im unteren Teil). Oft Kamin- und Wandkletterei. Bisher sind keine Wiederholungen bekannt geworden. Die Wand weist allenfalls im Spätherbst annehmbare Verhältnisse auf.

Wandhöhe etwa 750 m. 8—10 Std.

Siehe Abb. Seite 370

Übersicht: Die NW-Wand bildet in Fallinie des riesigen Blockes, der auf dem großen Band liegt, nahe dem Wandfuß ein U-förmiges Gesims. Die Führe gewinnt über dieses Gesims stets schwach linkshaltend mitten durch den tiefschwarzen Wandteil das große Band und etwa dieselbe Richtung beibehaltend das Gipfeldach.

Zugang: Von Pian Schiavaneis wie bei R 36 einige Kehren am Wandfuß empor und zum E unterhalb des U-förmigen Gesimses. 40 Min.

Führe: Zunächst über leichten Fels, dann linkshaltend in den Kamin zwischen der schwarzen Wand und einem angelehnten Pfeiler. Durch diesen Kamin empor bis zur abschließenden Scharte. Nun durch eine Reihe von Rissen in der offenen Wand zum großen Band. Mit geringeren Schwierigkeiten die Richtung beibehaltend durch den oberen Teil der Wand.

● 616 Nordwestwand („Via Niagara“)

H. Mariacher und Luisa Iovane am 12. September 1978 bis zum breiten Band (A.V. 1979—79); dieselben ergänzten später die Führe bis auf das Gipfelschuttfeld.

V + (eine Stelle), sonst V— und IV (nach Angaben der Erstbegeher). ♂ etwa in Wandmitte.

Außergewöhnlich interessante und lohnende Kletterei in griffigem, teilweise etwas brüchigem Fels mit langen und gewagten Freikletterpassagen; zudem sehr ausgesetzt. Herrliche landschaftliche Eindrücke (unmittelbar zur Linken ein riesiger Wasserfall).

Die Erstbegeher verwendeten insgesamt 15 H und beließen 3; einige Klemmkeile notwendig. Oft nur schlechte Hakenmöglichkeiten.

Die nachfolgende Beschreibung basiert auf einer Anseillänge von 50 m. Es muß beachtet werden, daß die Führe öfters naß ist. Nach 550 m kann man auf dem breiten Band nach rechts zu den Geröllhalden oberhalb des Pordoijoches ausqueren.

Wandhöhe etwa 800 m. 7—10 Std.

Siehe Abb. Seite 370 und Skizze Seite 375

Übersicht: In Fallinie des riesigen Blockes, der auf dem großen Band liegt, gewahrt man drei gelbe Flecken, und zwar einen kleinen etwa 100 m über der Geröllhalde, einen Fleck mittlerer Größe auf halber Höhe zwischen dem breiten Band und der Geröllhalde sowie eine große „gelbe Birne", die unmittelbar unter dem breiten Band ansetzt. Ein weiterer gelber Fleck findet sich links unterhalb der Birne im Wasserfall. Die Führe gewinnt rechts des letzteren und des untersten Fleckes sowie links der beiden anderen erwähnten gelben Wandstellen das breite Band und hält sich dann in der Schlußwand an eine Verschneidung oberhalb des riesigen Blockes.
Zugang: Von Pian Schiavaneis wie bei R 36 einige Kehren am Wandfuß hoch und nach rechts zum E in einem seichten Kessel etwa 60—80 m über dem Geröll, in Fallinie des riesigen Blockes. 40 Min.
Führe: 1. SL: Wenig links einer Verschneidung (oder auch in dieser) über schwarzgraue Platten linkshaltend hinauf zu Stand oberhalb des gelben Fleckes (50 m, IV). **2. SL:** Über Platten und Überhänge weiter, oberhalb einer leicht geneigten Platte zu Stand auf einem schmalen Band links unterhalb des großen gelben Fleckes (50 m, IV+ und IV). **3. SL:** Etwa 15 m nach links und dann direkt hoch zu Stand auf einer bequemen Terrasse links eines gut erkennbaren Pfeilers (35 m, IV). **4. SL:** Über meist nassen Fels etwa 20 m empor, dann unter einem Überhang in gelbbrüchigem Fels Quergang nach rechts bis zu einer kleinen Verschneidung und durch diese zu Stand auf einem Absatz (40 m, V— und III). **5. SL:** Durch eine markante Verschneidung hoch zu Stand auf ihrer rampenartigen Fortsetzung (40 m, IV+). **6. SL:** Weiter über die Rampe zu Stand in einer Nische am unteren Rand der gelben Birne (40 m, IV+). Es folgt die 🗝SL. **7. SL:** Auf dem Band nach links zu einer schwarzen Kante und an dieser über zwei aufeinander folgende Überhänge mittels eines schwarzen Risses empor zu Stand (50 m, V und V+). **8. SL:** Weiter im Riß unter große Überhänge und nach rechts zu Stand (40 m, V). **9. /10. SL:** In zwei Links-Rechts-Schleifen über gelb-graue Platten und durch Felswannen zu Stand auf dem breiten Band (je 40 m, V und IV+).
Linkshaltend über dieses Band etwa 50 m hoch zu Stand am Beginn der langen und auffallenden gelben Verschneidung. **11.—15. SL:** Eine Seillänge durch einen leichten Kamin auf ein Band. Weiter über einen feinen 4 m hohen überhängenden Riß, dann leichter schräg rechts aufwärts zu einem weiteren Riß. Dieser leitet auf einen Absatz unter einem großen höhlenartigen Überhang, der rechts an überhängender Wand umgangen wird. Ein weiterer, ähnlicher Überhang wird rechts umgangen, worauf man immer ziemlich gerade ansteigend das flache Gipfelplateau erreicht. (H. Mariacher + L. Rieser)

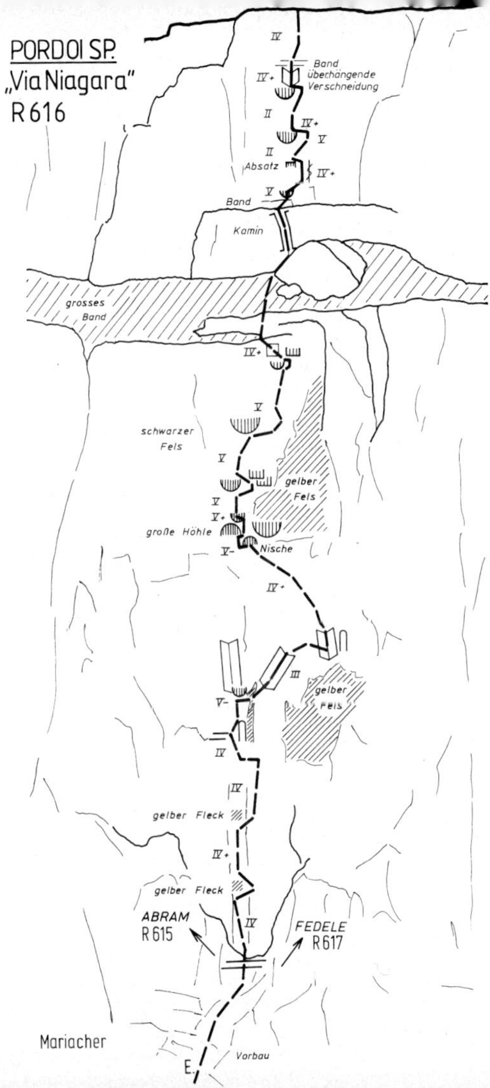
PORDOI SP.
„Via Niagara"
R 616
IV
Band
IV+
überhängende
Verschneidung
II
IV+
V
II
Absatz
IV+
V
Band
Kamin
grosses
Band
IV+
V
schwarzer
Fels
V
gelber
Fels
V
V+
große Höhle
Nische
V–
IV+
III
gelber
Fels
V–
IV
IV
gelber Fleck
IV+
gelber Fleck
ABRAM
R 615
IV
FEDELE
R 617
Mariacher
Vorbau
E.

● 616a Direkte Variante zur „Via Niagara“ (R 616)

Verbindet den Stand nach der 2. SL direkt mit jenem nach der 4. SL. L. Rieser und Th. Mihatsch am 19. Juli 1979 (Inf. L. Rieser).

VII—. Nicht empfehlenswert, da fast keine Sicherungsmöglichkeiten.

Siehe Abb. Seite 370

Variante: Leicht rechtshaltend in 2 SL mitten durch eine senkrechte bis überhängende Platte, die von seinem schwachen, sich verlaufenden brüchigen Riß durchzogen ist.

● 617 Nordwestwand (Fedeleführe)

F. Bernard und G. Masè Dari am 1. August 1929 (Riv. 1930—43).

IV, aufgeteilt wie folgt: Fünf Stellen IV, oftmals IV—, nur zu Beginn längere Zeit leichter als III.

Außergewöhnlich abwechslungsreiche und interessante Kletterei in beinahe überall festem Fels. Modetour allerersten Ranges. Wegen Wassers soltte die Führe nicht zu früh im Jahr geklettert werden, doch herrschen längs der Führe oft bessere Verhältnisse, als sich vermuten läßt. Nach 20 SL kann man auf dem breiten Band nach rechts zu den Geröllhalden oberhalb des Pordoijoches ausqueren.

Die meisten ZH und SH vorhanden, dazu meist natürliche Sicherungsmöglichkeiten.

Wandhöhe etwa 800 m, Kletterlänge etwa 930 m (ohne das leichte Gelände im Bereich des großen Bandes). 6—8 Std.

Siehe Abb. Seite 370 und Skizze Seite 377

Übersicht: Rechts des riesigen Blockes, der auf dem großen Band liegt, gewahrt man einen am Rande des Bandes beginnenden, kurzen Kaminspalt. Das dort austretende Wasser bewirkt zwei in Fallinie liegende schwarze Flecken, die unten in mehreren zarten Wasserstreifen ihre Fortsetzung finden. Rechts dieses Systems sieht man einen schmalen, zu Zeiten nur schlecht erkennbaren Wasserstreifen. Die Führe gewinnt im Zickzack zwischen beiden, den Kaminspalt rechts lassend, das große Band bei dem Riesenblock und überwindet die Gipfelwand wie bei R 619.

Zugang: Von Pian Schiavaneis wie bei R 36 einige Kehren am Wandfuß empor und unterhalb eines großen, U-förmigen Gesimses an den Fels (am rechten Rand des riesigen Wasserfalles). Über gestuftes Gelände rechtshaltend hinauf zum E bei einem Köpfl, unmittelbar links eines 8 m hohen „angelehnten Pfeilers“. 40 Min.

Pordoispitze

NW-Wand (Fedele-Führe), R617

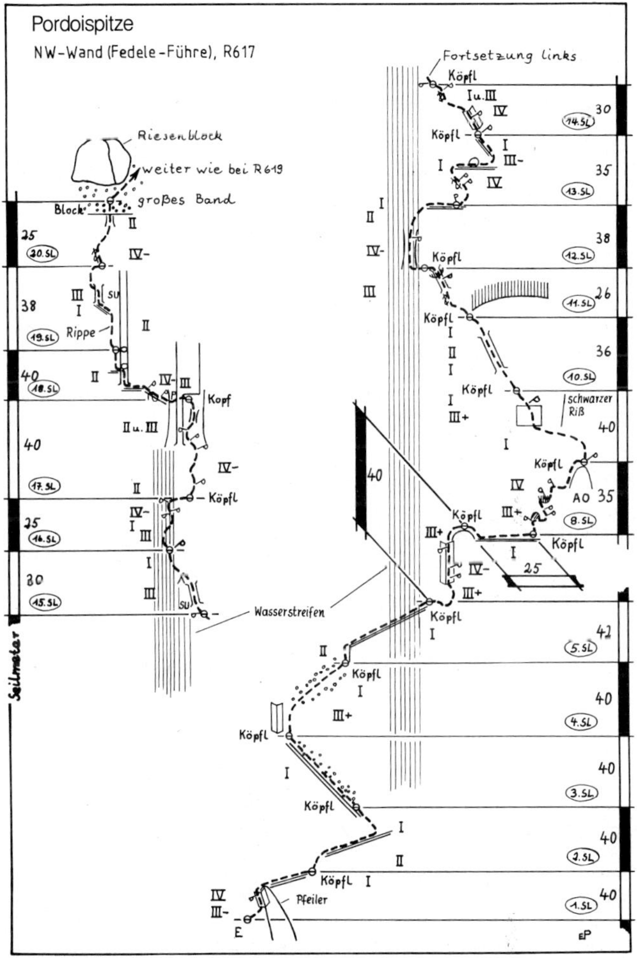

Führe: 1. SL: Durch die von dem Pfeiler und der Wand gebildete Verschneidung (IV, 1 H) auf den Pfeilerkopf und nach rechts über ein bequemes Band zu Köpflstand (40 m). **2. SL:** Zunächst kurz steiler hinauf, dann nach rechts und im Bogen nach links zu Köpflstand (40 m, II und I). **3. SL:** Unschwierig über schuttbedecktes Gelände schräg links hoch zu Köpflstand unmittelbar rechts einer Verschneidung (40 m). **4. SL:** Gerade hoch (III+) und in schuttbedecktem Gelände nach rechts hinauf zu Köpflstand (40 m). **5. SL:** Kurz gerade hoch und wieder schräg rechts weiter zum linken Wasserstreifen; rechts davon Köpflstand (42 m, II und I). **6. SL:** Rechts durch die tiefschwarze Rißverschneidung (IV—, 3 H) und nach rechts (III+) zu Köpflstand (40 m). **7. SL:** Kurz absteigen und waagrechter Rechtsquergang zu Köpflstand am Ende des Bandes (40 m, I). **8. SL:** Gerade hoch in eine gelbe Gufel (H), nach rechts (III+, 2 H), über den darüber liegenden Überhang (A0, 1 H), nochmals nach rechts zu einem Wandl (H) und oberhalb durch einen Riß zu Stand auf einem Köpfl (35 m). **9. SL:** Schräg nach links und über ein Wandl (III+, 1 H) weiterhin linkshaltend zu Köpflstand (40 m). **10. SL:** Durch den gut sichtbaren Kamin zu Köpflstand unter einem Überhang (36 m, I und II). **11. SL:** Ein Riß und ein nachfolgender Kamin mit abschließendem Überhang leiten zu Köpflstand am linken Wasserstreifen (26 m, III, 1 H) **12. SL:** Durch eine flache Rinne am rechten Rand des Wasserstreifens (IV—, 1 H) und nach rechts zu Stand auf einem Band (38 m). **13. SL:** Rechts durch einen überhängenden Riß (IV, 2 H) auf ein Band mit einem großen Block, an dessen Ende (III—) links über eine Rampe zu Köpflstand (35 m). **14. SL:** Durch eine wenig ausgeprägte Verschneidung (IV, 1 H) erreicht man nach einigen leichten Metern einen Riß (III, 1 H) und schließlich einen Köpflstand bei einem Haken (30 m). **15. SL:** Der hier ansetzende Kamin wird durchstiegen (III), vorbei an einem markanten Zacken, zu Stand an fließendem Wasser (30 m). **16. SL:** Am und im Wasser zu einer trockenen Wandstelle links des Wassers, oberhalb über das Wasser hinweg zu Köpflstand (25 m, III und IV—, 3 H). **17. SL:** Kurz rechtshaltend, dann gerade hoch (IV— und II, 2 H) und nach links in eine Gufel (2 H) der großen Schlucht (Kaminspalt), in der das Wasser seinen Anfang nimmt; in der Schlucht hoch (II und III) bis zu einem großen Sicherungszacken (40 m). **18. SL:** Man überspreizt die Schlucht (III, 1 H) und gelangt zu einem schräg nach links in die Wand hinausziehenden, schwarzgelben Riß; nach seiner Bewältigung (IV—, 2 H) in dem jenseits liegenden Kamin bis zu einem Klemmblock, dann nach links auf einen Absatz und über die links des Kamins befindliche Rippe zu Stand bei einem Klemmblock (40 m). **19. SL:** Links des Kamins weiter, auf einem Band linkshaltend in einen weiteren Kamin, den (III) man auf halber Höhe nach links verläßt, und schließlich zu Stand unter dem letzten Aufschwung (38 m). **20. SL:** Durch einen schwarzen, geschweiften Riß (IV—) und eine Rinne zu Blockstand auf dem großen Band (25 m). Hier kann man die Führe rechts verlassen. Rechts an dem riesigen Block vorbei an den Fuß der Gipfelwand. Weiter wie bei R 619 (nach der 20 SL). (Pracht)

● 618 Westwand (Rizzi/Canepa-Führe)

T. Rizzi und M. Canepa am 25. August 1962 (Lan. 1969—40). Die Führe heißt auch **„Via Centrale“.**

V— (eine Stelle), zwei Stellen IV+, mehrmals IV und IV—, aber auch ausgedehnte Passagen II und leichter.

Abgesehen von den Schuttpassagen interessante Riß- und Kaminkletterei, die sich vor allem in Verbindung mit dem oberen Teil von R 619 lohnt. Verhältnismäßig wenig begangen. Wegen Wasser kurz vor dem großen Band sollte die Führe nicht zu früh im Jahr angegangen werden. Nach 6 SL kann man auf R 619 ausweichen.

Die meisten ZH und SH vorhanden, häufig natürliche Sicherungsmöglichkeiten.

Wandhöhe etwa 500 m, Kletterlänge etwa 650 m (jeweils bis zum großen Band). 4—5 Std.

Siehe Abb. Seite 370 und Skizze Seite 381

Übersicht: Die Führe gewinnt von links das Kaminsystem an der schwach ausgeprägten Kante zwischen der überwiegend schwarzen NW-Wand und der grauen W-Wand, um danach rechtshaltend durch einen versteckten Kamin das große Band zu erreichen. Hier endet die Führe.

Zugang: Von Pian Schiavaneis wie bei R 36 an den Fuß der gewaltigen W-Abstürze und zu deren tiefstem Punkt. Etwa 80 m unschwierig empor zum E auf einem schuttbedeckten Band unterhalb eines kleinen schwarzen Überhanges (Köpfl). 30 Min.

Führe: 1. SL: Links durch eine Verschneidung zu SU-Stand kurz vor ihrem Ende (40 m, III+ und IV—, 2 H). **2. SL:** Weiter durch die Verschneidung (III) und rechtshaltend über schuttbedecktes Gelände auf einen stumpfen Rücken zu Köpflstand (40 m). **3. SL:** Nach links unter einen markanten Überhang (IV—), ein waagrechter Rechtsquergang führt zu Köpflstand (40 m). **4. SL:** Schräg rechts aufwärts (IV—), schließlich über eine Rasenrampe (III) zu Stand am Beginn des markanten Risses rechts gelber Überhänge (40 m). **5. SL:** Durch den Riß empor, bis er sich zur Schlucht weitet; Stand am Ende des Risses (40 m,

IV—, III+ und IV+, 1 H). **6. SL:** Durch die Schlucht zu Köpflstand (30 m, III—). **7. SL:** Man gewinnt den linken Rand eines Geröllkessels (II) und hält sich dann links aufwärts zu Stand (40 m). **8. SL:** Unschwierig links aufwärts zu Stand am Fuß eines kurzen, oben blockversperrten Kamins (20 m). **9. SL:** Dieser Kamin wird links umgangen, oberhalb von ihm in seine rinnenartige Fortsetzung gesprungen und durch diese zu Stand auf einem Klemmblock (40 m, II und III). **10. SL:** Schräg links hinauf zu Stand bei einem gelben Überhang (38 m, II). **11. SL:** Über den Überhang (IV, 1 H) und durch einen Kamin (IV und III+) zu Stand (35 m). **12. SL:** Kurz hoch (V—), nach rechts um die Kante (III) und linkshaltend über Geröll zu Köpflstand (30 m). **13. SL:** In gleicher Richtung unschwierig weiter zu Köpflstand am Beginn einer Schuttrinne (40 m). **14./15. SL:** Durch die Rinne und das anschließende Schuttgelände zu Köpflstand bei einer großen Grotte (40 m, 40 m). **16. SL:** Kurz nach rechts zu einer kleinen Grotte, über sie in eine Rinne und Quergang nach rechts zu Stand an einem auffallenden Sicherungszacken (38 m, IV—). **17. SL:** Über schwarzen, plattigen Fels (IV) in den tiefschwarzen Kamin, am Beginn überhängend (IV+, 2 H), Stand unterhalb eines Klemmblockes (28 m). **18. SL:** Durch den Kamin weiter auf das große Band (35 m, IV— und III, 1 H). (Pracht)

Pordoispitze

W-Wand (Rizzi/Canepa-Führe), R618

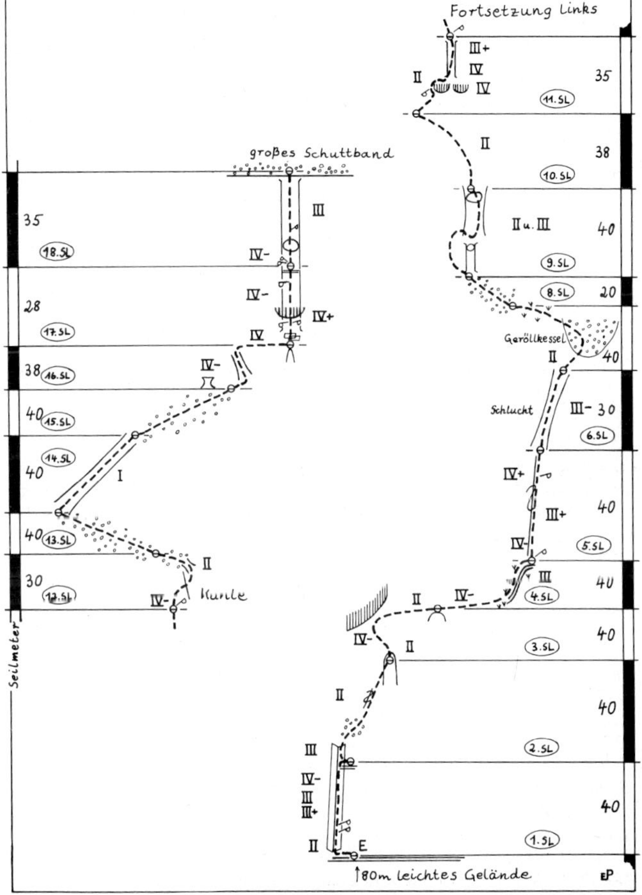

● 619 Westwand (Dibona-Führe)

A. Dibona, G. u. M. Mayer sowie L. Rizzi am 8. August 1910 (Mt. 1911—104).

IV (eine Stelle in der Gipfelwand), sonst drei Stellen IV— sowie vier Stellen III+; lange Passagen II und leichter. ♂ in der Gipfelwand.

Landschaftlich schöne und abwechslungsreiche Kletterei in sehr gutem Fels (trotz einiger Schuttpassagen). Sehr oft begangen. Wegen Wasser in der Gipfelwand sollte die Führe nicht zu früh im Jahr geklettert werden. Nach 20 SL kann man auf dem breiten Band nach rechts zu den Geröllhalden oberhalb des Pordoijoches ausqueren.

Die meisten SH und ZH vorhanden, dazu häufig natürliche Sicherungsmöglichkeiten.

Wandhöhe etwa 800 m, Kletterlänge etwa 1000 m (ohne das leichte Gelände im Bereich des großen Bandes). 5—7 Std.

Siehe Abb. Seite 370 und Skizze Seite 383

Übersicht: Inmitten der W-Wand befindet sich ein großer Schuttkessel. Die Führe gewinnt diesen von rechts her und verläßt ihn linkshaltend zum großen Band. Die Gipfelwand wird mittels eines Rißkamines, der jenseits des großen, auffallenden Blockes beginnt, nach rechts zum Gipfelplateau überwunden.

Zugang: Von Pian Schiavaneis auf R 36 so weit hoch, bis der Weg in der Nähe der Wand endgültig nach N einschwenkt. Nun rechtshaltend über Schutt und durch Latschen, einen Schuttkegel unterhalb eines Wasserstreifens linkslassend, zum E bei zwei großen, aneinanderliegenden Felsbrocken. ¾ Std.

Führe: 1./2. SL: Durch eine Rinne, die nach 10 m von einem Geröllkessel unterbrochen wird, schräg linkshaltend hinauf zu Köpflstand auf einem Pfeiler (40 m, 37 m, I und II). **3. SL:** Kurz absteigend auf ein Band mit deutlichen Begehungsspuren, nach links in die große, steile Schlucht und durch sie 10 m hinauf, schließlich nach rechts (III—) aufwärts zu Köpflstand (40 m). **4. SL:** Erst über Geröll, dann über Fels in einer schwachen Rechts-Links-Schleife zu Köpflstand (37 m). **5. SL:** Ausgesetzter Quergang nach links stufenförmig ansteigend, zuletzt auf ein leichtes Band und zu Stand (38 m, III, 2 H). **6. SL:** Weiter querend und ansteigend zu Stand bei H links eines kurzen Risses (38 m, I und III—). **7. SL:** Zwischen dem Riß und einer schwarz-weißen Rinne gerade hinauf zu SU-Stand (40 m, II und I). **8./9. SL:** Rechts der schwarz-weißen Rinne gerade hinauf zu Köpflstand am Beginn des großen Kessels (40 m, 40 m, II und I). Hier zweigt

Pordoispitze

W-Wand (Dibona-Führe), unterer Teil, R619

Variante R619a

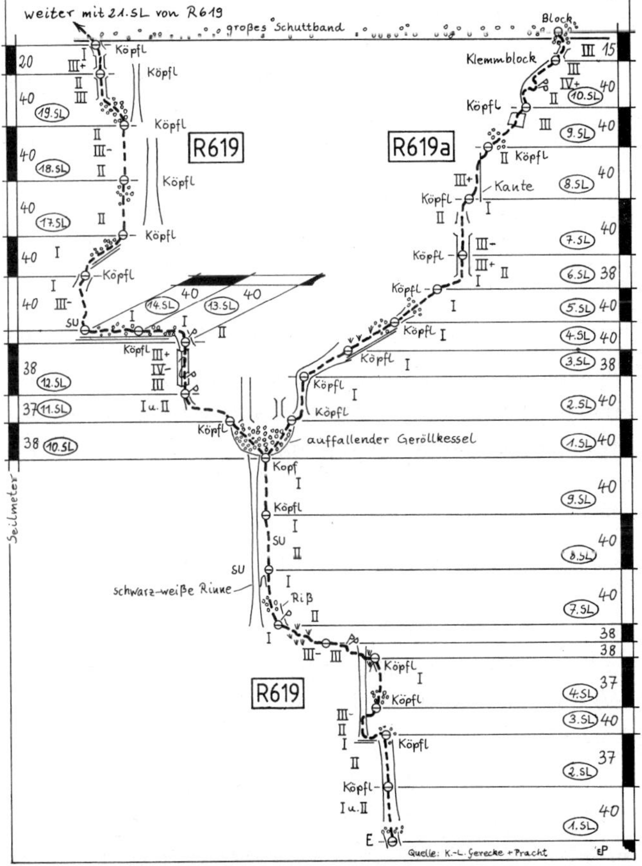

R 619a nach rechts ab. **10. SL:** Unschwierig durch den Schuttkessel halblinks zu Köpflstand am nächsten Aufschwung unterhalb einer höhlenartigen Nische in gelben Wänden (38 m, Steinmann). **11. SL:** Etwa 25 m nach links in eine Rinne, die sich oben zu einer Rißverschneidung verengt, und in ihr 10 m empor zu Stand (37 m, II und I). **12. SL:** In der Rißverschneidung in schöner Kletterei empor zu Stand (38 m, III, IV— und III+, 1 H). **13. SL:** Etwa 8 m in dem breiter und flacher werdenden Riß weiter (III und II), dann auf einem Schuttband 30 m nach links zu Köpflstand (40 m). **14. SL:** Weiter unschwierig über das Schuttband nach links zu SU-Stand in einer Nische (40 m). **15. SL:** Leicht linkshaltend 30 m über gutgestuften Fels hoch (III—) in eine Rinne und durch sie 10 m leicht rechtshaltend zu Köpflstand (40 m). **16. SL:** Auf deutlichen Steigspuren über Geröll und Schrofen nach rechts zu Köpflstand (40 m). **17. SL:** Durch eine ausgewaschene Rinne, oben über Schutt zu Stand an einer SU vor dem nächsten Aufschwung (40 m, II und I). **18. SL:** Gerade hoch zu Köpflstand auf einem kleinen Absatz unter einem breiten Wasserstreifen (40 m, II und III—). **19. SL:** Etwa 20 m halblinks über Schutt zum Beginn eines schräg nach links oben ziehenden Rißkamins; durch ihn 20 m empor (III) zu einem Absatz und Köpflstand (40 m). **20. SL:** Weiter durch den Kamin (III+) und über leichtes Gelände zu Köpflstand am Rande des großen

Bandes (20 m). Nun auf dem Band zu dem riesigen Block und durch eine leichte Verschneidung hoch, kurz nach links und auf das breite Band, welches bis zu einer auffallenden, schwarzen Rißkaminreihe nach links verfolgt wird. **21. SL:** Durch den tiefen schwarzen Riß zu SU-Stand (30 m, III). **22. SL:** Im Riß bis zu seinem Ende (IV—, 1 H) und weiter durch die kaminartige Fortsetzung (III+) zu Köpflstand (40 m). **23. SL:** Zuerst moosig (IV—) durch den Kamin (III+) zu Stand bei einem Felsenfenster (40 m). **24. SL:** Der Kamin wird kurz zu einem engen Spalt (IV), oberhalb davon tritt man ins Freie (H) und überklettert eine Hangelschuppe (III) zu Stand (35 m). **25. SL:** Die rinnenartige Fortsetzung des Kamins führt zu Stand am Rand des Gipfeldaches (40 m, II und III, 1 H). **26. SL:** Nach links durch einen Riß zu Stand an einem plattigen Block auf dem Gipfeldach (40 m, II).

(Pracht + D. Kratsch)

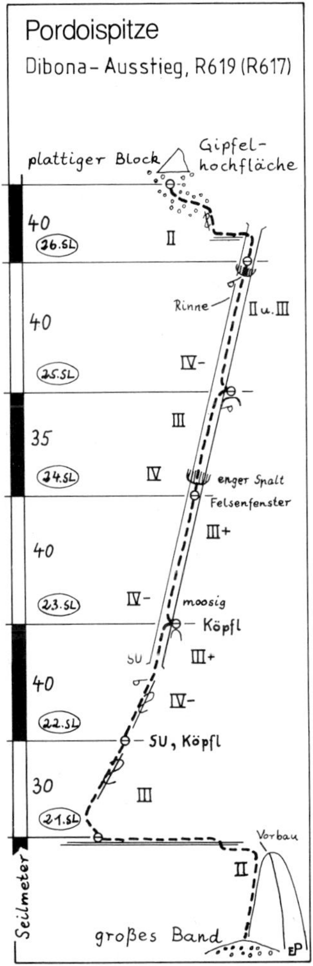

● 619a **Variante zur Dibonaführe (R 619)**

T. Soraruf im Jahre 1929 (Ann. S.A.T. 1930/31—19). Zweigt bei dem großen Kessel nach rechts ab und gewinnt knapp rechts der SW-Wand (R 620) das große Band.

IV+ (eine Stelle); zwei Stellen III+, sonst III und häufig leichter.

Einige interessante Kletterstellen, aber auch ausgedehnte Schuttpassagen.

Die meisten ZH vorhanden, Stand an Köpfln u. ä. möglich. Kletterlänge etwa 400 m. 2—3 Std.

Siehe Abb. Seite 370 und Skizze Seite 383

Variante: 1. SL: Unschwierig am rechten Rand des Schuttkessels hinauf zu Köpflstand (40 m). **2./5. SL:** Immer rechts ansteigend durch Rinnen, über Bänder und Geröll zu Köpflstand (40 m, 38 m, 40 m, 40 m, I). **6. SL:** Noch 20 m nach rechts und durch einen Kamin (II und III) zu Köpflstand (38 m). **7. SL:** Weiter durch den Kamin (nun Rißkamin) und nach rechts zu Köpflstand (40 m, III— und II). **8. SL:** Links der Kante hinauf und um die Kante nach rechts zu Köpflstand (40 m, III+ und II). **9. SL:** Über Geröll und ein schwarzes Wandl (III) rechtshaltend in Richtung des auffallenden, schwarzen Schuppenkamins zu Köpflstand (40 m). **10. SL:** In einer Links-Rechts-Schleife (H), dann durch einen Piazriß (IV+) in den Schuppenkamin und durch ihn zu Stand an einem Klemmblock (40 m). **11. SL:** Durch den Kamin zu Blockstand auf dem großen Band (15 m, III). (Pracht)

● 620 **Südwestwand**

C. Andreoli und M. Saggin am 17. Juli 1947 (Alp. 1966/7). Vielfach auch **Direkte Südwestwand** genannt.

IV, aufgeteilt wie folgt: Im unteren Teil vier Stellen IV—, sonst III und meist leichter; im oberen Teil vier Stellen IV und drei Stellen IV—, sonst III, nur selten leichter.

Der untere Teil stellt eine sehr lohnende Tour in gutem Fels dar, wogegen der obere Teil ziemlich brüchig und nicht empfehlenswert ist. Selten begangen.

Nach 17 SL kann man auf dem breiten Band nach rechts zu den Geröllhalden oberhalb des Pordoijoches ausqueren.

Die meisten ZH vorhanden, SH fehlen meist; vielfach Köpflstände u. ä. Wandhöhe etwa 750 m, Kletterlänge etwa 970 m. 6—8 Std.

Siehe Abb. Seite 370 und 393 und Skizze Seite 389

Übersicht: Die Führe hält sich im unteren Teil an ein Kamin- und Rinnensystem, das in ziemlich gerader Linie nach oben leitet. Oberhalb des großen Bandes verläuft sie wenig rechts des die ganze Wand an ihrem linken Rande durchreißenden Risses.

Zugang: Von Pian Schiavaneis auf R 36 so weit hoch, bis der Weg in der Nähe der W-Wand endgültig nach N einschwenkt. Nun rechtshaltend über Schutt und durch Latschen längs der W-Wand hoch zur SW-Wand; der E befindet sich je nach Wahl 30—50 m links der Wasserrinne, die zwischen der Pordoispitze und dem Sass de Moles herabkommt. 1 Std.

Führe: 1./2. SL: Je nach E gerade oder mit kleiner Abweichung hinauf zu Köpflstand unter einem gelb-schwarzen senkrechten Wandgürtel (40 m, 40 m, I, II, III—). **3. SL:** Man nimmt am besten jenen Riß durch den Wandgürtel, der durch einen kleinen Busch gekennzeichnet ist (IV— und III) und gelangt in einer Links-Rechts-Schleife zu Köpflstand am Beginn einer langen, teilweise nur wenig ausgeprägten Rinne (35 m). Ziel ist nun die gut sichtbare Kaminreihe des nächsten Steilaufschwunges. **4./5. SL:** Durch die ausgewaschene Rinne weiter, bis sie sich in zwei kurze Rinnen mit dazwischenliegender Verschneidung (rechte Wand gelb) teilt; Köpflstand in der linken Rinne unter einem Klemmblock (36 m, 40 m, I). **6. SL:** Links an dem Klemmblock vorbei und rechtshaltend zu Köpflstand in einer großen Rinne unter eingekeilten Blöcken (36 m, I). **7. SL:** Nach rechts aus der Rinne, über den rechten Begrenzungsrücken weiter, bis man in die Rinne zurückkann (III—) zu SU-Stand auf der rechten Seite der Rinne (38 m). **8. SL:** Noch 10 m in der Rinne weiter, dann nach links in das Kaminsystem und zu Köpflstand unter einem gelbschwarzen Überhang (38 m, Stelle III). **9. SL:** In einer Links-Rechts-Schleife um den Überhang herum und durch Risse und Verschneidungen zu Köpflstand unter einem schwarzen Kamin (30 m, II und III—). **10. SL:** Durch den Kamin (alle 3 Klemmblöcke werden außen überklettert) zu Köpflstand unter Grünzeug (u. a. Farne) am Beginn des nächsten, engen Kamins (30 m, III und IV—, 1 H). **11. SL:** Im Kamin etwa 10 m hoch (II, 1 H), dann nach rechts (IV—) in eine Parallelrinne, die man nach 10 m wieder linkshaltend verläßt, um in die rinnenartige Fortsetzung des Kamins zu gelangen; Stand am Ende der Rinne (35 m). **12. SL:** Weiter einige Meter rechtshaltend (hier wird eine große gelbe dreieckige Wand am oberen Horizont sichtbar) und leicht nach links oben zu Köpflstand unter einem gelb-schwarzen Ausbruch (38 m, I und II). Ziel ist nun die rechte Begrenzung des gelben Dreiecks. **13. SL:** In einer großen Links-Rechts-Schleife zu einem breiten, versteckten, etwa 10 m langen Kamin, dessen linker Begrenzungsrücken bis zu Köpflstand erstiegen wird (40 m, I und III—). **14./15. SL:** Leicht linkshaltend in Richtung auf den Schlußkamin hinter dem gelben Dreieck, der rechts von einer großen schwarzen Wand begrenzt wird; Köpflstand in der Rinne (40 m, 38 m, I). **16. SL:** In einer Rechts-Links-Schleife (III—) in den markanten Schlußkamin (III) zu Zackenstand in etwa halber Höhe (38 m). **17. SL:** Durch den jetzt engeren Kamin (IV—) auf das große Band zu Blockstand links (33 m). Hier kann man nach rechts ausqueren. Jenseits des Bandes nimmt man etwa 60 m rechts der linken Begrenzungskante des oberen Teiles der SW-Wand die Kletterei wieder auf. **18. SL:** Etwa 20 m schräg links empor (III) auf ein Bändchen und weiter nach links zu Stand am Fuße eines Kamins (35 m). **19. SL:** Durch den Kamin zu Stand auf einem bequemen Geröllplatz (38 m, III und II). **20. SL:** Linkshaltend zu einem H (III+), dann nach rechts um die Kante zu einem Kamin, der entweder direkt durchstiegen (IV) oder rechts umgangen (IV—, 2 H) wird (35 m). **21. SL:** Durch die Fortsetzung des Kamins zu Köpflstand am Beginn eines Risses (36 m, III und IV, 1 H). **22. SL:** Etwa 10 m nach rechts, dann um die Kante (III) in den Kamin, den man kurz verfolgt, anschließend langer Rechtsquergang zu einem Geröllplatz, gerade hoch (III) und nach rechts zu Stand bei einem großen Köpfl (40 m). **23. SL:** Durch einen brüchigen Riß linkshaltend, dann waagrecht nach links zu Köpflstand (34 m, IV—). **24. SL:** Weiter nach links zu einem Kamin und durch ihn (IV—) zu Stand bei einem Klemmblock (40 m). **25. SL:** Noch ein Stück durch den Kamin (III), dann nach links zu einem Köpfl (H); nach rechts einen Kamin (IV) und durch ihn zu Köpflstand (38 m). **26. SL:** Gerade hoch (III) in den großen schwarzen Kamin, den (IV, 2 H) man an seinem Ende nach links zu Köpflstand verläßt (35 m). **27. SL:** Quergang 5 m nach links und durch einen ganz kurzen Kamin auf das Gipfeldach (18 m, III). (Pracht)

● 621 Obere Westwand (Canepa/Rizzi-Führe)

M. Canepa und T. Rizzi, 4. 9. 1964 (Alp. 1965/9). Diese Führe, auch „Via Bambi“ genannt, wird in der Literatur als Südwestwand geführt, doch zeigt die Wand eher nach W.

V+ (eine Stelle), sonst V und leichter. Fast das ganze Jahr über naß.

Wandhöhe etwa 300 m, 4 Std.

Siehe Abb. Seite 370

Übersicht: Auf dem großen Band liegen zwei auffallende Blöcke, und zwar links (von W betrachtet) ein riesiger Block sowie rechts davon einer von wesentlich geringeren Ausmaßen; letzterer findet sich zu Füßen eines plattiggelben Pfeilers links der SW-Wand. Die Führe verläuft durch den tiefschwarzen Wasserstreifen wechselnder Breite unmittelbar links dieses Pfeilers.

Pordoispitze

Direkte SW-Wand, R620

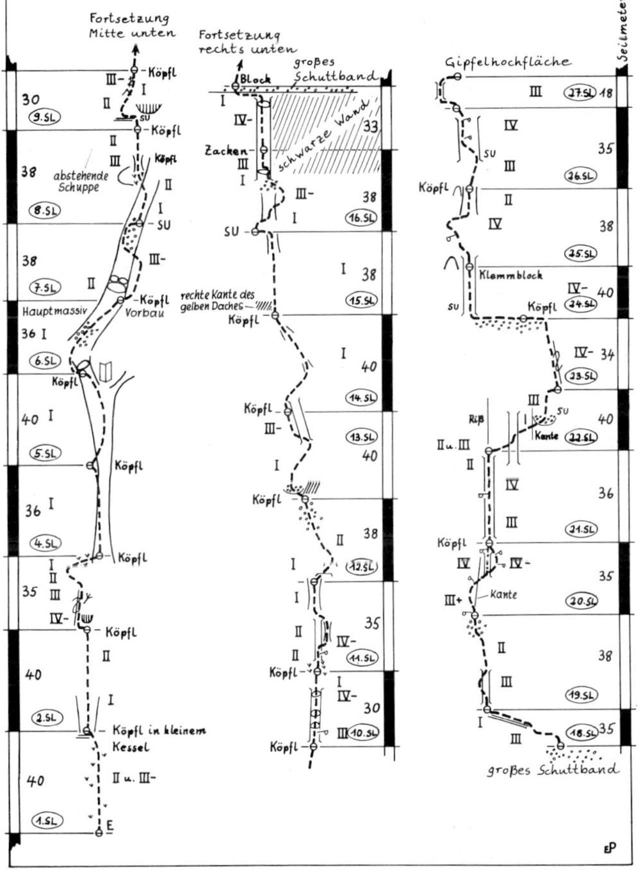

Zugang: Vom Pordoijoch wie bei R 34 in die große Geröllhalde und bald linkshaltend über Schutt mühsam hoch an den Fuß der SO-Wand. Auf einem Steiglein nach links zur S-Kante und jenseits unter der gesamten SW-Wand entlang zum E rechts des Wasserstreifens. 1½ Std.

Führe: Über gestuften Fels (II) schräg linkshaltend auf das etwa 60 m höher befindliche Band und nach links zum Beginn eines Risses. In 3 SL durch den schwarzen Riß (V) in sehr gutem Fels hoch und nach weiteren 40 m zu einer großen, schwarzen Nische. Durch den rechten zweier Risse empor, über einen Überhang (V+) und schließlich in weniger schwierigem Fels über kurze Wandstufen und Bänder zum Gipfel.

● 622 Obere Westwand (Franceschetti/De Francesco-Führe)

C. Franceschetti und M. De Francesco vom 25. bis 27. September 1966 (Alp. 1967/7.) Diese Führe heißt auch **„Via Angelo Cemin".**

VI+ (nach Angaben der Erstbegeher), doch dürfte es sich überwiegend um H-Kletterei handeln. Von den Erstbegehern wurden 25 Normal- sowie 75 Expansionshaken verwendet. Im oberen Teil benützt die Führe den Wasserstreifen von R 621, so daß auf trockene Verhältnisse zu achten ist.
Wandhöhe etwa 300 m, Zeit der Erstbegeher 25 Std.
Siehe Abb. Seite 370 und 393

Übersicht: Die Führe verläuft über den plattiggelben Pfeiler von R 621 bis unter ein Dach und erreicht dann linkshaltend bei der schwarzen, großen Nische die Führe R 621, auf der sie schließlich den Gipfel gewinnt.

Zugang: Vom Pordoijoch wie bei R 621 zum selben E. 1½ Std.

Führe: Ähnlich wie bei R 621 über gestuften Fels (II) auf das etwa 60 m höher gelegene Band, wo die Schwierigkeiten beginnen. Nun schwach linkshaltend längs eines Risses zu grauem Fels (V), dann im Verlaufe zweier Seillängen im wesentlichen senkrecht (VI/A2) unter ein sehr brüchiges Dach. Mittels eines langen Bohrhakenquerganges etwa 20 m nach links und schräg aufwärts zur Kante. Jenseits in die schwarze, große Nische und auf R 621 zum Gipfel.

● 623 Südwestriß

L. Bernard, Ciaffi, F. Rossi, R. Soraperra und T. Soraruf im Jahre 1931 (Ann. S.A.T. 1930/31—22).
V, überwiegend IV und leichter. Sehr selten begangen.
Wandhöhe etwa 300 m. 4 Std.
Siehe Abb. Seite 393

Übersicht: Die Führe verläuft längs des auffallenden, langen Risses, der die SW-Wand von rechts nach links an deren linkem Rand (unmittelbar rechts des plattig-gelben Pfeilers von R 621) durchreißt.

Zugang: Vom Pordoijoch wie bei R 621 zum E am Beginn des Risses. 1½ Std.

Führe: Durch den sofort schwierigen und bald überhängenden Riß empor, nach einigen instabilen Blöcken entweder im Riß weiter oder über die senkrechte und griffarme rechte Wand auf ein Schuttband. Der folgende Überhang wird entweder anstrengend direkt überklettert oder heikel an der Wand rechts davon umgangen. Weiter im Kamin und über einen weißlichen Überhang, sodann durch den nun sehr schmalen, roten und griffarmen Riß (SU) etwa 4—5 m empor. Nach einem neuerlichen Überhang und einem Schuttplatz wird der Riß weniger schwierig und erweitert sich zu einer tiefen, wilden Schlucht, die oben von einem gewaltigen Überhang abgeschlossen wird. Unter dem Überhang nach links und, einen Rücken umgehend, zu einer sehr ausgesetzten Höhlung und einer Schulter. Nach etwa 50 Horizontalmetern zu nassem Fels und zu Stufen, die zum Gipfel führen.

● **624—626** frei für Nachträge

● 627 Südwestwand („Via della Galleria“)

G. B. Piaz, Lea Scheibler und Bianca Seligmann am 12. September 1930 (Tb Pordoijoch).

IV, aufgeteilt wie folgt: 1½ SL IV, drei Stellen IV—, sonst überwiegend III. Außergewöhnlich abwechslungsreiche und interessante Führe mit einigen originellen Stellen. Verhältnismäßig selten begangen.

Wegen des bis in den Sommer hinein vereisten Ausstiegskamins kann die Führe oft erst ab Spätsommer begangen werden.

Die meisten ZH vorhanden, SH fehlen teilweise. Wandhöhe etwa 300 m, Kletterlänge etwa 350 m. 4—5 Std.

Siehe Abb. Seite 393 und 403 und Skizze Seite 395.

Übersicht: In der linken Wandhälfte gewahrt man einen auf halber Höhe ansetzenden Riesenfinger, der unten mit dem Hauptmassiv eine Verschneidung, oben einen durchgehenden Spalt bildet. Die Führe gewinnt in einer großen Rechts-Links-Schleife jene Verschneidung, quert dann zwischen Massiv und Riesenfinger in den Ausstiegskamin, durch den sie — teilweise im Innern des Berges — den Gipfel erreicht.

Zugang: Vom Pordoijoch wie bei R 34 in die große Geröllhalde und bald linkshaltend über Schutt mühsam hoch an den Fuß der SO-Wand. Auf einem Steiglein nach links zur S-Kante und jenseits unter der SW-Wand entlang querend zum E etwas rechts der Fallinie des Riesenfingers. 1¼ Std.

Führe: 1. SL: Durch eine kurze Verschneidung (III) auf eine Folge von Bändern, die schräg nach links aufwärts gequert werden, dann gerade weiter (III—) zu SU-Stand am Fuß eines auffallenden kurzen Kamins (40 m). **2. SL:** Durch den Kamin und schräg links über ein breites Band zu Stand (H) unter einer rotgelben und schwarzen Wand (20 m, II und III). **3. SL:** Auf dem Band nach rechts zu Stand an der Kante (40 m, I). **4. SL:** Über die Kante mittels eines Risses gerade hoch zu einer Nische (IV— und III), nach rechts und wieder gerade hoch (IV—) zu einem Band, das etwa 15 m nach rechts verfolgt wird, bis man nach links auf einem bequemen Band zu SU-Stand ansteigen kann (rechts außen keine Sicherung legen) (50 m). **5. SL:** Weiter auf dem Band, über eine kurze

Südwestwand der Pordoispitze ►

R 620 Direkte SW-Wand (oberer Teil)
R 622 Obere W-Wand
R 623 SW-Riß
R 627 Via della Galleria
R 628 Linke SW-Wand
R 629 Via del Finestone ad Arco
R 630 Westlicher S-Pfeiler

Pordoispitze
629
628
627
630
628
629
620
627
622
623

Steilstufe (III) zu Stand (32 m). **6. SL:** Über das Band zu Stand am Fuße eines Kamins, der die Fortsetzung der großen Rißverschneidung bildet (28 m, I). **7. SL:** Durch den Kamin (III) zu Stand am Beginn des langen Risses (18 m). **8. SL:** Dem Riß und seiner kaminartigen Fortsetzung folgend zu schlechtem Stand im Kamin (40 m, IV, 3 H). **9. SL:** Durch den Rest des Kamins auf eine sandige Stufe und nach links zu einem großen Kamin, beim ersten Klemmblock durch den Kamin zu Klemmblockstand auf der anderen Seite des Riesenfingers (30 m, III). **10. SL:** Quergang einige Meter nach links (IV) in den großen, mit Klemmblöcken verkeilten Schlußkamin und in diesem 20 m hinauf (III und IV—, 1 H) zu Stand (30 m). **11. SL:** Tief in den nun röhrenartigen Kamin hinein und durch das ihn abschließende Loch in den Schutt des Gipfelbereiches (20 m, III). (Pracht)

● 628 Linke Südwestwand

P. Holl und Gef. (Inf. P. Holl).
V— (eine Stelle) und eine Stelle IV—; sonst III und leichter.
Teilweise brüchiger Fels. Kaum wiederholt.
Wandhöhe etwa 300 m. 3—4 Std.
Siehe Abb. Seite 393

Übersicht: Die Führe verläuft anfangs gemeinsam mit R 627, erreicht dann R 620 und quert schließlich zu R 623, um auf dieser Route das Gipfelschuttfeld zu gewinnen.

Zugang: Vom Pordoijoch wie bei R 627 zum gleichen E. 1¼ Std.

Führe: Auf R 627 die ersten beiden Seillängen empor und über das Band etwa 10 m nach links zu Stand. Gerade hoch zu einer glatten Wand, diese linkshaltend (V—) empor und nach rechts (R 620) zu gutem Stand bei einem Schuttplatz. Nun (sehr brüchig) nach links in das markante Rißsystem von R 623 und gemäß dieser Route zum Gipfelschuttfeld.

● 629 Südwestwand („Via del Finestrone ad Arco")

G. B. Piaz und S. del Torso, 25. 7. 1933 (Scp. 1933—15. X.).
IV+ (eine Stelle); etwa 20 m IV, öfters IV—, sonst III und leichter. ☍ kurz von dem Gipfel.
Wenig empfehlenswerte Führe in oft schlechtem Fels. Selten begangen. Die Führe sollte nicht zu früh im Jahre angegangen werden, da man sonst nahe dem Gipfel auf starke Vereisung und Nässe treffen kann.
Die meisten ZH vorhanden SH fehlen teilweise.
Wandhöhe etwa 300 m, Kletterlänge etwa 440 m. 3—4 Std.
Siehe Abb. Seite 393 und Skizze Seite 395

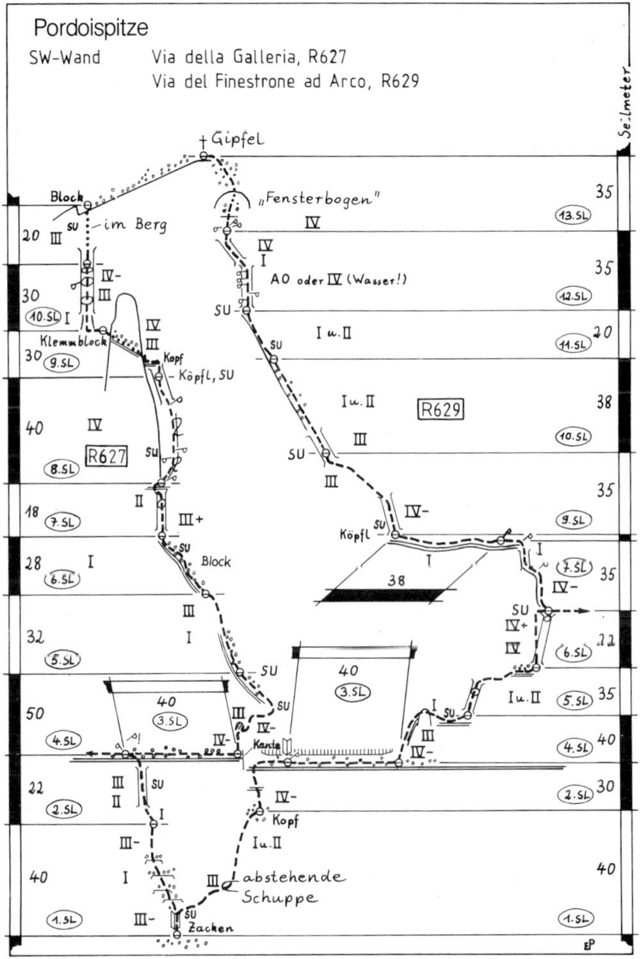
Pordoispitze
SW-Wand
Via della Galleria, R627
Via del Finestrone ad Arco, R629
Seilmeter
Gipfel
Block
„Fensterbogen"
im Berg
AO oder IV (Wasser!)
Klemmblock
Kopf
Köpfl, SU
R627
R629
Köpfl
Block
Kante
abstehende Schuppe
Zacken

Übersicht: Die Führe verläuft längs Bändern, Kaminen und großen Schuppen in der unteren Wandhälfte schräg rechts aufwärts, im zweiten Teil dann unterhalb der gelben Wandpassage schräg nach links oben und gewinnt durch den auffallenden Fensterbogen das Gipfelkreuz.

Zugang: Vom Pordoijoch wie bei R 627 zum gleichen E. 1¼ Std.

Führe: 1. SL: Durch eine kurze Verschneidung hoch (III) und rechtshaltend auf ein kleines Band, über das man eine kleine Schuppe erreicht, über sie (III) und schräg rechts ansteigend zu Stand bei einem großen Köpfl (40 m). **2. SL:** Gerade (IV—) hoch, dann schwach linkshaltend nach 15 m auf das große Band und nach rechts zu Stand (H) an einer kurzen Verschneidung (30 m). **3. SL:** Auf dem Band nach rechts zu Stand (40 m, I). **4. SL:** Schräg rechts hoch (IV—) und über eine Rampe (III) zu einem Zacken, etwas absteigen und waagrecht nach rechts zu SU-Stand am Beginn eines Kamins (40 m). **5. SL:** Durch den Kamin und schräg rechts hoch zu schuttigem Band; Stand am Fuß eines weiten Kamins (35 m, II). **6. SL:** Links des Kamins hinauf und nach rechts zu SU-Stand am Kaminabschluß (22 m, IV und IV+). **7. SL:** An einer gelben Schuppe nach links hoch (IV—, 1 H) und waagrechter Quergang nach links zu Stand am Beginn der schwarzen Felsen (35 m). **8. SL:** Auf dem hier ansetzenden Band etwas absteigend hinüber zu Köpflstand am Beginn des großen Kamin-Riß-Systems (38 m). **9. SL:** Durch das System zu Stand an einer großen gelben SU links (35 m, IV— und III). **10./11. SL:** Weiter im System zu SU-Stand am Beginn eines schwarzen Kamins (38 m, 20 m, III, I und II). **12. SL:** Durch den Kamin (IV oder A0, 5 H) und linkshaltend in einen weiteren Kamin, nach ihm (IV—) Stand (3 H) an der letzten kurzen Wandstufe unterhalb des Fensterbogens (35 m). **13. SL:** Über die Wandstufe (IV), durch den Fensterbogen und linkshaltend zu Stand am Gipfelkreuz (35 m). (Pracht)

● 630 Westlicher Südpfeiler

F. Jori, M. Michelson und G. B. Piaz am 31. Juli 1910 (Jb. Sek. Berlin 1910—46).

IV+, aufgeteilt wie folgt: 1 SL IV und IV+, weiterhin eine Stelle IV, mehrere Stellen IV—, sonst III und leichter.

Der untere Teil (identisch mit R 629) weist einige Schuttstellen auf, der obere Teil gehört zu R 632, einer Modetour allerersten Ranges. Sehr selten begangen.

Die meisten ZH vorhanden, SH fehlen in der unteren Hälfte teilweise.

Wandhöhe etwa 300 m. 2 Std.

Siehe Abb. Seite 393

Übersicht: Der S-Kante ist ein massiger, weithin sichtbarer Turm angelagert. Die Führe gewinnt durch die SW-Wand über Bänder und Kamine von links unten nach rechts oben die Scharte zwischen dem Turm und dem Massiv, um dann erst rechts- und schließlich linkshaltend am Massiv die geneigten Felsen des Gipfelbereiches zu erreichen.

Zugang: Vom Pordoijoch wie bei R 627 (bzw. R 629) zum selben E. 1¼ Std.

Führe: Wie bei R 629 gegen die Scharte zwischen dem Turm und dem Massiv empor und in die Scharte selbst. Nun auf R 632 weiter.

● **631** **Direkter Südpfeiler**

F. und G. B. Piaz, R. Springorum sowie S. del Torso am 27. September 1933 (Sep. 1933—15. X.). Auch **Spigolo Sud del Pilastro Sud** genannt.

V/A0, aufgeteilt wie folgt: 1 SL V/A0, je zwei Stellen V und A0, sonst IV—, häufig leichter.

Schöne und ausgesetzte Kletterei in gutem Fels. Häufig begangen.

Nach 3 SL kann man auf R 632 überwechseln.

Die meisten ZH und SH vorhanden, dazu häufig natürliche Sicherungsmöglichkeiten. Pfeilerhöhe etwa 260 m, Kletterlänge etwa 470 m. 3 Std.

Siehe Abb. Seite 403 und Skizze Seite 399

Übersicht: Der S-Kante ist ein massiger, weithin sichtbarer Turm angelagert. Die Führe erreicht von links die S-Kante dieses Turmes, verläuft dann auf dieser — abgesehen von einer Rechtsumgehung — bis unter das große Dach und gewinnt linkshaltend über den langgezogenen Turmgipfel die Scharte zwischen ihm und dem Hauptmassiv. Erst rechts-, dann linkshaltend werden am Hauptmassiv schließlich die geneigten Gipfelfelsen erreicht.

Zugang: Vom Pordoijoch wie bei R 34 in die große Geröllhalde und bald linkshaltend über Schutt mühsam hoch an den Fuß der SO-Wand. Auf einem Steiglein nach links zur S-Kante und zum E, etwa 10 m jenseits der Kante. 1 Std.

Führe: 1. SL: Über geneigtes und gestuftes Gelände in einer großen Links-Rechts-Schleife auf ein Band, das man bis zu Blockstand nach rechts verfolgt (40 m, I). **2. SL:** Kurz nach rechts zu einem H, gerade über eine Wandstelle hoch (IV—) zu weiterem H, waagrecht nach rechts und um die Kante (A0, 1 H), die bis zu Blockstand auf dem Kopf des vorgelagerten Pfeilers (V—, III und II) verfolgt wird (35 m). **3. SL:** An der gegenüberliegenden Kante empor zu Stand auf einem bequemen

Band (20 m, V—, IV—, A0, 2 H). Hier kann man nach rechts zur Mariakante ausqueren. **4. SL:** Knapp rechts durch einen senkrechten gelben Riß, dann über eine senkrechte Wand schräg nach links zur Kante; Stand (2 H) etwas oberhalb (35 m, V/A0, IV+, 5 H). **5. SL:** Längs der Kante empor (III und IV, 1 H), links (H) an dem großen Dach vorbei und etwa auf Höhe des Daches durch einen Riß (IV—) zu Stand (2 H) auf einem Bändchen (35 m). **6. SL:** Erst in einer Rechts-Links-Schleife, dann gerade hoch über schuttbedeckten Fels zu Stand auf dem Grat (30 m, II und IV—). **7. SL:** Waagrecht über den Grat nach links zu Stand in der Scharte zwischen Turm und Hauptmassiv (40 m, I). Nun weiter wie bei R 632. (C. Cima + Pracht)

● 632 Südpfeiler („Mariakante")

G. B. Piaz und V. Dezulian im Jahre 1932 (Cas. 1937—471).
IV— (einige Stellen), überwiegend III.
Abwechslungsreiche und steile Kletterei in bestem Fels. Modetour allerersten Ranges.
Die meisten ZH und SH vorhanden, dazu häufig natürliche Sicherungsmöglichkeiten. Kantenhöhe etwa 260 m, Kletterlänge etwa 480 m. 2—2½ Std.
Siehe Abb. Seite 403 und Skizze Seite 399

Übersicht: Der S-Kante ist ein massiger, weithin sichtbarer Turm angelagert, welcher gegen Südosten mit dem Hauptmassiv eine tiefe Kaminschlucht bildet. Die Führe hält sich zunächst an diese Schlucht, um dann links davon unter das große Dach zu gelangen. Abermals in der Schlucht verlaufend, gewinnt sie die Scharte zwischen dem Turm und dem Hauptmassiv und erreicht erst rechts-, dann linkshaltend die geneigten Gipfelfelsen.

Zugang: Vom Pordoijoch wie bei R 34 in die große Geröllhalde und bald linkshaltend über Schutt mühsam hoch an den Fuß der SO-Wand. Auf einem Steiglein nach links zum E am Beginn der tiefen Schlucht. 1 Std.

Führe: 1. SL: Durch die Kaminschlucht meist an ihrer linken Seite empor zu SU-Stand in flacherem Gelände (35 m, III+ und III). **2. SL:** Im Schluchtkamin über zwei Absätze zu Stand (H) unter einem Überhang (38 m, III und III+). **3. SL:** Auf einem guten Band nach links zu Stand (H) in Fallinie des großen Daches (25 m, I, 1 H). **4. SL:** In schöner Wandkletterei direkt zu einem Absatz hinauf (III) und durch einen Riß (IV—) zu Stand (30 m). **5. SL:** Gerade empor unter das große Dach und nach links zu Stand (35 m, IV— und III, 3 H). **6. SL:** Auf einem Band zurück nach rechts, 3 m hinauf (IV—, 1 H) und jenseits

Pordoispitze

Direkter S-Pfeiler, R631

Maria-Kante, R632

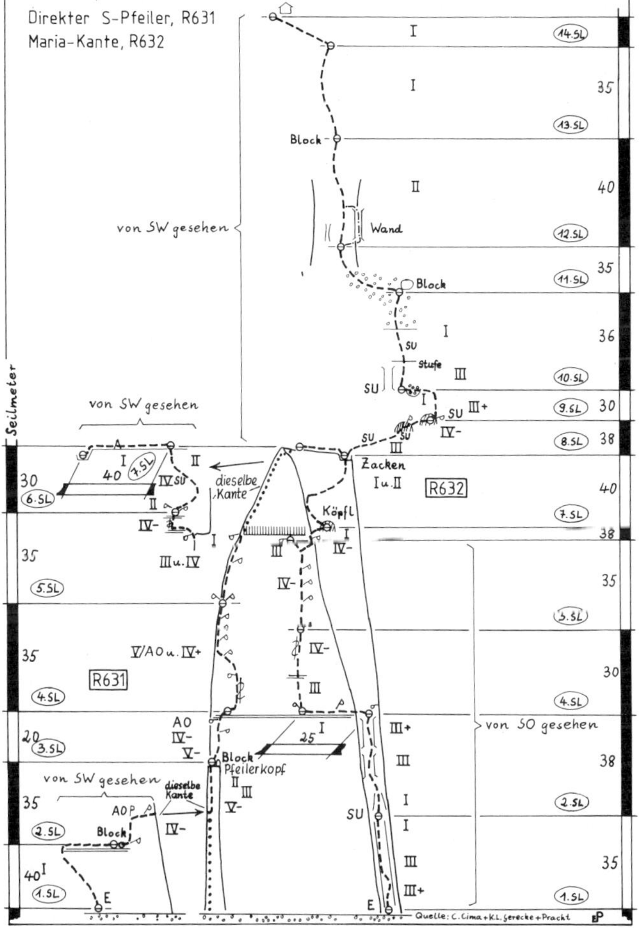

der Kante auf einem Band 25 m nach rechts zu Köpflstand in einer Nische (38 m). **7. SL:** Auf einem Band 12 m nach links oben, 5 m gerade hinauf, dann 17 m nach rechts und weiter 5 m ansteigend zu Stand in der Scharte zwischen Turm und Hauptmassiv (40 m, I und II). **8. SL:** Durch einen kurzen Spalt hoch, dann stets ansteigend nach rechts über die Wand zu einer Nische (III, 1 H) und weiter zu Stand (IV—) in einer zweiten Nische (38 m). **9. SL:** Nach rechts um die Nischenkante, aufwärts und schließlich linkshaltend zu SU-Stand rechts eines schwarzen Kamins (30 m, III+ und I). **10. SL:** Gerade hoch und über Schutt zu Blockstand (36 m, III und I). **11. SL:** Unschwierig parallel zur großen Wand im Bogen nach links zu Zackenstand in einer großen Schlucht (35 m). **12. SL:** Gerade hoch oder rechts durch den Spalt zu Blockstand (40 m, II). **13./14. SL:** Weiter zum Rücken bei der Seilbahnstation und über diesen zum Haus (35 m, 25 m, I). (K.-L. Gerecke + Pracht)

● 633 Südkante

T. Groß und G. Momoli am 3. September 1963 (Alp. 1965/9).

V (eine Passage), außerdem eine Stelle V—, 2 Stellen IV+; sonst IV und III.

Abwechslungsreiche und ausgesetzte Kletterei in gutem Fels. Häufig begangen.

Die meisten ZH und SH vorhanden, dazu häufig natürliche Sicherungsmöglichkeiten.

Kantenhöhe etwa 260 m, Kletterlänge etwa 290 m (ohne das leichte Gelände knapp unterhalb des Gipfels). 3 Std.

Siehe Abb. Seite 403 und Skizze Seite 401

Übersicht: Die Führe verläuft — bis auf zwei Abweichungen nach links — über die Kante rechts der Kaminschlucht, die zwischen dem angelagerten Turm und dem Hauptmassiv herabkommt.

Zugang: Vom Pordoijoch wie bei R 34 in die große Geröllhalde und bald linkshaltend über Schutt mühsam hoch an den Fuß der SO-Wand. Auf einem Steiglein nach links zum E bei einem Riß, der links von einer grauen und rechts von einer rotbraunen Wand gebildet wird. 1 Std.

Führe: 1. SL: Durch die Rißverschneidung hinauf (IV), nach einer Rechts-Links-Schleife (IV+, 3 H) linkshaltend in einen kurzen Kamin und durch ihn (III, 1 H) zu Köpflstand auf einem Pfeiler (35 m). **2. SL:** Etwa 7 m nach rechts in die Fortsetzung der Rißverschneidung und durch sie — beim zweiten H kurz nach rechts zur Kante — auf ein breites Band, schließlich zu Stand einige Meter rechts (40 m, III+, III und II, 2 H). **3. SL:** Über gelbsplittrigen Fels gerade hinauf (IV—), rechts an einer schwach ausgeprägten Nische vorbei zu H, von dem ein 8 m

langer Linksquergang (V—) zu einem Riß führt, durch ihn (IV, 1 H) zu Zackenstand auf der Kante (40 m). **4. SL:** Etwa 4 m nach links um die Kante, steil senkrecht aufwärts (IV) bis zu einer großen SU, dann 8 m nach links zu H und noch 2 m linkshaltend höher, um schließlich mittels eines steigenden Querganges nach rechts (IV—) zu BH-Stand kurz vor der Kante zu gelangen (35 m). **5. SL:** Etwa 15 m nach links (H) und schräg rechts aufwärts zu einer SU; weiter rechtshaltend empor zu Stand (2 H) bei einer Nische (40 m, V und IV). **6. SL:** Kurz nach rechts, dann gerade empor zu einer Einbuchtung und nach rechts um die Kante zu SU-Stand (25 m, IV). **7. SL:** Unmittelbar rechts der Kante durch eine Verschneidung (III) 20 m hinauf zu einem Absatz an der Kante, steil über gelben Fels zu weiterem Absatz und über einen Überhang (IV+) zu Stand bei einer großen SU (38 m). **8. SL:** Über die mehrfach gestufte Kante zu Köpflstand auf einer Plattform kurz vor einem gelben Turm (35 m, IV— und III). Nun durch den Spalt zwischen dem Turm und der Wand hinauf und vollends in mäßig schwierigem Gelände (II) mit wenigen Schritten zum Haus.
(Pracht)

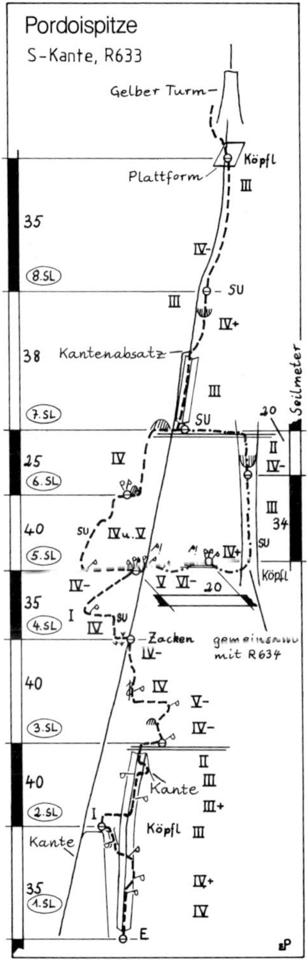

● 634 Südostwand (De Francesch/Innerkofler-Führe)

P. De Francesch und F. Innerkofler vom 22.—23. Juli 1954 (Alp. 1966/7).

VI/A2, in der oberen Hälfte V und leichter. Vornehmlich H-Kletterei in teilweise schlechtem Fels. Selten begangen. Wandhöhe etwa 290 m, keine Zeitangabe.

Siehe Abb. Seite 403

Übersicht: Zwischen der S-Kante und der breit-muldigen Schlucht in Fallinie der Seilbahnbergstation gewahrt man ein Wasserstreifensystem, das sich in einem dunklen Riß bis zum Wandfuß fortsetzt. Längs dieses Systems entwickelt sich die Führe.

Zugang: Vom Pordoijoch wie bei R 633 an den Fuß der SO-Wand und nach links zum E nahe dem Beginn des Systems. 1 Std.

Führe: In einer kurzen Verschneidung, deren Wände durch zwei Streifen gekennzeichnet sind, einige Meter hinauf, sodann 2 m nach rechts und längs eines schwarzen Wasserstreifens unter mehrere kleine Dächer. Diese übersteigend erreicht man nach 30 m zwei kleine Nischen. Weiter überhängend etwa 10 m empor und über leichten Fels nach 20 m auf das durchgehende breite Band. Bis hierher VI/A1, A2. Nun durch einen gelben und brüchigen Riß wenige Meter rechts eines schwarzen Wasserstreifens überhängend etwa 35 m empor (VI/A1, A2; 13 H und 3 HK). Im Riß weiter 8 m hoch (V+) bis unter einen Wulst, den man entweder direkt (A1 und V+) überklettert oder mittels eines 5 m langen Linksquerganges und anschließendem Direktanstieg umgeht (V+); Stand auf einer kleinen Terrasse. Durch eine Schlucht mit zwei Verengungen (V, IV+) nach 20 m zu einem Band. Das nachfolgende Wändchen führt in eine Schlucht und diese zu einem Band (40 m, III und IV). Nun gerade hoch durch die Fortsetzung der Schlucht oder leichter links von ihr wie bei R 633 zu den geneigten Gipfelfelsen.

Südostwand der Pordoispitze ►

R 627 Via della Galleria
R 631 Direkter Südpfeiler
R 632 Maria-Kante
R 633 S-Kante
R 634 De Francesch/Innerkofler-Führe
R 635 Groß/Rizzi-Führe
R 636 Bergfestival-Führe
R 637 Kaminführe
R 638 Via dei Ciamorces
R 639 Südpfeiler (De Francesch/Romanin-Führe)
R 640 SO-Schlucht
R 641 Rechte Schluchtwand
R 642 Rißführe
R 643 Zeniführe

Pordoispitze
Pordoi-
scharte
640
642
641
639
638
643
51
627
631
632
633
634
635
636
637

● 635 **Südostwand (Groß/Rizzi-Führe)**

T. Groß und T. Rizzi am 12. August 1956 (Lan. 1969—45).
VI/A2 (vermutlich), aufgeteilt wie folgt: In den ersten 5 SL VI/A1, A2, sonst V und leichter.
Kaum begangen. Die Erstbegeher verwendeten 100 H und einige HK. Wandhöhe etwa 290 m. 11 Std.
Siehe Abb. Seite 403

Übersicht: Die Führe gewinnt ziemlich direkt den Beginn der Schlucht, die oben breitmuldig von der Seilbahnbergstation herabkommt und sich dabei oberhalb des durchgehenden, breiten Bandes verliert. Durch diese Schlucht erreicht sie schließlich das Haus.

Zugang: Vom Pordoijoch wie bei R 633 an Fuß der SO-Wand und zum E etwa 50 m rechts von R 634. 1 Std.

Führe: Sofort senkrecht empor, nach 3 m über einen Überhang und längs eines Risses nach 10 m zu einem schmalen Band (Stand). Nach einer überhängenden und schrägen, 15 m hohen Verschneidung steigt man senkrecht 3 m über schwarzen Fels auf ein Band weiter (Stand). Etwa 3 m nach rechts und durch einen Riß auf das durchgehende, breite Band (Stand). Etwa 10 m weiter rechts über eine gelbe, 8 m hohe Platte zu einem Riß, der nach 9 m auf eine kleine Terrasse führt. Am linken Ende dieser Terrasse über eine Platte zu einem Riß, der leicht linkshaltend unter einen Überhang leitet. Oberhalb des Überhanges durch die dort ansetzende Wasserrinne (eine Stelle V) hoch zu ihrer Zweiteilung und im rechten Ast zum Haus.

● 636 **Südostwand („Bergfestivalführe“)**

M. Stenico, L. Trottner und D. Zeni im September 1961 (Lan. 1969—45).
V/A2, aufgeteilt wie folgt: Zwei Stellen V, einige Meter A2, etwa 40 m A1; sonst zwei Stellen IV+ und meist IV.
Neben sehr schöner Freikletterei in bestem Fels zwei hakentechnische Seillängen mit einigen unsicheren H bzw. HK sowie mehreren Cassin-BH.
Verhältnismäßig selten begangen.
Die meisten ZH vorhanden (einschließlich jene der beiden H-technischen SL); SH fehlen teilweise; ein Schlingenstand.
Wandhöhe etwa 290 m, Kletterlänge etwa 330 m (ohne die leichten Gipfelfelsen). 6—9 Std.
Siehe Abb. Seite 403 und Skizze Seite 405

Übersicht: Links der tiefen, die SO-Wand spaltenden Schlucht durchzieht eine mehrfach gewundene Kaminverschneidung (Blitzableiter!)

die gesamte Wand. Wenig links davon findet sich eine kleine Verschneidung, die den Wandfuß mit dem durchgehenden, breiten Band verbindet. Die Führe gewinnt durch diese kleine Verschneidung das Band und erreicht, sich links der gewundenen Verschneidung haltend, das geneigte Gelände am Ausgang der gewundenen Verschneidung.

Zugang: Vom Pordoijoch wie bei R 34 in die große Geröllhalde und bald linkshaltend über Schutt mühsam hoch zum E am Beginn der Verschneidung, die links rotgelb und rechts schwarz ist. 1 Std.

Führe: 1. SL: Über eisenfesten Fels durch die Verschneidung hinauf zu Stand (H) auf einem Absatz (25 m, III, IV und V, 1 H). **2. SL:** Auf dem Absatz ein wenig nach rechts, gerade hoch über einen heraussstehenden H, dann kurz in Richtung Rißkamin, zurück nach rechts in gestuftes Gelände, das so weit verfolgt wird, bis man durch einen gutgriffigen Riß auf das durchgehende, breite Band steigen kann; Stand an der gelben Wand unter der H-Leiter (40 m, IV +, IV und III +, 1 H). **3. SL:** Den H folgend, anfangs stark überhängend, zu Schlingenstand (20 m, A2 und A1). **4. SL:** Noch etwa empor, dann H-Quergang nach links zu einem hohlklingenden Pfeiler und von dessen höchstem Punkt weiter den H folgend zu

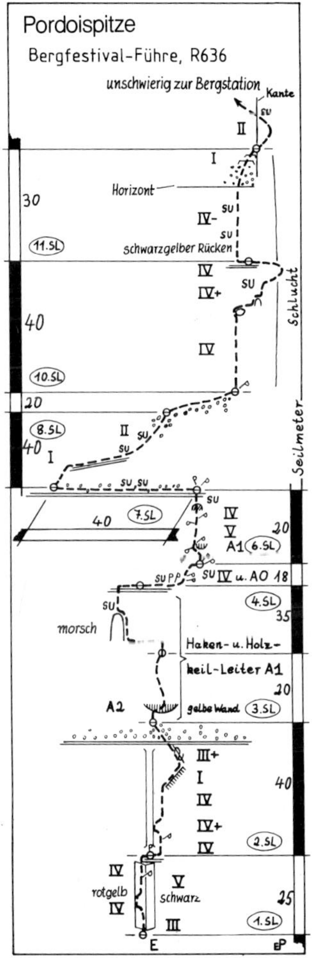

einem Band; kurz nach rechts zu Stand (35 m, A1 und III). **5. SL:** Auf dem Band noch etwa 8 m nach rechts (bis es sich verliert), weiter nach rechts (IV) und schräg rechts hinauf (A0, 4 H) zu Stand (2 H) in einer kleinen Nische (18 m). **6. SL:** Links am Nischenüberhang vorbei und gerade hoch zu Stand (2 H) auf einem Band (20 m, V und IV, 4 H). **7. SL:** Unschwieriger Quergang nach links zu Köpflstand (40 m). **8. SL:** Auf einem ansteigenden Gesimse nach rechts zu Stand (40 m, I und II). **9. SL:** Weiter nach rechts ansteigend zu Stand (H) unter einer großen Wand knapp links der gewundenen Kaminverschneidung (20 m, I). **10. SL:** Gerade hoch, dann etwas nach links auf einen Vorsprung, rechtshaltend ansteigen zu wackligem Zacken, über ihn hoch und in einer Rechts-Links-Schleife zu Stand (40 m, IV und IV+, 1 SU). **11. SL:** Noch einmal steil über mehrere schwarze Aufschwünge (IV—) zu einem großen Band mit Steinmann; Stand knapp oberhalb des Bandes rechts an einer gelben SU (30 m, IV— und I). Rechts um die Kante (II) und unschwierig nach 100 m zum Haus. (Pracht)

● 637 Südostwand (Kaminführe)

G. Masè Dari und R. Ghirardini am 14. August 1931 (Riv. 1933—38).

IV+ (sehr von den Verhältnissen abhängig). Wand- und Kaminkletterei in meist nassem Fels. Selten begangen. Im Bereich der Führe wurde der Blitzableiter der Bergstation verlegt. Da der Kamin stark dem Wasser ausgesetzt ist, sollte die Führe erst im Herbst begangen werden.

Wandhöhe etwa 290 m. 3 Std.

Siehe Abb. Seite 403

Übersicht: Links der tiefen, die SO-Wand spaltenden Schlucht durchzieht eine mehrfach gewundene Kaminverschneidung die gesamte Wand. Die Führe verläuft erst links und dann rechts des Kamins der Verschneidung, um schließlich nach 1/3 Wandhöhe durch den Kamin selbst das geneigte Gelände unterhalb der Seilbahnbergstation zu erreichen.

Zugang: Vom Pordoijoch wie bei R 34 in die große Geröllhalde und bald linkshaltend über Schutt mühsam hoch zum E links des Kamins. 1 Std.

Führe: Zuerst 15 m hoch, dann 10 m nach rechts zu Stand. Zurück nach links und gerade empor zu Stand auf dem durchgehenden breiten Band. Rechtsquerend unter dem nun überhängenden Kamin hindurch und rechts desselben 10 m über eine Wand empor zu Stand auf einem Absatz. Erst gerade hinauf, dann schwach linkshaltend über eine glatte Wand und zu Stand im Kamin. Durch den senkrechten Kamin, mehrere

Überhänge übersteigend, bis zu Stand in einer nassen Grotte. Nach dem nun folgenden Überhang erweitert sich der Kamin, dem man noch eine SL folgt. Über die linke, sehr ausgesetzte und brüchige Wand empor und oberhalb des letzten Aufschwunges über leichte Felsen zum Haus.

● 638 Südostwand („Via dei Ciamorces")

C. Platter und L. Vaia im Jahre 1971 (Inf. C. Cima).

V + /A 2, aufgeteilt wie folgt: Eine Stelle V +, zwei Passagen A 2 und A 1, mehrfach V und IV; nur in Gipfelnähe bei günstigen Verhältnissen leichter.

Sehr schöne Kletterei mit anhaltenden Schwierigkeiten. Selten begangen. Die Ausstiegsschlucht ist im Frühjahr noch vereist. Die meisten ZH und SH vorhanden.

Wandhöhe etwa 270 m. 6 Std.

Siehe Abb. Seite 403

Übersicht: Die Führe verläuft von rechts nach links über den Pfeiler links der tiefen Schlucht, welche die SO-Wand spaltet, und erreicht durch die mehrfach gewundene Kaminverschneidung die geneigten Gipfelfelsen.

Zugang: Vom Pordoijoch wie bei R 34 in die große Geröllhalde und bald linkshaltend über Schutt mühsam hoch zum E links der tiefen Schlucht. 1 Std.

Führe: 1./2. SL: Durch einen schwach ausgeprägten Riß in gelbem Fels empor zu Stand auf dem durchgehenden, breiten Band (60 m, V/A 1 und A 2, Stelle V +). **3. SL:** Etwas nach links, dann schräg rechts aufwärts und über ein Dach hinweg zu Stand (30 m, V/A 1 und A 2). **4. SL:** In mäßigem Fels durch einen gelblichen Riß zu Stand (40 m, V—, IV und V). **5. SL:** Über eine Platte in Richtung der linken Kante zu Stand (40 m, IV). **6. SL:** Weiter zu Stand an der Kante (40 m). Ende der Hauptschwierigkeiten. Nun in die Schlucht und durch diese (II und III bei günstigen Verhältnissen) nach 80 m in die leichten Gipfelfelsen.

(S. Panzeri + G. Stefani)

● 639 Südpfeiler (De Francesch/Romanin-Führe)

B. De Francesch und Q. Romanin am 18. Juli 1959 (Lan. 1969—46).

VI (nach Angabe der Erstbegeher). Teilweise H-Kletterei. Ganz selten begangen. Die Erstbegeher verwendeten 50 H und einige HK, von denen sie 15 H beließen.

Wandhöhe etwa 260 m. 10 Std.

Siehe Abb. Seite 403

Übersicht: Die Führe verläuft anfangs durch die tiefe Schlucht, welche die SO-Wand spaltet, um danach von dem durchgehenden, breiten Band aus die markante, gelbe Verschneidung inmitten des Pfeilers zwischen der Schlucht und der mehrfach gewundenen Kaminverschneidung zu erreichen. Nach zwei Seillängen verläßt sie diese Verschneidung nach rechts und gewinnt bald die leichten Gipfelfelsen.

Zugang: Vom Pordoijoch wie bei R 34 in die große Geröllhalde und bald linkshaltend über Schutt mühsam hoch zum E am Beginn der tiefen Schlucht. 1 Std.

Führe: Durch die Schlucht nach 40 m auf das durchgehende breite Band. In dem wenige Meter links befindlichen, gelben und überhängenden Riß etwa 20 m empor und schräg links weiter durch einen Riß, der an dem Band unter der gelben Wand endet. Auf diesem Band nach rechts zum Beginn der großen Verschneidung. Durch sie, einen Überhang übersteigend, 2 SL empor bis unter einen zweiten Überhang. Die Verschneidung verlassen und 10 m nach rechts zur Kante. Nun 12 m schräg nach links in gelbem und überhängendem Fels in eine kleine Nische. Weiter über weniger schwierige Felsen bis auf ein Band unter einer gelbgrauen Wand, die an ihrer rechten Seite überhängend erstiegen wird. Binnen kurzem erreicht man dann die Hochfläche.

● **640** **Südostschlucht**

V. Dezulian mit einer Engländerin im August 1926 (Riv. 1927—320).

III, überwiegend II. Brüchige und gefährliche Schluchtkletterei. Selten begangen.

Wandhöhe etwa 260 m. 1½ Std.

Siehe Abb. Seite 403

Übersicht: Die Führe verläuft durch die tiefe Schlucht, welche die SO-Wand spaltet.

Zugang: Vom Pordoijoch wie bei R 639 zum gleichen E. 1 Std.

Führe: Durch einen kurzen Kamin und über eine Wand linker Hand, dann auf Kies, Geröll und über Felsbrocken inmitten der tiefen Schlucht so weit hoch, bis sie von einem Wasserfall gesperrt wird. Durch eine Art Kamin an der linken Wand in eine Nische und linkshaltend zu einer Terrasse. Noch einige Meter hoch zurück in den Kamin. Nach 15 m durch einen engen Riß zu leichtem Fels und über diesen zur Hochfläche.

● **641** **Südostwand (Rechte Schluchtwand)**

C. Platter, E. Soraperra und L. Vaia am 2. September 1966 (Riv. 1968—135).

IV. Selten begangen.
Wandhöhe etwa 250 m. 2 Std.
Siehe Abb. Seite 403

Übersicht: Die Führe verläuft über die rechte, nördl. Wand jener tiefen Schlucht, welche die SO-Wand spaltet.

Zugang: Vom Pordoijoch wie bei R 639 zum gleichen E. 1 Std.

Führe: Rechts 2 SL hoch bis unter eine gelbe Wand. Auf einem gut erkennbaren Bändchen nach rechts bis hinter einen auffallenden Felszacken. Durch den hier ansetzenden, senkrechten Riß und den folgenden Kamin hinauf. Linkshaltend zu einer glatten und senkrechten Verschneidung und weiter 10 m schräg nach rechts unter eine kleine, gelbe Wand. Linkshaltend über diese hinweg und direkt durch einen Riß unter die gelben Gipfeltürme. Schräg nach links in den mittleren Kamin, den man durchsteigt. Schließlich, den rechten Turm umgehend, durch einen Riß zur Gipfelhochfläche.

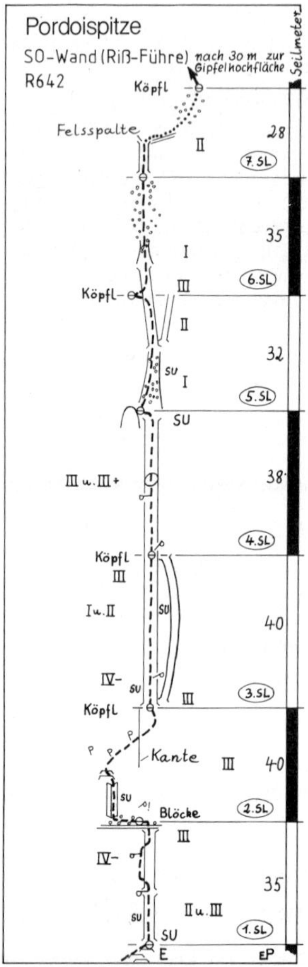

• **642** **Südostwand (Rißführe)**
M. Pederiva und A. Rizzi im August 1922 (Riv. 1923—75).
IV— (2 Stellen), sonst III und leichter. Überwiegend sehr schöne Kaminkletterei in bestem Fels. Verhältnismäßig selten begangen. Auf trockenen Fels ist zu achten.
Die meisten ZH und SH vorhanden, dazu häufig natürliche Sicherungsmöglichkeiten.
Wandhöhe etwa 250 m, Kletterlänge etwa 250 m. 2 Std.
Siehe Abb. Seite 403 und Skizze Seite 410

Übersicht: Die SO-Wand wird durch eine tiefe Schlucht gespalten. Die Führe hält sich an das Kaminsystem, welches die rechte Begrenzungswand dieser Schlucht außen durchreißt, und gewinnt jenseits einer Scharte den Rand der Gipfelhochfläche.

Zugang: Vom Pordoijoch wie bei R 34 in die große Geröllhalde und bald linkshaltend über Schutt mühsam hoch an den Fuß der SO-Wand. Über Stufen von links nach rechts zum E am Beginn des Kaminsystems. 1 Std.

Führe: 1. SL: Durch den Kamin hoch, nach etwa 20 m (H) links außerhalb des Kaminsystems über Steilstufen weiter (IV—, 1H) und wieder in den Kamin zurück; Stand auf dem durchgehenden, breiten Band bei Blöcken (35 m). **2. SL:** Wenige Meter nach links, durch eine schwach ausgeprägte Verschneidung zu Stufen links, dann ausgesetzt an der gelben Wand (2 H) rechtshaltend etwa 15 m aufwärts und um die Kante zu Köpflstand (40 m, III). **3. SL:** Durch den linken der beiden darüber ansetzenden Kamine hoch zu Stand unter einem dunklen Kamin (40 m, III, IV—, II, 1 H). **4. SL:** Durch den dunklen, meist nassen Kamin hinauf zu Stand links bei einer angelehnten Schuppe (38 m, III, III+, 1 H). **5. SL:** Durch die rinnenartige Fortsetzung des Kamins hinauf, bei ihrer Zweiteilung in den linken Ast und weiter zu Köpflstand links (32 m, I, II). **6. SL:** Im Kamin weiter (III) und über gestuftes Gelände gerade hoch zu Stand (links Drahtseil) unterhalb einer tief eingeschnittenen Scharte (35 m, I). **7. SL:** Durch den tiefen Einschnitt hoch und jenseits Quergang in Richtung Pordoischarte; über Schutt ansteigend zu Köpflstand (28 m, II, I). Nun schräg aufwärts und nach etwa 30 m zur Gipfelhochfläche. (Pracht)

● **643** **Südostkante (Zeniführe)**

D. Zeni und L. Iacuaniello am 31. Dezember 1953 und 1. Januar 1964 (Lan. 1969—47). Die Führe heißt auch **„Via Pavarina“.**

VI, vielfach V (nach Angaben der Erstbegeher). Teilweise heikle Freikletterei und H-Arbeit in großer Ausgesetztheit. Kaum begangen. Die Erstbegeher verwendeten 42 H und beließen 12.

Wandhöhe etwa 250 m. 6—8 Std.

Siehe Abb. Seite 403

Übersicht: Die Führe verläuft durch jenen Teil der rechten Schluchtwand, der sich rechts des Kaminsystem von R 642 befindet, und gewinnt danach gemeinsam mit R 642 die Gipfelhochfläche.

Zugang: Vom Pordoijoch wie bei R 642 an den Fuß der SO-Wand und zum E etwa 2 m links des Spornes, mit dem der Pfeiler vorspringt. 1 Std.

Führe: Senkrecht und schwierig 5 m an kleinen, aber guten Griffen empor (Orientierungs-H) und schräg rechtshaltend über eine kleine Wand (V) auf den höchsten Punkt des Spornes. Über eine gelbe Platte zu H (VI) und sehr ausgesetzt (V) auf das durchgehende, breite Band (40 m). Auf diesem nach links und an der Wand leicht rechtshaltend, dann direkt empor in großer Ausgesetztheit schwierig zu einem schmalen Gesims (40 m). Über eine heikle Wandstufe zu Stand (H) bei einem kaum angedeuteten Felszapfen (30 m). Nun leichter (IV) 15 m an einer senkrechten Wand zu einer großen Einbuchtung mit quergestreifen Absätzen, die H-technisch (kleine und mittlere H) überwunden werden und so zum Beginn einer 10 m hohen Verschneidung linker Hand führen. Nach 8 m über ein kleines Dach (VI, H), das die Verschneidung abschließt. Weiter in griffigem, manchmal brüchigem Fels an den Rand der Gipfelhochfläche.

● **644** **Südostwand**

C. Platter sowie L. und V. De Varda am 4. Oktober 1970 (A.V. 1971—74).

V/A2.

Die Erstbegeher verwendeten 50 H und 2 HK.

Wandhöhe etwa 250 m. 9 Std.

Keine weiteren Informationen vorhanden.

● **645** **Vierte Südkante**

G., H. und R. Messner am 7. Mai 1967 (Alp. 1967/7).

IV (Nach Auskunft R. Messner verläuft die Führe im Bereich der Punta di Soèl, R 569 bzw. R 571).

Keine weiteren Informationen vorhanden.

● **646—655** frei für Nachträge

● **656** **Sass de Moles,** 2671 m, **und mehrere Grattürme**

Seit alter Zeit durch Jäger oft besucht. Das Schuttband, welches die W-Abstürze der Pordoispitze durchläuft, bildet im S eine steinige und breite Schulter, die in einen türmerischen Grat übergeht. Diese Schulter, genannt Sass de Moles oder **Piccolo Pordoi,** fällt ebenso wie ihre türmerreiche Fortsetzung mit einer steilen und stark gegliederten Wand nach W ab, die bis zu 500 m Höhe aufweist und in deren Mitte der kantige und auffallende **Torre Schiavaneis,** 2610 m, absteht. Im O dagegen erreicht der teils grasdurchsetzte Fels recht rasch das Wiesengelände oberhalb der Sella-Ringstraße. Der türmereiche, nach SW abfallende Grat beginnt mit dem **Torre Micheluzzi,** 2608 m, der durch eine kleine Scharte von dem etwa gleichhohen Rücken des Sass de Moles getrennt wird. Nach einer tiefen Scharte folgt der quadratische und völlig frei stehende **Torre Fosca,** 2575 m, von dem gegen W eine tiefe Schlucht hinabführt. Östl. unterhalb dem Torre Fosca findet sich der **Torre Gialla** mit seinem glatten und gelben O-Wand. Südwestl. des Torre Fosca folgt nach einem gezackten Gratabschnitt eine auffallende Erhebung, der **Torre Cozzolino,** benannt von B. De Francesch und Gef.

nach E. Cozzolino, der in der Civetta verunglückte. Am Beginn des letzten, für den Betrachter aus westl. Richtung steiler abfallenden Gratstückes bemerkt man einen unscheinbaren Zacken, der von B. De Francesch **Torre-Marco Dell'Antonio** getauft wurde, nach einem Alpinisten, der unter der Marmolada-Südwand ums Leben gekommen ist. Mehrere, zum Teil durchaus lohnende Touren führen auf diese Erhebungen. Siehe Abb. Seite 417.

● 657 Normalweg

Seit alter Zeit durch Jäger begangen. Unschwierige Wanderung, größtenteils Weg, in Gipfelnähe auch Blockwerk. Als selbständige Wanderung nur von geringer Bedeutung.
Höhendifferenz etwa 420 m, 1½ Std. (jeweils vom Pordoijoch).

Anstieg: Vom Pordoijoch wie bei R 627 zur S-Kante der Pordoispitze und in südwestl. Richtung über Stufen und Blockwerk zum Gipfel, der durch zwei auffallende große Blöcke markiert wird.

● 658 Westwand (De Franceschführe)

B. De Francesch und G. Rocco im Jahre 1961 (Riv. 1964—211).
IV, vielfach III. Selten begangen.
Wandhöhe etwa 500 m. 2½ Std.

Übersicht: Die Führe verläuft unmittelbar rechts der großen, schuttigen Schlucht, die den Sass de Moles von der Pordoispitze trennt.

Zugang: Von Pian Schiavaneis durch Wald und Latschen sowie über Schutt an den Wandfuß und zum E rechts der Schlucht. ¾ Std.

Führe: Durch Rißkamine und über Wände zu einer Schuttzone oberhalb der ersten Steilstufe. Nun durch eine Rinne in schöner Linienführung auf die Gipfelhochfläche.

● 659 Westwand (Andreoli/Lorenzi-Führe)

C. Andreoli und G. L. Lorenzi am 16. Juli 1947 (A.V. 1947—83).
IV (eine Stelle), sonst III und leichter. ✓ wenig oberhalb des E. Teilweise brüchiges Gestein. Wandhöhe etwa 500 m, 3 Std.
Siehe Abb. Seite 417

Übersicht: Die Führe gewinnt nach Überwindung des steilen Wandfußes durch eine Schlucht und deren kaminartige Fortsetzung den Sattel zwischen dem Hauptmassiv und der Torre Schiavaneis und von dort den Gipfelrücken.

Zugang: Von Pian Schiavaneis durch Wald und Latschen sowie über Schutt an den Wandfuß in Richtung einer schwarzweißen Schlucht in Fallinie der Torre Schiavaneis; E etwas links eines mächtigen Blockes. ¾ Std.

Führe: Durch einen Riß schräg von rechts nach links 30 m empor und über einen Überhang (IV, H, ♂) in eine Rinne, die von rechts nach links ansteigt. In dieser weiter, bis sie sich zu einem Kamin verengt. Dem brüchigen Kamin folgend über einige Klemmblöcke und in die Scharte zwischen Torre Schiavaneis und Hauptmassiv. Nach rechts in eine Rinne, die sich wenig oberhalb zu einem Kamin verengt, und durch diese zum Gipfelrücken.

● 660 Westkante

L. Micheluzzi, R. Brunati und Massimilian Piva am 23. September 1935 (Cas. 1937—479).

IV, aufgeteilt wie folgt: Je eine Stelle IV, IV— und III+, sonst III und häufig leichter. ♂ in Wandmitte.

Stark grasdurchsetzter und schuttbedeckter, aber fester Fels; für Schrofenkletterer lohnend.

Die meisten ZH und SH vorhanden, dazu häufig natürliche Sicherungsmöglichkeiten.

Wandhöhe etwa 500 m, Kletterlänge etwa 600 m. 3—4 Std.

Siehe Abb. Seite 417

Übersicht: Rechts (S) der Torre Schiavaneis zieht eine schmale Kante zum Wandfuß, die links von einer Schlucht begleitet wird und rechts in eine breite Wand übergeht; ihren Anfang nimmt sie bei einem System annähernd paralleler Schluchten und Kamine. Die Führe gewinnt — meist knapp rechts dieser Kante verlaufend — das geneigte Gelände unterhalb der steilen Schlußwand. Diese wird schließlich linkshaltend überwunden.

Zugang: Von Pian Schiavaneis durch Wald und Latschen sowie über Schutt an den Wandfuß und weiter zum E, etwa 70 m oberhalb einer alleinstehenden Lärche. 1 Std.

Führe: 1. SL: Schräg links ansteigend über grasiges Gelände zu einem kurzen Kamin, durch ihn (IV—) und weiter schräg links zu Köpflstand (30 m). **2. SL:** Schräg links weiter bis knapp vor die Kante und scharf rechts hoch zu Stand bei einem Bäumchen (35 m, I und II). **3. SL:** Kurz nach rechts, über grasiges Gelände zu einem gut sichtbaren Riß, nach dessen Durchkletterung (III—) jenseits des Horizontes durch eine kleine Rinne und rechtshaltend zu Stand bei einem Bäumchen auf einem Vorsprung (40 m). **4. SL:** Über grasiges Gelände in einer wenig ausgeprägten Rechts-Links-Schleife zu Stand bei einem Busch (40 m, I und II). **5. SL:** Nach links zur Kante und durch eine Rinne auf ihr (III+) zu Köpflstand rechts der Kante (40 m). **6. SL:** Parallel zur Kante (II), im oberen Teil über eine grasige Flachpassage zu Köpflstand unter einer gelbraunen Wand (38 m). **7. SL:** Einige Meter nach rechts an den Beginn einer langen Kaminschlucht und in ihr nach 30 m zu Stand (40 m, II und III). **8. SL:** Durch den Kamin weiter (über einen wackligen großen Klemmblock) zu Stand (H) unter einem Steilaufschwung (25 m, II und III). **9. SL:** Im Kamin einige Meter hoch (III) zu H, dann kurze Querung nach links, etwas hoch (IV, ☍) und zurück in den Kamin; durch ihn weiter (III), bis man nach links zu Köpflstand hochqueren kann (38 m). **10. SL:** Zurück in den nun schluchtartigen Kamin, durch die Schlucht hoch und nach links über grasiges Gelände zu Köpflstand (40 m, II und I). **11. SL:** Nach links zur Kante (Blick in die tiefe Schlucht) und über die Kante zu Köpflstand auf einem Rasenrücken (40 m, I). **12./13./14. SL:** Über den teilweise gezackten, manchmal sehr flachen Grat zu Stand bei Zacken in der Nähe einer markanten Scharte (38 m, 40 m, 20 m, I und II). Hier begegnet man R 661. **15. SL:** Über Schutt waagrecht nach links zur Kante, jenseits zuerst schräg links aufsteigen (III—), dann rechtshaltend durch einen kurzen Kamin (II) zu Köpflstand (40 m). **16. SL:** Gerade hoch (II) in Richtung eines schwarzen Risses, nach links an einem Zacken vorbei und durch eine Scharte zu Köpflstand auf einem kleinen Schuttplatz (25 m). **17. SL:** Gerade hinauf durch die Schlußwand zur Gipfelhochfläche. (30 m, II) (Pracht)

• 661 Südwestwand („Via Corbetta")

B. De Francesch und D. Magugliani im August 1965 (Alp. 1966/10).

V, aufgeteilt wie folgt: Je eine Stelle V und V—, drei Stellen IV—, sonst III und vielfach leichter. ☍ in der ersten Seillänge.

Abwechslungsreiche Kletterei in gutem bis sehr gutem Fels (lediglich 4 SL im Mittelteil der Führe etwas schuttig). Verhältnismäßig selten begangen.

Die meisten ZH vorhanden, dazu häufig natürliche Sicherungsmöglichkeiten, besonders an den Standplätzen.

Wandhöhe etwa 380 m, Kletterlänge etwa 450 m. 3—4 Std.

Siehe Abb. Seite 417

Übersicht: Die Führe gewinnt zunächst die etwa 100 m über dem E befindliche, von der Straße aus gut sichtbare Riesenhöhle und verläuft dann in ziemlich gerader Linienführung durch Rinnen und Kamine zum Gipfelrücken.

Zugang: Von Pian Schiavaneis durch Wald und Latschen sowie über Schutt an den Wandfuß, dann teils auf Gras hoch zum E bei einer nach links ziehenden, begrünten Rampe gegenüber einem markanten Felsriff. 1¼ Std.

Führe: 1. SL: Etwa 2 m hinauf zu einer Leiste (III), 2 m nach links, kurz hoch und zurück zum Beginn einer Verschneidung; durch diese (V und V—, 3 H, ♂), dann längs einer Rinne (III) zu einer gelben Nische und nach rechts zu Köpflstand (30 m). **2. SL:** Kurz nach rechts, hinauf zu einer Schuppenplatte (IV—), kurz hoch, dann nach links und rechts einschwenkend, dem geringsten Widerstand folgend, hoch zu SU-Stand, etwa vertikal über dem vorhergehenden Stand (35 m). **3. SL:** Gerade hoch und im Zickzack zum Horizont (II und III); weiter zu einer gelben, erst jetzt sichtbaren Riesenhöhle (von der Straße sichtbar); Köpflstand an ihrem unteren Rand (40 m). **4. SL:** Nach links zu einem kurzen Rinnenkamin, durch ihn (III), nach rechts (III) und durch eine wenig markante Rinne zu Köpflstand in einer Nische (35 m). **5. SL:** Scharf nach links über eine Platte (III), auf rasendurchsetzem Fels zu einem Riß und durch einen Kamin oberhalb davon (III+) zu Köpflstand (35 m). **6. SL:** Etwa 8 m nach rechts und durch eine große Rinne zu Köpflstand (40 m, Stellen I). **7. SL:** Nochmals 8 m nach rechts, durch einen Kamin, dann nach links und über Schutt zu Köpflstand (40 m, II und I). **8. SL:** Nach rechts in Richtung eines markanten Kamineinschnittes am Horizont und durch eine schuttige Rinne zu Köpflstand (40 m, I und II). **9. SL:** Gerade weiter zu einem auffallenden Kamin und in ihm dort zu Stand, wo er senkrecht wird (40 m, III und II). **10. SL:** An die linke Kaminwand (IV—), zurück in den Kamin oberhalb labiler Blöcke und hinter einem Klemmblock durchschlüpfend zu Stand (III) an einem Gratköpfl links (25 m). **11. SL:** Schwach rechtshaltend bis kurz vor ein Schärtchen (in Richtung Pordoi-Gipfelkreuz) (III), dann über die Wand hinauf (IV—) und zu Stand (III—) an der Kante (35 m). **12. SL:** Hinter einer großen Schuppe durch zur linken Kante (III—) und jenseits zu Köpflstand auf einer Plattform (25 m). **13. SL:** Gerade durch hellgrauen Fels zum Plateau (25 m, II). (Pracht)

Sass de Moles und seine Grattürme (von Pian Schiavaneis) ►

Sass de Moles

R 659 W-Wand (Andreoli/Lorenzi-Führe)

R 660 W-Kante

R 661 SW-Wand

Torre Schiavaneis

R 666 W-Wand

Torre Fosca

R 670 N-Kante

Torre Cozzolino

R 674 W-Wand

Torre Marco dell'Antonio

R 677 SO-Grat

● **662—665** frei für Nachträge

● **666** **Torre Schiavaneis, Westwand**

L. Bernard und G. Fosco im September 1934 als Ersterstei-gung (Cas. 1937—479).

IV. Sehr selten begangen. Einige H vorhanden.

Wandhöhe etwa 450 m. 3 Std.

Siehe Abb. Seite 417

Übersicht: Die Führe gewinnt schräg von rechts unten nach links oben den Fuß der NW-Wand des Turmes und anfangs durch diese in einer Rechts-Links-Schleife den Turmgipfel.

Zugang: Von Pian Schiavaneis durch Wald und Latschen sowie über Schutt an den Wandfuß und weiter zum E, wenig rechts einer alleinste-henden Lärche. 1 Std.

Führe: Etwa 30 m in gutem Fels empor und nach links unter eine Art von gelbem Dach. Auf einem begrünten Band 60 m weiter, dann durch

eine auffallende Rinne, die man nach 40 m verläßt, und linkshaltend etwa 60 m zu einer großen Terrasse. Nun 120 m längs einer felsigen Schulter und linkshaltend in eine andere Schlucht. Nach 10 m schräg nach links unter gelben Wänden hindurch und so an den Fuß der NW-Wand des eigentlichen Turmes. Von links nach rechts zu kurzen und schwierigen Rissen, die zu einer Kanzel inmitten der NW-Wand führen. Nach rechts 5 m hinab zu einem Zacken und links von ihm über eine gelbe Wand zu H empor. Nun ausgesetzt nach rechts und schräg nach links zu weiterem H. Direkt und schwierig weiter unter ein Dach (3 H) und oberhalb davon etwa 5 m querend in eine Rinne, die zu einem Schärtchen über der S-Wand leitet. (Hierher auch von dem oben erwähnten Zacken durch längeres Absteigen nach rechts und anschließendes Rechtsqueren in einen tiefen Kamin, der nach 40 m zur selben Scharte führt.) Etwa 15 m über die oberhalb befindliche Wand und nach einem überhängenden Block in ein weiteres Schärtchen. Nun 10 m nach links und über leichte Felsen zum Turmgipfel.

● **667 A** **Abstieg vom Torre Schiavaneis**
(im Aufstieg nicht begangen)
III (beim Gegenaufstieg) und abseilen (30 m).

Vom Turmgipfel etwa 30 m in die Scharte zwischen Hauptmassiv und Turm abseilen, gemäß R 659 zum Gipfelrücken des Sass de Moles, und weiter wie bei R 657.

● **668** **Torre Micheluzzi**
IV und III. ½ Std.

Zugang: Entweder vom Gipfelrücken des Sass de Moles durch unschwierige Rinnen hinab und unter der O-Wand hindurch in die Scharte zwischen Torre Micheluzzi und Torre Fosca oder direkt vom Pordoijoch durch eine lange Rinne hierher. ½ bzw. 1 Std.

Führe: Direkt durch eine brüchige senkrechte Verschneidung zum Gipfel.

● **668 A** **Abstieg vom Torre Micheluzzi**
Durch Abseilen längs R 668.

● **669** **Torre Fosca, von Norden**
IV mit Stellen III und II. ½ Std.

Zugang: Wie bei R 668 in die Scharte zwischen Torre Fosca und Torre Micheluzzi.

Führe: Um die W-Wand herum und über eine Kante bis zu einer Art schräg nach rechts oben führender Rampe. Über diese zu senkrechter Verschneidung in gutem Fels und durch einen Riß (IV) zum Gipfel.

● 670 **Torre Fosca, Nordkante**
B. De Francesch und D. Magugliani am 21. August 1972 (Alp. 1972/11).
IV. Laut Erstbegeher sehr lohnend; wenig begangen. Die 2 von den Erstbegehern verwendeten H blieben im Fels. Kantenhöhe etwa 400 m. 3—4 Std.
Siehe Abb. Seite 417

Zugang: Von Pian Schiavaneis durch Wald und Latschen sowie über Schutt zum E wenige Meter rechts der Kante. 1 Std.

Führe: Wenige Meter rechts der Kante beginnend erreicht die Führe nach 2 SL eine kleine Scharte und hält sich dann an eine Reihe kleiner Verschneidungen.

● 671 **Torre Fosca (Giambisi/Platter-Führe)**
A. Giambisi und C. Platter (Inf. A. Giambisi).
Siehe Abb. Seite 421

Keine weiteren Informationen vorhanden.

● 672 A **Abstieg vom Torre Fosca**
Eine Abseilstelle. Wird manchmal auch im Aufstieg begangen.

Vom Gipfel durch einen leichten Kamin in die nordwestliche Scharte, dann 30 m abseilen und ohne Schwierigkeiten vollends zur Sella-Ringstraße westl. des Pordoijoches hinab. (Alp. 1972/11)

● 673 **Torre Gialla, Ostwand**
A. Giambisi, C. Platter und L. Plonel (Inf. A. Giambisi).
Siehe Abb. Seite 421

Keine weiteren Informationen vorhanden.

● 674 **Torre Cozzolino, Westwand**
B. De Francesch, G. B. Ganz und G. Nogler am 12. Juni 1973.
V. Brüchiger und gefährlicher Fels. Kaum begangen. Alle verwendeten H (6) blieben in der Führe.
Wandhöhe etwa 350 m, 4 Std.
Siehe Abb. Seite 417

Übersicht: Die Führe verläuft über den weißlichen Fels der W-Wand.

Zugang: Von Pian Schiavaneis durch Wald und Latschen sowie über Schutt in Richtung Gipfel an den Wandfuß; E bei einem Steinmann. 1 Std.

Führe: Etwa 30 m über Aufschwünge und Stufen bis zu einem sehr guten Stand. Von links nach rechts durch einen Riß, der zu einer Reihe von kurzen Rissen führt (4 H). Nun in 3 SL längs einer Reihe kleiner Verschneidungen und Risse zum Fuß einer gelben, überhängenden Wand, die rechts durch einen Kamin und über eine Wand umgangen wird. Oberhalb der gelben Wand teilweise über Schutt in Richtung Gipfel bis 50 m unterhalb desselben. Durch Risse und Kamine zu einem Schärtchen 15 m unterhalb des Gipfels. Längs einer gelben und überhängenden Kante rechtshaltend auf einen großen, von der Wand abstehenden Block und zum Gipfel.

● **675 A** **Abstieg vom Torre Cozzolino**
I und Schrofen. Keine Zeitangabe.

Vom Gipfel über leichte Felsen der O-Wand hinab und über die S-Flanke weiter.

● **676** **Torre Marco Dell'Antonio, Südwestkante**
B. De Francesch und Rina Chiocchetti am 26. Juni 1965 (Alp. 1966/11). Von den Erstbegehern auch als **„Via Rina"** bezeichnet.
III +, häufig III und leichter. Schöne Kletterei.
Wandhöhe etwa 250 m. 2 Std.

Übersicht: Die Führe gewinnt von links die Kante, welche rechts die den Turm vom Massiv trennende Schlucht begleitet, und erreicht über diese den Gipfel.

Zugang: Von Pian Schiavaneis durch Wald und Latschen sowie über Schutt in Richtung der oben erwähnten Schlucht. Der E befindet sich etwa 40 m links der senkrechten Wand, welche die Schlucht unten abschließt, am Beginn der rechten zweier grauer Verschneidungen. 1 Std.

Führe: Durch diese Verschneidung etwa 70 m hinauf, dann nach rechts um die Kante in eine Schlucht. Aus dieser weiter nach rechts zu kurzen Rißverschneidungen links der Kante. Durch diese Verschneidungen 4 SL empor auf einen kleinen Turm. An der N-Seite desselben 30 m absteigen in eine kleine Scharte und links durch eine kurze, offene Verschneidung 20 m hoch, dann rechtshaltend auf einen weiteren Turm. Von dort 15 m gerade hinauf und leicht linkshaltend zum Gipfel.

Die Grattürme des Sass de Moles vom Pordoijoch ►

Torre Fosca	**Torre Gialla**
R 671 Giambisi/Platter-Führe	R 673 O-Wand

Torre Fosca
Torre Gialla
671
673

● 677 Torre Marco Dell'Antonio, Südostgrat
B. De Francesch am 23. Juni 1965 (Alp. 1966/11).
III. Kantenhöhe etwa 200 m. 1 Std.
Siehe Abb. Seite 417

Übersicht: Die Führe verläuft über die den rechten Horizont bildende Kante.

Zugang: Von Pian Schiavaneis durch Wald und Latschen sowie über Schutt zum E unmittelbar rechts der tiefsten Stelle des Grates. 1½ Std.

Führe: Auf Schrofen — zu Beginn einen kurzen Aufschwung übersteigend — bis unter die eigentliche Wand. Rechts um eine Kante und dann durch Kamine zum Beginn eines Risses. In diesem etwas hoch (♂), anschließend nach rechts und zurück nach links. Weiterhin linkshaltend, unter einem Überhang hindurch, und auf dem leichten Grat zum Gipfel.

● 678 A Abstieg vom Torre Marco Dell'Antonio
I und leichter.

In wenigen Minuten über unschwierigen Fels und Gras in der SO-Flanke hinab zur Sella-Ringstraße westl. des Pordoijoches.

Randzahlen-Register

(Die Zahlen bezeichnen ausschließlich die Randzahlen, nicht die Seiten)

A

Abramkante (Piz de Ciavazes) 137
Acuta, Torre 451
Aguzzo, Sasso 400
Alba 1
Albina, Via (Piz de Ciavazes) 138
Alton, Col 597
Anna, Campanile 312
Antermont 2
d'Antersass, Forcella 52, 41
L'Antersass 426
Antonietta, Via (Piz de Ciavazes) 139
Arabba 6
Aurelia, Punta 575, 582 ff.
Avisio 1

B

Bamberger Hütte 38
Bamberger Sattel 52
Bamberger Spitze 401
Beguz, Piz 206
Bergerturm 420
Bergfestivalführe (Pordoispitze) 636
Bindelturm 285
Boè, Crep de 459
Boè, Piz 548
Boè, Plan de 49
Boè, Torre del 464
Boèbach 49
Boèhütte 38
Boèsee 13
Boèseekofel 471
Bozner Turm 564
Brigata Tridentina al Pisciadu, Via ferrata 345
Brunecker Turm 344, 351 ff.
Buchensteiner Tal 6
Buhl/Streng-Variante (Piz de Ciavazes) 130 a

C

Campidél, Campanile 331
Campidellturm 331
Campolongopaß 50
Canazei 1
Camosci, Castello dei 220
Carola, Torre 536
Castiglioniführe (Bec de Mesdi) 405
St. Christina 19
Ciadin, Val 53
Ciamorces, Via dei (Pordoispitze) 638
Ciampani de Murfreid, Piz 285
Ciavazes, Piz de 110
Claudia, Punta 575, 580 ff.
Coburger Weg 52
Col di Lana (Hotel) 32
Colfosco 9
Colfuschg 9
Colonna (Piz Lasties) 160
Colonna, La (Vallazza) 541
Corbetta, Via (Sass de Moles) 661
Corvara 9
Cozzolino, Torre 656, 674
Cresta Strenta 547
Culaċ, Sella del 250
Culea, Val 46

D

Daint, Forcella del 391
Daint, Rissa del 396

Dibonaführe (Boèseekofel) 475
Dibonaführe (Pordoispitze) 619
Dieci, Sasso delle 490
Diesc, Sass da les 490
Dolada, Gran 541
Dolada, Piccola 541

E
Ehrenstätte Pordoi 51
Eissee 545
Eisseescharte 545
Eisseespitze 545
Elena, Torre 536
Exnerturm 358

F
Fassa, Capanna 42, 56
Fassatal 1
Fedeleführe (Pordoispitze) 617
Fiechtlturm 187
Finestrone ad Arco, Via del (Pordoispitze) 629
Fischburg 17
Fontane, Punta delle 557
Fontane, Val delle 557
Forca, Cima 588
Forca di Mezzo, Sass de 575
Forca Occidentale, Sass de 575
Forca Orientale, Sass de 575
Forcella Pordoi, Rifugio 33
Forcia, Sass de 588
Fosca, Torre 656, 669
Frataces, Pian 2
Frea, Col de 46, 316
Frea, Plan 21
Frea, Val de 242
Friedrich-August-Hütte 28
Fulvio, Torre 486

G
Gadertal 9
Galleria, Via della (Pordoispitze) 627
Gamsband 111 b
Gamsburg 220
Gamsscharte 53
Gialla, Torre 656, 673
Gralba, Piz 191
Gralba, Plan de 20
Gralba, Val 243
Grödnerjoch 12
Grödner Führe (Erster Sellaturm) 66
Grödnertal 17
Groß/Rizzi-Führe (Piz de Ciavazes) 129
G.U.F., Piz del 187
Guffanti, Via (Piz de Ciavazes) 123
Guide, Via delle (Piz de Ciavazes) 129

H
Harrerführe (Dritter Sellaturm) 98

I
Indipendenza, Torre dell' 275
Irma, Via (Piz de Ciavazes) 134
Italia, Via (Piz de Ciavazes) 125

J
Jägerscharte 547
Jahnweg (Dritter Sellaturm) 92

K
Kasnapoff-Führe (Zweiter Sellaturm) 82
Kieneturm 236
Kostner, Forcella 436
Kostnerscharte 490
Kreuzboden 20,
Kurfar 9

L
Ladinia 9
Lago Gelato, Pizzo del 545
Langer Graben 36
Larsei, Punta di 564
Lasties, Piz 150
Lasties, Val 36
Lec, Piz da 471
Lec de Boè, Piz da 471
Lec Dlacè, Piz dal 545
Lec, Sass da 230
Lec del Pisciadu, Sass da 230
Lerghia, Val 206
Lichtenfelser Weg 552
Livinallongo 6
Lokomotive 60
Longata, Pizza 543
Lorenzschlucht 110
Lúesa, Campanile della 326
Lúesa, Sass da la 316
Lupo Bianco, Rifugio 2

M
Marco Dell'Antonio, Torre 656, 676 ff.
Maria, Bergstation 37
Mariakante (Pordoispitze) 632
Masores, Col de 316
Masores, Sass 344, 361
Masores, Östliche 378
Masores, Westliche 44, 331
Mersa 11
Mesdi, Bec de 401
Mesdi, Campanile Alto de 436, 446 ff.
Mesdi, Campanile Basso de 436
Mesdi, Campanile di Mezzo de 436, 444 ff.
Mesdi, Daint de 391
Mesdi, Odla de 451
Mesdi, Sass de 414
Mesdi, Val de 40
Messnerführe (Zweiter Sellaturm) 80
Mesules, Le 216
Mesulesturm, Östlicher 242, 245 ff.
Mesurlesturm, Westlicher 242, 246 ff.
Mesules dla Bièsces 242
Miara, Piz 201
Micheluzzi, Kleine (Piz de Ciavazes) 133 a
Micheluzzi, Rechte (Piz de Ciavazes) 133 a
Micheluzzi, Torre 656, 668
Micheluzziführe (Piz de Ciavazes) 130
Mittagstal 40, 47
Moles, Sass de 656
Mont, Crep de 13
Monti Pallidi, Rifugio 29
Mortic, Val 2
Moserscharte 471, 490
Mühlsteigerschlucht 146
Murfreid, Grande Campanile del 258
Murfreid, Gran Ciampani de 258
Murfreid, Torre del 285
Murfreidspitze 285
Murfreidturm 285
Murfreidturm, Großer 258
Murfreidturm, Kleiner 267
Murfreid, Piccolo Campanile del 267
Murfreid, Pitl Ciampani de 267

N
Neuner 504

Niagara, Via (Pordoispitze) 616
Nove, Sasso delle 504
Nü, Sass dals 504

P
Penia 1
Pescosta 9
Pian Schiavaneis, Rifugio 30
Pisciadu 378
Pisciadu, Cima del 378
Pisciadu, Forcella del 368
Pisciadu Occidentale, Mur de 344
Pisciadu Orientale, Mur de 361
Pisciadu, Sella del 53
Pisciadu, Sigarro del 389
Pisciadu, Torre del 368
Pisciadu, Torre Sud del 376
Pisciadu, Piccola Torre del 376
Pisciadu, Vallon del 52
Pisciadubach 10
Pisciaduhütte 44
Pisciadu-Klettersteig 345
Pisciadusee 44
Pisciaduspitze 378
Pisciaduseekofel 230
Pisciaduturm 368
Pisciaduturm, Kleiner 376
Pisciaduturm, Südlicher 376
Piz, Il 459
Pizkofel 464
Piz Sella, Forcella 26
Pößnecker Steig 144
Pordoispitze 606
Pordoi, Piccolo 656
Pradat, Col 11
Punte, Le 525

Q
Quattro, Torre dei 230 235

R
Rampenführe (Piz de Ciavazes) 135
Revis, Piz 186
Rizzi, Forcella 464
Roces, Bec de 49, 536
Roces, Pian de 36
Roces, Piz de 177
Roces, Torre di 178
Rodelheilspitze 316
Rodelheilspitze, Kleine 316, 322
Rodella, Col 3
Roma, Torrione 575
Rotic, Piz 211
Rungaldierturm 454

S
Salei, Val 27
Saliera, Piz 200
Sass da Lec, Forcella del 220
Sass da Lec, Torre del 230, 236 ff.
Schiavaneis, Pian 2
Schiavaneis, Torre 656, 666 ff.
Schiefer Tod (Murfreidspitze) 285, 290
Schubertführe (Piz de Ciavazes) 131
Sella, Crep de 13
Sellajoch-Haus 25
Sellatürme 60
Sellaturm, Erster 61
Sellaturm, Fünfter 108
Sellaturm, Dritter 90
Sellaturm, Vierter 101
Sellaturm, Zweiter 77
Sella-Ringstraße 6, 9, 17
Selva 17
Selva, Piz 142
Setus, Val 45
Sieglindekante (Mesules) 249

Siella, Pian del 36
Siella, Piz del 176
Siella, Punta del 164
Siella, Torre del 164
Siella, Val del 206
Soèl, Punta di 569
Soèl, Val de 569
Soldaführe (Piz de Ciavazes) 127
Soracrepa 3
Stagne, Col de 48, 530
Strabiombi, Via degli (Sass de Forcia) 592
Soracrepa 3
Stegerkante (Erster Sellaturm) 65

T

Tissiführe (Erster Sellaturm) 67
Tita, Val de 52
Tita Piaz, Rifugio 31
Tomasson, Torre 236
Torre, Piccola 197
Trenkerführe (Torre del Siella) 169)
Trenkerriß (Erster Sellaturm) 70
Turond, Col 600

U

St. Ulrich 18

V

Vallacia, Gran 555
Vallazza 541
Vallazza, Gran 555
Vallonspitze 516
Val Culea, Sass 306
Val de Tita 52
Val de Tita, Sella di 52
Vallonruine 48
Vallonscharte 55, 490, 504
Val Setus, Torre 340
Vinatzerführe (Dritter Sellaturm) 100
Vinatzerführe (Piz de Ciavazes) 120
Vitty, Torrione 297

W

Wand, Schwarze (Mur de Pisciadu Occidentale) 348
Werner-Gehlert-Gedächtnisweg (Piz de Ciavazes) 123a
Wolkenstein 17

Z

Zahnscharte 391
Zehner 490
Zeniverschneidung (Piz de Ciavazes) 124
Zorz 49
Zwischenkofel 426

Kleines alpines Wörterbuch italienisch/deutsch

A
abisso = Abgrund
accesso = Zugang
accidente = Unfall, Zufall
accorciatura = Abkürzung
acqua = Wasser
acuminare = zuspitzen
acuminato = spitzig
acuto = scharf, spitzig
acutàngolo = spitzwinklig
agèvole = leicht, angenehm
aggirare = umgehen
ago = Nadel
aguzzo = spitzig
aiuto! = Hilfe!
alpe = Alm, Alpe
alpi = Alpen
alpinismo = Alpinismus
alpinista = Alpinist
alquanto difficile = mäßig schwierig
altezza = Höhe
alto, alta = hoch
altocirco = Hochkar
altopiano = Hochfläche
amico = Freund
anello = Ring
anello di corda = Seilring
anello di ferro = Eisenring
anfiteatro = Kessel, Kar
angolo = Ecke, Winkel
anticima = Vorgipfel
antro = Höhle
appiglio = Griff
appoggio = Tritt
arco = Bogen
àrduo = schwierig
arrampicarsi = klettern
arrampicata = Kletterei, Klettertour
artificiale = künstlich
ascensione = Er-, Besteigung
aspro = rauh, schroff
assai difficile = ziemlich schwierig
assicurazione = Sicherung
attaccare = einsteigen, beginnen
attacco = Einstieg
attrito = Reibung
austriaci = Österreicher

B
bacino = Becken, Kessel, Kar
bagnato = naß
baíta = Unterstand, Hütte
balcòn = Loch, Fenster
balcone = Balkon
balza = Steilabhang
banca, bancòn = (Gras-)Band
barance = Krüppelholz, Latschen
base = Grund, Anfang
basso = niedrig
bianco = weiß
biforcarsi = sich gabeln
biforcazione = Gabelung, Abzweigung
bivacco fisso = Biwakschachtel
bivio = Abzweigung, Weggabelung
bloccato = abgesperrt, blockiert
blocco = Block
blocco incastrato = Klemmblock
boa = Mure
boràl = Geröllhalde
bosco = Wald
buca, buco = Loch
burrone = Schlucht, Klamm
bus = Loch, Hochkar

C
C.A.A.I. = Italien. Akademischer Alpenclub
C.A.I. = Italien. Alpenclub
caduta = Sturz
caduta di sassi = Steinschlag
calarsi con la corda = sich abseilen
calata a corda doppia = das Abseilen
camino = Kamin
camminamento = Laufgraben
camminare = gehen
cammino = Weg
camoscio = Gemse, auch Camòrz
campana = Glocke

campanile = Glockenturm, Turm
campo = Feld
campo di neve = Schneefeld
canale = Rinne
canalone = große Rinne, Schlucht
canalone ghiacciato = Eisrinne, Eisschlucht
capanna = Sennhütte, Hütte
capo = Haupt
capocordata = Seilerster
carrareccia = Karrenweg
carreggiabile = befahrbar
carta topografica militare = Landkarte, Militärkarte
casca = Helm
cascata = Wasserfall
casèl = Jagdhütte
casera = Almhütte, Kaserhütte
castello = Burg
catena = Kette
caverna = Kaverne, Höhle
cengia = Band
cengia interrotta = unterbrochenes Band
cengetta = Bändchen, Leiste
chiodo = Haken
chiodo fisso = fester, einzementierter Haken
chiodo anello = Ringhaken
chiodo a pressione = Bohrhaken
cima = Spitze, Gipfel
cimon = große Spitze, Gipfel
circo = Kar, Mulde, Kessel
cocùzzolo = Felsköpfl
col, colle = Hügel, Sattel, Paß
colatoio = Couloir, Rinne, Trichter
collare = Ringband
colonna = Säule
comune = gewöhnlich, normal
conca = Kar, Mulde
condizioni = Verhältnisse
confine = Grenze
cònico = kegelförmig
cono = Kegel
continuo = anhaltend
contrafforte = Ausläufer, Strebepfeiler
corda = Seil
corda doppia = Doppelseil
corda di ferro = Drahtseil
corde fisse = Fixseil
cordata = Seilschaft, Seillänge
cornice = Gesims, Leiste
corno = Horn
corto = kurz
costa, costone, costola = Rippe, Rücken
covòl = (Schutz-)Höhle
crep, crepa = Felsberg
crepàccio = Gletscherspalte
cresta = Grat, Schneide, Kamm
crestina = kleiner Grat
crinale = Kamm, Grat
croda = steiler Fels, Felswand
cùlmine = Gipfel
cùneo = Keil, Kegel
cùspide = Spitze

D

da = von
declive = abschüssig
declivio = Abhang
dente = Zahn
depressione = Einsattelung, Senke
destra = rechts
detriti = Geröll, Schutt
deviazione = Abzweigung, Umgehung
diedro = Verschneidung
difficile = schwierig
difficilissimo = sehr schwierig
diretto = gerade, direkt
direzione = Richtung
discesa = Abstieg
discesa a corda doppia = abseilen
dislivello = Höhenunterschied
dito = Finger
doccia = Brause, Dachrinne
dodo = Klemmkeil
Dolomiti = Dolomiten
domani = morgen
dorsale = rücken-
dorso = Rücken
dosso = Rücken, Buckel
dove = wo

E

eccezionale = außergewöhnlich
elevazione = Erhebung
elicottero = Hubschrauber

erboso = grasig
èsile = dünn, schmächtig
esposto = ausgesetzt
espostissimo = äußerst ausgesetzt
est = Osten
estremo = äußerst
estremità = äußerstes Ende
evitare = vermeiden

F
facile = leicht
fascia rocciosa = Felsgürtel
ferito = Verletzter
ferrato, a = Eisen-, versichert
fessura = Riß, Spalt
fessurina = kleiner Riß
fianco = Seite
filo di cresta = Gratschneide
filo di spigolo = Kantenschneide
fine = Ende
fino = bis
finestra = Fenster
fisura = Spalt
fondo = Boden, Grund
fonte, fontana = Quelle, Brunnen
fopa = Einsenkung
forca, forcia, forcella = Scharte
forcelletta = Schärtchen
foro = Loch
forra = Schlucht
frana = Bergsturz, Steinlawine
frastagliato = ausgezackt, zerrissen
friàbile = morsch, brüchig
funivia = Seilbahn

G
galleria = Tunnel
gendarme = Gratturm, Gratzacken
ghiacciare = gefrieren
ghiaccio = Eis
ghiaccioso = eisig
ghiaia = Kies, Geröll
ghiaioso = kiesig
ghiaccaio = Gletscher
giardino = Garten
giaron = großes Schuttfeld
giallo = gelb
giallastro = gelblich
giazzer = Gletscher
girare = umgehen
giungere = erreichen
gola = Schlucht
gradinare = Stufen schlagen
gradino, gradone = Stufe, Absatz
grado di difficoltà = Schwierigkeitsgrad
grande = groß
grava = Schuttreise
gravon = Geröllkessel
grigio = grau
gruppo = Gruppe, Stock
guglia = Turmspitze, Felsnadel
guida = Führer
gusèla = Nadel, Zacken

I
imbocco, imboccature = Mündung, Einmündung
impervio = ungangbar
impraticàbile = ungangbar, unausführbar
inclinato = geneigt
incastrato = eingeklemmt
insellatura = Einsattelung
inizio = Anfang, Beginn
insenatura = Einbuchtung, Senke
insolcatura = Einriß
intaglio di cresta = Grateinschnitt
interrotto = unterbrochen
inverno (invernale) = Winter (winterlich)
isola = Insel
itinerario = Führe, Route, Weg

L
laghetto = Teich
lago = See
landro = Höhle
largo = breit, weit
lasciato = belassen
lasta, lastra = Platte
lastrone = große Platte
laterale = Seiten-
lavìna = Lawine
legarsi in cordata = anseilen
legno = Holz
letto (di torrente) = (Bach)bett
lieve = leicht
libro = Buch

limitare = begrenzen
lingua = Zunge
liscio = glatt
lista = Leiste
livinal = Schuttreiße, Wildbachbett
lontano = weit, fern
lùbrico = schlüpfrig, glitschig
lungo = lang
lunghezza = Länge

M
malga = Alm
malsicuro = unsicher
marcio = brüchig, morsch
martello = Hammer
masso = Block
masso incastrato = Klemmblock
medico = Arzt
meridionale = südlich
mezzo = halb, Mitte
mirare = zielen
mòdico = mäßig
molla = locker (Seilkommando)
molto difficile = sehr schwierig
montagna = Berg, Gebirge
monte = Berg
morena = Moräne
morsicatura (della vipera) = Biß (der Viper)
moschettone = Karabiner
mulattiero = Saumpfad
mugo = Latsche auch: mugho!
muro = Mauer
muschioso = algenbesetzt

N
naso = Nase
nel = in
nero, nera = schwarz
nevaio = Firn, Schneefeld
neve = Schnee
nicchia = Nische
notevolmente = bedeutend

O
obliquo = schief, schräg
obliquare = schräg ansteigen
oggi = heute
ometto = Steinmann
ora (pl. ore) = Stunde(n)
orlo = Rand, Saum
opposto = entgegengesetzt
orizzontale = waagrecht
ostruito = verschlossen
ottimo = optimal, sehr gut
ovest = Westen

P
paesaggio = Landschaft
pala = Felswand; auch: steiler Grasplatz zwischen Fels
palu, palui = Sumpf
pancia = Wulst, Bauch
parete = Wand
parete rientrante = Wandeinbuchtung
paretina = Wandl
passaggio = Übergang, Stelle
passo = Paß
pendice = Abhang
pendio = Hang
pènsile = hängend
pericolo = Gefahr
pericoloso = gefährlich
perpendicolare = senkrecht, in der Fallinie
pèz = Tanne
pianeròttolo = Absatz
piano = Ebene
piattaforma = Plattform, Terrasse
piazza = Platz
picco = Spitze
piccolo = klein
piccozza = Eispickel
piede = Fuß
piega = Falte
pietra = Stein
pilastro = Pfeiler
pilastro d'angolo = Eckpfeiler
pino = Pinie, Fichte
piràmide umana = menschlicher Steigbaum
piss, pissa = Wasserfall
pizzo, piz = Spitze
placca = Platte
plinto = Sockel
poco difficile = wenig schwierig
ponte = Brücke

ponte di neve = Schneebrücke
porta = Tor
portatore = Träger
posto = Stelle, Ort
posto di assicurazione = Sicherungsplatz
posto di riposo = Rastplatz, Standplatz
pozza = Pfütze, Tümpel
pra, prato = Wiese
praticabile = durchführbar, gangbar
prealpe = Voralpen
prima ascensione = Erstbesteigung
primo salitore = Erstbesteiger
principio = Beginn
profilo di roccia = Felsprofil
prominente = vorspringend, hervortretend
promontorio = Vorgebirge
pùlpito = Kanzel
punta = Gipfel, Spitze
punto di sosta = Rast-, Standplatz
punto di calata = Abseilstelle

Q

qui = dort
quota = (vermessene) Höhe

R

raccorciare = verkürzen
raccordo = Verbinden, Anschluß
raggiungere = erreichen
rallentare la corda = das Seil nachlassen
ramificazione = Verzweigung
ramo = Ast, Abzweigung
raggiungere = erreichen
rampa = Rampe
regione = Gebiet
ricòvero = Unterstand
rientramento = Einbuchtung
rifugio = Hütte, Schutzhütte
rio, rivo = Bach
ripiano = Absatz
rimasto = übriggelassen, belassen
ripido = steil
riva = Ufer
roccia = Felsen
rossastro = rötlich
rosso = rot
rocce rotte = Geschröf
rocchetta = felsig(er Berg)
roccia compatta = kompakter Fels
roccia fessurata = zerklüfteter Fels
roccioso = felsig, steinig
rotàbile = fahrbar, Fahrweg
rovinare = zerstören, verderben
rupe = Fels, Felsen
rupestre = felsig
ruscello = Bach, Bächlein

S

sabbioso = sandig
sacco da montagna = Rucksack
salire = aufsteigen
salita = Aufstieg, Besteigung
salto = Aufschwung, gr. Stufe
sass, sasso = Stein (auch Berg)
scala dei gradi di difficoltà = Schwierigkeitsgrade
scalata = Klettertour
scala = Treppe, Leiter
scalino = Stufe
scarpe = Schuhe
scarpe di montagna = Bergschuhe
scarpe di roccia = Kletterschuhe
scendere = absteigen
scendere a corda doppia = abseilen
scosceso = abschüssig
scuola di roccia = Kletterschule, Klettergarten
seggiovia = Sessellift
segnale di soccorso = Notsignal
seguire = folgen
sella = Sattel
selletta = Schärtchen
sentiero = Weg, Pfad
senza = ohne
serra = Talenge
serie di camini = Kaminreihe
settentrionale = nördlich
sezione = Sektion
sfasciumi = Schrofen, Geröll
sfondo = Hintergrund
sicuro = sicher
siero antiofidico anti-Vipera = Vipernserum
sinistra = links
sino = bis
soffitto = Dach

solcare = furchen
soccorso alpino = Bergrettung
sommità = Gipfel
sorgente = Quelle
sosta = Rast
sotto = unter
sottogruppo = Untergruppe
sovrastante = darüberliegend
spaccata = Spreizschritt
spaccatura = Riß, Spalt
spalla = Schulter
spiazzo = Fleck
sperone = Sporn, Vorsprung
spigol = Eckpfeiler
spigolo = Kante
spiz = Spitze
sporgente = vorspringend
spuntone = Gratturm Felszacken
staffa = Trittleiter
stella alpina = Edelweiß
strada = Straße
strampiombante = überhängend
strampiombo = Überhang
stretto = eng
strisciare = kriechen
striscio = Streifen
strozzatura = Verengung
su = hinauf
superare = überwinden
superficiale = oberflächlich, seicht
superiore = obere(r)

T

tabia = Heustadel
tagliare = schneiden
T.C.I. = Touring Club Italiano
telecabine = Kabinenbahn
teleferica = Seilschwebebahn
terminale = Schluß
terrazza = Terrasse, Plattform
terrazzino = Absatz
testa = Kopf
testone = großer Felskopf
tetto = Dach(überhang)
tetto spiovente = steile Gipfelabdachung
tira! = Zug! (Seilkommando)
tirare = ziehen
tiro di corda = Seillänge
tolto = weggenommen
torre = Turm
torrente = Bach, Strom
torrione = großer Turm
traccia = Spur
tratto = Abschnitt
traversata = Quergang
troi, triol = Steig, Pfad

U

ùltimo = letzte, letzter
uscita = Ausgang, Ausstieg

V

val, valle = Tal
vallone = großes Tal, Schlucht
valanga = Lawine
vàlico = Übergang, Joch
van, vant = Hochkar
variante = Variante
versante = Seite, Flanke
vetrato = mit Eis überzogen
vetta = Gipfel
via = Weg, Führe
via ferrata = Klettersteig
visibile = sichtbar

Z

zig-zag = Zickzack
zòccolo = Sockel, Vorbau

NOTIZEN

NOTIZEN

NOTIZEN

NOTIZEN

Rückseite beachten

✂ ....

Berichtigung

(bitte im Umschlag einsenden an Bergverlag Rudolf Rother GmbH, 8000 München 19, Postfach 67)

Die Randzahl .... des AVF Sellagruppe, Auflage 1980, bedarf folgender Verbesserung bzw. Neufassung:

....

....

....

....

....

bitte wenden!

....

....

Absender:..

Postleitzahl, Ort:..

Straße:..

Die Bergverlag Rudolf Rother GmbH ist berechtigt, diese Berichtigung dem Verfasser zur Bearbeitung der neuen Auflage zuzustellen. Der Verlag wird bei Erscheinen dieser neuen Auflage dem Einsender ein Exemplar zum Vorzugspreis mit 50 % Nachlaß anbieten.

Kleines Seil- und Knoten-brevier

Zusammengestellt
vom Sicherheitskreis
im Deutschen Alpenverein

Herausgegeben zum
Anlaß des 60jährigen Bestehens
(1920 – 1980) der

**Bergverlag
Rudolf Rother GmbH
München**

Kleines Seil- und Knotenbrevier

A. SEIL-, REEPSCHNUR- und BANDKNOTEN

Man beschränke sich auf die einwandfreie Beherrschung weniger Knoten. Deshalb sind nachfolgend nur die Knoten aufgeführt, deren Anwendung in Fels und Eis erforderlich ist. Diese Knoten sollten jederzeit, auch nachts, bei schlechtem Wetter und unter Zeitdruck, sicher geknüpft werden können; die Anseilknoten auch bei spiegelbildlicher Betrachtungsweise am Gefährten. Übung ist notwendig! Alle Knoten mit Handkraft festziehen und vor Belastung durch kräftigen Zug in zwei entgegengesetzte Richtungen prüfen, ob einwandfrei geknüpft. Müssen für beide Seilpartner unmittelbar lebenswichtige Knoten geknüpft werden, wie beispielsweise das Zusammenknüpfen zweier Seile beim Abseilen mit Doppelseil, so knüpft der eine Seilpartner den Knoten (Spierenstich oder Bandknoten) und der andere kontrolliert ihn.

(**1**) Sackstich mit Schlinge beim Knüpfen. (**2**) Sackstich mit Schlinge geknüpft. (**3**) Achterknoten mit Schlinge beim Knüpfen. (**4**) Achterknoten mit Schlinge geknüpft.

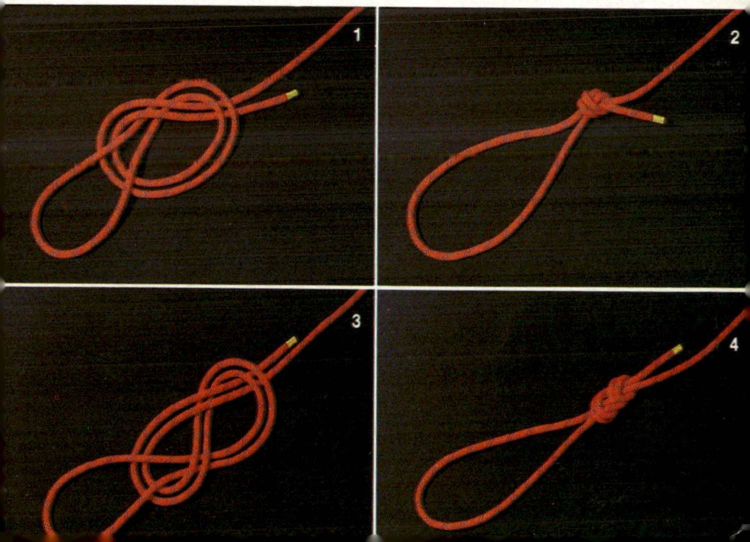

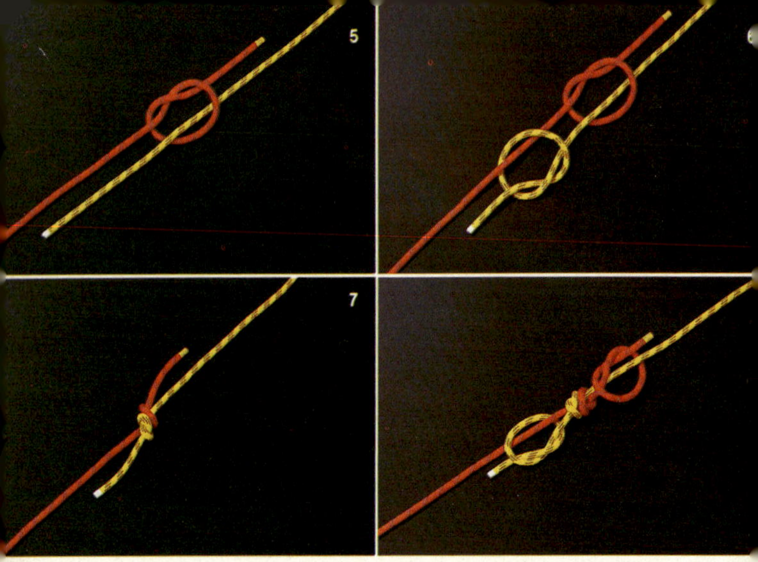

(**5** und **6**) Spierenstich beim Knüpfen. (**7**) Spierenstich geknüpft. (**8**) Spierenstich mit Sicherungsendknoten an beiden Seiten

Zum Verbinden zweier Seile (40-m-Abseilstellen) Spierenstich oder Bandknoten verwenden. Bei etwas steiferen (weniger geschmeidigen) Seilen nur den Bandknoten verwenden. Er ist sicherer!
In Bandmaterial geknüpfter Sackstich oder Spierenstich zieht sich unter Belastung auf. Deshalb für Bandmaterial nur den Bandknoten verwenden!

(**9**) Bandknoten beim Knüpfen. (**10**) Bandknoten geknüpft.

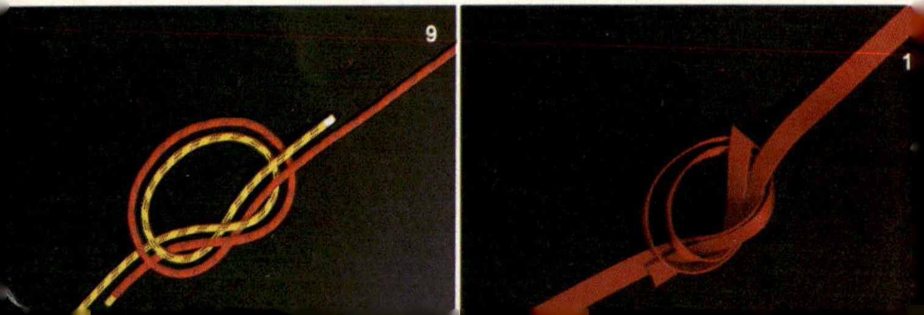

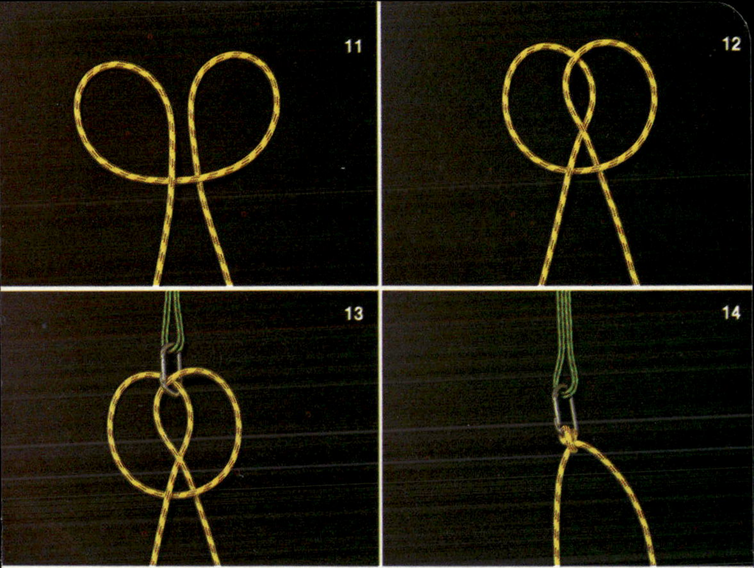

(**11, 12** und **13**) Mastwurf während der verschiedenen Phasen des Schlingenlegens. (**14**) Mastwurf im Karabiner festgezogen.

Mastwurf zur Fixierung der Selbstsicherung am Standplatz verwenden. Er läßt sich leicht verschieben und damit die gewünschte Länge der Selbstsicherung einstellen. Mastwurf immer gut festziehen! – Der Schleifknoten zur Fixierung eines Gestürzten kann mit einer Hand in den losen Seilstrang hinter der Sicherung geknüpft werden. Schlinge zur Absicherung in Karabiner einhängen!

(**15, 16** und **17**) Schleifknoten beim Knüpfen. (**18**) Schleifknoten geknüpft.

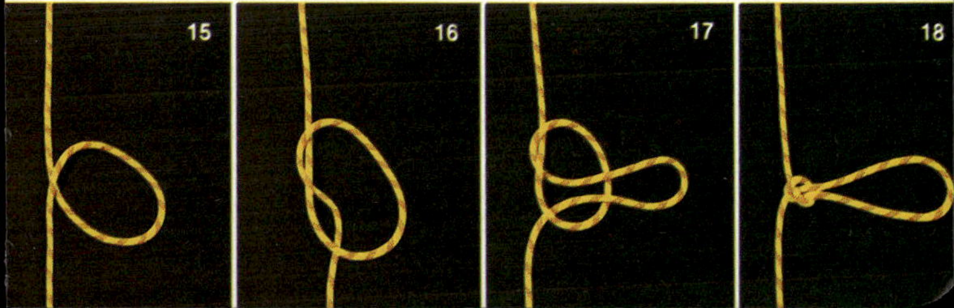

B. RETTUNGS- oder KLEMMKNOTEN

Knoten, die sich – um ein fixiertes Seil gelegt – bei Belastung festziehen (klemmen), sich aber bei Entlastung verschieben lassen. Anwendung: Flaschenzug, Fixieren eines Gestürzten und Aufsteigen am fixierten Seil. Reepschnurdurchmesser etwa halber Seildurchmesser (oder etwas weniger), andernfalls keine ausreichende Klemmwirkung. Bei Nässe Klemmwirkung geringer, dann eine Umschlingung mehr anlegen.

(**19** und **20**) Ankerstich beim Anlegen und festgezogen (Ankerstich = erste Knüpfphase des Prusikknotens, klemmt nicht!). (**21** und **22**) Prusikknoten beim Anlegen und festgezogen. (**23** und **24**) Prusikknoten mit dreifacher Umschlingung beim Anlegen und festgezogen.

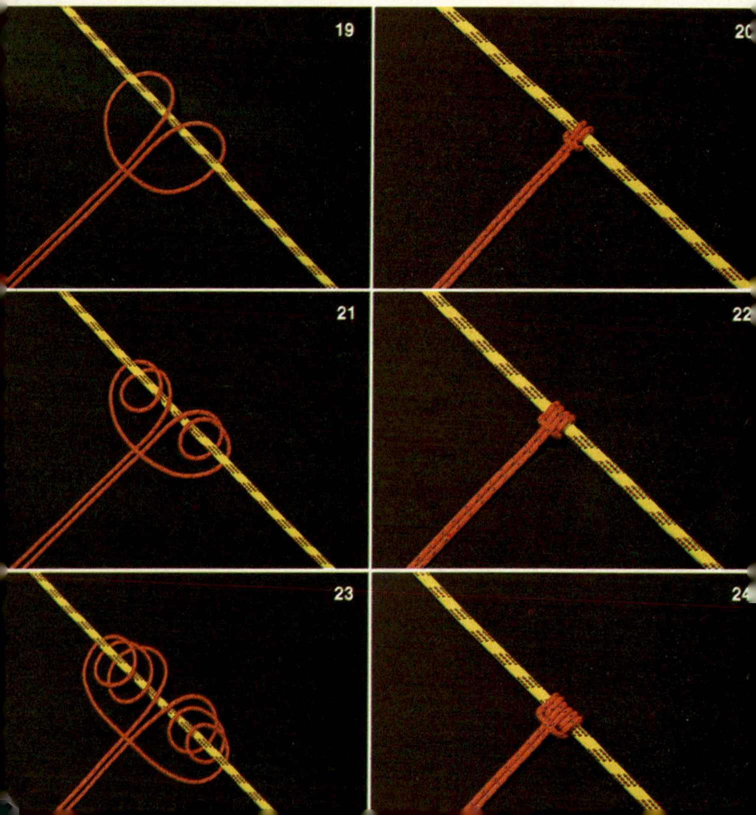

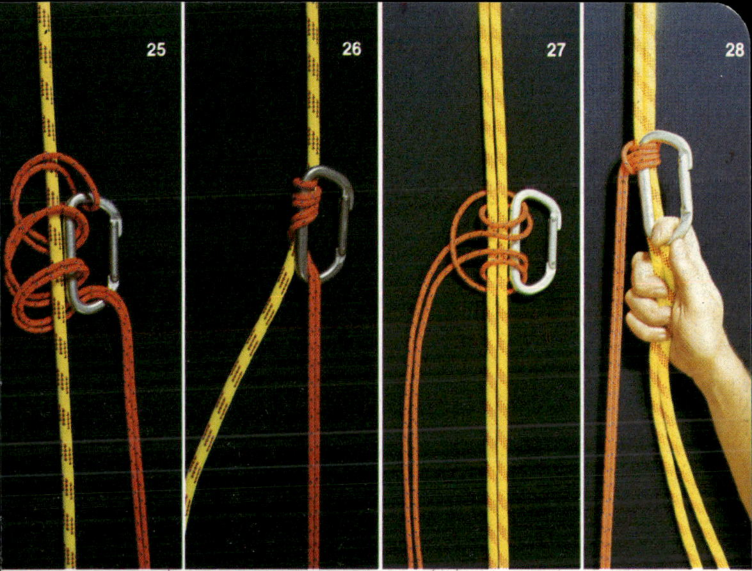

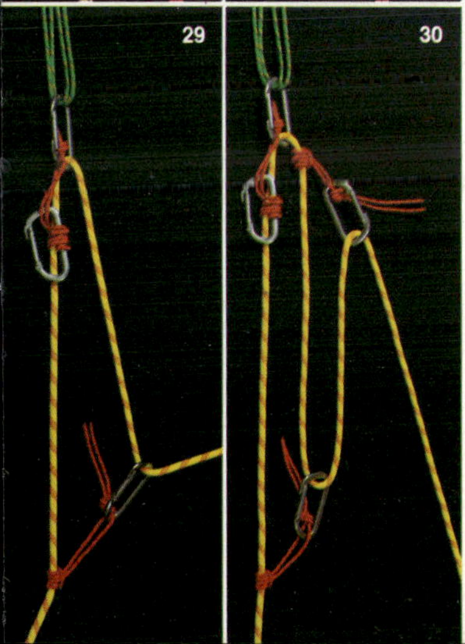

(**25**) Karabiner-Klemmknoten beim Anlegen. (**26**) Karabiner-Klemmknoten blockiert.

(**27**) Karabiner-Prusikknoten zur Selbstsicherung beim Abseilen (nach Ronsdorf) während des Anlegens.

(**28**) Beim Abseilen mitzuschiebender Karabiner-Prusikknoten; nach Blokkierung des Knotens im Ernstfall, läßt er sich durch kräftigen Zug am Karabiner wieder lösen.

(**29**) Einfacher Flaschenzug mit Karabiner-Klemmknoten als Rücklaufsicherung. (**30**) Doppelter Flaschenzug (Modell „Mittenwald"); weniger Zugkraft erforderlich als beim Einfachen Flaschenzug, jedoch doppelt soviel Zugweg; Rücklaufsicherung ebenfalls mit Karabiner-Klemmknoten; möglichst kurze Reepschnurschlingen benutzen!

C. ANSEILKNOTEN und ANSEILMETHODEN

Nur die Zweipunkt-Anseilmethode mit Brust- und Sitzgurt bietet bei Stürzen und freiem Hängen optimale Überlebenschancen. Freies Hängen, angeseilt nur um die Brust (mit oder ohne Brustgurt bleibt gleich), führt nach 5 bis 15 Min. zu beidseitiger Armlähmung, die das Ende jeder Selbsthilfe bedeutet. Innere Verletzungen stellen sich schnell ein, der Tod nach etwa 2 Stdn., auch dann, kann der Gestürzte noch lebend geborgen werden. Außerdem besteht Gefahr, aus dem Brustgurt zu rutschen. Anseilen im Fels ab Schwierigkeitsgrad III und bei allen Gletscher- und Eistouren nur mit Brust- und Sitzgurt als Einzelstücke oder Anseilkomplettgurt. Frauen tragen den Brustgurt oberhalb der Brust.

(**32** bis **35**) Anseilen mit Brust- und Sitzgurt mittels gestecktem Achterknoten.
(**36**) Mit Achterknoten fertig angeseilt.

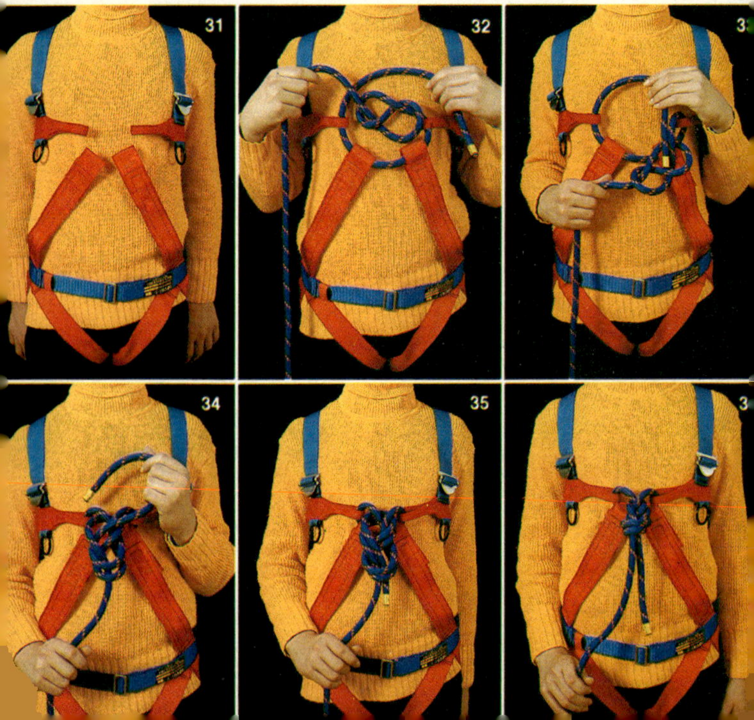

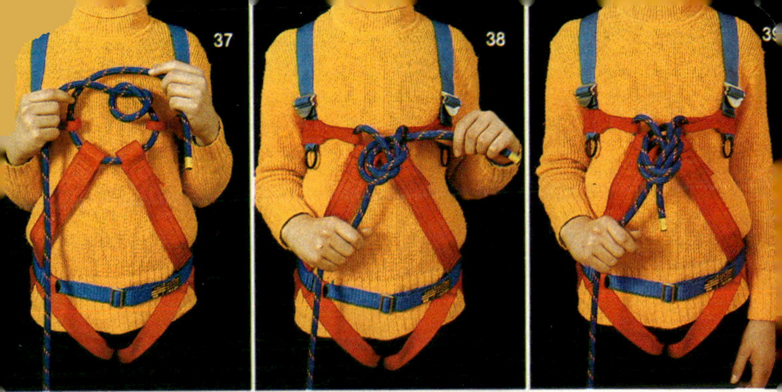

(37 bis 39) Anseilen mit Brust- und Sitzgurt mittels gestecktem Sackstich.

(40) Mit Sackstich fertig angeseilt.

(41) Freies Hängen mit der Zweipunkt-Anseilmethode.

Anseilpunkt immer vor der Brust! Exakt: Nicht tiefer als der unterste Punkt des Brustbeins. Die Anseilschlaufen des Sitzgurtes müssen bis zum Anseilpunkt vor der Brust heraufreichen (siehe Bild 31). Sind die Anseilschlaufen des Sitzgurtes zu kurz, müssen sie länger eingestellt oder mittels Reepschnur verlängert werden.

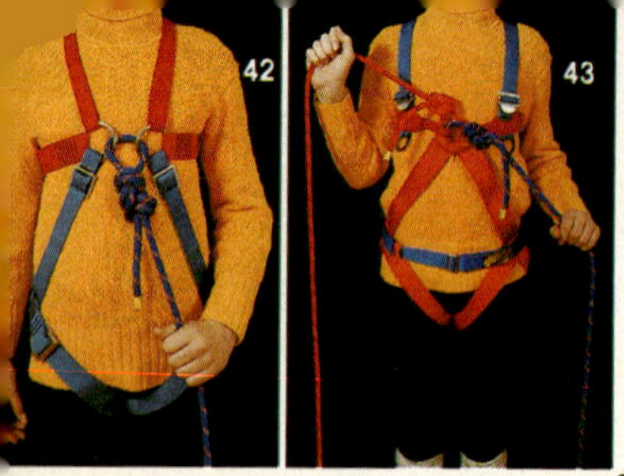

(**42**) Anseilen mit Anseilkomplettgurt mittels gestecktem Achterknoten.

(**43**) Anseilen mit Doppelseil und gestecktem Sackstich; in jedes Seil wird separat angeseilt.

(**44**) Anseilen des Mittelmanns mit Spierenstich. (**45**) Mittelmann fertig angeseilt.

(**46** bis **49**) Direktes Anseilen ans Seil (mit Spierenstich und Hosenträgerschlinge) ist nur ein **schlechter Notbehelf!** Schon kurzzeitiges freies Hängen im Seil, beispielsweise von einer halben Minute, ist nahezu unerträglich, eine Hängedauer von etwa 10 Minuten führt zu inneren Verletzungen!

Zusammengestellt vom Sicherheitskreis im DAV.
Fotos: Archiv Sicherheitskreis (A, B, C) und Bergverlag Rudolf Rother GmbH (D)
Mit dieser Knotenfibel unterstützt die Bergverlag Rudolf Rother GmbH, München, das Bemühen des DAV und OeAV um die „Sicherheit am Berg“.

D. SICHERN IM FELS

Ein Beitrag zur Sicherheit beim Klettern, zusammengestellt von der Bergverlag Rudolf Rother GmbH.

Die ausreichende Sicherung einer Seilschaft im Fels hat alle Glieder der Sicherungskette zu umfassen:

Anseilart – Anseilknoten – Seil – Zwischensicherungen – Selbstsicherung am Standplatz – Gefährtensicherung.

1

2

3

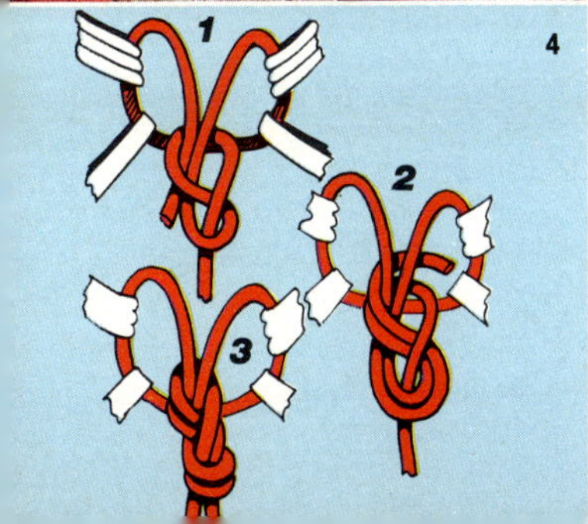

4

Die folgende Bildreihe einer Seilschaft beim Klettern zeigt das Zusammenwirken dieser Teile der Sicherungskette innerhalb einer Seillänge.
Bei Touren bis zum mittleren Schwierigkeitsbereich wird ein Einfachseil von 45 m Länge verwendet (**1**)

Am Einstieg:

Anseilen durch Einbinden in Brust- und Sitzgurt (**2**, **3**) mittels gestecktem Achterknoten (**4**, siehe auch Seite 8, Abb. 31–36)

5

6

7

8

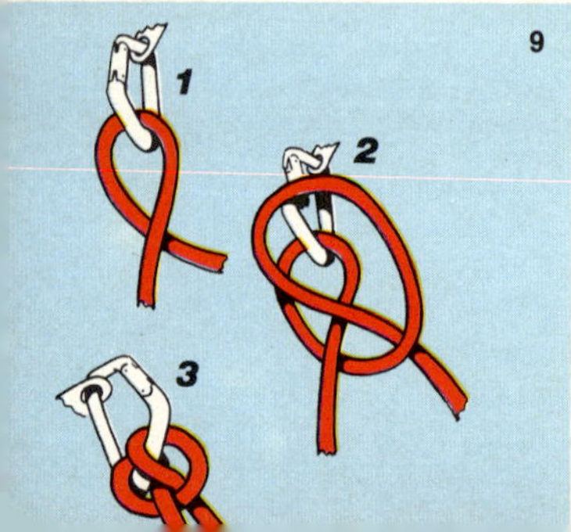

9

Fertig angeseilt (**5**)
Das notwendige Material für Zwischen- und Standsicherung ist griffbereit am Klettergürtel aufgehängt (**6**): Bandschlingen, Klemmkeile mit Karabiner, Expreßschlinge bereits im Seil eingehängt.

Beim Klettern (7):
Verschneidungsklettern mit Spreiztechnik; die erste Zwischensicherung ist bereits eingehängt.

Am Standplatz (8):
Selbstsicherung an einem Klemmkeil (erster Fixpunkt) mit Mastwurf-

schlinge (**9**, siehe auch Seite 5, Abb. 11–14)

Bau der Gefährtensicherung:

Anbringen eines zweiten Fixpunktes (Haken), Legen der Bandschlinge zum Kräftedreieck (**10**, **11**) durch Verbindung von beiden Fixpunkten.
Ein Teil der Bandschlinge wird verdreht, (**10**) dann beide Teile in einen birnenförmigen Schraubkarabiner eingehängt (**11**)

Einlegen des **Halbmastwurf-Sicherungsknotens** (**12**, **13**, **14**)

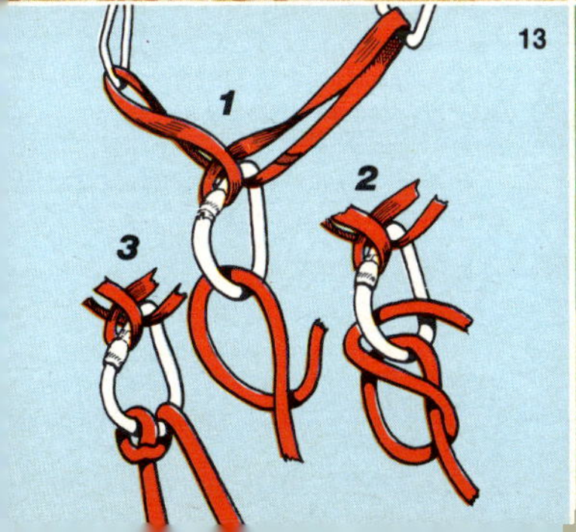

Handhabung der Sicherung und Einholen des Gefährten (**15**)

Standplatzwechsel:

Seilzweiter hängt in einen Fixpunkt seine Selbstsicherung (Mastwurf, **16**, **17**), anschließend wird die Gefährtensicherung am Kräftedreieck gewechselt (**17**, **18**).

Sichern des Vorauskletternden (19):

Beachte: richtiger Seilverlauf – seitlich vom Körper über einem Bein, nicht zwischen den Beinen.

Hochschwab, Rieder, AVF	24,80
Julische Alpen, Gr.F.	26,80
Julische Alpen, Westliche, Kl.F.	17,80
Kaisergebirge, AVF	34,80
Kaisergebirge, Schmitt, Kl.F.	13,80
Karnischer Hauptkamm, AVF	24,80
Karwendelgeb., Klier, AVF	29,80
Karwendelgeb., Klier, Kl.F.	12,80
Kitzbüheler Alpen, AVF	19,80
Kreuzeck- und Reißeck-Gruppe, Gritsch, Kl.F.	14,80
Lechquellengebirge, AVF	29,80
Lechtaler Alpen, Groth, AVF	26,80
Lechtaler Alpen, Kl.F.	14,80
Lienzer Dolomiten, AVF	29,80
Lienzer Berge, Mair, Kl.F.	10,80
Loferer und Leoganger Steinberge, Dürnberger, AVF	12,80
Marmolata/Fassaner Dolomiten, Kl.F.	■ ca. 16,80
Montafon, Heine, Kl.F.	15,80
Montblanc, Gr.F.	26,80
Montblanc, Werner, Kl.F.	15,80
Niedere Tauern, Holl, AVF	26,80
Nördl. Kalkalpen, Mittelschwere Felsfahrten, Höfler, A.F.	17,80
Nördl. Kalkalpen, Höhenwegführer, Haydn, Kl.F.	● ca. 16,80
Nördl. Kalkalpen, Höhlen, Kl.F.	19.80
Nördl. Kalkalpen, Klettersteige	12,80
Oberes Inntal, Werner, Kl.F	12,80
Ortler, Köll, Gr.F.	● ca. 26,80
Ortler, Holl, Kl.F.	● ca. 12,80
Ostallgäu, Groth, Kl.F.	10,80
Ötztaler Alpen, Klier, AVF	26,80
Ötztaler Alpen, Klier, Kl.F.	14,80
Paznaun, Parth, Kl.F.	9,80
Peitlerkofel-/Plosegebiet, Kl.F.	12,80
Pragser- und Enneberger Dolom. und Fanes-Gruppe, Kl.F.	10,80
Pyrenäen, Rumplmair, Kl.F.	14,80
Rätikon, Flaig, AVF	26,80
Rätikon, Flaig, Kl.F.	12,80
Rofan, Röder, AVF	12,80
Rosengarten – Marmolata, Kl.F.	10,80
Samnaun, Jöchler, AVF	12,80
Sarntaler Alpen, Kl.F.	9,80
Schobergruppe, AVF	● ca. 30,–
Sextener Dolomiten, Kl.F.	10,80
Silvretta, Flaig, AVF	27,80
Silvretta, Flaig, Kl.F.	12,80
Stubaier Alpen, Klier, AVF	27,80
Stubaier Alpen, Klier, Kl.F.	12,80
Tannheimer Tal, Ku.F. u. K.	6,80
Tauferer/Ahrntal, Kl.F.	12,80
Tegernseer u. Schlierseer Berge, Zimmermann, AVF	19,80
Tennengeb., Kollarz, AVF	14,80
Tiroler/Salzburger Zentralalpen	13,80
Totes Gebirge, AVF	22,80
Totes Gebirge, Kl.F.	14,80
Tuxer Voralpen, Klier, Kl.F.	9,80
Unterinntal, Mittleres, Kl.F.	10,80
Venediger, Peterka, AVF	29,80
Vinschgau, Oberer, Kl.F.	9,80
Vinschgau, Unterer, Kl.F.	12,80
Vorarlberg, Heine, Kl.F.	17,80
Walliser Alpen, Kl.F.	19,80
Wetterstein/Mieminger Kette, Pfanzelt, AVF	24,80
Wetterstein, Voelk, Kl.F.	10,80
Wienerwald/Salzkammergut, End, Kl.F.	10,80
Ybbstaler Alpen, AVF	14,80
Zillertaler Alpen, Klier, AVF	27,80
Zillertaler Alpen, Klier, Kl.F.	9,80
Zoldiner und Belluneser Dolomiten, Hauleitner, Kl.F.	■ ca. 19,80

BV-Tourenblätter

Nr. 1 (Karwendel, Rofan, Wetterstein) 13,80
Nr. 2 (Berchtesgadener Alpen, Kaiser, Loferer und Leoganger Steinberge) 13,80
Nr. 3 (Allgäu, Lechtaler Alpen, Bregenzer-Wald) 13,80
Nr. 4 (Rätikon, Silvretta, Ferwall, Samnaun) 13,80
Nr. 5 Ötztaler und Stubaier Alpen) 13,80
Nr. 7 (Zillertaler Alpen, Glockner- und Venedigergruppe) 13.80
Nr. 8 (Dolomiten) 13.80
Nr. 9 (Südtirol, Ortler, Brenta) 13.80
Nr. 10 (Bernina, Engadin) 13.80
Nr. 11 (Nordost-Schweiz) 13.80
Nr. 13 (Schwäbische Alb) 13.80

BV-Radtourenblätter

Radtouren Oberbayern und angrenzendes Niederbayern 19,80

Alpine Lehrbücher und Sachbücher

Alpine Gefahren, Dumler 10,80
Anwendung des Seiles 8,80
Ausrüstung, Hanschke ■ ca. 12,80
Bergsteiger-ABC, Seibert ● ca. 24,80
Bergsteigen mit Kindern 10,80
Bergwandern, Grundschule zum, Seibert, ■ ca. 12,–
Blumen im Gebirge, Höhne 9,80
Eistechnik, Schubert 12,80
Ernährung, Berghold ■ ca. 10,80
Felsklettern und Eisgehen 24,80
Fotografieren im Gebirge 9,80
Gesundheit und Bergsteigen 9,80
Gefahren der Alpen ● 24,80
Karte und Kompaß 9,80
Retter im Gebirge, Jenny 17,80
Tiere im Gebirge, Höhne 12,80
Tourenbuch, Mein 9,80
Tourenskilauf, Griessl 10,80
Wildwasserfahren, Alpines, Matz/Jäger/Machatschek ■ ca. 22,80

AV-Lehrschriften

Felstechnik, Schubert 14,80
Lawinen, Gayl 10,80
Retter im Gebirge, Jenny 17,80
Wetter und Bergsteigen 10,80

AV-Schriften

Hallo Kumpel 12,80
Hütten unserer Alpen, Kalender 14,80
Hüttenverzeichnis des DAV und ÖAV 21,80
Liederbuch für Bergsteiger 14,80

Alpine Landschaftsbildbände

Bergell, Stiebler, La. 32,80
Bernina, Stiebler/Nigg, La. 32,80
Gröden, Trenker, La. 32,80
Kaisergebirge, Stiebler, La. 32,80
Karwendel, Löbl/Höfler, La. 32,80
Klettersteige der Ostalpen, Frass/Hauleitner/Werner, La. 54,–
Sextener Dolomiten, La. 32,80
Silvretta, Pracht, La. ■ ca. 34,80
Viertausender, Dumler, La. 54,–
Wallis, Stiebler, La. ■ ca. 32,80
Watzmann, Schöner, Hln. 22,80
Wetterstein, Schmitt, La. 32,80

AVF = Alpenvereinsführer
Gr.F. = Großer Führer
Hln = Halbleinen
Kl.F. = Kleiner Führer
La = Laminiert

● Neuauflage in Vorbereitung
■ Neuerscheinung in Vorbereitung